ベースに、本文の内容や設定、主題を整理したものを用意しました。要点となる箇所を埋めていく空欄補充形式で、本文全体の構成や展開を把握することができます。

⑤内容の理解　客観問題と記述問題とをバランスよく用意し、本文読解にあたって、重要な点を押さえられるようにしました。

◇教科書の学習と関連づける

⑥帯　「語句・文法」「語句・句法」の上部に教科書の本文掲載ページ・行を示す帯、「内容の理解」の上部に意味段落などを示す帯を付け、教科書と照合しやすくしました。

⑦脚問・学習・活動　教科書の「脚問」「学習（活動）の手引き」と関連した問いの下部に、アイコンを付けました。

◆本書の特色

❶新傾向問題　「内容の理解」で、最近の入試傾向をふまえ、会話形式や条件付き記述などの問いを、適宜設定しました。

❷活動　教科書収録教材と、他の文章・資料とを読み比べる、特集ページを設けました。

❸入試問題に挑戦　教科書採録作品や同作者の文章を用いた入試問題の改題を用意しました。

❹ウェブコンテンツ　「古文編」の古文単語の設問を、ウェブ上で繰り返し取り組めるように、二次元コードを設置しました。

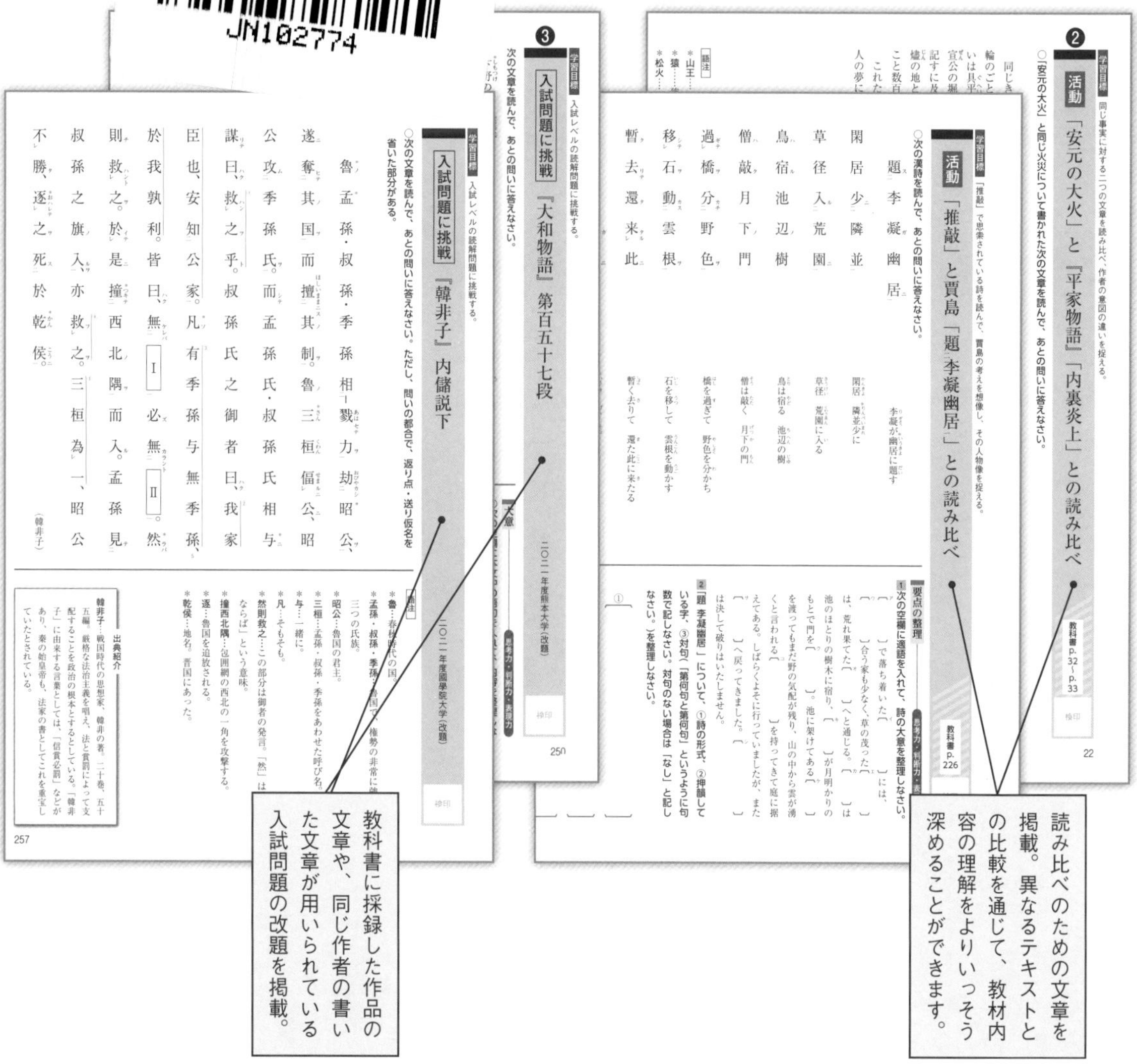

読み比べのための文章を掲載。異なるテキストとの比較を通じて、教材内容の理解をよりいっそう深めることができます。

教科書に採録した作品の文章や、同じ作者の書いた文章が用いられている入試問題の改題を掲載。

目次

古文編・第Ⅰ部

古文編・第Ⅱ部

漢文編・第Ⅰ部

漢文編・第Ⅱ部

入試問題に挑戦

プラスウェブ

下にある二次元コードから、
ウェブコンテンツの一覧画面
に進むことができます。

https://dg-w.jp/b/6d40001

学習目標　和歌にまつわる説話を読み、歌がよまれた背景事情について理解する。

古今著聞集（小式部内侍が大江山の歌の事）

教科書p.14～p.15

検印

展開の把握

思考力・判断力・表現力

○次の空欄に適語を入れて、内容を整理しなさい。　▼学習一

全一段落

（起）（初め～p.14 ℓ.2）	小式部内侍歌合に選ばれる	和泉式部が保昌の〔ア　　〕として〔イ　　〕に下ったときに、京で〔ウ　　〕があったが、娘の小式部内侍が、〔エ　　〕によみ手として選ばれてよむことになった。
（承）（p.14 ℓ.2～p.14 ℓ.4）	定頼のからかい	定頼の中納言が、からかって〔オ　　〕に、「〔カ　　〕へおやりになった〔キ　　〕は戻って参っていますか。」と、〔ク　　〕の中へ声をかけて、〔ケ　　〕を通り過ぎなさった。
（転）（p.14 ℓ.4～p.14 ℓ.6）	あっと言わせた小式部内侍の歌	すると、小式部内侍は、〔コ　　〕から半分身を乗り出して、定頼の〔サ　　〕の袖をとらえて、「大江山」の歌をよみかけ、「〔シ　　〕のいる丹後は遠いので、まだ〔ス　　〕もございません。」と答えた。
（結）（p.14 ℓ.6～p.14 ℓ.9）	定頼の狼狽	思いがけないことで、〔セ　　〕をすることもできず、定頼は〔ソ　　〕をふりきって逃げた。
（添加）（p.14 ℓ.9～終わり）	後日談	これ以後、小式部内侍の〔タ　　〕としての世の〔チ　　〕が立ったそうだ。

語句・文法

知識・技能

1 次の語の意味を調べなさい。

p.14
- ℓ.1 ①下る〔　　〕
- ℓ.3 ②局〔　　〕
- ℓ.4 ③直衣〔　　〕
- ℓ.6 ④あさまし〔　　〕
- ℓ.8 ⑤返し〔　　〕
- ℓ.10 ⑥世おぼえ〔　　〕

2 次の太字の動詞の活用の種類をア～キから、活用形をク～コからそれぞれ選びなさい。

p.14
- ℓ.1 ①歌合**あり**けるに、〔　・　〕
- ℓ.3 ②丹後へ**つかは**しける人は〔　・　〕
- ℓ.4 ③**過ぎ**られけるを、〔　・　〕
- ℓ.4 ④なかば**出**でて、〔　・　〕
- ℓ.5 ⑤まだふみも**み**ず〔　・　〕
- ℓ.10 ⑥世おぼえ**出で来**にけり。〔　・　〕

ア　上一段活用　　イ　上二段活用
ウ　下一段活用　　エ　下二段活用
オ　四段活用　　カ　カ行変格活用
キ　ラ行変格活用
ク　未然形　　ケ　連用形　　コ　終止形

3 次の太字の助動詞の意味は、あとのア～エのいずれにあたるか。それぞれ選びなさい。

p.14
- ℓ.2 ①歌よみにとら**れ**て〔　　〕
- ℓ.3 ②局の前を過ぎ**られ**けるを、〔　　〕
- ℓ.8 ③ひきはなちて逃げ**られ**にけり。〔　　〕

ア　受身　　イ　尊敬　　ウ　自発　　エ　可能

内容の理解

全一段落

1「京に歌合ありけるに、」（四・1）とあるが、次の項目のうちから、「歌合」に関係あるものを、四つ選びなさい。　思考力・判断力・表現力

ア　撰者　イ　判者　ウ　紅白　エ　枕詞　オ　持《じ》
カ　序詞　キ　左右　ク　発句　ケ　判詞　コ　本歌取り

〔　〕〔　〕〔　〕〔　〕

2「丹後へつかはしける人は参りにたりや。」（四・3）について、次の問いに答えなさい。　▼脚問1

(1)「丹後へつかはしける」とあるが、何のために丹後へ使いをやったというのか。その目的を三十字以内で説明しなさい。

(2)また、丹後へ使いをやったのは、A事実であった、B事実ではなかった、のいずれかを記号で答え、その根拠にあたる部分を本文中から十字以内で抜き出しなさい。（句読点は含まない）

〔　〕

(3)「参りにたりや」とあるが、どのような意味か。適当なものを次から選びなさい。

ア　もう出かけましたか　イ　もう向こうに着きましたか
ウ　もう帰って来ていますか　エ　もう帰る予定ですか

〔　〕

3「大江山」（四・5）の歌について、次の問いに答えなさい。　▼言葉二

(1)「いくの」「ふみ」は、それぞれ何と何との掛詞になっているか答えなさい。

〔　と　〕〔　と　〕

(2)「ふみ」は、どの言葉の縁語として用いられているか。該当する言葉を歌の中から抜き出しなさい。

〔　〕

全一段落

4「返しにも及ばず、袖をひきはなちて逃げられにけり。」（四・8）について、次の問いに答えなさい。　▼学習二

(1)定頼がそうしたのはなぜか。三十字以内で説明しなさい。

(2)定頼のこの行動は、小式部内侍に対するどのような気持ちに由来するものだったと考えられるか。適当なものを次から選びなさい。

ア　侮り　イ　疑念　ウ　嫉妬　エ　称賛

〔　〕

5「歌よみの世おぼえ出で来にけり。」（四・10）とは、どういう意味か。適当なものを次から選びなさい。

ア　歌人として世の名歌を学び、信頼されることになった。
イ　歌人としてその名を世の中に知られるようになった。
ウ　歌人としてすぐれた歌のよみ方をようやくわかるようになった。
エ　歌人として思いもよらず世間で過大評価されてしまった。

〔　〕

6 新傾向　この文章を読んで、四人の生徒が発言している。この文章から読み取れる「小式部内侍」の人物像と合致した発言をしている生徒を選びなさい。

生徒A：「小式部内侍」は激高しやすい性格の人だね。
生徒B：「小式部内侍」は歌道に対して執心している人だね。
生徒C：「小式部内侍」は鋭い諷刺の精神を持った人だね。
生徒D：「小式部内侍」は当意即妙の機知に富んだ受け答えのできる人だね。

生徒〔　〕

学習目標 和歌にまつわる説話を読み、歌への執心を理解する。

沙石集（歌ゆゑに命を失ふ事）

教科書p.16～p.17

検印

展開の把握

思考力・判断力・表現力

○次の空欄に適語を入れて、内容を整理しなさい。

第一段落（初め～ p.16 ℓ.9）（発端）	第一段落（展開）	第二段落（p.16 ℓ.10 ～ p.17 ℓ.4）（結末）	第三段落（p.17 ℓ.5 ～ 終わり）（添加）
天徳の歌合	忠見の歌と兼盛の歌との優劣	歌ゆえに命を失った忠見	編者の評
天徳の歌合のとき、兼盛と忠見は随身として歌合の〔ア　〕と〔イ　〕とに加わっていた。	「〔ウ　〕」という題で、忠見は「恋すてふ」の名歌をよんだと思っていたが、兼盛の「つつめども」の歌も名歌だった。〔エ　〕は決めかね、帝の〔オ　〕をうかがったところ、帝は忠見の歌を〔カ　〕度、兼盛の歌を〔キ　〕度も口ずさんだので、判者は帝の〔ク　〕を〔ケ　〕にありとして、兼盛を勝ちとした。	忠見は落胆し、〔コ　〕がふさぎ、〔サ　〕の病気になった。〔シ　〕の望みがないとの話が伝わり、兼盛が〔ス　〕に行ったところ、「歌合で名歌をよんだと思ったのに、貴殿の歌に負けて気鬱となり、〔セ　〕も重くなった。」と言って、忠見は亡くなった。	〔ソ　〕はよくないが、〔タ　〕に熱心な姿勢は殊勝である。二首はともに〔チ　〕として、『〔ツ　〕』に入集している。

語句・文法

知識・技能

1 次の語の意味を調べなさい。

- ①まだき（p.16 ℓ.4）〔　〕
- ②天気（ℓ.7）〔　〕
- ③心憂し（ℓ.10）〔　〕
- ④とぶらふ（ℓ.11）〔　〕
- ⑤あは（p.17 ℓ.2）〔　〕
- ⑥あさまし〔　〕
- ⑦みまかる（ℓ.4）〔　〕
- ⑧よしなし（ℓ.5）〔　〕
- ⑨道〔　〕

2 次の太字の敬語の種類をア～ウから、敬意の対象をエ～クからそれぞれ選びなさい。

- ①初恋といふ題を**給はり**て、（p.16 ℓ.2）〔　・　〕
- ②両三度**御詠**ありけり。（ℓ.8）〔　・　〕
- ③かく重り**侍り**ぬ。（p.17 ℓ.3）〔　・　〕
- ④拾遺に入りて**侍る**にや。（ℓ.6）〔　・　〕

ア　尊敬語　イ　謙譲語　ウ　丁寧語

エ　帝　オ　兼盛　カ　忠見

キ　判者　ク　読者

3 次の太字の助動詞は、あとのア～エのいずれにあたるか。それぞれ選びなさい。

- ①いかでこれほどの歌よむ**べき**（p.16 ℓ.2）〔　〕
- ②色に出で**にけり**（ℓ.6）〔　〕
- ③別の病**に**あらず。（ℓ.11）〔　〕

ア　完了　イ　詠嘆　ウ　断定　エ　可能

内容の理解

思考力・判断力・表現力

第一段落

1 「いかでこれほどの歌よむべき」（一六・2）とあるが、これはどのような心情を表したものか。次から選びなさい。

ア 落胆　イ 反発心

ウ 嫉妬　エ 自負心　〔　　〕

2 「恋すてふ」（一六・4）の歌について、次の問いに答えなさい。

(1) 「恋すてふわが名はまだき立ちにけり」の意味として適当なものを、次から選びなさい。

ア 恋をしているという自分の評判はもう早くも立ってしまったよ。

イ とっくに恋は捨てたのに、いつまでも評判が立っているよ。

ウ 恋を失った自分の評判がまたしても立ってしまったよ。

エ 恋におぼれた私の名誉はまだ保たれていたのだなあ。　〔　　〕

(2) 「人知れずこそ思ひそめしか」を、「こそ」に注意して口語訳しなさい。

〔　　〕

3 「つつめども」（一六・6）の歌の説明として適切なものを、次から選びなさい。

ア 恋心を隠して苦しいが、「もの思いをしているのですか。」とあらわに人に問われるまでは恋い続けようという決意をよんだ歌。

イ 人から「もの思いをしているのですか。」と尋ねられて、隠そうとしていた恋心が、もはや隠しきれなくなっているとよんだ歌。

ウ 「もの思いをしているのか、いや、そんなことはないだろう。」と人に言われたけれど、もう恋心は隠せないとよんだ歌。

エ 恋心を恋人が察してくれ、「もの思いをしているのですか。」と言って訪ねて来てくれた、恋を得た喜びをよんだ歌。　〔　　〕

4 「天気をうかがひけるに、」（一六・7）について、次の問いに答えなさい。　▼学習一

第一段落

(1) 「天気」とは、どのような意味か。六字で答えなさい。（句読点は含まない）

(2) 兼盛、忠見の歌について、「天気」はどのようであったか。それぞれの歌に対する「天気」の違いがわかる記述を、本文中から十字以内で抜き出しなさい。（句読点は含まない）

兼盛の歌

忠見の歌

(3) 前問(2)の結果、どうなったか。本文中から二十字以内で抜き出し、初めと終わりの五字で答えなさい。（句読点を含む）

〜

第二段落

5 「あはれ」（一七・2）とは、どのような心情か。十五字以内で答えなさい。（句読点は含まない）　▼学習二

第三段落

6 「執心」（一七・5）について、編者は一般にどのようなものと考えているか。適当なものを、次から選びなさい。　▼学習三

ア 素晴らしいこと。　イ 悲しいこと。

ウ よくないこと。　エ 感心なこと。　〔　　〕

全体

7 この話の主旨を示している箇所を、本文中から十五字以内で抜き出しなさい。

学習目標　著名な和歌をふまえた説話を読み、話を通して語り伝えようとしたことを理解する。

今物語（やさし蔵人）

教科書p.18〜p.19

検印

展開の把握

思考力・判断力・表現力

○次の空欄に適語を入れて、内容を整理しなさい。

第一段落（導入）（p.18 ℓ.1）	事件発生前の状況	大納言であった人が、小侍従という〔ア　　〕に知られた〔イ　　〕のもとに通っていた。
第二段落（発端）（p.18 ℓ.2〜p.18 ℓ.4）	大納言の後朝《きぬぎぬ》の別れ	ある夜、大納言が一夜をともにして〔ウ　　〕に帰るとき、小侍従が名残惜しそうな風情で、車寄せの簾に〔エ　　〕て見え、心にかかったので、
（展開）（p.18 ℓ.4〜p.18 ℓ.7）	蔵人に小侍従への歌を命ず	供の〔オ　　〕に、「何か一言言って来い。」と命じたので、「たいへんな〔カ　　〕だ。」と思ったが、〔キ　　〕家に走り込んだ。
（最高潮）（p.18 ℓ.7〜p.19 ℓ.1）	蔵人の当意即妙の歌	車寄せの縁の端にかしこまり、適当な〔ク　　〕も思い浮かばないでいると、〔ケ　　〕が鳴いたので、小侍従の「飽かぬ別れの」の歌が思い出され、その歌をふまえて「〔コ　　〕」という歌を小侍従に贈り、走り追い着いて車の後ろに乗った。
第三段落（結末）（p.19 ℓ.2〜p.19 ℓ.5）	大納言の蔵人への褒賞	大納言が家に帰り、お尋ねになったので、歌を贈ったことを申すと、大納言は蔵人の〔サ　　〕に感心し、〔シ　　〕などを下さったとか。
第四段落（補足）（p.19 ℓ.6）	蔵人の後日談	この蔵人は、〔ス　　〕の六位の蔵人などを勤めて、「〔セ　　〕」と呼ばれた者であった。

語句・文法

知識・技能

1 次の語の意味を調べなさい。

①きと（p.18 ℓ.3）〔　　〕
②ゆゆし（ℓ.6）〔　　〕
③やがて（ℓ.7）〔　　〕
④きは〔　　〕
⑤さうなし（ℓ.8）〔　　〕
⑥領る（p.19 ℓ.4）〔　　〕
⑦やさし（ℓ.6）〔　　〕

2 「通は**れ**けり。」（一八・1）の「れ」と文法的に異なるものを、次のア〜オの太字の「れ」から二つ選びなさい。

ア　暁帰ら**れ**けるに、（p.18 ℓ.2）
イ　門をやり出ださ**れ**けるが、
ウ　きと思ひ出でら**れ**ければ、（ℓ.10）
エ　めでたがら**れ**けり。（p.19 ℓ.3）
オ　言は**れ**ける者なりけり。（ℓ.6）

〔　　〕〔　　〕

3 「言ひて**来**。」（一八・5）の「来」と同じ活用形の語を、本文中から抜き出しなさい。

〔　　〕〔　　〕

4 次の①・②の太字の助動詞は、あとのア〜カのいずれにあたるか。それぞれ選びなさい。

①君が言ひ**けん**鳥の音（p.18 ℓ.11）〔　　〕
②などかかなしかる**らん**〔　　〕

ア　現在推量　　イ　過去推量
ウ　現在の原因推量　　エ　過去の伝聞
オ　現在の伝聞　　カ　過去の婉曲

内容の理解

思考力・判断力・表現力

第二段落

1 「ゆゆしき大事かな。」（二八・6）について、次の問いに答えなさい。

(1) 「ゆゆしき」の語は、辞書を引くと次のような解説がある。この場合、どの意味によって解釈するのが適当か。次から選びなさい。

ア すぐれていて、立派だ。　イ 神聖で、畏怖すべきだ。
ウ 程度が甚しく、格別だ。　エ 不吉で、縁起が悪い。　〔　　〕

(2) このように蔵人が思ったのはなぜか。その理由を十五字以内で簡潔に説明しなさい。

2 「飽かぬ別れの」（二八・9）は、小侍従の「待つ宵に更けゆく鐘の声聞けば飽かぬ別れの鳥はものかは」（『新古今集』恋三）という歌をさしている。次の問いに答えなさい。

(1) 「飽かぬ別れ」とは、どのような「別れ」を意味するか。次から選びなさい。

ア 心に残る別れ　イ 去りがたい別れ
ウ 二度と会えない別れ　エ 慌ただしい別れ　〔　　〕

(2) 小侍従の歌の「ものかは」は、どのような意味か。次から選びなさい。

ア 物の数ではない。　イ 重要であろうか。
ウ 予想外である。　エ 無視できない。　〔　　〕

(3) 小侍従の歌の趣旨として適当なものを、次から選びなさい。

ア 鳥の声よりも鐘の音のほうがはるかに趣がある。
イ 会うことのほうがかえって別離よりも悲しいものである。
ウ 別離の悲しさは明け方よりも夕方のほうがより深いものである。
エ 恋人を待つ宵のほうが、会って別れるときよりもむしろつらいものである。　〔　　〕

第二段落

3 「今朝しもなどかかなしかるらん」（二八・11）とあるが、どういう意味か。二十五字以内で口語訳しなさい。（句読点を含む）

第三段落

4 「かくこそ。」（二九・3）の次にどのような言葉が省略されていると考えられるか。次から選びなさい。

ア のたまひ侍りし　イ 申し候ひつれ
ウ 申し給ひつる　エ のたまひおはせしか　〔　　〕

5 「さればこそ、使ひにははからひつれ。」（二九・3）について、「さればこそ」には大納言のどのような気持ちが表れているか。十五字以内で簡潔に答えなさい。（句読点は含まない）　▼学習二

第四段落

6 「やさし蔵人」（二九・6）の「やさし」の説明として最も適当なものを、次から選びなさい。

ア 風流な　イ 朗らかな　ウ 肩身が狭い　エ きまりが悪い　〔　　〕

全体

7 本文の内容と合致するものを、次から選びなさい。

ア 情熱的な小侍従は、人目もはばからず外に出て大納言を見送った。
イ 蔵人の当意即妙の歌は、大納言の心のうちを代弁し、大納言と小侍従の仲をより強く結びつけるに十分であった。
ウ 才知に富んだ歌をよんだ蔵人は、朝廷から領地を与えられた。
エ 大納言と蔵人はいつも行動をともにして、大納言の小侍従への思いを常に代弁させるほど深い関係であった。　〔　　〕

学習目標　作者の、世の諸事象に向けた批評の目を通して、ものの見方や考え方を深める。

徒然草（よろづのことは、月見るにこそ）

教科書p.22～p.23

検印

展開の把握

思考力・判断力・表現力

○次の空欄に適語を入れて、内容を整理しなさい。

第一段落（初め ～ p.22 ℓ.3）			第二段落（p.22 ℓ.4 ～ 終わり）			
月や露の情趣			心を楽しませ慰める自然の風物			
月の情趣	月・露の情趣	総括①	風の情趣	流水の情趣	漢詩の連想で	総括②
すべてのことは、月を眺めることで〔ア　　〕られる。	ある人が〔イ　　〕の情趣をたたえると、別の人が〔ウ　　〕のほうが情趣深いと言って争ったのは興味深かった。	その〔エ　　〕にふさわしい風物は、何事も趣があるものである。	月や花はもちろんのこと、〔オ　　〕はことに人に感興を催させるようだ。	流れる〔カ　　〕の風情は、四季の別なくいつでもすばらしい。唐の詩人が〔キ　　〕をよんだ詩も感銘深かった。	竹林の七賢の一人嵆康も、〔ク　　〕と親しむ楽しさを書き残している。	〔ケ　　〕遠く離れた清らかな自然に接することほど、心慰められることはないだろう。

語句・文法

知識・技能

1 次の語の意味を調べなさい。

p.22
- ℓ.1 ①よろづ〔　　〕
- ②おもしろし〔　　〕
- ℓ.2 ③なほ〔　　〕
- ④あはれなり〔　　〕
- ℓ.3 ⑤をかし〔　　〕
- ℓ.4 ⑥さらなり〔　　〕
- ℓ.5 ⑦けしき〔　　〕
- ⑧めでたし〔　　〕

2 次の太字の係助詞「こそ」の結びの語をそれぞれ抜き出し、終止形で答えなさい。

p.22
- ℓ.2 ①露**こそ**なほあはれなれ。〔　　〕
- ②争ひし**こそ**をかしけれ。〔　　〕
- ℓ.4 ③風のみ**こそ**人に心はつくめれ。〔　　〕
- ℓ.5 ④**こそ**、時をも分かずめでたけれ。〔　　〕
- ℓ.6 ⑤見侍りし**こそ**、あはれなりしか。〔　　〕

3 A「あはれならざらん」（三・3）、B「いへる詩」（三・6）を単語に分けて、それぞれ品詞を答えなさい。

p.22
- ℓ.3 A〔　　〕
- ℓ.6 B〔　　〕

内容の理解

思考力・判断力・表現力

第一段落

1 「争ひしこそをかしけれ。」（三・2）という作者の心境として適当なものを、次から選びなさい。

ア 答えがわかりきっていることを言い争っているのは滑稽だ。
イ 月を論じている場で一人だけ的外れな反論をして苦々しい。
ウ 月の風情を語っているのに露を持ち出すのはおかしなことだ。
エ 月と露の情趣を比べることには興味がそそられる。

〔　　〕

2 「折に……ざらん。」（三・3）について、次の問いに答えなさい。

(1) 「折にふれば」の意味として適当なものを、次から選びなさい。

ア 時節や場合にうまく合うなら
イ 季節は必ずめぐってくるので
ウ 適当な時期をみはからうなら
エ しばしばその趣を論じ合っていると

〔　　〕

(2) 「何かはあはれならざらん」の意味を十字以内で答えなさい。（句読点は含まない）

第二段落

3 「風のみ……つくめれ。」（三・4）について、次の問いに答えなさい。

(1) 「のみ」のはたらきの説明として適当なものを、次から選びなさい。

ア 程度を表し、「風くらいは」の意味となる。
イ 限定を表し、「風だけは」の意味となる。
ウ 類推を表し、「風でさえ」の意味となる。
エ 強意を表し、「風は特に」の意味となる。

〔　　〕

(2) 「人に心はつく」の意味として適当なものを、次から選びなさい。

ア 人にものあわれを感じさせる
イ 人の感受性豊かな心を育てる
ウ 人にもの心というものが生じる
エ 人の心情にしっくりと寄り添う

〔　　〕

徒然草（よろづのことは、月見るにこそ）

第二段落

4 「時をも分かず」（三・5）とあるが、どのような意味か。七字以内で答えなさい。（句読点は含まない）

5 「沅・湘日夜……少時もせず。」（三・5〜6）とある漢詩句の趣意として適当なものを、次から選びなさい。

ア 雄大な自然の、人事には一顧だにしない非情さ。
イ 細事にとらわれず、己の道を一途に進むことの大切さ。
ウ 俗事に妨げられることのない、悠久の自然の偉大さ。
エ 昼夜を問わず流れ続ける大河の、揺るぎないさま。

〔　　〕

6 「人遠く、水・草清き所にさまよひありきたる」（三・7）とあるが、どのような様子か。次から選びなさい。

ア 供も連れずに美しい水辺をそぞろ歩くさま。
イ 人里離れた自然豊かな場所を散策するさま。
ウ 誰もいない山中で道に迷い歩き続けるさま。
エ 人目もない山野で心を自由に解き放って歩くさま。

〔　　〕

全体

7 本文中には敬語が一箇所用いられている。抜き出して、敬語の種類を答えなさい。

語〔　　〕　種類〔　　〕

8 「よろづのこと」（三・1）は、どのようなことをさすと考えられるか。本文全体をふまえて十字以内で答えなさい。（句読点は含まない）

9 新傾向 本文に、『枕草子』にあるような「……もの」という形式のタイトルをつけたい。最適なタイトルを五字以内で答えなさい。 ▼学習一

もの

学習目標　作者の、世の諸事象に向けた批評の目を通して、ものの見方や考え方を捉える。

徒然草（世に語り伝ふること）

教科書p.24～p.25　検印

展開の把握　思考力・判断力・表現力　▼学習一

○次の空欄に適語を入れて、内容を整理しなさい。

第一段落	（初め～p.24 ℓ.1）	主題	世に語り伝えられていることの多くは〔ア　　　〕である。
第二段落	（p.24 ℓ.2～p.24 ℓ.4）	うその成立過程①	人はものを大げさに話すうえに、時や〔イ　　　〕が隔たると、好きなように語ったり〔ウ　　　〕たりして、事実のようになる。
第三段落	（p.24 ℓ.5～p.24 ℓ.7）	うその成立過程②	その道の名人の〔エ　　　〕を、その〔オ　　　〕を知らない人は〔カ　　　〕のように言うが、知っている人は信じる気にもならない。〔キ　　　〕に聞くのと事実は違うものである。
第四段落	（p.24 ℓ.8～p.24 ℓ.12）	うその五つの型①	すぐにうそだとわかるうそもある。当人も〔ク　　　〕ではないと思いつつ、人の言ったとおりに語るうそもある。よく知らない〔ケ　　　〕をしつつ、つじつまを合わせて語るうそは恐ろしい。
第五段落	（p.24 ℓ.13～p.25 ℓ.1）	うその五つの型②	自分にとって〔コ　　　〕があるように言われたうそを、人はそれほど否定しない。皆がおもしろがっているうそを黙って聞いていると、〔サ　　　〕にまでされてしまう。
第六段落	（p.25 ℓ.2～p.25 ℓ.4）	うそへの対処法	とにかくうその多い世なので、よくあることだと受けとめておけば間違いがない。身分の〔シ　　　〕人の話は驚くことばかりだが、身分の高い人はそうではない。
第七段落	（p.25 ℓ.5～終わり）	例外的事例	神仏の霊験や高僧の〔ス　　　〕はいちずに信じるべきではなく、また、疑いばかりにするべきでもない。

語句・文法　知識・技能

1 次の語の意味を調べなさい。

p.24
- ℓ.1 ①虚言〔　　　〕
- ℓ.3 ②やがて〔　　　〕
- ℓ.5 ③かたくななり〔　　　〕
- ℓ.6 ④そぞろなり〔　　　〕
- ⑤さらに〔　　　〕
- ℓ.8 ⑥かつ〔　　　〕
- ℓ.10 ⑦げにげにし〔　　　〕

p.25
- ℓ.1 ⑧いとど〔　　　〕
- ℓ.6 ⑨をこがまし〔　　　〕
- ⑩よも〔　　　〕

2 次の太字の助詞は、あとのア～カのいずれにあたるか。それぞれ選びなさい。

- p.24 ℓ.1 ①まことはあいなきに**や**、多くはみな〔　　　〕
- ℓ.5 ②かたくななる人**の**その道知らぬは、〔　　　〕
- ℓ.14 ③「さもなかりし**ものを**。」と言はんも〔　　　〕
- p.25 ℓ.1 ④証人に**さへ**なされて、〔　　　〕

ア　格助詞　イ　接続助詞　ウ　副助詞
エ　係助詞　オ　間投助詞　カ　終助詞

3 「まことしからず」（二四・9）の品詞分解として適当なものを次から選びなさい。

p.24 ℓ.9

ア　名詞＋過去の助動詞＋格助詞＋打消の助動詞
イ　名詞＋サ変動詞＋格助詞＋打消の助動詞
ウ　形容詞＋格助詞＋打消の助動詞
エ　形容詞＋打消の助動詞〔　　　〕

内容の理解

思考力・判断力・表現力

第一段落

1 「虚言」（二四・1）と対照的な意味で用いられている語を、本文中から四字以内で抜き出しなさい。

［　　　　］

第二段落

2 「あるにも過ぎて人はものを言ひなす」（二四・2）とは、どういうことか。次から選びなさい。

ア　人は、あとになってからあれこれ語り出すということ。
イ　人は、事実よりも大げさに話すものであるということ。
ウ　人は、必要以上にうわさ話が好きであるということ。
エ　人は、目に余るほど話に尾ひれをつけるということ。

〔　　〕

3 「言ひたきままに語りなし」（二四・3）と同じ意味の表現を、本文中から十二字以内で抜き出しなさい。

［　　　　　　　　　　　　］

第三段落

4 「道々のものの上手のいみじきこと」（二四・5）の意味として適当なものを、次から選びなさい。

ア　それぞれの専門の道において、名手になることの困難さ。
イ　それぞれの専門の道における、奥義の極め方。
ウ　それぞれの専門の道における、名人のすばらしさ。
エ　それぞれの専門の道を、見事に習得していること。

〔　　〕

第四段落

5 「恐ろしきことなり。」（二四・12）と作者が捉えているのはなぜか。次から選びなさい。　▼脚問2

ア　真実味があるため、事実だと思われてしまいがちだから。
イ　実際の出来事だと誤解され、災いを招くことが多いから。
ウ　事情をよく知らない語り手によって創作されるから。
エ　語り手に不都合な事実はあえて隠して話しているから。

〔　　〕

第五段落

6 新傾向 「みな人の興ずる……いと定まりぬべし。」（二四・13～二五・1）の一文を説明した次の流れ図の空欄①～④に、適当な言葉を漢字で入れなさい。

・〔　①　〕がおもしろがっている「虚言」→
・〔　②　〕一人が否定して水を差してもしかたがないと思う→
・黙って話を聞いている→
・話の〔　③　〕にまでされてしまう→
・ますます〔　④　〕のことだと決まってしまう

①〔　　〕　②〔　　〕
③〔　　〕　④〔　　〕

第六段落

7 「よき人」（二五・4）とは、ここではどのような人か。十字以内で説明しなさい。（句読点は含まない）

［　　　　　　　　　　］

第七段落

8 「これ」（二五・6）の内容を、本文中から抜き出しなさい。　▼脚問4

〔　　　　　　〕

全体

9 「虚言」が多い理由として適当でないものを次から選びなさい。

ア　事実は必ずしもおもしろいとは限らず、語り手が話をおもしろくしてしまう傾向があるから。
イ　何年も前の遠い土地での出来事についての文章は確かめようがなく、そのまま事実とされてしまうから。
ウ　うわさに聞くのと実際に目にするのとは何事も違うものなので、つじつまを合わせようとするから。
エ　自分にとって名誉になるような「虚言」は、誰しもそれほど否定しないから。

〔　　〕

学習目標 作者の、世の諸事象に向けた批評の目を通して、ものの見方や考え方を捉える。

徒然草（あだし野の露消ゆるときなく）

教科書p.26～p.27

検印

展開の把握

思考力・判断力・表現力 ▼学習一

○次の空欄に適語を入れて、内容を整理しなさい。

第一段落（意見）（初め～p.26 ℓ.2）	第二段落（裏づけの事実①）（p.26 ℓ.3～p.26 ℓ.6）	第三段落（裏づけの事実②）（p.26 ℓ.7～終わり）
無常の礼賛	長命である人間	老醜をさらすことの嘆き
あだし野の露や鳥部山の煙は消えやすいが、そのように人が消え去るということなく、〔ア　　〕を全うする〔イ　　〕であったなら、どんなにかものの〔ウ　　〕もないことであろう。この世は〔エ　　〕であるのがすばらしいのだ。	命あるものを見ると、〔オ　　〕ほど長生きするものはない。かげろうや夏の〔カ　　〕が短命であるのに比べると、人間は〔キ　　〕を暮らす間だけでも実にのどかなものだ。〔ク　　〕が惜しいと思ったら、〔ケ　　〕を生きたとしても、一夜の〔コ　　〕のような気がするであろう。	長生きしても生き〔サ　　〕をさらすだけで、〔シ　　〕に足りないくらいで死ぬのが見苦しくない。人は四十を過ぎると、〔ス　　〕を恥じる心もなく、〔セ　　〕に出たがり、〔ソ　　〕の繁栄に執着して、名誉や〔タ　　〕をむさぼる心が深くなり、ものの〔チ　　〕がわからなくなるのは、嘆かわしいことだ。

語句・文法

知識・技能

1 次の語の意味を調べなさい。

p.26 ℓ.8 ①めやすし〔　　〕

ℓ.10 ②あらます〔　　〕

ℓ.11 ③あさまし〔　　〕

2 次の①～③の文法的説明として適当なものを、あとのア～ウからそれぞれ選びなさい。

p.26 ℓ.2 ①なからん〔　　〕

ア 四段動詞未然形＋意志の助動詞終止形

イ ラ変動詞未然形＋推量の助動詞終止形

ウ 形容詞未然形＋推量の助動詞連体形

ℓ.8 ②死なん〔　　〕

ア 四段動詞未然形＋意志の助動詞連体形

イ ナ変動詞未然形＋婉曲の助動詞連体形

ウ 形容詞未然形＋婉曲の助動詞連体形

ℓ.9 ③出でまじらはん〔　　〕

ア 四段動詞未然形＋婉曲の助動詞連体形

イ ラ変動詞未然形＋意志の助動詞連体形

ウ 形容詞未然形＋推量の助動詞連体形

3 次の太字の係助詞「こそ」の結びの語をそれぞれ抜き出し、終止形で答えなさい。

p.26 ℓ.2 ①定めなき**こそ**、いみじけれ。〔　　〕〔　　〕

ℓ.5 ②一夜の夢の心地**こそ**せめ。〔　　〕〔　　〕

ℓ.8 ③死なん**こそ**、めやすかるべけれ。〔　　〕〔　　〕

内容の理解

思考力・判断力・表現力

第一段落

1 「あだし野の……なく、」(二六・1)について、次の問いに答えなさい。

(1) この言葉と対応して対句をなしている部分を本文中から抜き出しなさい。

〔　　〕

(2) 「露」は、①どのようなものにたとえられているか。六字以内で答えなさい。(句読点は含まない) ②「露」の縁語を本文中から抜き出しなさい。

①［　　］　②〔　　〕

第二段落

2 「かげろふの夕べを待ち、夏の蟬の春秋を知らぬもあるぞかし。」(二六・3)における次の①〜⑥の連文節は、どのような関係になっているか。それぞれあとのア〜エから選びなさい。

例 夕べを　待ち→イ

① 夏の　蟬の　② 春秋を　知らぬも

③ かげろふの　夕べを待ち　④ 夏の蟬の　春秋を知らぬも

⑤ かげろふの夕べを待ち、　夏の蟬の春秋を知らぬも

⑥ かげろふの夕べを待ち、夏の蟬の春秋を知らぬも　あるぞかし。

ア 主述関係　イ 連用修飾関係

ウ 対等関係　エ 連体修飾関係

①〔　〕②〔　〕③〔　〕

④〔　〕⑤〔　〕⑥〔　〕

3 「飽かず、惜しと思はば、」(二六・5)について、次の問いに答えなさい。

(1) 「飽かず」とあるが、何に「飽かず」なのか。わかりやすく十字以内で答えなさい。

［　　］

(2) 「惜し」とあるが、何が「惜し」いのか。本文中の一語で答えなさい。

〔　　〕

第三段落

4 「長くとも四十に足らぬほどにて死なんこそ、めやすかるべけれ。」(二六・8)とあるが、ここには表現をぼかした言葉が用いられているため、作者自身が七十歳近くまで生きていようと、読者は抵抗を感じないですむのである。該当する三つの言葉を抜き出しなさい。

〔　　〕〔　　〕〔　　〕

5 「そのほど」(二六・8)とは、何をさしているか。適当なものを次から選びなさい。

ア 死ぬ直前　イ 青春時代

ウ 四十歳前後　エ 秋の夕方

〔　　〕

6 本文中に、作者が最も軽蔑している生き方を述べている箇所がある。その箇所を過不足なく抜き出し、初めと終わりの五字で答えなさい。(句読点は含まない)

［　　］〜［　　］

全体

7 本文の趣旨と一致するものはどれか。適当なものを次から選びなさい。

ア この世の中は、移ろいやすいものであるからこそ、かえってすばらしいと考えるべきである。

イ 老人になったら、自分の利益を念頭に置かず、将来の社会を担ってゆく子孫を、心から愛するべきである。

ウ 人間は生きている限り希望を持ち続ける存在であるから、できるだけ長生きするよう、努力すべきである。

エ 自然は不変のものであるから、永遠の偉大を求める人類にとって、たいへん魅力的である。

〔　　〕

学習目標　作者の、世の諸事象に向けた批評の目を通して、ものの見方や考え方を捉える。

徒然草（飛鳥川の淵瀬）

教科書 p.28～p.29

検印

展開の把握　思考力・判断力・表現力

○次の空欄に適語を入れて、内容を整理しなさい。

第一段落（序論）（初め～ p.28 ℓ.4）	第二段落（本論）（p.28 ℓ.5 ～ p.28 ℓ.14）	第三段落（結論）（p.29 ℓ.1 ～ 終わり）
人の世の無常	京極殿・法成寺の荒廃	無常の自覚
〔ア　〕の淵と瀬が一夜にして変わってしまうように、無常の〔イ　〕なので、華やかに栄えていた所も人の住まない〔ウ　〕になり、変わらぬ家はあっても住む〔エ　〕は変わっている。桃李はものを言わないので、ともに〔オ　〕を語る相手もいない。まして、見たこともない昔の〔カ　〕方の旧跡は、ひどくはかなく思われる。	京極殿や法成寺などを見ると、事態が変わってしまったさまは、もの悲しい。〔キ　〕が立派に建立なさって、〔ク　〕の繁栄をお考えになったとき、これほど〔ケ　〕てしまうとは思いもしなかっただろう。〔コ　〕まで残っていた大門と金堂は滅び、〔サ　〕と法華堂が残るのみである。これもまたいつまで残るだろうか。この程度の跡さえない所は、誰の遺跡かはっきり知る人もいない。	何事につけ、自分の〔シ　〕の世のことまで思い定めても、むなしいことだ。

語句・文法　知識・技能

1 次の語の意味を調べなさい。

- p.28 ℓ.1 ①常ならず〔　〕
- ℓ.4 ②やんごとなし〔　〕
- ℓ.5 ③あはれなり〔　〕
- ℓ.7 ④後見〔　〕
- ℓ.10 ⑤わざ〔　〕
- ℓ.13 ⑥おのづから〔　〕

2 次の太字の係助詞の結びの語をそれぞれ抜き出し、終止形で答えなさい。

- p.28 ℓ.3 ①たれとともに**か**昔を語らん。〔　〕
- ℓ.4 ②跡のみ**ぞ**、いとはかなき。〔　〕
- ℓ.5 ③法成寺など見る**こそ**、志とどまり、事変じにけるさまは、あはれなれ。〔　〕
- ℓ.10 ④無量寿院ばかり**ぞ**、その形とて残りたる。〔　〕
- ℓ.12 ⑤見ゆる**ぞ**あはれなる。〔　〕
- ℓ.13 ⑥いつまで**か**あらん。〔　〕
- p.29 ℓ.1 ⑦**こそ**、はかなかるべけれ。〔　〕

3 次の太字の助動詞の活用形を答え、意味をあとのア～クからそれぞれ選びなさい。

- p.28 ℓ.4 ①見**ぬ**いにしへの〔　・　〕
- ℓ.6 ②庄園多く寄せ**られ**、〔　・　〕
- ℓ.8 ③かばかりあせ果て**ん**と〔　・　〕
- ℓ.14 ④知れ**る**人もなし。〔　・　〕

ア 自発　**イ** 受身　**ウ** 尊敬　**エ** 意志
オ 推量　**カ** 完了　**キ** 存続　**ク** 打消

内容の理解

思考力・判断力・表現力

第一段落

1 「飛鳥川の淵瀬」（二八・1）とあるが、この言葉はどこにかかっているか。本文中から抜き出しなさい。

〔　　　〕

2 「はなやかなりしあたり」（二八・2）とは、どのような所と考えられるか。次から選びなさい。

ア 商家が立ち並び活気のあった場所
イ 美しく着飾った人々が行き交っていた所
ウ 帝や上皇などの皇族の御所
エ 権勢を誇った貴族の邸宅

〔　　　〕

3 「まして、見ぬいにしへのやんごとなかりけん跡のみぞ、」（二八・3）とあるが、どのようなことと比較して「まして」と言っているのか。次から選びなさい。

ア 昔の栄華のさまを語り合う相手さえいないこと。
イ 昔と変わらぬ住居でさえも住む人が変わってしまっていること。
ウ 自分が見聞きした範囲のことでさえ無常であること。
エ 年月の経過とともにさまざまなことが移ろうこと。

〔　　　〕

第二段落

4 「世のかため」（二八・7）の意味を、次から選びなさい。

ア 国家の為政者　イ この世の基礎
ウ 天下の大部分　エ 来世の契約

〔　　　〕

5 「行く末まで」（二八・7）の下にどのような言葉が省略されているか。八字以内の現代語で答えなさい。（句読点は含まない）　▼脚問2

6 「かばかり……おぼしてんや。」（二八・8）とあるが、①「あせ果てん」、②「おぼしてん」の主語を、それぞれ本文中から抜き出しなさい。

①〔　　　〕　②〔　　　〕

第二段落

7 「その形」（二八・10）について、次の問いに答えなさい。

(1)「そ」がさす内容を本文中から一語で抜き出しなさい。

〔　　　〕

(2)「形」と同じ意味で用いられている言葉を、本文中からすべて抜き出しなさい。

〔　　　〕

8 「行成の大納言」（二八・11）とは、能書家で三蹟《さんせき》の一人とされている藤原行成のことである。三蹟の他の二人を漢字で答えなさい。

〔　　　〕〔　　　〕

9 「さだかに知れる人もなし。」（二八・14）とあるが、何を知っている人がいないのか。次から選びなさい。

ア 礎の由緒や来歴　イ 礎の場所
ウ 礎がいつまで残っているか　エ 礎の様子

〔　　　〕

第三段落

10 「見ざらん世」（二九・1）の意味を、次から選びなさい。

ア 過去の世　イ 現在の世
ウ 現実の世　エ 死後の世

〔　　　〕

全体

11 本文から読み取ることのできる作者の感慨として適当なものを、次から選びなさい。

ア 創建当時は見事な建物であっても、結局は滅ぶ定めである。
イ 無常のこの世で死後のことまで考えてもむなしいだけだ。
ウ どんなにすぐれた人物でも、一族の行く末までは見通せない。
エ この世の無常を嘆き合えるような心の通い合う相手がいない。

〔　　　〕

学習目標 鎌倉初期という時代の転換期に作者が抱いた、人の世に対する思いを捉える。

方丈記（ゆく川の流れ）

教科書p.30〜p.31

検印

展開の把握

思考力・判断力・表現力

○次の空欄に適語を入れて、内容を整理しなさい。

第一段落 （主題の提示） （初め 〜 p.30 ℓ.3）	第二段落 （主題の例証） （p.30 ℓ.4 〜 p.30 ℓ.7）	 （p.30 ℓ.7 〜 p.30 ℓ.9）	第三段落 （主題の反復） （p.30 ℓ.10 〜 終わり）
無常の道理	すみかの無常	人の無常	無常の人生相
川の〔ア　　〕は絶えないけれども、もとの水ではない。よどみに浮かぶ〔イ　　〕は消えたりできたりして、長く同じ〔ウ　　〕でいることがない。〔エ　　〕と〔オ　　〕もまた同じように、ひとときもそのままあり続けることなく、定めないものである。	都には家が立ち並び、〔カ　　〕を経てもなくならないようだが、〔キ　　〕たり〔ク　　〕たりして、昔からの家はまれである。	住む人も同じである。住所も変わらず、人も大勢いるけれども、〔ケ　　〕だり〔コ　　〕たりして、絶えず入れ替わっている。	〔サ　　〕はどこからこの世へ来て、どこへ去って行くのか、また、仮の宿りである〔シ　　〕なのに、誰のために心を悩ますのか、わからない。人とすみかの関係は、朝顔の〔ス　　〕とその上に置く〔セ　　〕のようにはかないものである。

語句・文法

知識・技能

1 次の語の意味を調べなさい。

p.30 ℓ.2 ①うたかた〔　　〕
②かつ〔　　〕
③ためし〔　　〕
ℓ.4 ④いやし〔　　〕

2 次の太字の助動詞の意味は、あとのア〜エのいずれにあたるか。それぞれ選びなさい。

p.30 ℓ.3 ①またかくの**ごとし**。〔　　〕
ℓ.5 ②尽きせ**ぬ**ものなれど、〔　　〕
ℓ.11 ③目を喜ば**しむる**。〔　　〕
p.31 ℓ.2 ④朝日に枯れ**ぬ**。〔　　〕

ア 使役　イ 比況　ウ 確述（強意）
エ 打消

3 次の太字の語について、文法的に説明しなさい。

p.30 ℓ.7 ①人も**多かれ**ど、
〔　　〕
p.31 ℓ.1 ②露に**異なら**ず。
〔　　〕

4 「知らず、生まれ死ぬる人、いづ方より来たりて、いづ方へか去る。」（三〇・10）は倒置法が用いられている。普通の文語文に改めるとどうなるか。次の空欄①〜③に適当な動詞を入れなさい。

p.30 ℓ.10

〔 ① 〕人いづ方より来たりて、〔 ② 〕人いづ方へか去るを〔 ③ 〕ず。

①〔　　〕　②〔　　〕
③〔　　〕

内容の理解

思考力・判断力・表現力

第一段落

1 「かくのごとし。」（三〇・3）とあるが、この内容を本文中から二文で抜き出し、初めと終わりの四字で答えなさい。（句読点は含まない）

〜

2 「棟を並べ、甍を争へる、高き、いやしき、人の住まひは、世々を経て尽きせぬものなれど、」（三〇・4）について、次の問いに答えなさい。

(1)「甍を争へる」は、どの語にかかっていくか。次から選びなさい。

ア 高き　イ いやしき　ウ 住まひ　エ 尽きせぬ〔　　〕

(2)「争へる」とあるが、何を競い合っているのか。七字以内で簡潔に答えなさい。（句読点を含む）

第二段落

3 「これをまことかと尋ぬれば、」（三〇・5）とあるが、「これ」は何をさすか。次から選びなさい。

ア 川の流れは、永遠に絶えることがないということ。
イ 人やすみかが川の流れと同じようだという考え。
ウ 美しい都の中で、人々が競い合っていること。
エ 都の中の人の住居が永久に変わらないということ。〔　　〕

4 「住む人もこれに同じ。」（三〇・7）について、次の問いに答えなさい。

(1)「これ」は、何をさすか。本文中から十字以内で抜き出しなさい。

(2)「これ」のさす内容と、「住む人」のどのような点が「同じ」だといっているのか。該当する箇所を抜き出し、初めと終わりの四字で答えなさい。（句読点は含まない）

〜

第二段落

5 「朝に死に、夕べに生まるるならひ、」（三〇・8）とあるが、「死に」を先にして「生まるる」をあとにしたのはなぜか。その理由と最も関係の深い叙述を、第一段落から十字以内で抜き出しなさい。（句読点は含まない）

6 「無常を争ふさま、いはば朝顔の露に異ならず。」（三一・1）とあるが、「朝顔の露に異ならず」とは、どのような意味か。次から選びなさい。

ア 朝顔の花と、その花に宿る露との関係に異なることがない。
イ 朝顔の花が露と競い合う様子とは全く別のものである。
ウ 朝顔の花が露と競い合う様子は異常な光景である。
エ 朝顔の花と露とは、全く同じようなものと考えてよい。〔　　〕

第三段落

7 「あるいは露落ちて花残れり。」（三一・1）について、次の問いに答えなさい。

(1)「露」と「花」とは、何をたとえたものか。それぞれ本文中の一字の言葉で答えなさい。▼学習二

露〔　　〕　花〔　　〕

(2)本文中には対句が多く用いられているが、「露落ちて」に対応している部分を抜き出しなさい。

〔　　〕

全体

8 この文章の主題として適当なものを、次から選びなさい。

ア 厭世　イ 無常
ウ 非常　エ もののあはれ〔　　〕

学習目標 鎌倉初期という時代の転換期に作者が抱いた、人の世に対する思いを捉える。

方丈記（安元の大火）

教科書p.32～p.33

検印

展開の把握

思考力・判断力・表現力

○次の空欄に適語を入れて、内容を整理しなさい。

第一段落（初め ～ p.32 ℓ.2）	第二段落（p.32 ℓ.3 ～ p.32 ℓ.5）	第三段落（p.32 ℓ.6 ～ p.33 ℓ.3）	第四段落（p.33 ℓ.4 ～ 終わり）
（序）体験した世の不思議	安元の大火の概況	火事の状況	作者の感想
世の中の物事の〔ア　　〕がわかるようになってから、四十年の〔イ　　〕を過ごす間に、不思議な〔ウ　　〕をしばしば体験した。	安元三年（一一七七）四月二十八日の午後〔エ　　〕ごろ、都の〔オ　　〕から出火して、〔カ　　〕に燃え広がった。〔キ　　〕をはじめ、大極殿・大学寮・民部省まで、一夜のうちに灰となった。	火もとは、樋口富小路の、〔ク　　〕が泊まった仮屋だという。吹き迷う〔ケ　　〕で末広がりに燃え移り、ある者は〔コ　　〕にむせんで倒れ、ある者は〔サ　　〕に包まれて死んだ。〔シ　　〕がすべて灰となった。公卿の家も多く焼け、都の三分の一が焼失し、死者は数十人に及んだ。	人の営みはすべておろかなものであるが、これほど危険な〔ス　　〕の中に〔セ　　〕を建てるために、〔ソ　　〕を使い、心を悩ますことは、つまらないことだ。

語句・文法

知識・技能

1 次の語の意味を調べなさい。

- p.32 ℓ.2 ①やや 〔　　〕
- ℓ.11 ②うつし心 〔　　〕
- ℓ.13 ③さながら 〔　　〕
- p.33 ④費え 〔　　〕
- ⑤いくそばく 〔　　〕
- ℓ.7 ⑥あぢきなし 〔　　〕

2 次の①～⑤の中に、係り結びの結びにあたる「言ふ」あるいは「言へる」の省略されているものがある。省略されているものには○、省略されていないものには×を書きなさい。

- p.32 ℓ.6 ①樋口富小路とかや。 〔　　〕
- ②出で来たりけるとなん。 〔　　〕
- ℓ.11 ③うつし心あらんや。 〔　　〕
- ℓ.13 ④その費え、いくそばくぞ。 〔　　〕
- p.33 ℓ.1 ⑤三分が一に及べりとぞ。 〔　　〕

3 次の文を単語に分けて、文法的に説明しなさい。

例 心（名詞）・を（助詞）・悩ます（サ行四段活用動詞連体形）・こと（名詞）・は（助詞）

p.33 ℓ.6 すぐれてあぢきなくぞ侍る。

〔　　〕

内容の理解

思考力・判断力・表現力

第一段落

1 「予」（三・1）の意味を、次から選びなさい。

ア 私　イ おまえ　ウ 私たち　エ その人

〔　　〕

2 「とかく移りゆくほどに、」（三・7）について、次の問いに答えなさい。

(1) 「とかく」とあるが、どのような意味か。次から選びなさい。

ア あちらこちらへ　イ とにかく　ウ なんにしても　エ ややもすれば

〔　　〕

(2) 「移りゆく」とあるが、何が「移りゆく」のか。次から選びなさい。

ア 風　イ 火　ウ 舞人　エ 仮屋

〔　　〕

3 「遠き家は煙にむせび、」（三・8）とあるが、「家」が「むせび」といった修辞法を何というか。三字で答えなさい。

第三段落

4 「その中の人、うつし心あらんや。」（三・11）について、次の問いに答えなさい。

(1) 「その中の人」とあるが、「その中」とはどの中か。次から選びなさい。

ア 「扇を広げたるがごとく末広になりぬ。」と書かれた延焼地域の中。

イ 「遠き家は煙にむせび」と書かれた家の中。

ウ 「空には灰を吹きたてたれば、火の光に映じて、あまねく紅なる中」と書かれた「紅なる」の中。

エ 「風に堪へず、吹き切られたる炎、飛ぶがごとくして、一、二町を越えつつ移りゆく」中。

〔　　〕

(2) 「うつし心あらんや。」とは、どういう意味か。三十字以内で口語訳しなさい。

第三段落

5 「その費え、」（三・13）とあるが、「費え」の中に含まれないと思われるものを、次から二つ選びなさい。▼学習一

ア 資材　イ 七珍万宝　ウ 灰燼　エ 馬・牛　オ 人の営み

〔　　〕〔　　〕

6 「ましてそのほか、数へ知るに及ばず。」（三・14）とあるが、「数へ知るに及ばず」と同じ意味のことを本文中の他の箇所では別の言葉で表現している。その表現を抜き出しなさい。

〔　　〕

全体

7 新傾向 この文章には、次の図のような対句的表現が見られる。A・Bに該当する一文をそれぞれ本文中から探し、初めの五字を答えなさい。

Aの文（前半 ⟷ 後半）対句
⇔ 対句
Bの文

A〔　　〕
B〔　　〕

8 この文章の内容、表現と合致するものを二つ、次から選びなさい。

ア この文章は、作者が四十歳になるまでの間に体験した超自然的事件について、簡潔に、かつ詠嘆的に記録している。

イ 安元の大火が、折からの大風で一挙に燃え広がり、次第に収束していったさまを、扇の形という比喩であざやかに表現している。

ウ 大火は過去のことであるが、その描写には、過去形ばかりでなく現在形もまじえて、目前に見るように生き生きと表現している。

エ この災害について述べるにあたり、作者の視線は、京都に建つ家々と、そこに住んでいる人間のことに向けられている。

オ この災害によって、京の建造物・文化財が多く失われたが、作者はその損失を具体的に記録し、災害に対する備えのなさを嘆いている。

〔　　〕〔　　〕

学習目標 同じ事実に対する二つの文章を読み比べ、作者の意図の違いを捉える。

活動 「安元の大火」と『平家物語』「内裏炎上」との読み比べ

教科書 p.32〜p.33

検印

○「安元の大火」と同じ火災について書かれた次の文章を読んで、あとの問いに答えなさい。

　同じき四月二十八日、亥《ゐ》の刻ばかり、樋口富小路《ひぐちとみのこうぢ》より、火出で来て、辰巳《たつみ》の風激しう吹きければ、京中多く焼けにけり。大きなる車輪のごとくなるほむらが、三町五町を隔てて、戌亥《いぬゐ》の方へすぢかへに飛び越え飛び越え焼けゆけば、恐ろしなんどもおろかなり。あるいは具平親王《ぐへいしんわう》の千種殿《ちくさどの》、あるいは北野の天神の紅梅殿、橘逸成《きついつせい》のはひ松殿、鬼殿《おにどの》、高松殿、鴨居殿、東三条《とうさんでう》、冬嗣《ふゆつぎ》の大臣《おとど》の閑院殿《かんゐんどの》、昭宣公《せうぜんこう》の堀河殿、これをはじめて、昔今の名所三十余か所、公卿《くぎやう》の家だにも十六か所まで焼けにけり。そのほか殿上人・諸大夫《しよだいぶ》の家々は記すに及ばず。果ては大内《たいだい》に吹きつけて、朱雀門《しゆしやく》よりはじめて、応天門・会昌門《くわいしやう》・大極殿《だいごくでん》・豊楽院《ぶらく》・諸司《しよし》八省・朝所《あいたんどころ》、一時がうちに灰燼《くわいじん》の地とぞなりにける。家々の日記、代々の文書《もんじよ》、七珍万宝《しつちんまんぼう》、さながら塵灰《ちりはひ》となりぬ。その間の費え、いかばかりぞ。人の焼け死ぬること数百人、牛・馬のたぐひは数を知らず。

　これただごとにあらず、*山王《さんわう》の御咎《とが》めとて、比叡山《ひえいざん》より大きなる*猿どもが二三千おりくだり、手々《てんで》に*松火《まつび》をともいて京中を焼くとぞ、人の夢には見えたりける。

（『平家物語』「内裏炎上」）

語注

＊**山王**……滋賀県大津市坂本にある日吉大社の祭神。また、その異称。日吉大社は天台宗の護法神としても信仰された。

＊**猿**……猿は日吉大社の使者とされていた。

＊**松火**……たいまつ。

展開の把握　思考力・判断力・表現力

○次の空欄に適語を入れて、内容を整理しなさい。

第一段落	第二段落
火災の概要	火災の原因
同年〔一一七七年〕〔ア　　〕、午後十時ごろ、樋口富小路から、出火して、〔イ　　〕からの風が激しく吹き、京の中が多く焼けてしまった。大きな〔ウ　　〕のような炎が、〔エ　　〕の方角へ飛び越え燃えてゆくので、〔オ　　〕という言葉だけでは言い尽くせない。具平親王の千種殿など、昔や今の〔カ　　〕は三十余か所、〔キ　　〕の家さえも十六か所まで焼けてしまった。そのほか焼けてしまった家々は、多すぎて記すことができない。しまいには〔ク　　〕に炎が吹きつけて、〔ケ　　〕をはじめとして、多くの門や役所が、〔コ　　〕時間のうちに焼け野原になってしまった。家々に伝わる日記、代々伝えられてきた文書、すばらしい宝物の数々は、すべて〔サ　　〕となってしまった。その間の〔シ　　〕は、どれほどであったことか。焼死者は数百人、牛・馬などはどのくらい死んだか、数もわからない。	これはただごとではなく、〔ス　　〕権現のおとがめであるとして、比叡山から大きな〔セ　　〕たちが二、三千匹下りてきて、それぞれが〔ソ　　〕をともして京の都を焼くのだと、ある人の〔タ　　〕には見えたそうである。

語句・文法　知識・技能

1 次の語の意味を調べなさい。

ℓ1 ①亥の刻〔　　〕
②辰巳（方角）〔　　〕
ℓ2 ③ほむら〔　　〕
④戌亥（方角）〔　　〕
⑤すぢかへ〔　　〕
⑥おろかなり〔　　〕
ℓ5 ⑦及ぶ〔　　〕
⑧果て〔　　〕
ℓ6 ⑨さながら〔　　〕
⑩費え〔　　〕
ℓ7 ⑪たぐひ〔　　〕

2 次の太字の語が形容詞か形容動詞の場合は、あとのア～エからその品詞と活用の種類を選び、形容詞か形容動詞でない場合には×を書きなさい。

ℓ1 ①辰巳の風**激しう**吹きければ、〔　　〕〔　　〕
②京中**多く**焼けにけり。〔　　〕〔　　〕
③車輪の**ごとくなる**ほむらが、〔　　〕〔　　〕
ℓ2 ④**恐ろし**なんどもおろかなり。〔　　〕〔　　〕
⑤恐ろしなんども**おろかなり**。〔　　〕〔　　〕
ℓ8 ⑥比叡山より**大きなる**猿どもが〔　　〕〔　　〕

ア　形容詞・ク活用
イ　形容詞・シク活用
ウ　形容動詞・ナリ活用
エ　形容動詞・タリ活用

内容の理解　思考力・判断力・表現力

1 『平家物語』「内裏炎上」における火災の様子をまとめた。次の問いに答えなさい

(1) 次の項目にあてはまる言葉を、『平家物語』「内裏炎上」の本文中から抜き出しなさい。

①日付〔　　　〕

②出火時刻〔　　　〕

③火元〔　　　〕

④焼死した人数〔　　　〕

(2) 新傾向 前問(1)の①〜④の項目を『方丈記』「安元の大火」と比較した場合、異なっているものがある。①〜④のうち、異なっている項目の番号をすべて答えなさい。

〔　　　〕

2 『平家物語』「内裏炎上」の八行目「これ」のさしている部分を抜き出し、初めと終わりの五字で答えなさい。(句読点を含む)

〔　　　〕〜〔　　　〕

3 『平家物語』「内裏炎上」では、この火災の原因についてどのようなことが述べられているか。三十字以内で説明しなさい。

〔　　　〕

4 『方丈記』「安元の大火」の火災の原因についての記述から読み取れることは何か。それを説明した次の文の空欄①・②に入る言葉を、①は『方丈記』「安元の大火」の本文から一文で抜き出し、②には適当な一語を入れなさい。

「安元の大火」の本文中に「〔①〕」とあり、『平家物語』「内裏炎上」と比してより〔②〕的な原因と記述されている。

①〔　　　〕　②〔　　　〕

5 新傾向 次の図は、『平家物語』「内裏炎上」と『方丈記』「安元の大火」の二つの文章について、ある生徒が自分の考えをまとめたものである。図の中の空欄①〜⑥に入る言葉をあとからそれぞれ選びなさい。ただし、一度選んだものは他では使えないものとする。

> 火災の原因の違い
> →
> 作品中における火災の意味づけの違い
>
> 『平家物語』「内裏炎上」
> 〔①〕が〔②〕を使って、〔③〕を戒めている。
>
> 『方丈記』「安元の大火」
> 〔④〕が〔⑤〕を使って、〔⑥〕を戒めている。

ア 天　イ 人の営み　ウ 人々

エ 火事の事実　オ 火事　カ 作者

①〔　　〕②〔　　〕③〔　　〕

④〔　　〕⑤〔　　〕⑥〔　　〕

学習目標 物語の中で和歌が果たしている役割を押さえながら、場面と登場人物の心情を捉える。

伊勢物語（初冠）

教科書p.36〜p.37

検印

展開の把握

思考力・判断力・表現力

○次の空欄に適語を入れて、内容を整理しなさい。

第一段落（事件）（発端）（初め〜p.36 ℓ.2）	第一段落（事件）（展開）（p.36 ℓ.2〜p.36 ℓ.3）	第一段落（事件）（結末）（p.36 ℓ.3〜p.36 ℓ.10）	第二段落（感想）（補足）（p.36 ℓ.10〜終わり）
旧都に狩りに行った男	美しい姉妹を垣間見る	恋心を即座に歌によむ	男のよんだ歌の解説
昔、ある男が〔ア　　〕をして、〔イ　　〕の都の春日の里に、〔ウ　　〕のある縁で、狩りに出かけた。	その里に、とても若々しく美しい〔エ　　〕が住んでいた。男は、彼女たちを〔オ　　〕してしまった。	思いがけず、さびれた〔カ　　〕にたいそう不似合いな〔キ　　〕であったので、男は心がひかれて乱れてしまった。そこで、自分の着ていた〔ク　　〕の狩衣の〔ケ　　〕を切って、その場にふさわしい恋の〔コ　　〕を書きつけて贈った。	男のよんだ歌は、「みちのくのしのぶもぢずりたれゆゑに乱れそめにし我ならなくに」という古歌の〔サ　　〕をふまえてよんだものである。昔の人は、このような熱烈で〔シ　　〕な振る舞いをしたのである。

語句・文法

知識・技能

1 次の語の意味を調べなさい。

- p.36 ℓ.1 ①初冠〔　　〕
- ②領る〔　　〕
- ℓ.2 ③なまめく〔　　〕
- ④はらから〔　　〕
- ℓ.3 ⑤ふるさと〔　　〕
- ⑥はしたなし〔　　〕
- ℓ.10 ⑦ついで〔　　〕
- p.37 ℓ.2 ⑧心ばへ〔　　〕
- ⑨いちはやし〔　　〕
- ⑩みやび〔　　〕

2 「乱れそめにし」（三七・1）は「乱れそめ・に・し」から成る。この三つの活用語の終止形を、それぞれ答えなさい。

p.37 ℓ.1 〔　　〕

3 次の太字の「に」は、あとのア〜カのいずれにあたるか。それぞれ選びなさい。

- p.36 ℓ.1 ①狩りにいにけり。〔　　〕
- ℓ.3 ②ふるさとにいとはしたなくて〔　　〕
- ℓ.4 ③心地惑ひにけり。〔　　〕
- p.37 ℓ.1 ④たれゆゑに〔　　〕

ア ナ変動詞連用形活用語尾　イ ナリ活用形容動詞連用形活用語尾　ウ 断定の助動詞連用形　エ 格助詞　オ 完了の助動詞連用形　カ 接続助詞

内容の理解

思考力・判断力・表現力

第一段落

1 「思ほえず、ふるさとにいとはしたなくてありければ、心地惑ひにけり。」（三六・3）について、次の問いに答えなさい。

(1)「思ほえず」とあるが、この言葉はどの語句にかかるか。次から選びなさい。

ア ふるさとに　イ はしたなくてありければ
ウ 心地惑ひにけり　エ 独立しているのでかからない　〔　〕

(2)「いとはしたなくて」は「たいそう不似合いなさまで」という意味であるが、何と何とが不似合いであると述べているか。十五字以内の現代語で答えなさい。（句読点を含む）

(3)「心地惑ひにけり。」とあるが、この心情とほぼ同じ表現を本文中から抜き出しなさい。

〔　〕

2 「春日野の」（三六・8）の歌について、次の問いに答えなさい。

(1)「春日野の若紫のすり衣」は、「しのぶの乱れ」を美しく表現するための飾りの言葉である。この修辞法を何というか。次から選びなさい。

ア 縁語　イ 枕詞　ウ 序詞　エ 本歌取り　〔　〕

(2)「若紫」とあるが、これは何をたとえたものか。該当するものを本文中から抜き出しなさい。▼脚問2

〔　〕

3 「おいつきて」（三六・10）を脚注のように「大人ぶって」と解釈するのは、本文を「老いつきて」と考えるからである。これと対照的な「男」に関する表現を本文中から抜き出しなさい。

〔　〕

第二段落

4 「みちのくの」（三七・1）の歌について、次の問いに答えなさい。

(1)「しのぶもぢずり」とあるが、この言葉の縁語が歌に用いられている。次から二つ選びなさい。

ア みちのく　イ たれ　ウ ゆゑ
エ 乱れ　オ そめ　カ なら　〔　〕〔　〕

(2)「たれゆゑに乱れそめにし我ならなくに」とは、どのような意味か。次から選びなさい。

ア 私の心が乱れた理由は誰も知らないのです。
イ 私の心を乱したのはいったい誰でしょうか。
ウ 私の心は誰のためにも乱れていません。
エ 私の心が乱れたのはもっぱらあなたのせいです。　〔　〕

5 「歌の心ばへなり。」（三七・2）とあるが、「春日野の」の歌は「みちのくの」の歌とどのような点で発想が同じだというのか。二十五字以内で説明しなさい。▼学習二

全体

6 「昔人は、かくいちはやきみやびをなむしける。」（三七・2）とあるが、「いちはやきみやび」とは、「男」のどのような行為をほめて言ったものか。該当する箇所を、二十五字以内で抜き出しなさい。（句読点を含む）▼学習四

学習目標　物語の中で和歌が果たしている役割を押さえながら、場面と登場人物の心情を捉える。

伊勢物語（渚の院）

教科書 p.38～p.40

検印

展開の把握　思考力・判断力・表現力

▶学習一

○次の空欄に適語を入れて、内容を整理しなさい。

第一段落 （序）（初め ～ p.38 ℓ.9）	水無瀬の離宮	昔、〔ア　〕親王は、毎年桜の〔イ　〕には、〔ウ　〕の向こうの〔エ　〕の離宮に、常に右の馬頭《うまのかみ》をお供にして行っていた。狩りは〔オ　〕にせず、〔カ　〕と〔キ　〕とに日を暮らしていた。
（展開一）（p.38 ℓ.9 ～ p.39 ℓ.1）	渚の院の花見	〔ク　〕の渚の院の見事な桜の下で、〔ケ　〕から下りて座って、花を飾りとして挿し、身分の上中下を問わず、〔コ　〕をよんだ。右の馬頭も会心の〔サ　〕をよみ、日暮れになった。
第二段落 （展開二）（p.39 ℓ.1 ～ p.39 ℓ.9）	天の河での酒宴	〔シ　〕の院からの帰途、〔ス　〕という所で、また〔セ　〕を開いた。地名をよみこみ、〔ソ　〕をさせと親王に課せられ、〔タ　〕は見事によんだ。親王は返歌できず、代わってお供の〔チ　〕が立派に返した。
第三段落 （結び）（p.39 ℓ.10 ～ 終わり）	離宮に戻っての酒宴	夜は〔ツ　〕の離宮に入り、〔テ　〕まで酒を飲み、話をして、親王は〔ト　〕に入ろうとする。十一日の〔ナ　〕も〔ニ　〕に入ろうとしているので、〔ヌ　〕が歌をよみ、親王に代わって〔ネ　〕が返した。

語句・文法　知識・技能

1 次の語の意味を調べなさい。

- p.38 ℓ.8 ①ねんごろなり〔　　〕
- ℓ.9 ②やまと歌〔　　〕
- ℓ.10 ③おもしろし〔　　〕
- ④かざし〔　　〕
- p.39 ℓ.12 ⑤たえて〔　　〕
- ℓ.7 ⑥誦ず〔　　〕
- ℓ.14 ⑦おしなべて〔　　〕

2 A「飽かなくに」（三九・12）、B「山の端なくは」（三九・14）の「なく」の違いを説明した次の文の空欄に適語を入れなさい。

p.39 ℓ.12　ℓ.14

Aは〔ア　〕の助動詞「〔イ　〕」の古い未然形に〔ウ　〕語「く」が付いたものであり、Bは〔エ　〕詞「〔オ　〕」の未然形である。

3 次の太字の「なむ」は、あとのア～ウのいずれにあたるか。それぞれ選びなさい。

- p.38 ℓ.4 ①その宮へ**なむ**おはしましける。〔　　〕
- ℓ.13 ②と**なむ**よみたりける。〔　　〕
- p.39 ℓ.10 ③酔ひて入り給ひ**なむ**とす。〔　　〕
- ℓ.11 ④十一日の月も隠れ**なむ**とすれば、〔　　〕
- ℓ.12 ⑤入れずもあら**なむ**〔　　〕
- ℓ.14 ⑥峰も平らになりな**なむ**〔　　〕

ア　強意の係助詞
イ　他に対する願望の終助詞
ウ　強意の助動詞「ぬ」＋意志の助動詞「む」

内容の理解

思考力・判断力・表現力

1 「世の中に」（三八・12）の歌を口語訳しなさい。

〔　　　　〕

第一段落

2 「散ればこそ」（三八・14）の歌の内容を次から選びなさい。

ア　惜しまれて散るからこそ、いっそう桜はすばらしいのだ。このつらい世の中に何がいったい永遠であるものか。

イ　散るからこそ、桜はとてもすばらしいのだ。この俗世間に、どうして浮かれ遊んで長く生きようと思えるだろうか。

ウ　散るからこそ、桜は非常にすばらしいのだ。今の世では、花の咲く期間を長くするのは難しいのだから。

エ　散るからこそ、やっぱり桜はすばらしいのだ。このはかない世の中に、我々はなぜ長生きしなければならないのか。

〔　　〕

第二段落

3 「狩り暮らし」（三九・6）の歌で、「たなばたつめ」がよまれたのはなぜか。次の空欄にそれぞれ漢字二字の適語を入れて、文を完成させなさい。

地上の天の河に〔 ① 〕の天の川を掛けて、天の〔 ② 〕に来たのだから、〔 ① 〕に〔 ③ 〕がいるのと同じように、ここにも〔 ④ 〕がいるだろうと〔 ⑤ 〕したから。

① 　② 　③ 　④ 　⑤

4 「ひととせに」（三九・9）の歌の内容を次から選びなさい。 ▼学習二-1

ア　あのたなばたつめは、一年にただ一度おいでになる牽牛を待っているのだから、私たちに宿を貸してくれるようなことはあるまい。

イ　一年に一度訪れる親王様を待っているのだから、どうしてたなばたつめが宿を貸さないと思えようか、いや、思えない。

ウ　牽牛のように一年に一度しか天の河に来ないのだから、我慢して恋しい姫を待とう。そうすれば宿を貸してくれる人がきっといるだろう。

エ　この地の者は、一年に一度浄土から帰る霊を待っているので、遊びに訪れた私たちなどには宿を貸してくれまいと思う。

〔　　〕

第三段落

5 「飽かなくに」（三九・12）の歌の「山の端逃げて入れずもあらなむ」は、どういう意味か。二十字以内で答えなさい。（句読点を含む）

6 「おしなべて」（三九・14）の歌について、次の問いに答えなさい。

(1) この歌において、惟喬親王は何にたとえられているか。歌から抜き出しなさい。

〔　　　　〕→惟喬親王

(2) 惟喬親王以外にもたとえが用いられている。同じものをたとえている二つの語を歌から抜き出し、たとえられたものを考えて答えなさい。

〔　　　　〕・〔　　　　〕→〔　　　　〕

全体

7 新傾向 次の会話文から、本文を正しく理解して発言していないものをすべて選びなさい。

生徒Ａ：惟喬親王は毎年、花の盛りに山崎の先の離宮に出かけているけど、その目的は狩りではなく、酒宴や詠歌のようだね。

生徒Ｂ：でも、惟喬親王は紀有常の歌に対して返歌ができなかったから、詠歌はあまり得意ではないのかもしれないね。

生徒Ｃ：惟喬親王を助けて、返歌をしたのは専ら右の馬頭だったね。

生徒Ｄ：右の馬頭は在原業平だと本文にも書かれているけど、彼は狩りに参加せずに歌作に専念していたようだね。

生徒〔　　　　〕

伊勢物語（小野の雪）

学習目標　物語の中で和歌が果たしている役割を押さえながら、場面と登場人物の心情を捉える。

教科書p.40～p.41

検印

展開の把握　思考力・判断力・表現力　▶学習一

○次の空欄に適語を入れて、内容を整理しなさい。

第一段落（明）出家前の親王との交わり		第二段落（暗）出家後の親王との交わり	
（起）（初め ～ p.40 ℓ.2）	（承）（p.40 ℓ.2 ～ p.41 ℓ.2）	（転）（p.41 ℓ.2 ～ p.41 ℓ.6）	（結）（p.41 ℓ.6 ～ 終わり）
翁、親王の狩りのお供	親王、翁の帰宅を許さず	隠棲された小野へ、翁参上	泣く泣く京に帰る
昔、惟喬親王の水無瀬への〔ア　〕のお供に、〔イ　〕の長官である翁がお仕え申し上げた。幾日かたって、〔ウ　〕の御殿に帰られた。	すぐに〔エ　〕を願ったが、〔オ　〕や禄を下さってお許しがない。翁は〔カ　〕乞いの歌をよんだが、親王は寝ずに夜を明かされた。	思いがけず親王が〔キ　〕なさった。正月に、翁は〔ク　〕を冒して訪ね、寂しいご様子だったので、〔ケ　〕のことなど話してお慰め申し上げた。	〔コ　〕もあるので、今の〔サ　〕な親王を悲しむ歌をよみ、泣く泣く〔シ　〕に帰った。

語句・文法　知識・技能

1 次の語句の意味を調べなさい。

p.40 ℓ.3 ①禄〔　〕
ℓ.4 ②心もとながる〔　〕
p.41 ℓ.1 ③つごもり〔　〕
④大殿籠る〔　〕
ℓ.2 ⑤思ひのほかなり〔　〕
⑥御髪下ろす〔　〕
ℓ.4 ⑦強ひて〔　〕

2 次の太字の「し」は、あとのア～エのいずれにあたるか。それぞれ選びなさい。

p.40 ℓ.1 ①水無瀬に通ひ給ひ**し**惟喬の親王、〔　〕
②狩り**し**におはします供に、〔　〕
ℓ.2 ③御送り**し**て、とくいなむと思ふに、〔　〕
p.41 ℓ.1 ④明か**し**給うてけり。〔　〕
ℓ.2 ⑤かく**し**つつ、まうでつかうまつり〔　〕
⑥御髪下ろ**し**給うてけり。〔　〕

ア　サ行四段活用動詞の連用形活用語尾
イ　サ行変格活用動詞「す」の連用形
ウ　過去の助動詞「き」の連体形
エ　強意の副助詞

3 「頼まれなくに」（四〇・5）の「れなく」について説明した次の文の空欄に、適語を入れなさい。

p.40 ℓ.5
「れ」は〔ⓐ　〕の助動詞「る」の未然形で、「なく」は〔ⓑ　〕の助動詞「〔ⓒ　〕」の未然形「な」に、名詞を作る〔ⓓ　〕語「く」が接続したもの。

内容の理解

思考力・判断力・表現力

第一段落

1「この右馬頭、心もとながりて、」（四〇・3）とあるが、右馬頭のどのような心的状態を表しているか。次から選びなさい。

ア　退出のお許しが待ち遠しく心せいて。

イ　惟喬親王のお気持ちが頼りなく不安になって。

ウ　ご褒美を早くいただきたくじれったく思われて。

エ　桜狩りのお供で留守にしていた家のことが気になって。〔　　〕

2「枕とて」（四〇・5）の歌について、次の問いに答えなさい。

(1)「秋の夜」とは何を暗示しているか。適当なものを次から選びなさい。

ア　時間が長い　　イ　色づく木の葉

ウ　美しい月　　エ　旅寝の夢　〔　　〕

(2)「枕とて……こともせじ」とよんだ右馬頭の翁の、旅寝はしたくないという意向を、惟喬親王は逆手にとったと思われる。そのことがわかる叙述を、本文中から二十字以内で抜き出しなさい。（句読点を含む）

3「時は……なりけり。」（四一・1）について、次の問いに答えなさい。

(1)この叙述は、「枕とて」の歌を理解する上で、どのような役割を果たしているか。二十五字以内で説明しなさい。

(2)また、この叙述は、後半の内容との関連において、どのような役割を果たしているか。十五字以内で説明しなさい。

第二段落

4「思ひのほかに、」（四一・2）とあるが、右馬頭の翁が予期していたことは、どのようなことと思われるか。次から選びなさい。

ア　惟喬親王と楽しく酒をくみかわすこと。

イ　惟喬親王と夜を徹して話し合うこと。

ウ　惟喬親王がやがて天皇になられること。

エ　惟喬親王がやがて出家されること。〔　　〕

5「さても候ひてしがなと思へど、」（四一・6）とあるが、右馬頭の翁がそのように考えたのはなぜか。その理由にあたる箇所を抜き出し、初めと終わりの五字で答えなさい。（句読点は含まない）

〔　　　　　〕〜〔　　　　　〕

6「①忘れては　②夢かとぞ思ふ　③思ひきや　④雪踏み分けて　⑤君を見むとは」（四一・8）の歌について、次の問いに答えなさい。

(1)この歌には、不幸な惟喬親王の運命を見つめて泣く、右馬頭の翁の無量の感慨が二重の倒置になって表れている。これを普通の順序に改めるとしたらどうなるか。空欄に傍線部の数字を入れて答えなさい。

〔　　〕→〔　　〕→③→〔　　〕→②

(2)「忘れては」とあるが、どのようなことを「忘れては」と言っているのか。適当なものを次から選びなさい。

ア「時は弥生のつごもり」であるということ。

イ「御髪下ろし給うてけり」ということ。

ウ「おほやけごとどもあり」ということ。

エ「夕暮れに帰る」ということ。〔　　〕

全体

7この話は、何を主題としているか。適当なものを次から選びなさい。

ア　右馬頭の翁の風雅　　イ　惟喬親王の小野への隠棲

ウ　惟喬親王と右馬頭の翁の親交

エ　惟喬親王を不遇に陥れた人々に対する右馬頭の翁の怒り　〔　　〕

学習目標　物語の中で和歌が果たしている役割を押さえながら、場面と登場人物の心情を捉える。

伊勢物語（狩りの使ひ）

教科書p.42～p.44

検印

展開の把握

思考力・判断力・表現力

○次の空欄に適語を入れて、内容を整理しなさい。

第一段落（初め～p.38 ℓ.5）	斎宮の世話になる男	昔、男…（ア　　）の国に狩りの使いをして行く。 女…（伊勢の（イ　　））…この男をたいそう手厚くもてなした。
第二段落（p.38 ℓ.6～p.39 ℓ.2）	二日目の夜、斎宮との語らい	男…女に、心ひかれている思いを告げる。 女…（ウ　　）が寝静まったころ、男のもとにやって来る。 （エ　　）から（オ　　）まで一緒にいたが、しんみりとは語れなかった。 男…ひどく（カ　　）→寝られなかった。
第三段落（p.39 ℓ.3～p.39 ℓ.8）	翌朝、歌で気持ちを確かめる二人	男…女のことが気にかかっている。 女…（キ　　）だけを男に送る。 男…女に自分の気持ちを託した（ク　　）を返し、（ケ　　）に出かける。
第四段落（p.39 ℓ.9～p.40 ℓ.1）	思いをとげずに出立する男	男…（コ　　）の間、上の空で「（サ　　）こそは」と思っている。 しかし、（シ　　）が一晩中（ス　　）を催した。 男…まったく女に会うことができない。 女…歌の（セ　　）だけを書いた（ソ　　）の皿を男に渡す。 男…松明の（タ　　）でそれに（チ　　）を書き、夜明けとともに（ツ　　）の国に行く。
第五段落（p.40 ℓ.2）	斎宮の正体	この斎宮は、文徳天皇の娘、（テ　　）であるということだ。

語句・文法

知識・技能

1 次の語の意味を調べなさい。

① はた（p.42 ℓ.6）〔　　〕
② しげし（ℓ.7）〔　　〕
③ つとめて（p.43 ℓ.3）〔　　〕
④ いぶかし〔　　〕
⑤ 心もとなし〔　　〕
⑥ うつつ（ℓ.5）〔　　〕
⑦ もはら（ℓ.11）〔　　〕

2 次の太字の「に」は、あとのア～カのいずれにあたるか。それぞれ選びなさい。

① 伊勢の国に狩りの使ひに（p.42 ℓ.1）〔　　〕〔　　〕
② ねんごろにいたはりけり。（ℓ.3）〔　　〕
③ 帰りにけり。（p.43 ℓ.1）〔　　〕
④ やるべきにしあらねば、（ℓ.3）〔　　〕
⑤ 今宵だに人しづめて、（ℓ.9）〔　　〕

ア 格助詞　イ 接続助詞
ウ 完了の助動詞「ぬ」連用形
エ 断定の助動詞「なり」連用形
オ ナリ活用の形容動詞の連用形活用語尾
カ 副助詞の一部

3 「越えなむ」（四三・16）を単語に分けて、文法的に説明しなさい。（p.43 ℓ.16）

例 え（副詞）・あは（ハ行四段活用動詞未然形）・ず（打消の助動詞終止形）

〔　　〕

内容の理解

思考力・判断力・表現力

第一段落

1 「ねんごろにいたつきけり。」(四三・4)とあるが、女はなぜ男の世話を丁寧にしたのか。三十字以内で説明しなさい。(句読点を含む)

第二段落

2 「二日といふ夜、」(四三・6)とあるが、この夜、男女はなかなか会うことができなかった。その理由を次から選びなさい。

ア 女がいやがったから。
イ 男が宴に招かれて忙しかったから。
ウ 周りに人が多くいたから。
エ 男自身が会うのを躊躇していたから。 〔 〕

3 「女もはた、いとあはじとも思へらず。」(四三・6)とあるが、このときの女の気持ちを次から選びなさい。

ア すぐに会えないだろうと思っている。
イ すぐに会いにくるとは思っていない。
ウ 絶対に会うまいとは思っていない。
エ 絶対に会いたくないと思っている。 〔 〕

4 「子一つより丑三つまであるに、」(四四・1)とあるが、何時から何時までか。適当なものを次から選びなさい。 脚問3

ア 午後十一時頃から午前二時頃
イ 午後十二時頃から午前三時頃
ウ 午前一時頃から午前三時頃
エ 午後十一時頃から午前一時頃 〔 〕

5 「男、いと悲しくて、寝ずなりにけり。」(四四・2)とあるが、それはなぜか。次から選びなさい。

ア 女がすぐに来てくれなかったから。
イ しんみりと語らわないうちに女が帰ってしまったから。
ウ 女の寝所から遠いところに泊まっていたから。
エ 女の所に自分の使いを行かすわけにはいかなかったから。 〔 〕

第三段落

6 「今宵定めよ」(四四・7)とあるが、これは具体的にどういうことを言っているのか。十字以内で答えなさい。(句読点を含む)

第四段落

7 次の口語訳は、「徒人の渡れど濡れぬえにしあれば」(四四・14)を「えに」に掛けられている二つの意味を反映させて訳したものである。口語訳の空欄に入る言葉を、①は二十字前後、②は五字以内で答えなさい。(句読点を含まない)

〔 ① 〕のような〔 ② 〕だったので

①

②

8 「また逢坂の関は越えなむ」(四四・16)とあるが、これは具体的にどういうことを言っているのか。十字以内で答えなさい。(句読点を含む)

全体

9 新傾向 教科書四十二ページの写真「奈良絵本『伊勢物語』」は、本文中のどの場面を表したものか。次から選び、そのように判断した理由も書きなさい。

ア 男が伊勢に着いたとき
イ 二日目の夜
ウ 狩りに出かける朝
エ 宴会の次の日の夜明け 〔 〕

理由〔 〕

学習目標　散文性や叙事性の強い歌物語を読んで、和歌のよまれた事情を理解する。

大和物語（姨捨）

教科書p.46〜p.47

検印

展開の把握　思考力・判断力・表現力

○次の空欄に適語を入れて、内容を整理しなさい。

第一段落		第二段落	
（発端）（初め〜p.46 ℓ.5）	（展開）（p.46 ℓ.5〜p.46 ℓ.8）	（結末）（p.46 ℓ.9〜p.47 ℓ.7）	（添加）（p.47 ℓ.7〜終わり）
夫の養母を憎む妻	養母を厄介払いしようとする妻	捨てた養母を連れ戻した男	地名伝説・言葉のいわれ
信濃の国の〔ア　〕に、若くして〔イ　〕を亡くし、〔ウ　〕に育てられた男がいた。男の妻は〔エ　〕な性格で、老いて腰の曲がったおばを憎み、男に〔オ　〕したので、男もおばを〔カ　〕に扱うようになった。	おばはたいそう老いて、〔キ　〕が曲がっていた。これを妻は厄介がって、男に〔ク　〕を言い、深い〔ケ　〕に捨てるように責めたてたので、男は〔コ　〕果てて、捨てる気になった。	男はおばを〔サ　〕て背負って連れ出し、高い山の〔シ　〕に捨てたが、心慰まず、山に美しく照る〔ス　〕を見て〔セ　〕寝られずに歌をよみ、おばを連れ帰った。	その後、この山を〔ソ　〕といった。姨捨山を〔タ　〕などに〔チ　〕がたいこととともに用いるのは、この〔ツ　〕による。

語句・文法　知識・技能

1 次の語の意味を調べなさい。

p.46 ℓ.2 ①憂し〔　〕
ℓ.4 ②さがなし〔　〕
ℓ.5 ③おろかなり〔　〕
ℓ.6 ④所狭がる〔　〕
ℓ.9 ⑤わざ〔　〕
p.47 ℓ.4 ⑥夜一夜〔　〕
ℓ.8 ⑦よし〔　〕

2 次の太字の語は、あとのア〜エのいずれにあたるか。それぞれ選びなさい。

p.46 ℓ.5 ①おろか**なる**こと多く、〔　〕
ℓ.8 ②さしてむと思ひ**なり**ぬ。〔　〕
ℓ.9 ③寺に尊きわざす**なる**、〔　〕

ア　ラ行四段活用動詞の一部
イ　ナリ活用形容動詞活用語尾
ウ　断定の助動詞
エ　伝聞の助動詞

3 次の太字の助動詞の意味は、あとのア〜クのいずれにあたるか。それぞれ選びなさい。

p.46 ℓ.6 ①今まで死な**ぬ**ことと思ひて、〔　〕
ℓ.8 ②責め**られ**わびて、〔　〕
③さし**て**むと思ひなりぬ。〔　〕
ℓ.11 ④逃げて来**ぬ**。〔　〕
p.47 ℓ.4 ⑤夜一夜寝も寝**られ**ず、〔　〕

ア　完了　イ　強意　ウ　打消　エ　尊敬
オ　受身　カ　可能　キ　使役　ク　推量

内容の理解

思考力・判断力・表現力

第一段落

1 「をばなむ親のごとくに、」（四六・1）のように、「をば」とあるが、本文中では別の呼称も用いられている。その呼称を二つ抜き出し、その呼称が用いられたことに最も関係のある叙述を、本文中からそれぞれ解答欄の字数に合わせて抜き出しなさい。

呼称〔　　〕　叙述□□□□

呼称〔　　〕　叙述□□□□□□□□

2 「この妻の心、憂きこと多くて、」（四六・2）とあるが、以下に描かれている「この妻」の言動から、その性格を表現するとすれば、どのような言葉が最も適当か。該当する言葉を本文中から抜き出して終止形で答え、その意味を五字以内で答えなさい。（句読点は含まない） ▼脚問1

言葉〔　　〕　意味□□□□□

第二段落

3 「責められわびて、さしてむと思ひなりぬ。」（四六・8）について、次の問いに答えなさい。

(1) 「さしてむ」とあるが、どのような意味か。次から選びなさい。 ▼脚問2

ア　殺してしまおう　　イ　責められてやろう

ウ　捨ててしまおう　　エ　家を出てやろう　〔　　〕

(2) 「思ひなりぬ」とあるが、「思ひぬ」とは異なる心情が見られる。どのような心情か。適当なものを次から選びなさい。

ア　思い悩んだあげくにそうなったという苦悩。

イ　偶然に思いついたという罪の意識のない心情。

ウ　ひたすらそうしてしまおうという固い決意。

エ　いつのまにか分別を失って、茫然自失となった心情。　〔　　〕

第二段落

4 「また……来にける。」（四七・7）について、次の問いに答えなさい。

(1) この男の心を反省させた契機になっているものは何か。該当するものを、本文中から八字以内で抜き出しなさい。

□□□□□□□□

(2) また、男のどのような行為が心を転回させ、「をば」を連れ戻しに走ることにつながっているか。その行為を本文中から二字で抜き出しなさい。

□□

5 「慰めがたしとは、これがよしになむありける。」（四七・8）とは、どのようなことを表そうとしたものか。適当なものを次から選びなさい。

ア　「姨捨山」という名は、このような話があったゆえに命名されたのである。

イ　この話のあと、慰めがたい思いをもつ者は「姨捨山」の月を眺めるのがならわしとなった。

ウ　慰めがたい思いを一語で表すために、この山の名を「姨捨山」と名づけることにした。

エ　慰めがたいということを表すのに「姨捨山」を用いるのは、このような由来からだ。　〔　　〕

全体

6 新傾向 次の生徒の感想には、本文の内容を正しく捉えていないところがある。その部分を探し、記号で答えなさい。

【生徒の感想】

いくら嫁が(ア)「をば」を厄介払いしたかったからといって、(イ)いやがる「をば」を連れ出して、(ウ)高い山に置いて来てしまう男の行動には、正直あきれてしまったが、その後男が(エ)月を見て和歌をよみ、「をば」に対する愛情を取り戻した時には、ほっとした。　〔　　〕

学習目標　散文性や叙事性の強い歌物語を読んで、和歌のよまれた事情を理解する。

大和物語（苔の衣）

教科書p.48～p.49

検印

展開の把握　思考力・判断力・表現力

○次の空欄に適語を入れて、内容を整理しなさい。

第一段落		第二段落		
（導入）（初め～p.48 ℓ.2）	（事件の発端）（p.48 ℓ.2～p.48 ℓ.4）	（展開）（p.48 ℓ.5～p.48 ℓ.10）	（最高潮）（p.48 ℓ.10～p.49 ℓ.1）	（結末）（p.49 ℓ.1～終わり）
主人公の紹介	深草の帝の崩御と良少将の失踪	小野小町、清水寺で少将大徳に会う	小町と少将大徳との歌の贈答	少将大徳行方をくらます
深草の帝の御代に、色好みの良少将は帝に目をかけられ、（ア　）に乗っていた。	世間からも功労を積んだ人と思われ、帝もこのうえなく（イ　）なさっていたが、その帝が（ウ　）された。（エ　）の夜、百官が奉仕している中、（オ　）は姿を消した。	小野小町が正月に（カ　）に参詣した。勤行などしていると、尊い声で（キ　）を読んでいる僧がいる。小町が人をやって見させたところ、「腰に小箱をつけた法師がいた。」という。声が尊く、「もしや（ク　）ではないか。」と思った。	どう（ケ　）するかと、「寺に参籠している者です。寒いので（コ　）を一枚貸してください。」と言って歌を贈ったところ、（サ　）に、「世を背く（　）……」とあったので、	少将だと（シ　）し、旧知の仲なので親しく話そうと思ったが、姿を消してしまった。（ス　）探させたが、全く行方がわからなくなってしまった。

語句・文法　知識・技能

1 次の語の意味を調べなさい。

- p.48 ℓ.2 ①色好み（　）
- ℓ.5 ②行ひ（　）
- ℓ.7 ③つれなし（　）
- ℓ.12 ④苔の衣（　）
- p.49 ℓ.1 ⑤語らふ（　）

2 次の太字の「に」は、あとのア～キのいずれにあたるか。それぞれ選びなさい。

- p.48 ℓ.4 ①失せにけり。（　）
- ℓ.6 ②法師の声にて、読経し、（　）
- ℓ.9 ③もし少将大徳にやあらむ。（　）
- ℓ.10 ④この御寺になむ侍る。（　）
- ⑤いと寒きに、御衣一つしばし（　）
- p.49 ℓ.1 ⑥さらに少将なりけり。（　）
- ⑦ただにも語らひし仲なれば、（　）

ア　格助詞　イ　接続助詞
ウ　格助詞の一部
エ　断定の助動詞連用形
オ　完了の助動詞連用形
カ　形容動詞連用形活用語尾
キ　副詞の一部

3 「一寺求めさすれど、」（四九・3）を単語に分け、文法的に説明しなさい。

p.49 ℓ.3（　）

内容の理解

思考力・判断力・表現力

第一段落

1「いみじき時にてありけり。」（四八・1）とあるが、どのような意味か。次から選びなさい。　▼脚問1

ア　時流に乗って栄えていた時期であった。
イ　移り変わりの激しい時代であった。
ウ　まことに困難な時世に当たっていた。
エ　巧みに歌をよんでいた楽しいころであった。

〔　　〕

第二段落

2「つれなきやうにて」（四八・7）とあるが、どのような様子か。次から選びなさい。　▼脚問2

ア　仲間がいない、自分一人だというふうで
イ　つれあいがない、独身者をよそおって
ウ　無情冷淡といった様子で
エ　なにげないふりで

〔　　〕

3「いかが言ふ」（四八・10）とあるが、小野小町はどのような気持ちからそのように思ったのか、その気持ちを三十字以内で説明しなさい。

4「岩の上に」（四八・12）と「世を背く」（同・14）の二首の歌の贈答について、次の問いに答えなさい。

(1) 贈答歌の説明として適当なものを、次から選びなさい。

ア　贈歌は、寒さに耐えかねて衣を貸してほしいとよんだのに対し、返歌は、衣は一枚しかないから貸せるものではないと、冷淡に突っぱねてよんだ。
イ　贈歌は、相手の素性を確かめるために、旅寝は寒いから衣を貸してほしいとよんだのに対し、返歌は、衣は一枚しかないが貸さないのもそっけないので共寝をしようと、たわむれてよんだ。
ウ　贈歌は、相手の反応を確かめるために、旅寝は寒いから衣を貸してほしいとよんだのに対し、返歌は、衣は一枚しかないが貸さないのはそっけないので貸そうと、好意を示してよんだ。
エ　贈歌は、少将への恋心を伝えようとして、旅の独り寝は寒いから共寝をしたいとよんだのに対し、返歌は、それならば共寝をしようと好色がましくよんだ。

〔　　〕

(2)「世を背く」の歌の「かさね」は、掛詞である。掛けられている二つの意味を、それぞれ漢字を用いて答えなさい。

〔　　〕と〔　　〕

5「さらに少将なりけり。」（四九・1）とあるが、小野小町がそのように判断したのはなぜか。二十字以内で説明しなさい。　▼学習三

全体

6 新傾向　次の会話文から、的確に本文をふまえて発言している生徒をすべて選び、記号で答えなさい。

生徒A：良少将は色好みな男で、功労を積んだ人と思われていたので、深草の帝の御代には帝にも認められ、ときめいていたね。
生徒B：でも帝が崩御すると出家してしまって、小野小町が見かけたときには清水寺にいたよ。
生徒C：小野小町は良少将と旧知の間柄だったから、良少将が僧になっていてもすぐにわかって、歌を送ったよね。
生徒D：良少将も小野小町だとわかったから返歌はしたけど、彼は小野小町が苦手だったから、すぐに寺から姿をくらましてしまったんだよ。

生徒〔　　〕

学習目標　『枕草子』に描かれている類集的な内容をふまえて、作者のものの見方や考え方を捉える。

枕草子（木の花は）

教科書p.52～p.53

検印

展開の把握

思考力・判断力・表現力

○次の空欄に適語を入れて、内容を整理しなさい。

段落	主題	具体例
第一段落（初め ～ p.52 ℓ.2）	木の花は。	紅梅。〔ア　〕。藤の花は〔イ　〕が長く、色濃く咲いているのが、とてもすばらしい。
第二段落（p.52 ℓ.3 ～p.52 ℓ.7）		〔ウ　〕の葉が濃く、花が純白に咲いているのや、雨の降った〔エ　〕などは比類なく美しい。花の中から黄金色の〔オ　〕がのぞいている趣はすばらしい。〔カ　〕にゆかりのある木でもある。
第三段落（p.52 ℓ.8 ～p.53 ℓ.3）		梨の花はかわいげのない人の〔キ　〕にたとえられたりするが、〔ク　〕では最上のものとされる。「〔ケ　〕」の一句によって比類なく思われる。
第四段落（p.53 ℓ.4 ～p.53 ℓ.8）		桐の花は〔コ　〕に咲いて趣があるが、木は感心しない。中国では〔サ　〕がこの木にとまるともいわれ、〔シ　〕の材となって音色を奏でるのもすばらしい。
第五段落（p.53 ℓ.9 ～終わり）		楝の木は〔ス　〕はよくないが、必ず〔セ　〕の節句に咲き合わせるというのも、洒落ている。

語句・文法

知識・技能

1 次の語の意味を調べなさい。

p.52 ℓ.2 ①めでたし〔　〕
ℓ.6 ②よすが〔　〕
ℓ.8 ③はかなし〔　〕
ℓ.11 ④にほひ〔　〕
p.53 ℓ.1 ⑤心もとなし〔　〕
ℓ.2 ⑥おぼろけなり〔　〕
ℓ.4 ⑦うたて〔　〕
⑧こちたし〔　〕
ℓ.5 ⑨ことごとし〔　〕

2 「つきためれ。」（五三・1）とあるが、どのような単語で構成されているか。それぞれ終止形に改め、品詞名を答えなさい。

p.53 ℓ.1〔　〕

3 次の太字の動詞は、あとのア～エのいずれにあたるか。それぞれ選びなさい。

p.52 ℓ.5 ①こがねの玉かと**見え**て、〔　〕
ℓ.11 ②せめて**見れ**ば、〔　〕

ア　ラ行四段活用連体形
イ　ア行下一段活用未然形
ウ　マ行上一段活用已然形
エ　ヤ行下二段活用連用形

内容の理解　思考力・判断力・表現力

第一段落

1 「木の花は……紅梅。」（五三・1）について、次の問いに答えなさい。

(1) 「木の花は」とは、何の花と区別してこう言っているのか。該当する花を答えなさい。〔　　〕

(2) 「濃きも薄きも紅梅」とあるが、その次にどのような言葉が省略されているか。文語で答えなさい。〔　　〕

第二段落

2 「花の中より、こがねの玉かと見えて、」（五三・5）とあるが、「こがねの玉かと見え」るのは、何か。具体的に答えなさい。▼脚問1 〔　　〕

3 「ほととぎす……にや、」（五三・6～7）について、次の問いに答えなさい。

(1) 「さへ」は添加を表す副助詞で、「〔 A 〕の上に、〔 B 〕までも」といった用い方となる。空欄Bにあたるのが「ほととぎすのよすが」であるとすれば、空欄Aにあたるのは何か。次から選びなさい。

ア　桜の花の美しさ　イ　橘の美しさ
ウ　朝露の美しさ　エ　あさぼらけの美しさ 〔　　〕

(2) 「思へばにや」とあるが、「にや」の次にどのような言葉が省略されているか。該当する言葉を三字で答えなさい。〔　　〕

第三段落

4 「なほさりともやうあらむ」（五三・11）とあるが、「さりとも」とはどのような意味か。次から選びなさい。

ア　日本ではよく言われなくても
イ　葉の色はよく見えても
ウ　愛らしさに欠けていても
エ　美しい女性の顔などにたとえても 〔　　〕

第三段落

5 「花びらの端にをかしきにほひこそ、心もとなうつきためれ。」（五三・11）とあるが、「をかしきにほひ」とはどのような意味か。次から選びなさい。▼脚問2

ア　趣のあるすばらしい香り　イ　個性的でいっぷう変わった匂い
ウ　気品のある美しさ　エ　美しい色つや 〔　　〕

第四段落

6 「これ」（五三・6）がさしているものを、本文中から三字で抜き出しなさい。〔　　〕

第五段落

7 「楝の花」（五三・9）とあるが、これについては、「かれがれに」なのに「あふ（逢ふ）」とはこれいかにといった、清少納言が得意とする言葉の洒落で、この花を評価している。言葉の洒落が明らかになるよう、「かれがれに」に漢字をあてなさい。〔　　〕

全体

8 この文章では、紅梅から楝の花まで木の花が取り上げられ、評価されている。次の問いに答えなさい。▼学習一

(1) 清少納言が、紅梅・桜・藤・橘の四つの木の花を評価した着眼点には、どのような共通性があるか。次から選びなさい。

ア　上品な花に目をとめている点。
イ　あざやかな葉や形状に注目している点。
ウ　色彩に焦点を合わせている点。
エ　枝ぶりのしなやかさに着眼している点。〔　　〕

(2) また、梨の花と桐の花の評価を決定するきめてにも一つの共通性がある。どのような共通性か、次から選びなさい。

ア　美しい女性や鳥にたとえられる点。
イ　中国の詩文における評価が高い点。
ウ　絵画や音楽と深く関わっている点。
エ　花の色の高貴な紫色がすばらしい点。〔　　〕

学習目標　『枕草子』に描かれている類集的な内容をふまえて、作者のものの見方や考え方を捉える。

枕草子（すさまじきもの）

教科書p.54～p.55

検印

展開の把握　思考力・判断力・表現力

○次の空欄に適語を入れて、内容を整理しなさい。

第一段落（初め～p.54 ℓ.2）		第二段落（p.54 ℓ.3～終わり）
主題	具体例	具体例
〔ア　〕はずれ、〔イ　〕はずれ、不調和などで興ざめなもの。	昼ほえる〔ウ　〕。〔エ　〕の網代。三、四月の〔オ　〕の衣。牛が死んだ〔カ　〕。乳児が亡くなった〔キ　〕。	国司任命の〔ク　〕のときに〔ケ　〕を得ることができない人の家について。今年は必ず任官できそうだと聞いて、以前に仕えていた者たちで、〔コ　〕に仕えていた者たちや、〔サ　〕に引っ込んでいた連中など、多くの人々が出入りする。〔シ　〕を飲み、大騒ぎしていたのが、除目が終わり、〔ス　〕にもれたとわかると、本気で頼りにしていた者は、ひどく〔セ　〕と思う。〔ソ　〕になると、一人二人とそっと帰ってしまうが、〔タ　〕の連中で、よそへ出て行くわけにもいかない人々が、来年〔チ　〕が任官されるはずの国々を、指折り数えなどして、〔ツ　〕を張って歩き回っている様子は、気の毒で、実に〔テ　〕である。

語句・文法　知識・技能

1 次の語の読みを現代仮名遣いで書きなさい。

p.54
- ℓ.1 ①網代〔　〕
- ℓ.2 ②産屋〔　〕
- ℓ.3 ③除目〔　〕
- ④司〔　〕
- ℓ.5 ⑤轅〔　〕
- ℓ.7 ⑥前駆〔　〕
- ℓ.8 ⑦下衆〔　〕

2 次の語の意味を調べなさい。

p.54
- ℓ.1 ①すさまじ〔　〕
- ℓ.3 ②はやう〔　〕
- ℓ.6 ③ののしる〔　〕
- ℓ.11 ④つとめて〔　〕
- ℓ.14 ⑤いとほし〔　〕

3 次の太字の語が助動詞ならば、その意味をア～キから選び、助動詞でなければ×を書きなさい。

p.54
- ℓ.3 ①司得**ぬ**人の家。〔　〕
- ②はやうあり**し**者どもの、〔　〕
- ③ほかほかなり**つる**、〔　〕
- ℓ.6 ④ののしり合へ**る**に、〔　〕
- ⑤果**つる**暁まで〔　〕
- ℓ.7 ⑥声々など**し**て、〔　〕
- ⑦みな出で給ひ**ぬ**。〔　〕
- ℓ.11 ⑧などぞ、必ずいらふ**る**。〔　〕

ア 過去　**イ** 完了　**ウ** 存続　**エ** 意志
オ 受身　**カ** 可能　**キ** 打消

内容の理解

思考力・判断力・表現力

第一段落

1 「すさまじきもの、昼ほゆる犬。」（五四・1）とあるが、その理由を三十字以内で説明しなさい。 ▼学習一

2 「必ず」（五四・3）は、何がどうなることか。二十五字以内で説明しなさい。 ▼脚問1

第二段落

3 「もの詣でする供に」（五四・5）とあるが、「もの詣で」をするのは、何のためか。十五字以内で説明しなさい。 ▼脚問2

4 「問はず。」（五四・9）とあるが、問わない理由を三十字以内で説明しなさい。

5 「何の前司にこそは。」（五四・10）とあるが、どのような気持ちからそう答えたのか。次から選びなさい。 ▼脚問3

ア　家人の怒りを恐れ、それを避けようとする気持ちから。
イ　外聞をはばかり、他言することを慎む気持ちから。
ウ　虚勢を張って、権威に抵抗を試みる気持ちから。
エ　殿に同情を寄せ、場をつくろおうとする気持ちから。　〔　　〕

6 第二段落にある具体例（五四・3〜14）について、次の問いに答えなさい。

第二段落

(1) この具体例に登場する人物の中、「除目に司得ぬ人」と主従の関係にある人々は、大きく二組に書き分けられている。その対照的な二組を、本文中から九字と五字で抜き出しなさい。

↔

(2) この具体例は、前後二つの場面に分かれ、そこに登場する人々の抱く心情の推移が示されている。適当なものを次から選びなさい。

ア　追従から反逆へ　イ　期待から失望へ
ウ　空想から現実へ　エ　歓喜から憤激へ　〔　　〕

(3) 前の場面はどこまでか。終わりの五字を抜き出しなさい。（句読点は含まない）

全体

7 この文章は、類集的章段（自然・人事にわたって物事や現象を項目ごとに列挙した章段）に属し、「すさまじきもの」について述べている。

(1) 「昼ほゆる犬」（五四・1）をはじめとして、全部でいくつの具体例が取り上げられているか。その数を漢数字で答えなさい。　〔　　〕

(2) この具体例から総括的に見て、作者はどのようなものを「すさまじ」と感じているか。適当なものを次から二つ選びなさい。

ア　陳腐で月並みである。　イ　期待はずれである。
ウ　無作法・無礼である。　エ　縁起が悪い。
オ　不備・不調和である。　カ　無神経である。　〔　　〕〔　　〕

(3) 新傾向　作者の考える「すさまじきもの」の事例に該当しないものを、次からすべて選びなさい。

ア　博士《はかせ》のうち続き女児《をんなご》生ませたる。
イ　硯《すずり》に髪の入りてすられたる。
ウ　姑《しうとめ》に思はるる嫁の君。
エ　十二年の山籠りの法師の女親《めおや》。　〔　　〕

学習目標　『枕草子』に描かれている随想的な内容をふまえて、作者のものの見方や考え方を捉える。

枕草子（野分のまたの日こそ）

教科書p.56～p.57

検印

展開の把握　思考力・判断力・表現力

○次の空欄に適語を入れて、内容を整理しなさい。

第一段落（初め ～ p.56 ℓ.5）	第二段落（p.56 ℓ.6 ～ p.56 ℓ.9）	第三段落（p.56 ℓ.10 ～終わり）
屋外・風のいたずら	屋内・寝起きの女性の姿	内と外のさま
大風の吹いた〔ア　　〕は、立蔀や透垣、植え込みの草木などが乱れ、倒木や折れた〔イ　　〕が、萩や〔ウ　　〕などの上に横倒しになってしまっている。また、格子の一こま一こまに〔エ　　〕を吹き入れたさまは、荒々しかった〔オ　　〕のしたこととも思えない。	ふだん着姿できちんとした〔カ　　〕女性が、前夜の騒ぎで眠れなかったので、遅くまで寝ていて起き出してきたまま、〔キ　　〕から少しにじり出た様子は、〔ク　　〕が風に乱されてふくらんだようになってはいるものの、〔ケ　　〕にかかっているさまはすばらしい。	しみじみと庭を眺めて「〔コ　　〕」などと古歌を口ずさむのも、情感豊かな人だろうと思われるが、十七、八歳の〔サ　　〕の美しい女性が、童女や〔シ　　〕侍女たちが吹き折られた草木をかたづけているのを、〔ス　　〕越しに眺めている〔セ　　〕も、風情がある。

語句・文法　知識・技能

1 次の語の読みを現代仮名遣いで書きなさい。

p.56
ℓ.1 ①野分〔　　〕
②立蔀〔　　〕
③透垣〔　　〕
ℓ.13 ④宿直物〔　　〕

2 次の語の意味を調べなさい。

p.56
ℓ.1 ①またの日〔　　〕
②あはれなり〔　　〕
③をかし〔　　〕
ℓ.3 ④思はずなり〔　　〕
ℓ.9 ⑤めでたし〔　　〕
ℓ.10 ⑥むべ〔　　〕
ℓ.11 ⑦わざと〔　　〕

3 次の太字の係助詞の結びの語をそれぞれ抜き出し、終止形で答えなさい。

p.56
ℓ.1 ①**こそ**、いみじうあはれにをかしけれ。〔　　〕
ℓ.5 ②**こそ**、荒かりつる風のしわざとはおぼえね。〔　　〕
ℓ.11 ③十七、八ばかりに**や**あらむ、〔　　〕

4 「まことしう清げなる人の、夜は風のさわぎに寝られざりければ、久しう寝起きたるままに、」（五六・6）から、形容詞・形容動詞をすべて抜き出し、終止形で答えなさい。

p.56
ℓ.6 〔　　〕

内容の理解

思考力・判断力・表現力

第一段落

1 **「いと心苦しげなり。」**（五六・2）**の意味を次から選びなさい。**

ア　ひどく見苦しいありさまである。
イ　実に痛々しい様子である。
ウ　たいそう奥ゆかしい感じである。
エ　ひどく心を痛めているようである。

〔　　〕

2 **「いと思はずなり。」**（五六・3）**とあるが、この表現からどのようなことがわかるか。次から選びなさい。**　▼脚問1

ア　庭に被害が出ているとは、全く予想もしていなかったこと。
イ　大切にしていた草花が痛めつけられ不快に感じていること。
ウ　庭の惨状が、予想をはるかに超えるほどひどいこと。
エ　野分が、ごく短い間に相当の被害をもたらしたこと。

〔　　〕

第二段落

3 **「めでたし。」**（五六・9）**とあるが、作者はどんなことを「めでたし」と評価しているのか。その内容を表している部分をすべて抜き出し、初めと終わりの五字で答えなさい。（句読点は含まない）**

〔　　　　　〕～〔　　　　　〕

第三段落

4 **「心あらむと見ゆるに、」**（五六・10）**について、次の問いに答えなさい。**

(1) **「心あらむ」の意味を十二字以内で答えなさい。（句読点は含まない）**

〔　　　　　　　　　　　　〕

(2) **どのような点を「心あらむ」と評しているのか。次から選びなさい。**

ア　野分の翌朝の情景にふさわしい古歌を、当意即妙に口ずさんでいる点。
イ　野分の翌朝、寝起きの姿のまま、しみじみともの悲しい様子で庭を眺めている点。
ウ　前夜は野分が吹き荒れたせいでよく眠れなかった女性が、野分をよんだ古歌を口にした点。
エ　美しい女性の髪が風に乱され肩にかかっているさまが、野分の翌朝にふさわしい点。

〔　　〕

第三段落

5 **「小さうはあらねど、わざと大人とは見えぬ」**（五六・11）**の意味を、次から選びなさい。**

ア　小柄ではないが、意図的に大人だとは見られないようにしている人
イ　もう子供ではないが、自らを一人前だとは見せない人
ウ　子供ではないけれど、ことさら一人前の女性とも見えない人
エ　小柄ではないが、大きいとは見えないようにしている人

〔　　〕

6 **「簾に添ひたる」**（五七・2）**について、次の問いに答えなさい。**

(1) **主語にあたる部分を、本文中から過不足なく抜き出しなさい。**

〔　　　　〕

(2) **その人はどこにいると考えられるか、次から選びなさい。**

ア　母屋　イ　塗籠《ぬりごめ》　ウ　廂《ひさし》の間　エ　簀子《すのこ》

〔　　〕

7 新傾向 **作者は、第三段落に描かれている「十七、八ばかり」の女性のどのような様子に対して、台風の翌日の風情として趣があるとして評価しているのか。次の条件に従ってそれぞれ書きなさい。**　▼学習二

（条件）・本文中にある「衣服」と「髪」以外の記述をまとめること。
・三十字以内で書くこと。

〔　　　　　　　　　　　　　　　　　　　　〕

全体

8 **「野分」とは秋に吹く大風であり、「萩・をみなへし」**（五六・3）**は秋の七草である。これら自然の風物以外に秋を感じさせるものを、本文中から一語で抜き出しなさい。**

〔　　〕

学習目標　『枕草子』に描かれている日記的な内容をふまえて、作者のものの見方や考え方を捉える。

枕草子（二月つごもりごろに）

教科書 p.58～p.59

検印

展開の把握

思考力・判断力・表現力　▶学習一

○次の空欄に適語を入れて、内容を整理しなさい。

第一段落（初め ～ p.58 ℓ.12）			第二段落（p.58 ℓ.13 ～終わり）
発端	展開	最高潮	結末
陰暦二月〔ア　　〕、風が吹き、〔イ　　〕が黒く、雪が少し降っているとき、公任殿が「少し春ある心地こそすれ」と書いた紙を持って、〔ウ　　〕が訪ねて来たが、〔エ　　〕の句をどうつけたらよいかと悩んだ。	殿上の間にはどなたがいらっしゃるのかと尋ねると、みな〔オ　　〕な方々ばかりで、中でも学才にすぐれた公任殿へのお返事だから、一人胸を痛める。〔カ　　〕様にご教示を賜りたいのだが、お休みになっておられた。	主殿寮が〔キ　　〕するので、遅れたら取り柄がないからと、〔ク　　〕を決めて、上の句を書いて渡したが、公任殿たちがどのように〔ケ　　〕するであろうかと、〔コ　　〕も消える思いである。	〔サ　　〕を言われるなら聞きたくないと思っていたところ、〔シ　　〕殿などが、天皇様に申し上げて〔ス　　〕を内侍にしようと〔セ　　〕していらっしゃったと、実成殿がお話しくださった。

語句・文法

知識・技能

1　次の語の意味を調べなさい。

- p.58 ℓ.7　①はづかし　〔　　〕
- ②ことなしび　〔　　〕
- ℓ.9　③大殿籠る　〔　　〕
- ℓ.10　④さはれ　〔　　〕
- ℓ.12　⑤わびし　〔　　〕
- ℓ.13　⑥そしる　〔　　〕
- ℓ.14　⑦奏す　〔　　〕
- p.59 ℓ.1　⑧おはす　〔　　〕

2　次のア～オから、太字の動詞の活用の種類が他と異なるものを選びなさい。

- p.58 ℓ.5　ア　いかでか**付く**べからむと、
- ℓ.7　イ　ことなしびに**言ひ出で**むと、
- ℓ.8　ウ　御前に**御覧ぜ**させむとすれど、
- ℓ.11　エ　花に**まがへ**て散る雪に
- ℓ.13　オ　聞かじと**おぼゆる**を、

〔　　〕

3　次の太字の「の」は、あとのア～エのいずれにあたるか。それぞれ選びなさい。

- p.58 ℓ.2　①これ、公任の宰相殿**の**。　〔　　〕
- ℓ.7　②宰相**の**御いらへを、　〔　　〕
- ℓ.8　③上**の**おはしまして大殿籠りたり。　〔　　〕
- p.59 ℓ.1　④左兵衛督**の**中将におはせし、　〔　　〕

ア　主格を表す。
イ　連体修飾語をつくる。
ウ　同格であることを表す。
エ　下の体言を省略して準体言のように用いる。

内容の理解

思考力・判断力・表現力

第一段落

1 「少し春ある心地こそすれ」（五八・4）とあるが、公任から贈られたこの下の句には、『白氏文集』の「南秦雪」の詩の一句が背後にあることを、作者は見抜いている。そのことがわかる叙述を抜き出し、初めと終わりの四字で答えなさい。

〜

2 「いかでか付くべからむ」（五八・5）の意味を、次から選びなさい。

ア　何とかしてつけてみたいものだ。
イ　何としてもつけることはできない。
ウ　何としてもつけねばならない。
エ　何とつけたらよかろうか。

〔　　〕

3 「たれたれか。」（五八・6）とあるが、作者はどのような気持ちで尋ねたのか。次から選びなさい。

ア　誰と誰あてに返事をしたらいいのだろうかと思って尋ねた。
イ　相談できる人がそこにいはしないかと思って尋ねた。
ウ　今そこに気のおける人がいるかどうか尋ねた。
エ　誰々がいるのだろうかと何気ない気持ちで尋ねた。

〔　　〕

4 「心一つに苦しき」（五八・8）とあるが、どのような状態であるのをいうのか。その状態を十字以内で答えなさい。（句読点は含まない）

5 「げに、おそうさへあらむは、」（五八・9）とあるが、「さへ」は、一つの事柄に他の事柄を添え加える意の助詞である。ここでの「一つの事柄」とは何か。十字以内で答えなさい。（句読点は含まない）

第一段落

6 「さはれとて、」（五八・10）とあるが、「さはれ」は作者のどのような気持ちを表したものか。次から選びなさい。

ア　やっぱりそうであったかという少しあきらめた気持ち。
イ　ままよ、どうとでもなれという捨てばちの気持ち。
ウ　それほどたいしたことはないという自信ある気持ち。
エ　もっともなことであるという自分を納得させる気持ち。

〔　　〕

7 「空寒み花にまがへて散る雪に」（五八・11）は、『白氏文集』の「南秦雪」の詩の一句「三時雲冷《ひややカニシテ》　多《ク》飛《バシ》レ雪《ヲ》、」をふまえているが、作者の才知はそれだけにとどまらない。公任の句にどのように答えた点に、作者の才知が最もよく表れているか。三十字以内で説明しなさい。

▼学習二―1

第二段落

8 新傾向　「これがこと……おぼゆる」（五八・13）とあるが、「聞かばや」と言ったり、「聞かじ」と言ったりするのは、作者のどのような心理がはたらいているからか。次の条件に従って説明しなさい。

（条件）・気持ちを表す二字の言葉を二つ入れて書くこと。
・三十字以内で書くこと。

全体

9 この話の結末はどのようになったか。次から選びなさい。

ア　作者は評判を聞いて、満足に思った。
イ　作者は評判を聞いて、少し失望した。
ウ　作者は評判を聞いたが、なんとも思わなかった。
エ　作者は自信がないから、自分の評判を聞くまいと努めた。

〔　　〕

学習目標　長編物語を読んで、登場人物の人物像や心情を捉える。

源氏物語（光る君誕生）

教科書 p.62〜p.64

検印

展開の把握　思考力・判断力・表現力

○次の空欄に適語を入れて、内容を整理しなさい。

第一段落（初め 〜 p.63 ℓ.1）	第二段落（p.63 ℓ.2 〜 p.63 ℓ.5）	第三段落（p.63 ℓ.6 〜 p.63 ℓ.11）	第四段落（p.63 ℓ.12 〜 p.64 ℓ.5）	第五段落（p.64 ℓ.6 〜 終わり）
帝、更衣を溺愛	更衣の後ろ循	光る君の誕生	第一皇子の母女御の危惧	更衣の悩み
いつの時代であったか、帝が溺愛なさる更衣がいた。他の〔ア　　〕や更衣たちから〔イ　　〕され、〔ウ　　〕になってゆく更衣を、帝はますます寵愛なさるので、上達部・殿上人や、世人までもが、〔エ　　〕の目を向けた。	〔オ　　〕であった父は亡くなり、母一人が宮仕えを支えていた。	帝とのご〔カ　　〕が深かったのだろうか、玉のような〔キ　　〕が生まれ、帝は〔ク　　〕のしっかりした第一皇子以上にご寵愛になった。	帝は、何事にも由緒ある〔ケ　　〕の折々には、この更衣をそば近くに置かれたが、この皇子誕生後は格別に〔コ　　〕なさるので、〔サ　　〕にもこの皇子がなられるのではないかと、第一皇子の母〔シ　　〕の女御はお疑いになった。	更衣は帝の恐れ多いご〔ス　　〕をお頼り申し上げるのだが、一方ではおとしめ、〔セ　　〕をお探しになる方は多く、思い悩みなさる。その更衣のお部屋は〔ソ　　〕である。

語句・文法　知識・技能

1 次の語の意味を調べなさい。

①やむごとなし（p.62 ℓ.1）〔　　〕
②時めく（p.63 ℓ.2）〔　　〕
③めざまし（ℓ.3）〔　　〕
④あいなし（ℓ.8）〔　　〕
⑤はしたなし（ℓ.11）〔　　〕
⑥はかばかし（ℓ.4）〔　　〕
⑦いつしか（ℓ.7）〔　　〕
⑧にほひ（ℓ.9）〔　　〕
⑨わりなし（ℓ.13）〔　　〕
⑩やがて（ℓ.15）〔　　〕

2 次の太字の「せ」は、あとのア〜エのいずれにあたるか。それぞれ選びなさい。

①そしりをもえはばから**せ**給はず、（p.62 ℓ.7）〔　　〕
②心もとなが**せ**給ひて、（p.63 ℓ.7）〔　　〕
③急ぎ参ら**せ**て御覧ずるに、〔　　〕
④まつはさ**せ**給ふあまりに、（ℓ.13）〔　　〕
⑤まづまう上ら**せ**給ふ、（ℓ.14）〔　　〕
⑥やがて候は**せ**給ひなど、（ℓ.15）〔　　〕
⑦もてなさ**せ**給ひしほどに、（ℓ.16）〔　　〕
⑧坊にも、よう**せ**ずは、この皇子の（p.64 ℓ.1）〔　　〕
⑨思ひ聞こえさ**せ**給ひける。（ℓ.5）〔　　〕

ア　サ行変格活用動詞「す」の未然形
イ　尊敬の助動詞「す」の連用形
ウ　使役の助動詞「す」の連用形
エ　尊敬の助動詞「さす」の連用形の一部

内容の理解

思考力・判断力・表現力

第一段落

1「いとやむごとなききはにはあらぬが、すぐれて時めき給ふ」（六三・1）人物について、次の問いに答えなさい。

(1) この人は、宮中ではどのように呼ばれていたと思うか。その呼び名を五字で答えなさい。

(2) その呼び名の根拠となる箇所を本文中から二箇所抜き出し、それぞれ初めと終わりの三字で答えなさい。（句読点は含まない）

〜

〜

2「初めより……御方々、」（六三・2〜3）について、次の問いに答えなさい。

(1)「我はと思ひあがり給へる」とあるが、「我は」の次にどのような言葉が省略されているか。十五字以内の現代語で答えなさい。（句読点を含む）

(2)「思ひあがり」とあるが、どのような心情か。次から選びなさい。

ア 自負　イ 自慢
ウ 自得　エ 自失　〔　　〕

(3)「御方々」とあるが、「御方」とは誰をさすか。本文中の言葉で答えなさい。

〔　　　　〕

第一段落

3「唐土にも、かかることの起こりにこそ、世も乱れあしかりけれ」（六三・9）について、次の問いに答えなさい。

(1)「かかることの起こりにこそ」とあるが、「かかる」とはどのようなことか。その指示内容を、十五字以内で具体的に説明しなさい。

(2)「ことの起こり」とは、どのような意味か。次から選びなさい。

ア 起源　イ 原因
ウ 病気　エ 怒り　〔　　〕

4「いとはしたなきこと多かれど、かたじけなき御心ばへのたぐひなきを頼みにて、」（六三・11）について、次の問いに答えなさい。

(1)「いとはしたなきこと多かれど」とあるが、「はしたなきこと」とは、誰の、どのような状態を表したものか。次から選びなさい。

ア 周囲の非難・嫉妬が激しくなると、帝の寵愛が衰えていくのではないかと、更衣にとっては不安な思いをする状態。

イ 帝の寵愛が深まるほどに周囲の非難・嫉妬が激しくなり、更衣にとってはいたたまれない思いをする状態。

ウ 周囲の非難・嫉妬が激しくなると、寵愛している更衣がいたたまれなくなるのではないかと、帝にとっては苦々しく思う状態。

エ 更衣を寵愛すればするほど、周囲の非難が激しくなり、帝にとっては不愉快な思いをする状態。　〔　　〕

(2)「かたじけなき御心ばへのたぐひなきを頼みにて、」とは、どのような意味か。次から選びなさい。

ア 帝のすぐれたご権力があまねく行き渡っているのをあてにして、

イ 欠点のない人々への心配りがいろいろ多いことに助けられて、

ウ 思いやりのあるやさしいご性質がすぐれているのを期待して、

エ 恐れ多い帝のご寵愛が比類ないのを頼みとして、　〔　　〕

第三段落

5「玉の男皇子さへ生まれ給ひぬ。」（六三・6）とあるが、添加を表す副助詞「さへ」は、具体的にどのようなことを表しているか。次から選びなさい。

ア　第一皇子があるうえに、さらに寵愛を受ける更衣が皇子を生んで心労の種が増えたこと。
イ　前世の因縁が深かったうえに、さらに皇子が生まれて因縁がますます深まったこと。
ウ　世にないほど美しいうえに、さらに姫君でなく皇子が生まれたということ。
エ　寵愛されているうえに、さらに二人のきずなを強くするような皇子が生まれたこと。

〔　　〕

6「おほかたのやむごとなき御思ひにて、」（六三・10）について、次の問いに答えなさい。

(1)「やむごとなき御思ひ」とは、どのようなご情愛を意味しているか。次から選びなさい。▼脚問2

ア　類いまれなほど容貌がかわいらしくていらっしゃる方という思いのご情愛。
イ　皇太子となり、将来は皇位を継承するはずの尊い方という思いのご情愛。
ウ　右大臣の娘の女御の腹に生まれ、後見がしっかりしている方という思いのご情愛。
エ　美貌がこのうえない方で才女であり、身分は低いが世人の評判がすぐれているという思いのご情愛。

〔　　〕

(2)「やむごとなき御思ひ」と対比しているものは、何か。本文中から一語で抜き出しなさい。

〔　　　　〕

第四段落

7「軽き方にも見えし」（六三・16）とあるが、「軽き方」とはどのような人か。本文中から抜き出しなさい。

〔　　　　〕

第五段落

8「なかなかなるもの思ひ」（六四・7）とあるが、具体的にはどのようなもの思いか。次から選びなさい。▼学習三

ア　かえって帝のご寵愛を受けないほうがよいという気苦労。
イ　あら探しする人は多く、ご自身は病弱だというつらい思い。
ウ　身の処し方について、中途半端で決断をつけにくい悩み。
エ　なまじっかなことで帝のご愛情を頼みにするのは申し訳ないという悩み。

〔　　〕

全体

9 新傾向 「いづれの御時にか、」（六二・1）という書き出しは、『竹取物語』の書き出しと比較して、本質的な違いがある。このことについて解説した次の文章の空欄A〜Dに入る適当な言葉を、あとのア〜キからそれぞれ選びなさい。

『竹取物語』の書き出しは、「今は昔、竹取の翁といふ者ありけり。」とあるように、時代は漠然たるものであり、一つの〔　A　〕として昔物語を述べようとする態度が顕著である。これに対して、『源氏物語』の場合、天皇の名は示されていなくても、「天皇の御代」とことわることによって、これから展開する物語が、〔　B　〕の時代とつながる、ある時代のことを述べようとするものであるという趣を読者に感じさせ、〔　B　〕世界に親しくつながる〔　C　〕と人生の〔　D　〕を描こうとする意図が見られる。

ア　人間　イ　小説　ウ　現実　エ　自然
オ　伝説　カ　理想　キ　実相

A〔　　〕 B〔　　〕 C〔　　〕 D〔　　〕

学習目標　歌物語と作り物語の二つの系譜を受け継ぐ『源氏物語』を読んで、人物像や心情を捉える。

源氏物語（若紫）

教科書p.65～p.69

検印

展開の把握

思考力・判断力・表現力

○次の空欄に適語を入れて、内容を整理しなさい。

第一段落（初め ～ p.66 ℓ.1）	小柴垣のもとに立つ源氏	日長で〔ア　〕なので、夕暮れに、源氏は先ほど目にとまった〔イ　〕の所に出かけた。室内で〔ウ　〕過ぎの上品な尼君が勤行していた。
第二段落（p.66 ℓ.2 ～ p.66 ℓ.13）	源氏の目にとまった美少女	十歳ぐらいの美少女が、〔エ　〕の子を犬君が逃がしたと言って走って来る。泣き顔が〔オ　〕に似ており、尼君の娘であるらしいと源氏は推測する。〔カ　〕が見つけたらいけないと言って、少納言の〔キ　〕は部屋を出て行く。
第三段落（p.66 ℓ.14 ～ p.67 ℓ.8）	少女に目がとまった理由	尼君にたしなめられる美少女の面影が、思いを寄せる〔ク　〕に似ているので、自然と見つめてしまうのだと気づいて、〔ケ　〕は涙を流す。
第四段落（p.67 ℓ.9 ～ p.68 ℓ.3）	少女の行く末を案ずる尼君	〔コ　〕をなでながら、「自分の死後、〔サ　〕も亡くしているあなたは、どうなることでしょう。」と尼君が泣くのを見て、少女はしんみりとする。
第五段落（p.68 ℓ.4 ～ 終わり）	歌の唱和を聞いて源氏帰る	尼君が〔シ　〕を残しては死にきれないとよむと、女房が〔ス　〕なことではいけないと唱和する。源氏の来訪を知って簾が下ろされ、源氏は帰る。

語句・文法

知識・技能

1 次の語の意味を調べなさい。

p.65	ℓ.8	①つれづれなり	〔　〕
	ℓ.10	②行ふ	〔　〕
	ℓ.12	③あてなり	〔　〕
	ℓ.14	④なかなか	〔　〕
		⑤今めかし	〔　〕
p.66	ℓ.9	⑥さいなむ	〔　〕
	ℓ.10	⑦心づきなし	〔　〕
	ℓ.12	⑧めやすし	〔　〕
	ℓ.14	⑨ものす	〔　〕
	ℓ.16	⑩心憂し	〔　〕
p.67	ℓ.1	⑪つらつき	〔　〕
	ℓ.4	⑫ゆかし	〔　〕
	ℓ.7	⑬まもる	〔　〕
	ℓ.12	⑭うしろめたし	〔　〕
p.68	ℓ.1	⑮すずろなり	〔　〕
	ℓ.11	⑯あやし	〔　〕
	ℓ.12	⑰ののしる	〔　〕

2 次の太字の助動詞「む」の意味は、あとのア～カのいずれにあたるか。それぞれ選びなさい。

p.67	ℓ.4	①ねびゆか**む**さまゆかしき人かな	〔　〕
p.68	ℓ.7	②こなたはあらはにや侍ら**む**。	〔　〕
	ℓ.12	③見奉り給は**む**や。	〔　〕
	ℓ.14	④いで、御消息聞こえ**む**。	〔　〕

ア　意志　　イ　推量　　ウ　仮定
エ　婉曲　　オ　適当　　カ　勧誘

内容の理解

思考力・判断力・表現力

第一段落

1 「いとなやましげに読みゐたる尼君、ただ人と見えず。」（六五・11）について、次の問いに答えなさい。

(1) 「なやましげに」とは、尼君のどのような様子を表したものか。次から選びなさい。

ア なまめかしい様子　イ 苦しそうな様子
ウ 気品のある様子　エ 困っている様子
〔　　〕

(2) 「なやましげに」という様子は、あとの尼君の会話のどの言葉と照応しているか。その言葉を、本文中から抜き出しなさい。
〔　　〕

2 「なかなか長きよりも、こよなう今めかしきものかなと、あはれに見給ふ。」（六五・14）について、次の問いに答えなさい。

(1) 「なかなか長きよりも、こよなう今めかしきものかな」とあるが、どのような意味か。次から選びなさい。

ア ずいぶん長い髪をはじめとして、非常に身なりを飾りたてたものだなあ。
イ むしろ長い髪と比較してみても、このうえなく洗練されていてさっぱりしているのだなあ。
ウ かえって通常の長い髪よりも、とても現代ふうで目新しいものだなあ。
エ このうえなく長い髪にするよりも、実に気がきいていて優雅な感じに見えるものだなあ。
〔　　〕

(2) 「見給ふ」とあるが、誰が見るのか。その主語を答えなさい。▼脚問1
〔　　〕

第二段落

3 「いとをかしう、やうやうなりつるものを。烏などもこそ見つくれ。」（六六・10）について、次の問いに答えなさい。

(1) 「いとをかしう」とは、どのような意味か。十字以内で口語訳しなさい。

(2) 「やうやうなりつるものを。」とあるが、「ものを」には話し手のどのような気持ちが表れているか。次から選びなさい。

ア 憤り　イ 愛惜
ウ あきらめ　エ あきれ果てた気持ち
〔　　〕

(3) 「烏などもこそ見つくれ。」とあるが、どのような意味か。次から選びなさい。

ア 烏などが見つけていじめたらたいへんだわ。
イ 烏の子でも代わりに見つけてくるわ。
ウ 烏が先に見つけてくれるわ。
エ 烏などに見つかりませんように。
〔　　〕

第三段落

4 「ねびゆかむさまゆかしき人かなと、目とまり給ふ。」（六七・4）について、次の問いに答えなさい。

(1) 「ねびゆかむさまゆかしき人かな」とあるが、どのような意味か。次から選びなさい。

ア 大きくなったらさぞ美人になるだろう。奥ゆかしい人だなあ。
イ 大人びていていかにも美しい人だなあ。
ウ 成人したらぜひ妻にしたい人だなあ。
エ 成人していく将来の美貌が見たい人だなあ。
〔　　〕

(2) これと同じ意味の表現がある。その表現を本文中から抜き出し、初めと終わりの四字で答えなさい。（句読点は含まない）▼脚問3

〔　　〕～〔　　〕

第四段落

5「かばかりになれば、いとかからぬ人もあるものを。」（六七・12）について、次の問いに答えなさい。

(1)「かばかり」とあるが、どのような意味か。その具体的内容を明示して十字以内で答えなさい。（句読点は含まない）▼脚問4

(2)「かからぬ人」とあるが、「かから」はどのようなことをさすか。次から選びなさい。

ア けづる　イ をかし
ウ はかなう　エ あはれに

〔　　〕

第五段落

6「生ひ立たむ」（六八・4）の歌について、次の問いに答えなさい。

(1)「若草」「露」とあるが、これは何の比喩か。それぞれ漢字二字で答えなさい。▼学習三

若草〔　　〕　露〔　　〕

(2)この歌をよんだ尼君の心情は、どのようなものか。その心情を表す形容詞として適当なものを、次から選びなさい。

ア 言ふかひなし　イ 心憂し
ウ はかなし　エ うしろめたし

〔　　〕

7「はつ草の」（六八・6）の歌について、次の問いに答えなさい。▼学習三

(1)この歌の縁語について説明した次の文の空欄A～Dに入る適当な言葉を、歌の中からそれぞれ抜き出しなさい。

〔A〕・〔B〕は〔C〕の縁語であり、〔D〕は〔B〕の縁語である。

A〔　　〕　B〔　　〕　C〔　　〕　D〔　　〕

第五段落

(2)この歌をよんだ「ゐたる大人」の心情を、次から選びなさい。

ア 尼君に同情して、ともに悲しもうとしている。
イ 気弱になっている尼君を励まそうとしている。
ウ 尼君とともに少女の将来を考えようとしている。
エ 少女に対する尼君の溺愛を危惧している。

〔　　〕

8「知り侍らで、ここに侍りながら、」（六八・10）とあるが、丁寧語「侍ら」「侍り」を除くとどうなるか。敬語のない叙述に書き改めなさい。

〔　　〕

9「かかる……給はむや。」（六八・12～13）とあるが、「かかる」は何をさすか。その指示内容を本文中から抜き出し、初めと終わりの五字で答えなさい。（句読点は含まない）

〔　　〕～〔　　〕

全体

10 この文章は、無邪気で際立ってかわいい少女（若紫）の描写と、会話を通してうかがわれる尼君の心情とが中心となっている。その尼君の心情の説明として適当なものを、次から選びなさい。

ア 少女の頼りなさに心安まらず、将来に不安を抱いている。
イ 老いの身で少女を育て守ることに疲れ、いらだっている。
ウ 少女の将来に期待して厳しくしつけたいと思っている。
エ 少女を養育する責任感で気持ちがふさいでいる。

〔　　〕

11 この文章の背景となる春の季節は、源氏の身に新しい幸福が訪れる前兆となっていて、将来の伴侶となる美しい少女の発見に、このうえない場面効果としての役割を果たしている。季節が春であることが、どの言葉によってわかるか。その根拠となる動詞を第一段落から、名詞を第二段落から、それぞれ抜き出しなさい。

動詞〔　　〕　名詞〔　　〕

学習目標 実際の歴史に取材した物語を読み、宮中を中心とする権力者たちの姿を捉える。

大鏡（弓争ひ）

教科書p.70～p.71

検印

展開の把握

思考力・判断力・表現力

○次の空欄に適語を入れて、内容を整理しなさい。

第一段落（発端）（初め～p.70 ℓ.6）	第二段落（展開）（p.70 ℓ.6～p.71 ℓ.4）	第三段落（結末）（p.71 ℓ.4～終わり）
伊周との腕くらべ	胆を抜かれた伊周	中の関白家のしらけ
中の関白〔ア　　〕の子伊周が、人々を集めて〔イ　　〕の競技を催しているところ、叔父の〔ウ　　〕が突然現れた。道隆は〔エ　　〕をとり、伊周と弓の〔オ　　〕をさせたところ、伊周が〔カ　　〕負けてしまった。	そこで、道隆らが勝負を〔キ　　〕延長させた。道長は〔ク　　〕に思いながらも、勝負を受けて、「自分の家から、帝・〔ケ　　〕が出るはずのものならば、この〔コ　　〕当たれ。」と言って射ると、的の〔サ　　〕を射抜いた。次に伊周が射たが、ひどく〔シ　　〕して、とんでもないところを射たので、道隆の〔ス　　〕が青くなった。	次にまた道長が「摂政・〔セ　　〕になるはずのものならば、当たれ。」と言って射ると、同じように〔ソ　　〕を射抜いた。〔タ　　〕もさめて気まずくなり、道隆は伊周に勝負を〔チ　　〕させ、〔ツ　　〕がしらけてしまった。

語句・文法

知識・技能

1 次の語の意味を調べなさい。

p.70 ℓ.1 ①あそばす〔　　〕
ℓ.4 ②饗応す〔　　〕
③下臈〔　　〕
p.71 ℓ.2 ④ものかは〔　　〕
⑤臆す〔　　〕
ℓ.3 ⑥わななく〔　　〕
ℓ.8 ⑦ことさむ〔　　〕

2 次の太字の助動詞「させ」の意味は、あとのア・イのいずれにあたるか。それぞれ選びなさい。

p.70 ℓ.5 ①まづ射**させ**奉らせ給ひけるに、〔　　〕
ℓ.8 ②延べ**させ**給ひけるを、〔　　〕
ℓ.10 ③また射**させ**給ふとて、〔　　〕
p.71 ℓ.6 ④同じところに射**させ**給ひつ。〔　　〕
⑤もてはやし聞こえ**させ**給ひつる〔　　〕

ア 尊敬　イ 使役

3 次の太字の助動詞の意味は、あとのア～エのいずれにあたるか。それぞれ選びなさい。

p.70 ℓ.1 ①弓あそばし**し**に、〔　　〕
ℓ.2 ②この殿渡らせ給へ**れ**ば、〔　　〕
ℓ.11 ③帝・后立ち給ふ**べき**ものならば、〔　　〕
p.71 ℓ.2 ④御手もわななく故**に**や、〔　　〕
ℓ.4 ⑤色青くなり**ぬ**。〔　　〕
ℓ.6 ⑥同じところに射させ給ひ**つ**。〔　　〕
ℓ.8 ⑦ことさめ**に**けり。〔　　〕

ア 断定　イ 過去　ウ 完了　エ 当然

内容の理解

思考力・判断力・表現力

第一段落

1 「前に立て奉りて、まづ射させ奉らせ給ひける」（七〇・5）とあるが、これはどのような行動か。適当なものを次から選びなさい。

ア　まずは敬意を表してもてなす行動。
イ　軽くあしらってしまおうとする行動。
ウ　相手の力を試そうとする用心深い行動。
エ　将来の政敵として警戒した行動。

〔　　〕

2 「帥殿の矢数いま二つ劣り給ひぬ。」（七〇・6）とあるが、中の関白殿やその御前に侍っている人々は、「いま二つ」の矢数の差をどのように受け取っていると考えられるか。適当なものを次から選びなさい。

ア　伊周が目上の道長に遠慮したため生じた差である。
イ　中の関白家の将来を占うに足りる差である。
ウ　弓の競技に起こりうるわずかな差である。
エ　勝負は時の運で、当たり矢の数の差は問題にしていない。

〔　　〕

第二段落

3 「『いまふたたび延べさせ給へ。』と申して、延べさせ給ひけるを、やすからずおぼしなりて、」（七〇・7）について、次の問いに答えなさい。

(1) 「いまふたたび延べさせ給へ。」という言葉は、どのような意味をもっているか。適当なものを次から選びなさい。

ア　道長に対して、この勝負自体をなかったことにすることを暗に依頼している。
イ　なんとしても伊周を道長に負けさせたくないと思っている。
ウ　二人の真剣勝負をもう一度見たいと思っている。
エ　新たな気持ちで、道長と伊周の勝負をやり直すことが求められている。

〔　　〕

(2) 「やすからずおぼしなりて」とあるが、「やすからず」とは道長のどのような心情を表したものか。漢字二字で答えなさい。

［　　］

第二段落

4 「御手もわななく故にや、」（七一・2）とあるが、伊周の手が震えたのはなぜか。適当なものを次から選びなさい。

ア　道長の気迫に圧倒されてしまったから。
イ　道長の大言壮語に腹を立て、気持ちが高ぶっていたから。
ウ　矢を何本も射たことがなく、疲れていたから。
エ　父関白殿の叱咤《しった》激励に意気込みすぎたから。

〔　　〕

5 「無辺世界を射給へるに、関白殿、色青くなりぬ。」（七一・3）について、次の問いに答えなさい。

(1) 伊周と道長との対照がきわだって描かれているが、伊周について叙述したA「無辺世界」、B「射給へる」と対比される、道長の叙述は何か。それぞれ本文中から抜き出しなさい。

A〔　　〕
B〔　　〕

(2) 「関白殿、色青くなりぬ。」とあるが、その原因の一つは不吉な予感がしたからである。その不吉な予感の内容は、どのようなことか。二十五字以内で説明しなさい。▼学習二

［　　］

第三段落

6 「こと苦うなりぬ。」（七一・7）とは、どのようになってしまったのか。十五字以内で説明しなさい。

［　　］

全体

7 この話は、道長のどのような性格を語ろうとしたものか。次から選びなさい。▼学習三

ア　沈着　　イ　強情　　ウ　豪胆　　エ　驕慢《きょうまん》

〔　　〕

学習目標 実際の歴史に取材した物語を読み、宮中を中心とする権力者たちの姿を捉える。

大鏡（道長の豪胆）

教科書p.72〜p.75

検印

展開の把握

思考力・判断力・表現力 ▼学習一

○次の空欄に適語を入れて、内容を整理しなさい。

第一段落	第二段落	第三段落	第四段落	第五段落
（発端）（初め 〜 p.72 ℓ.12）	（展開①）（p.72 ℓ.13 〜 p.73 ℓ.5）	（展開②）（p.73 ℓ.6 〜 p.74 ℓ.4）	（結末）（p.74 ℓ.5 〜 p.74 ℓ.11）	（添加）（p.74 ℓ.12 〜 終わり）
胆試しに至る事情	胆試しの様子①	胆試しの様子②	道長の豪胆	後日談
花山天皇のとき、〔ア　〕の降る夜に殿上で恐ろしい昔話に話が及び、道隆・道兼・道長が離れた〔イ　〕に胆試しに出向くことになった。	道隆・道兼は〔ウ　〕が変わったが、道長は全く〔エ　〕する様子もなく、天皇の御手箱に入れてある〔オ　〕を借り受けて出かけた。	道隆は〔カ　〕の陣、道兼は〔キ　〕の外で怖くなって引き返したが、道長はしばらくして〔ク　〕として帰って来た。	道長は、手ぶらで戻ったのでは〔ケ　〕まで行って来た〔コ　〕がないといって、高御座の柱を削って持ち帰ったので、天皇をはじめとして人々はその〔サ　〕に驚き、称賛した。	〔シ　〕、道長が持ち帰った削り〔ス　〕を柱にあてがってみると、ぴったり合った。その削り〔セ　〕は、今もはっきり残っている。

語句・文法

知識・技能

1 次の語の意味を調べなさい。

- ①おどろおどろし（p.72 ℓ.2）〔　〕
- ②さうざうし（ℓ.3）〔　〕
- ③遊ぶ（ℓ.4）〔　〕
- ④便なし（ℓ.11）〔　〕
- ⑤丑（p.73 ℓ.5）〔　〕
- ⑥念ず（ℓ.10）〔　〕
- ⑦ずちなし（ℓ.13）〔　〕
- ⑧つれなし（p.74 ℓ.8）〔　〕
- ⑨あさまし〔　〕

2 次の太字の助動詞の意味は、あとのア〜エのいずれにあたるか。それぞれ選びなさい。

- ①しかおはしまし合へ**る**に、（p.73 ℓ.9）〔　〕
- ②立ち帰り参り給へ**れ**ば、（p.74 ℓ.2）〔　〕
- ③御刀に削ら**れ**たる物を（ℓ.5）〔　〕
- ④感じののしら**れ**給へど、（ℓ.10）〔　〕

ア 尊敬　イ 自発　ウ 可能　エ 完了

3 「一人いなむや。」（七二・7）を単語に分けて、文法的に説明しなさい。（p.72 ℓ.7）

〔　〕

内容の理解

思考力・判断力・表現力

第一段落

1「さるべき人は、とうより御心魂の猛く、」（七三・1）とあるが、「さるべき人」とは、どのような人のことか。次から選びなさい。

ア　権力を恐れず、それに立ち向かう人。
イ　すぐれた才能をもちながら、強引でわがままな人。
ウ　将来えらくなるほどの人。
エ　高貴な家柄で、帝の寵愛の格別深い人。

2「さるところおはします帝にて、」（七三・9）とあるが、帝のどのような性格をいったものか。次から選びなさい。　▼学習三

ア　いっぷう変わった物好きな性格。
イ　何事も自分の思いどおりになさりたい性格。
ウ　どこへでも気軽にお出ましになる性格。
エ　不粋・不風流なことを嫌いなさる性格。

第二段落

3「私の従者をば具し候はじ。」（七三・14）とあるが、この言葉から道長のどのような態度がうかがわれるか。次から選びなさい。

ア　戦々恐々　　イ　深謀遠慮
ウ　独断専行　　エ　意気軒昂

第三段落

4「おのおの立ち帰り参り給へれば、」（七四・2）とあるが、道隆・道兼が途中で立ち戻った原因は何か。本文中から二十字以内でそれぞれ抜き出し、初めと終わりの五字で答えなさい。（句読点は含まない）

道隆　～
道兼　～

5「御扇をたたきて笑はせ給ふに、」（七四・2）とあるが、これは臆病で小心な道隆・道兼を帝が笑った叙述である。道隆・道兼の小心ぶりが表れた行動を、本文中から十三字以内でそれぞれ抜き出しなさい。

道隆
道兼

第三段落

6「いとさりげなく、ことにもあらずげにて、参らせ給へる。」（七四・4）について、次の問いに答えなさい。　▼学習二1

(1)「いとさりげなく、ことにもあらずげにて」とあるが、道長のこの態度とほぼ同じ意味を表す形容詞を本文中から抜き出しなさい。

(2)また、道長のこのような態度に対して、道隆・道兼はどのように叙述されているか。対照的叙述を本文中からそれぞれ抜き出しなさい。

道隆
道兼

第四段落

7「ものも言はでぞ候ひ給ひける。」（七四・10）とあるが、これは誰の様子か。該当する人物を次からすべて選びなさい。

ア　帝　　イ　道長　　ウ　道隆
エ　道兼　　オ　蔵人

第五段落

8「疑はしくおぼしめされければ、」（七四・12）とあるが、どのようなことを疑ったのか。その内容を十五字以内で説明しなさい。

全体

9道長の豪胆に対して、人々はどのように思ったか。その心情を表す形容詞を本文中から抜き出し、終止形で答えなさい。

学習目標　実際の歴史に取材した物語を読み、宮中を中心とする権力者たちの姿を捉える。

大鏡（花山天皇の出家）

教科書p.76～p.77　検印

展開の把握　思考力・判断力・表現力

○次の空欄に適語を入れて、内容を整理しなさい。

前半（序）		後半（出家事件）		
第一段落（初め～p.76 ℓ.2）	第二段落（p.76 ℓ.3～p.76 ℓ.6）	第三段落（p.76 ℓ.7～p.76 ℓ.13）	第四段落（p.76 ℓ.14～p.77 ℓ.6）	第五段落（p.77 ℓ.7～終わり）
花山天皇の略歴		宮中を出るときの様子①（発端）	宮中を出るときの様子②（展開）	天皇の出家の真相（結末）
花山天皇は〔ア　〕天皇の第一皇子である。	十七歳で〔イ　〕したが、寛和二年六月二十二日の夜、〔ウ　〕で出家なさった。在位は二年であり、出家後〔エ　〕年間存命であった。	出家の夜、〔オ　〕を抜け出す天皇は、〔カ　〕の月がとても明るいのでためらった。皇位継承のしるしである神璽・宝剣をすでに〔キ　〕のほうに渡していた〔ク　〕は、困ったことになると思って、天皇をせきたてた。	月がかげり、〔ケ　〕の志は〔コ　〕することだと歩き出したとき、天皇は大切にしていた弘徽殿の女御の〔サ　〕を取りに戻ろうとした。道兼は〔シ　〕をしてこれを制止した。	〔ス　〕に到着して、天皇が〔セ　〕したあとに、道兼が父〔ソ　〕に出家前の姿を見せ、〔タ　〕を報告して戻ると申したので、天皇はそこで初めて道兼にだまされたことを知った。

語句・文法　知識・技能

1 次の語句の意味を調べなさい。

①あさまし（p.76 ℓ.4）〔　〕
②みそかなり〔　〕
③顕証なり（ℓ.8）〔　〕
④さりとて（ℓ.9）〔　〕
⑤まばゆし（ℓ.14）〔　〕
⑥御髪下ろす（p.77 ℓ.7）〔　〕
⑦すかす（ℓ.11）〔　〕

2 次の太字の助動詞の意味は、あとのア・イのいずれにあたるか。それぞれ選びなさい。

①顕証にこそあり**けれ**。（p.76 ℓ.8）〔　〕
②しか申させ給ひ**ける**とぞ。（ℓ.13）〔　〕
③わが出家は成就するなり**けり**。（p.77 ℓ.1）〔　〕
④そら泣きし給ひ**ける**は。（ℓ.5）〔　〕
⑤我をば、はかるなり**けり**。（ℓ.9）〔　〕
⑥とてこそ、泣かせ給ひ**けれ**。〔　〕

ア　過去
イ　詠嘆

3 「おのづからさはりも出でまうで来なむ。」（七七・5）を単語に分けて、文法的に説明しなさい。（p.77 ℓ.5）

〔　〕

内容の理解

思考力・判断力・表現力

前半（序）

1 「花山院の天皇」（七六・1）の両親は誰か。本文中から抜き出しなさい。

父〔　　　〕　母〔　　　〕

2 花山天皇が、①帝位についていた年数と、②亡くなった年齢を漢数字で答えなさい。

①〔　　　〕年間　②〔　　　〕歳

後半（出家事件）

3 「あはれなることは、下りおはしましける夜は、藤壺の上の御局の小戸より出でさせ給ひけるに、」（七六・7）について、次の問いに答えなさい。

(1) 「あはれなること」とあるが、本文中のどのようなことに対しての語り手の心情か。次から選びなさい。

ア 「神璽・宝剣わたり給ひぬる」ことに対して。
イ 「わが出家は成就するなりけり。」の言葉に対して。
ウ 「しばし。」と言って、故弘徽殿の女御の手紙を取りに帰ろうとしたことに対して。
エ 「我をば、はかるなりけり。」と泣かれたことに対して。　〔　　〕

(2) 「下りおはしましける」とあるが、「下り」とはどのようなことか。次から選びなさい。

ア 下野　イ 退位　ウ 出家　エ 下向　〔　　〕

(3) 「藤壺の上の御局の小戸より出でさせ給ひける」とあるが、そのような場所から出たのは何のためか。十五字以内で説明しなさい。

〔　　　　　　　　　　〕

4 「帰り入らせ給はむことは、あるまじくおぼして、」（七六・12）とは、どのような意味か。次から選びなさい。

ア 還御なさるようなことがあってはならないとお思いになって
イ 還御なさることなどはないとご判断なさって
ウ 還御なさりたいということは考えがたかろうと推察して
エ 還御なさるつもりであるというようなことは当然あるはずがないと予測しなさって　〔　　〕

後半（出家事件）

5 「しか申させ給ひける」（七六・13）とあるが、「しか」は何をさすか。その指示内容を本文中から抜き出し、初めと終わりの四字で答えなさい。（句読点は含まない）

〔　　　　〕〜〔　　　　〕

6 「そら泣きし給ひける」（七七・5）とあるが、粟田殿が「そら泣きし」たのはなぜか。次から選びなさい。　▼脚問2

ア 花山天皇の発言を非難するため。
イ 花山天皇の行動を思いとどまらせるため。
ウ 花山天皇の発言に悲しくなったため。
エ 花山天皇の行動に怒りを感じたため。　〔　　〕

7 「御髪下ろさせ給ひてのちにぞ、」（七七・7）とあるが、帝が出家なさってから初めて、粟田殿が「まかり出でて、……」以下のことを言い出したのはどのような意図によるものか。三十字以内で説明しなさい。

〔　　　　　　　　　　〕

全体

8 この文章における①花山天皇と、②粟田殿の性格として適当なものを、次からそれぞれ選びなさい。

ア 頑固　イ 傲慢　ウ せっかち　エ 臆病
オ 純真　カ 狡猾

①〔　　〕　②〔　　〕

学習目標　自己の内面が赤裸々に書き綴られた日記を読み、作者の心情を読み解く。

蜻蛉日記（うつろひたる菊）

教科書p.80～p.81

検印

展開の把握

思考力・判断力・表現力

○次の空欄に適語を入れて、内容を整理しなさい。

第一段落（初め ～ p.80 ℓ.6）	第二段落（p.80 ℓ.7 ～ p.80 ℓ.11）	第二段落（p.80 ℓ.11 ～ p.81 ℓ.6）	第三段落（p.81 ℓ.7 ～ 終わり）
兼家の浮気発覚	町小路の女のもとからの朝帰り	歌の贈答	浮気を続ける兼家
九月、兼家が出て行ったとき、〔ア　〕の中によその女にあてた〔イ　〕を見つけた。疑っていたが、十月の末に〔ウ　〕続けて姿を見せないことがあった。私のところに来ると、兼家は〔エ　〕を試していたのだなどと〔オ　〕する。	宮中へ行くと言って出て行くので、〔カ　〕に思ってあとをつけさせたところ、〔キ　〕のどこそこに〔ク　〕を止めたという。二、三日後、夜明け前ごろに〔ケ　〕をたたく音がした。〔コ　〕だと思ったが、開けずにいたところ、例の〔サ　〕の所へ行ってしまった。	翌朝、孤閨《こけい》の〔シ　〕を述べた歌をよんで、色変わりした〔ス　〕につけて贈ると、兼家から返事として〔セ　〕な手紙と歌が届いた。	その後は〔ソ　〕ないように口実をもうけるでもなく、堂々と女のもとへ通うので、ますます〔タ　〕に思うこと、このうえないよ。

語句・文法

知識・技能

1 次の語句の意味を調べなさい。

p.80 ℓ.2 ①あさましさ〔　〕
ℓ.6 ②つれなし〔　〕
ℓ.9 ③さればよ〔　〕
ℓ.11 ④ものす〔　〕
p.81 ⑤つとめて〔　〕
ℓ.4 ⑥とみなり〔　〕
ℓ.5 ⑦ことわりなり〔　〕
ℓ.7 ⑧ことなしぶ〔　〕
ℓ.8 ⑨心づきなし〔　〕

2 次の太字の動詞の活用形と活用の種類は、あとのア～クのいずれにあたるか。それぞれ選びなさい。

p.80 ℓ.1 ①開けて**見れ**ば、〔　・　〕
ℓ.5 ②**見え**ぬときあり。〔　・　〕
ℓ.8 ③人をつけて**見すれ**ば、〔　・　〕
p.81 ℓ.2 ④ひとり**寝る**夜のあくる間は〔　・　〕
ℓ.4 ⑤**試み**むとしつれど、〔　・　〕

ア 未然形　イ 連用形　ウ 連体形
エ 已然形　オ 上一段　カ 上二段
キ 下一段　ク 下二段

3 「開けさせねば、」（八〇・11）に用いられている活用語を三つ抜き出し、基本形と活用形を答えなさい。

p.80 ℓ.11 〔　〕

内容の理解

思考力・判断力・表現力

第一段落

1 「見てけりとだに知られむ」（八〇・2）には、作者の兼家に訴えようとする強い心情が、助動詞「て」「けり」と副助詞「だに」によく表れている。そのことに注意して、「見てけりとだに知られむ」を二十字以内で口語訳しなさい。（句読点を含む）

2 「むべなう、」（八〇・5）とあるが、作者のどのような思いがこめられているか。次から選びなさい。

ア　夫に裏切られたと知るのは残念でしかたがないが、きっと何かわけがあるにちがいない。

イ　夫の裏切りは許せないが、自分も意地を張り通していたので、無理もないような気がする。

ウ　夫の気持ちが他の女に移ってしまったなどとは信じたくないが、それにしても許せないことだ。

エ　夫の気持ちが他の女に移ってしまったらしいことをうすうす感づいてはいたが、案の定そうだった。

〔　　〕

第二段落

3 「例の家」（八〇・11）とあるが、どこか。本文中の言葉で答えなさい。

〔　　〕

4 「あくるまでも試みむとしつれど、」（八一・4）とあるが、何を「試みむ」としたのか。八字以内で答えなさい。（句読点を含む）

5 「げにやげにに」（八一・6）の歌について、次の問いに答えなさい。

▼学習二

第二段落

(1) 何が「げにやげにに」だと言うのか。三十字以内で説明しなさい。

(2) この歌の説明として適当なものを次から選びなさい。

ア　切実な思いを訴える女の歌に同感しつつも、女のつれない仕打ちをなじる歌。

イ　切実な思いを訴える女の歌に素直に降参しながら、女に対する仕打ちを謝罪した歌。

ウ　切実な思いを訴える女の歌の言葉尻をとらえて、冗談めかしつつやり返した歌。

エ　切実な思いを訴える女の気持ちを受けとめて、訪れのとだえがちなことを弁解する歌。

〔　　〕

第三段落

6 「いとどしう心づきなく思ふことぞ、限りなきや。」（八一・8）について、次の問いに答えなさい。

▼学習一

(1) ここに見られる作者の心情は、どのようなものか。次から選びなさい。

ア　不愉快　イ　悲しみ　ウ　不安　エ　安堵

〔　　〕

(2) 「心づきなく思ふ」とあるが、作者は何に対して「心づきなく思」っているのか。適当なものを次から選びなさい。

ア　平気で明白なうそをつく態度

イ　隠しもせずに平然としている態度

ウ　優柔不断ではっきりしたことを示さない態度

エ　人に隠れてこそこそしている態度

〔　　〕

全体

7 この文章は、何を主題としたものか。次から選びなさい。

ア　兼家の心変わりに対する作者の心情　イ　兼家の冷淡な態度

ウ　男性社会における兼家の横暴の不満　エ　か弱い女性の運命

〔　　〕

学習目標 自己の内面が赤裸々に書き綴られた日記を読み、作者の心情を読み解く。

蜻蛉日記（泔坏の水）

教科書 p.82〜p.83

検印

展開の把握

思考力・判断力・表現力

○次の空欄に適語を入れて、内容を整理しなさい。

第一段落（初め〜p.82 ℓ.7）	第二段落（p.82 ℓ.8〜p.83 ℓ.2）	第三段落（p.83 ℓ.3〜終わり）
兼家との口論	兼家の途絶え	不安定な夫婦仲
兼家が訪れて〔ア　　〕に過ごしている日に、ほんの〔イ　　〕なことから〔ウ　　〕になって、兼家は腹を立てて出て行くことになった。帰り際に〔エ　　〕を呼び出して、「私はもう来ないよ。」と言い捨てて出て行った。〔オ　　〕で泣く道綱をなだめ、兼家の〔カ　　〕を待っていたが、五、六日たっても〔キ　　〕がない。	いつもとは違う〔ク　　〕になったので、心細くて〔ケ　　〕していると、兼家が出て行った日に使った〔コ　　〕の水がそのままになっていて、水面に〔サ　　〕が浮いていた。こんなになるまでとあきれていた日に、兼家がやって来た。	いさかいはいつもの〔シ　　〕でうやむやで終わってしまった。このようにはらはらすることばかりが多く、全く心の休まることがないのは〔ス　　〕ことだった。

語句・文法

知識・技能

1 次の語の意味を調べなさい。

①はかなし（p.82 ℓ.1）〔　　〕
②すなはち（ℓ.3）〔　　〕
③おどろおどろし（ℓ.4）〔　　〕
④論なし（ℓ.5）〔　　〕
⑤うたて（ℓ.6）〔　　〕
⑥ものぐるほし〔　　〕
⑦ながむ（ℓ.11）〔　　〕
⑧心ゆるび（p.83 ℓ.4）〔　　〕

2 「おしはからるれど、」（八二・5）を単語に分けた場合、どれが正しいか。次から選びなさい。（p.82 ℓ.5）

ア　おしはか・らるれ・ど
イ　おしはかる・れ・ど
ウ　おしはから・るれ・ど
エ　おしはから・る・れ・ど

〔　　〕

3 次の太字の「けり」「ける」「けれ」は、あとのア〜エのいずれにあたるか。それぞれ選びなさい。

①出でに**ける**すなはち、（p.82 ℓ.3）〔　　〕
②うたてものぐるほし**けれ**ば、（ℓ.6）〔　　〕
③さながらあり**けり**。（ℓ.13）〔　　〕
④水草ゐに**けり**（p.83 ℓ.1）〔　　〕
⑤やみに**けり**。（ℓ.3）〔　　〕
⑥わびしかり**ける**。（ℓ.4）〔　　〕

ア　形容詞活用語尾の一部
イ　過去の助動詞
ウ　詠嘆の助動詞
エ　動詞活用語尾＋助動詞

内容の理解

思考力・判断力・表現力

第一段落

1「我は今は来じとす。」（八二・3）とあるが、兼家のどのような気持ちを表しているか。次から選びなさい。

ア　もう再び子供とは会えないだろうという自己確認を表す。
イ　もう二度と子供には会わないつもりだという決意を表す。
ウ　作者への腹立ちまぎれの、子供に対する八つ当たりを表す。
エ　もう子供とは会えなくなるだろうという寂しさを表す。〔　　〕

2「人の聞かむもうたてものぐるほしければ、」（八二・5）について、次の問いに答えなさい。

(1)「人」とは、どのような人か。次から選びなさい。
ア　侍女　イ　兼家　ウ　道綱　エ　世間の人〔　　〕

(2)「うたてものぐるほしければ」とは、どのような意味か。口語訳しなさい。
〔　　　　　　　　〕

3「例ならぬほどになりぬれば、」（八二・8）とあるが、何が「例ならぬほど」なのか。十二字以内で説明しなさい。▼脚問1

第二段落

4「たはぶれごととこそ我は思ひしか、」（八二・9）について、次の問いに答えなさい。

(1)何を「たはぶれごと」と思ったのか。該当する箇所を、本文中から十字以内で抜き出しなさい。（句読点は含まない）

(2)「思ひしか」のあとに、どのような言葉を補うと意味が明確になるか。次から選びなさい。
ア　さて　イ　だから　ウ　そのうえ　エ　けれども〔　　〕

第二段落

5「はかなき仲なれば、かくてやむやうもありなむかしと思へば、」（八二・10）とあるが、「仲」とは具体的に何をさすか。十字以内で答えなさい。（句読点は含まない）

6「かたみの水は水草ゐにけり」（八三・1）とあるが、作者のどのような心情を表しているか。その心情を表す語を二つ、本文中から抜き出しなさい。▼学習一
〔　　　　〕〔　　　　〕

第三段落

7 作者はこの出来事をどのように思っているか。次から選びなさい。

ア　夫婦げんかに幼い子供まで巻き添えにしたことを後悔し、深く反省している。
イ　不安ばかりが多く、気の休まる時がない夫婦仲をとてもつらく思っている。
ウ　兼家が通ってくることが度重なるにつれて、口げんかをすることが多くなって、そのことが心配の種となっている。
エ　冷えた夫婦仲は今となってはどうしようもないから、せめて世間から非難されないようにしようと思っている。〔　　〕

全体

8 作者はその日その日の状況や心理を、どのように記しているか。次から選びなさい。

ア　その日ごとに記している。
イ　その日ごとに記したり、あとでまとめて記したりしている。
ウ　あとでまとめて記している。
エ　いつ記しているか、判断できない。〔　　〕

学習目標　作者が帝の後宮に仕えていたときの日記を読み、その内面に抱いていた思いを捉える。

紫式部日記（若宮誕生）

教科書p.84～p.85

検印

展開の把握　思考力・判断力・表現力

○次の空欄に適語を入れて、内容を整理しなさい。

第一段落（初め ～ p.84 ℓ.8）	第二段落（p.84 ℓ.9 ～ p.84 ℓ.10）	第三段落（p.84 ℓ.11 ～ 終わり）
皇子誕生を喜ぶ道長の好々爺ぶり	中務の宮のこと	華麗な土御門邸の中にあって憂愁に沈む作者
中宮様は、〔ア　〕のあと、十月十余日まで〔イ　〕におられる。道長様は夜でも明け方でも気が向いたときにやって来て、乳母の〔ウ　〕を探られるので、乳母がとても〔エ　〕である。皇子のおしっこに濡れて、〔オ　〕を乾かしながら、道長様は〔カ　〕の様子である。	道長様は私に中務の宮の姫君と頼通殿との〔キ　〕のことを、熱心に〔ク　〕なさるが、喜ぶ気分にはなれず、心は〔ケ　〕にくれて複雑である。	一条天皇の〔コ　〕が近く、土御門邸はますます磨きたてられ、庭の〔サ　〕もすばらしく、〔シ　〕もなくなるほどの気がするのに、なぜか、思いつめた〔ス　〕が引きつける面ばかり強く、苦しい。夜が明けるとも物思いにふけりながら外を眺めて、〔セ　〕どもが遊び合っているのを見て歌をよむ。水鳥も実際は苦しいのであろうと、つい〔ソ　〕の身の上と重ねて〔タ　〕してしまう。

語句・文法　知識・技能

1 次の語の意味を調べなさい。

p.84 ℓ.3 ①おぼほる〔　〕
②おどろく〔　〕
③いとほし〔　〕
ℓ.4 ④心もとなし〔　〕
⑤うつくしむ〔　〕
ℓ.5 ⑥わりなし〔　〕
ℓ.10 ⑦語らふ〔　〕
p.85 ℓ.1 ⑧色々〔　〕
ℓ.3 ⑨なのめなり〔　〕
ℓ.4 ⑩すきずきし〔　〕
ℓ.8 ⑪うちながむ〔　〕

2 次の太字の「なら」「なり」「なる」は、あとのア～キのいずれにあたるか。それぞれ選びなさい。

p.84 ℓ.1 ①西のそば**なる**御座に、〔　〕
ℓ.7 ②思ふやう**なる**心地すれ。〔　〕
ℓ.11 ③行幸近く**なり**ぬとて、〔　〕
p.85 ℓ.3 ④なのめ**なる**身ならましかば、〔　〕
⑤なのめなる身**なら**ましかば、〔　〕
ℓ.8 ⑥罪も深か**なり**など、〔　〕
ℓ.11 ⑦身はいと苦しかん**なり**と、〔　〕

ア　ラ行四段活用動詞
イ　ナリ活用形容動詞の活用語尾
ウ　断定の助動詞　エ　存在の助動詞
オ　伝聞の助動詞　カ　推定の助動詞
キ　比況の助動詞の一部

内容の理解

思考力・判断力・表現力

第一段落

1 「御乳母の懐をひき探させ給ふ」（八四・2）とあるが、誰が、何のためにそのようにしたのか。十二字以内で説明しなさい。

2 「わりなきわざ」（八四・5）とは、具体的にどのようなことか。十二字以内で説明しなさい。

第二段落

3 「語らはせ給ふ」（八四・10）とあるが、「誰が誰に」に相当する言葉を補って、二十五字以内で口語訳しなさい。（句読点を含む）

第三段落

4 「げに老いもしぞきぬべき心地する」（八五・3）とあるが、なぜか。その理由として適当なものを次から選びなさい。

ア　ようやく中宮がめでたく親王をご出産なさったから。
イ　めったに見られない一条帝のお姿を拝見したから。
ウ　道長がやっと摂政という地位に到達できたから。
エ　長寿を得ると伝えられる菊が集められているから。　〔　　〕

5 「思ふことの……ましかば、」（八五・3〜4）とあるが、作者は「思ふこと」がどうであったらいいと思っているのか。次から選びなさい。

ア　自分のもの思いが他人よりもひどいので、もう少しいい加減であってくれたならと思っている。
イ　自分のもの思いが余りにも平凡であるので、少しは極楽往生への縁となるようなものであってくれたらと嘆いている。
ウ　自分のもの思いがもう少し世間並みであったなら、他の人が自分を理解してくれるのだがと思っている。
エ　自分のもの思いも他人の同情が得られるほどに、身分がもう少し高かったらと嘆いている。　〔　　〕

第三段落

6 新傾向 次の図は作者が見ているものと作者との関係を図に表したものである。これについて、あとの問いに答えなさい。　▼学習二

〔　①　〕＝作者の見ているもの
（表面）〔　②　〕⇔（内面）〔　③　〕

（同じ）

作者
（表面）〔　④　〕⇔（内面）〔　⑤　〕

(1) 図の空欄①に入る作者の見ているものを答えなさい。　〔　　〕

(2) 図の空欄②〜⑤に入る言葉を次からそれぞれ選びなさい。

ア　いと苦しかんなり
イ　思ふことなげに遊び合へる
ウ　もの憂く、思はずに、嘆かしきことのまさる
エ　よそに見む
オ　めでたきこと、おもしろきことを見聞く

②〔　　〕③〔　　〕④〔　　〕⑤〔　　〕

7 作者は、自らの現在のあり方に対して「この後どうありたい」と思っているのか。第三段落から該当する箇所を抜き出し、初めと終わりの三字で答えなさい。（句読点は含まない）

〔　　〕〜〔　　〕

全体

8 この文章から作者はどのような性格の人であると考えられるか。次から選びなさい。

ア　理想家肌の人　　イ　自己省察的な人
ウ　神経質な人　　エ　情味があり心豊かな人　〔　　〕

学習目標　作者が帝の後宮に仕えていたときの日記を読み、その内面に抱いていた思いを捉える。

紫式部日記（日本紀の御局）

教科書p.86〜p.87

検印

展開の把握　思考力・判断力・表現力

○次の空欄に適語を入れて、内容を整理しなさい。

第一段落（初め 〜 p.86 ℓ.3）	左衛門の内侍の陰口	左衛門の内侍が、妙に私に（ア　　）を抱いて、心あたりのないいやな（イ　　）を言っていることをたびたび（ウ　　）にした。
第二段落（p.86 ℓ.4 〜 p.86 ℓ.12）	「日本紀の御局」というあだ名	帝が『源氏物語』を人に読ませて聞いていたとき、「この人は（エ　　）を読んでいるにちがいない。」と私の（オ　　）をほめたのを聞いて、左衛門の内侍は、私がひどく（カ　　）をひけらかしていると吹聴し、私に「日本紀の御局」という（キ　　）をつけた。公の場所で、私が学識をひけらかすはずもないのに。
第三段落（p.86 ℓ.13 〜 p.87 ℓ.3）	少女時代に見せた漢学の才	少女のころ、（ク　　）を習う弟のそばで聞いていて、弟よりも早く覚えたので、学問に熱心な（ケ　　）は、私が（コ　　）だったらと、いつも嘆いた。
第四段落（p.87 ℓ.4 〜 終わり）	人前では慎んだ漢学の才	それでも私は、人前で（サ　　）の才を見せることを厳に慎み、「（シ　　）」という文字さえも書けない（ス　　）をしていたのである。

語句・文法　知識・技能

1 次の語の意味を調べなさい。

- p.86 ℓ.1 ①すずろなり（　　）
- ℓ.3 ②心憂し（　　）
- ③しりうごと（　　）
- ℓ.6 ④才（　　）
- ℓ.13 ⑤書（　　）
- p.87 ℓ.1 ⑥さとし（　　）

2 次の太字の係助詞の結びの語を、それぞれ抜き出し、終止形で答えなさい。

- p.86 ℓ.5 ①日本紀を**こそ**読みたるべけれ。（　　）（　　）
- ℓ.8 ②いみじう**なむ**才がる。（　　）（　　）
- ℓ.9 ③日本紀の御局と**ぞ**つけたりける。（　　）（　　）
- ℓ.10 ④いとをかしく**ぞ**侍る。（　　）（　　）
- p.87 ℓ.2 ⑤持たらぬ**こそ**、幸ひなかりけれ。（　　）（　　）
- ⑥と**ぞ**、常に嘆かれ侍りし。（　　）（　　）

3 次の太字の「にて」は、あとのア〜オのいずれにあたるか。それぞれ選びなさい。

- p.86 ℓ.10 ①ふるさとの女の前**にて**だに（　　）
- ℓ.12 ②さる所**にて**才さかし出で侍らむよ。（　　）
- ℓ.13 ③童**にて**書読み侍りしとき、（　　）
- p.87 ℓ.2 ④男子**にて**持たらぬこそ、（　　）

ア　断定の助動詞連用形＋接続助詞
イ　場所を表す格助詞
ウ　年齢を表す格助詞
エ　手段を表す格助詞
オ　資格を表す格助詞

内容の理解

思考力・判断力・表現力

第一段落

1 「あやしうすずろによからず思ひけるも、」（六六・1）とあるが、これは誰が誰に対して思っていることか。それぞれ次から選びなさい。

ア 作者　イ 左衛門の内侍

ウ 殿上人　エ ふるさとの女

〔　　〕が〔　　〕に対して

第二段落

2 「内の上の……聞こしめしけるに、」（六六・4～5）とあるが、(ア)作者はその場に居合わせていた、(イ)居合わせていなかった、のいずれか。記号で答え、その根拠となる一語を本文中から抜き出しなさい。

記号〔　　〕　根拠〔　　〕

3 「ふと……言ひ散らして、」（六六・7～9）について、次の問いに答えなさい。

(1)「ふとおしはかりに」とは、どのような意味か。次から選びなさい。

ア 人の揚げ足を取った意地悪な想像で

イ いいかげんな当て推量で

ウ 強引にでたらめばかり言って

エ 無理やりにこじつけたりして

〔　　〕

(2)「いみじうなむ才がる」とは、どのような態度か。十五字以内で説明しなさい。

4 「さる所に……侍らむよ。」（六六・12）について、次の問いに答えなさい。

(1)「さる所にて」とあるが、「さる所」とはどのような所か。漢字二字で答えなさい。　▼脚問1

(2)「才さかし出で侍らむよ。」とあるが、作者は「才」について人前では具体的にどのような態度を取ったか。次から選びなさい。

第二段落

ア 『古今和歌集』などの和歌についての博学な教養を披露した。

イ 『源氏物語』を書いた作者であることを、ひたすら隠した。

ウ 華やかな殿上人たちを避け、漢文は読めないふりをした。

エ 一という簡単な漢字さえ書かず、無学なふりをした。

〔　　〕

第三段落

5 「常に嘆かれ侍りし。」（六七・3）とあるが、なぜ親は嘆いたのか。その理由を二十五字以内で説明しなさい。

第四段落

6 「男だに、才がりぬる人は、いかにぞや。」（六七・4）とあるが、「才がりぬる人」はどのようになるというのか。次から選びなさい。

ア 評判となって立身出世をする。

イ 上流社会では居づらくなる。

ウ 派手には栄達しない。

エ 上流貴族社会の女性にとって憧れの的になる。

〔　　〕

全体

7 新傾向 ある生徒が、この文章を読んで、左衛門の内侍の行為に対する作者の不快な思いを、理由とともに次のようにまとめた。空欄①・②に入る適当な言葉を次の条件に従って書きなさい。　▼学習二

（条件）・空欄①・②のそれぞれに「学才」という言葉を使うこと。

・空欄①・②とも、三十字以内で書くこと。

作者は、〔　①　〕のに、左衛門の内侍に〔　②　〕ことが不快だった。

①

②

学習目標　晩年にまとめられた日記を読み、過去の自分を客観的に見つめた作者の心情を理解する。

更級日記（門出）

教科書 p.88～p.89

検印

展開の把握

思考力・判断力・表現力

○次の空欄に適語を入れて、内容を整理しなさい。　▼学習一

第一段落（門出）（初め ～ p.88 ℓ.9）	第一段落（門出）（p.88 ℓ.9 ～ p.89 ℓ.2）	第二段落（旅立ち）（p.89 ℓ.3 ～ 終わり）
物語への憧れ	上京の門出	上総の国との別れ
東海道の果ての上総の国で成長した私は、さぞ田舎者だったろうが、姉や継母の感化を受けて〔ア　　〕に憧れ、等身の薬師仏を造って、「早く〔イ　　〕させて、思う存分に物語を見させてください。」と祈った。	十三歳になる年に、願いがかなって上京することになり、九月三日に〔ウ　　〕して〔エ　　〕に移る。遊び慣れた〔オ　　〕を取りかたづけて出発するときに、人目を忍んでお参りした〔カ　　〕を置き去りにするのが悲しくて、人知れず泣いた。	門出して泊まった所はかりそめの茅屋だが、南は〔キ　　〕が見通され、東と西は〔ク　　〕が近く、景色が美しい。名残惜しかったが、十五日に雨の中を出発して国境を越え、下総の〔ケ　　〕に泊まった。

語句・文法

知識・技能

1 次の語の意味を調べなさい。

- p.88 ℓ.2　①あやし〔　　〕
- ℓ.5　②いとど〔　　〕
- ③ゆかしさ〔　　〕
- ℓ.6　④心もとなし〔　　〕
- ℓ.7　⑤人ま〔　　〕
- ℓ.10　⑥あらはなり〔　　〕
- ℓ.11　⑦すごし〔　　〕
- p.89 ℓ.5　⑧おもしろし〔　　〕

2 次の太字の副詞「いかで」の説明として適当なものを、あとのア～ウからそれぞれ選びなさい。

- p.88 ℓ.3　①**いかで**見ばやと思ひつつ、〔　　〕
- ℓ.6　②**いかで**かおぼえ語らむ。〔　　〕

ア　疑問「どうして」
イ　反語「どうして……か、いや、……ない」
ウ　手段・方法を求める「なんとかして」

3 次の太字の「なる」は、あとのア～オのいずれにあたるか。それぞれ選びなさい。

- p.88 ℓ.2　①物語といふもののあん**なる**を、〔　　〕
- ℓ.3　②つれづれ**なる**昼間、〔　　〕
- ℓ.7　③物語の多く候ふ**なる**、〔　　〕
- ℓ.9　④十三に**なる**年、〔　　〕

ア　ナリ活用形容動詞の活用語尾
イ　四段活用動詞
ウ　断定の助動詞
エ　伝聞の助動詞
オ　推定の助動詞

内容の理解

思考力・判断力・表現力

第一段落

1 「いかばかりかはあやしかりけむを、」（八六・1）とあるが、どのような意味か。次から選びなさい。 脚問1

ア どんなにかまあ、みすぼらしく田舎くさかったことであろうに。

イ それほどまあ、自分で見当がつかないくらい妙なことを考えていたのだが。

ウ なんでまあ、田舎者が物語を読んだからといって、けしからぬことがあるはずもないのに。

エ そんなにまあ、自分がさげすまれることなどいささかも気にしなかったのに。

〔　　〕

2 「その物語、かの物語、」（八六・4）とあるが、この場合考えられるのはどのような物語か。次から二つ選びなさい。

ア 雨月物語　イ 平家物語　ウ 宇津保物語

エ 落窪物語　オ 宇治拾遺物語

〔　　〕〔　　〕

3 第一段落（初め～八九・2）について、次の問いに答えなさい。

(1) 物語を読みたいという作者の思いつめたいちずな気持ちが行動になって表れている部分を、十五字以内で抜き出しなさい。(句読点を含む)

(2) 門出していまたちに移るときに、作者の目にとまった最も印象的な光景は何か。本文中から十字以内で抜き出しなさい。

第二段落

4 住み慣れた東国の自然に対する作者の限りない愛惜の情が、どのような行動となって表れているか。その行動を表す叙述を、本文中から十五字以内で抜き出しなさい。(句読点を含む)

全体

5 新傾向 この文章には、作者が自分自身のことを第三者的に叙述している部分がある。この文章の表現の特徴について、次の問いに答えなさい。

(1) 作者が自分自身のことを第三者的に叙述している部分はどこか。本文中から二十六字で抜き出しなさい。(句読点を含む)

(2) 作者自身を第三者的に叙述したことをよく表している助動詞が、「……いかでかおぼえ語らむ。」（八六・6）までの一文の中に二つある。その二つの助動詞を抜き出しなさい。

〔　　〕〔　　〕

(3) 作者が自分自身を第三者的に叙述したのはなぜか。その理由を、次から選びなさい。

ア 都の上流階級の娘であることを隠して書くのが奥ゆかしいと考えたから。

イ この日記を書く時点から見て、少女時代の作者が別人のように懐かしく思われたから。

ウ 上総の国で生まれ育った少女であるから、上総の国の少女らしく正直に書いたから。

エ 少女時代の作者は、理想とする女性にはほど遠く、嫌悪を感じて書いたから。

〔　　〕

学習目標　晩年にまとめられた日記を読み、過去の自分を客観的に見つめた作者の心情を理解する。

更級日記（源氏の五十余巻）

教科書p.90～p.91

検印

展開の把握

思考力・判断力・表現力　▼学習一

○次の空欄に適語を入れて、内容を整理しなさい。

第一段落			第二段落	
（熱望）		（実現）	（耽読）	
（初め ～ p.90 ℓ.5）	（p.90 ℓ.5 ～ p.90 ℓ.7）	（p.90 ℓ.7 ～ p.90 ℓ.12）	（p.90 ℓ.13 ～ p.91 ℓ.3）	（p.91 ℓ.3 ～ 終わり）
母の心遣い	太秦参籠	おばからの贈り物	歓喜と耽読	夕顔や浮舟への憧れ
ふさぎこむ私に〔ア　　〕が物語を求めてくれて気は紛れたが、『〔イ　　〕』を読みたい気持ちはますますつのるばかりである。	〔ウ　　〕に参籠した折にも、このことばかりを祈った。寺から出るとすぐにこの物語を読み終えたいと思ったが、読むことはかなわない。	〔エ　　〕の家を訪ねたとき、思いがけず『源氏物語』全巻とそのほかの物語を〔オ　　〕いっぱいもらった。帰り道、〔カ　　〕は天にも昇る思いであった。	わずかしか読めずもどかしく思っていた『源氏物語』を、一人〔キ　　〕の奥で読みふける気持ちは、〔ク　　〕の位も比べものにならないほどである。	夢に僧が現れ、「『〔ケ　　〕』五の巻を早く習え。」と言うが、気にもとめず、『源氏物語』の登場人物の〔コ　　〕や〔サ　　〕のようになりたいと夢見ていたが、今思うとたわいなく、あきれたことである。

語句・文法

知識・技能

1 次の語の意味を調べなさい。

p.90 ℓ.1 ①思ひくんず〔　　〕
ℓ.6 ②ことごと〔　　〕
ℓ.8 ③うつくし〔　　〕
ℓ.9 ④まめまめし〔　　〕
ℓ.10 ⑤まさなし〔　　〕
p.91 ℓ.1 ⑥日暮らし〔　　〕
ℓ.6 ⑦かたち〔　　〕
ℓ.8 ⑧はかなし〔　　〕

2 次の太字の係助詞「ぞ」「こそ」の結びの語を抜き出し、終止形で答えなさい。

p.90 ℓ.12 ①うれしさ**ぞ**いみじきや。〔　　〕
p.91 ℓ.7 ②女君のやうに**こそ**あらめ、〔　　〕

3 次の太字の助動詞の意味は、あとのア～エのいずれにあたるか。それぞれ選びなさい。

p.90 ℓ.5 ①太秦に籠り給へ**る**にも、〔　　〕
ℓ.7 ②思ひ嘆か**るる**に、〔　　〕
ℓ.10 ③まさなかり**な**む。〔　　〕
④ゆかしくし給ふ**なる**もの〔　　〕

ア　強意　イ　自発　ウ　伝聞　エ　存続

4 次の太字の格助詞「の」の意味は、あとのア～ウのいずれにあたるか。それぞれ選びなさい。

p.90 ℓ.7 ①をばなる人**の**、田舎より上りたる所〔　　〕
p.91 ℓ.3 ②清げなる僧**の**、黄なる地の袈裟着たるが〔　　〕
ℓ.5 ③物語**の**ことをのみ心にして、〔　　〕

ア　主格　イ　連体修飾格　ウ　同格

内容の理解

思考力・判断力・表現力

第一段落

1 「このこと」（九〇・6）とは、何をさすか。二十字以内の現代語で答えなさい。（句読点を含む） ▼脚問1

2 「まめまめしきものは、まさなかりなむ。」（九〇・9）とは、どのような意味か。次から選びなさい。

ア 写実的なものは、あなたにはおもしろくないでしょう。
イ あまりきまじめなものは、全くあなたには不向きでしょう。
ウ 実用的なものは、きっとあなたにはつまらないでしょう。
エ 信仰的なものは、おそらくあなたには難しいでしょう。

〔　　〕

3 「心も得ず、心もとなく思ふ」（九〇・13）とあるが、「心もとなく思」ったのはなぜか。次から選びなさい。

ア 今まで部分的に読みかじり、話の筋もよくわからなかったから。
イ 家に戻る途中、誰かに奪い取られないか気がかりだったから。
ウ 『源氏物語』全巻はとうてい読みきれそうには思えなかったから。
エ 幼い少女の教養では読むことが難しく感じられたから。

〔　　〕

第二段落

4 「おのづからなどは、そらにおぼえうかぶ」（九一・2）とは、どのようなことか。次から選びなさい。

ア 自分自身が、物語の主人公になりきってしまうこと。
イ 自然と、文字を見ないでも物語のさまが思い浮かぶこと。
ウ いつのまにか現実を忘れ、空想の世界をかけめぐること。
エ 一生懸命に本文を暗唱しようとしていること。

〔　　〕

5 「我はこのごろわろきぞかし、」（九一・5）とあるが、何がよくないというのか。次から選びなさい。

ア 経済状態　イ 信仰　ウ 健康　エ 器量

〔　　〕

第二段落

6 「まづいとはかなく、あさまし。」（九一・8）と、日記を執筆したときに反省しているが、少女時代のどのようなことについての反省か。三十字以内で説明しなさい。

7 『源氏物語』を手に入れたときの、少女らしい心の躍動を端的に表している一語を、本文中から抜き出しなさい。

〔　　〕

8 『源氏物語』を心ゆくまで読みふけることができた歓喜を端的に表している箇所がある。その箇所を、本文中から十字以内で抜き出しなさい。（句読点は含まない）

全体

9 作者の晩年の志向（運命）を暗示し、その伏線となっていると思われることを、二十五字以内で答えなさい。（句読点を含む）

10 本文の内容に合致するものを、次から一つ選びなさい。

ア 夢多き少女時代を過ごした作者は、多くの物語を読破することにより、徐々に社会に目を開いていった。
イ 長年求め続けた物語を手に入れた作者は、物語の世界に没頭し、その中の登場人物に憧れた。
ウ 物語中の理想の男性の出現を心に描きつつ、信仰の世界に精神の平安を見いだすようになった。
エ 幼少のころから仏教への信仰を深めてきた作者にも、心の動揺を覚えさせる思春期が訪れた。

〔　　〕

学習目標　軍記物語を読んで、登場人物の行動と、それを支える思想や歴史的背景を理解する。

平家物語（忠度の都落ち）

教科書p.94～p.97

検印

展開の把握

思考力・判断力・表現力

○次の空欄に適語を入れて、内容を整理しなさい。

第一段落（発端）（初め ～ p.95 ℓ.1）	落人忠度引き返す	薩摩守忠度は、〔ア　　〕の途中から引き返し、〔イ　　〕の師俊成を訪ねた。〔ウ　　〕が帰って来たと騒然とする邸の人々を制し、俊成は〔エ　　〕を開けて対面した。
第二段落（展開）（p.95 ℓ.2 ～ p.95 ℓ.13）	勅撰集への入集を俊成に願う	忠度は、生涯の面目に一首だけでも〔オ　　〕に入集させてほしいと述べて、〔カ　　〕の歌を記した〔キ　　〕を俊成に託した。
第三段落（最高潮）（p.95 ℓ.14 ～ p.96 ℓ.13）	晴れ晴れと辞する忠度、涙ながらに見送る俊成	俊成は、その〔ク　　〕の心に深く感動して受け取る。忠度はもはや思い残すことはないと、西へ〔ケ　　〕を歩ませ、高らかに〔コ　　〕を吟じつつ別れ去る。俊成は涙ながらに見送る。
第四段落（結末）（p.96 ℓ.14 ～ 終わり）	「よみ人知らず」として、忠度の歌一首勅撰集に入集	その後、〔サ　　〕が滅び、世の中が静まって、『〔シ　　〕』を撰進するにあたり、俊成は忠度との生前の約束を果たし、ふさわしい歌はいくらもあったが、「〔ス　　〕」と題する歌一首を「〔セ　　〕」として入集させた。

語句・文法

知識・技能

1 次の語の意味を調べなさい。

p.95 ℓ.2 ①おろかなり〔　　〕
ℓ.7 ②やがて〔　　〕
ℓ.15 ③ゆめゆめ〔　　〕
ℓ.16 ④情け〔　　〕
p.96 ℓ.11 ⑤いとど〔　　〕

2 「遠き御守りで」（九五・10）とあるが、「で」は中世の口語である。どのような言葉が転じたものか。次から選びなさい。

p.95 ℓ.10
ア　にて　イ　して　ウ　とて　エ　ずして〔　　〕

3 「西海の波の底に沈まば沈め、山野にかばねをさらさばさらせ。」（九六・2）の「沈め」「さらせ」は、どのような用法か。次から選びなさい。

p.96 ℓ.2
ア　副詞法　イ　中止法　ウ　放任法　エ　倒置法〔　　〕

4 次の太字の助動詞の意味は、あとのア～キのいずれにあたるか。それぞれ選びなさい。

p.94 ℓ.5 ①三位殿に申す**べき**ことあって、〔　　〕
ℓ.7 ②その人ならば苦しかる**まじ**。〔　　〕
p.95 ℓ.5 ③撰集のある**べき**よし承り候ひしかば、〔　　〕
ℓ.9 ④さりぬ**べき**もの候はば、〔　　〕
ℓ.15 ⑤ゆめゆめ疎略を存ず**まじう**候ふ。〔　　〕
⑥御疑ひある**べから**ず。〔　　〕

ア　打消推量　イ　打消意志　ウ　適当
エ　予定　オ　命令　カ　意志　キ　可能

内容の理解

思考力・判断力・表現力

第一段落

1 「わが身ともに七騎取つて返し、五条の三位俊成卿の宿所におはして見給へば、」（九四・1）とあるが、いったん都落ちした忠度が俊成の邸に引き返してきたのは何のためであったか。以下の文章を読んで、その目的を三十字以内で説明しなさい。

2 「ことの体、何となうあはれなり。」（九五・1）とは、どのような意味か。次から選びなさい。

ア　お二人の対面には、なんとも言えない風情がある。
イ　落人忠度の姿は、なんとも言えずあわれである。
ウ　俊成邸の人々の応対は、忠度に対して実に気の毒である。
エ　その対面の様子は、すべてが感慨深いものである。

［　　］

第二段落

3 「さりぬべきもの」（九五・9）とは、何をさしているか。現代語で説明しなさい。▼脚問2

［　　］

第三段落

4 「あはれもことに思ひ知られて、」（九五・16）とあるが、「あはれ」の内容はどのようなものか。次から選びなさい。

ア　忠度の歌道への執心に対する深い感動。
イ　明日の命さえわからない落人忠度に対するあわれみ。
ウ　栄枯盛衰、人生の無常についての感慨。
エ　忠度との別離の深い悲しみの心。

［　　］

5 「前途ほど遠し、思ひを雁山の夕べの雲に馳す。」（九六・9）は、あとに「後会期《ご》遥かなり、纓《えい》を鴻臚《かうろ》の暁の涙に霑《うるほ》す。」という句が続く。これについて、次の問いに答えなさい。

(1) 忠度がこの詩の一節を吟詠したのは、どのようなことが言いたかったからか。詩の中から、忠度の真意を表している一句を抜き出しなさい。

［　　］

(2) また、吟詠する忠度の心境は、どのようなものと思われるか。次から選びなさい。

ア　都落ちの今は、どうとでもなれという心境。
イ　没落していく平家に対する深い悲しみの心境。
ウ　思い残すことのない晴れ晴れとした心境。
エ　住み慣れた都に後ろ髪を引かれる心境。

［　　］

第四段落

6 「さざなみや」（九七・4）の歌について、次の問いに答えなさい。

(1) この歌には、二つの修辞技法が用いられている。枕詞以外の修辞技法に該当する箇所を抜き出し、修辞技法の名称を答えなさい。▼脚問3

［　　］　名称［　　］

(2) この歌は、二つの事柄を対比しながら、作者の感慨を歌っている。自然は昔のままで変わらないという感慨と対比されているのは、どのような感慨か。解答欄に十字以内の言葉を埋める形で答えなさい。

という感慨

全体

7 忠度はすぐれた歌人でありながら、平家の一員として朝敵となったため、その多くの秀歌のうちわずか一首だけが、それも名を明らかにしえずに、『千載集』に入集した。このことについて、作者はどのように評しているか。その評語を本文中から一語で抜き出し、作者の心情を漢字二字で答えなさい。▼学習三

評語［　　］　心情

学習目標　軍記物語を読んで、登場人物の行動と、それを支える思想や歴史的背景を理解する。

平家物語（能登殿の最期）

教科書p.98～p.101

検印

展開の把握

思考力・判断力・表現力

○次の空欄に適語を入れて、内容を整理しなさい。

第一段落（初め～p.100 ℓ.7）		第二段落（p.100 ℓ.8～終わり）	
（発端）	（展開①）	（展開②）	（結末）
大奮戦	目ざす義経を取り逃がす	剛勇無双	教経の最期
能登守教経は、（ア　　）を射尽くして、今日を（イ　　）と大太刀・長刀を振り回して戦うと、（ウ　　）と向かって立ち向かう者はいなかった。	知盛がそれを見て、むだな（エ　　）をやめなさいと言い送ると、教経は大将を討てということだと受け取って（オ　　）を追うが、うまく逃げられてしまう。今はこれまでと、物の具を投げ捨て（カ　　）になり、（キ　　）を広げて我を捕らえよと叫ぶが、寄る者はいなかった。	土佐の国安芸の郷の領主の子、安芸太郎実光という（ク　　）の者が、（ケ　　）と弟次郎の三人がかりで、教経の舟に乗り移り、（コ　　）を抜いていっせいに討ってかかった。	教経は最初に郎等を（サ　　）に蹴落とし、実光と弟次郎を両の（シ　　）にはさんで、死出の旅路の供をせよと、もろともに海に飛び込み、生年（ス　　）で果てたのであった。

語句・文法

知識・技能

1 次の語句の意味を調べなさい。

① さりとて（　　　）　p.98 ℓ.12
② 物の具（　　　）　p.99 ℓ.4
③ 猛し（　　　）　p.100 ℓ.11
④ 弓手（　　　）　ℓ.16
⑤ 馬手（　　　）
⑥ 死途の山（　　　）　p.101 ℓ.2

2 次の太字の語の音便名を、あとのア～エからそれぞれ選び、もとの形に書き改めなさい。

① **をめき叫ん**で（　・　）　p.99 ℓ.3
② **退い**たりけるに、（　・　）　ℓ.14
③ あたりを**はらつ**てぞ（　・　）　p.100 ℓ.3
④ **猛う**ましますとも、（　・　）　ℓ.11

ア イ音便　イ ウ音便　ウ 撥音便　エ 促音便

3 次の太字の助動詞の意味は、あとのア～クのいずれにあたるか。それぞれ選びなさい。

① 多くの者ども討た**れ**にけり。（　）　p.98 ℓ.9
② 能登殿には組ま**れ**ず。（　）　p.99 ℓ.8
③ 我と思は**ん**者どもは、（　）　p.100 ℓ.4
④ ものひとこと言は**ん**と思ふぞ。（　）　ℓ.6
⑤ 我ら三人とりついたら**ん**に、（　）　ℓ.11
⑥ などか従へざる**べき**。（　）　ℓ.12
⑦ まつ先に進ん**だる**安芸太郎が郎等を、（　）　ℓ.15

ア 推量　イ 意志　ウ 仮定　エ 婉曲
オ 受身　カ 尊敬　キ 過去　ク 完了

内容の理解

思考力・判断力・表現力

1「能登守教経の矢先にまはる者こそなかりけれ。」（九八・1）とあるが、それはなぜか。その理由を二十字以内で説明しなさい。

2「新中納言、……のたまひければ、」（九八・10〜13）について、次の問いに答えなさい。

(1)「さりとて、よき敵か。」とは、どのような意味か。次から選びなさい。

ア　そんなに暴れ回ったとしても、よい相手ではあるまいに。
イ　逃げて行くようでは、ふさわしい敵とはいえないであろうに。
ウ　だからといって、よい相手が見つかるものだろうか。
エ　なんと、よい相手ではあるまいか。　〔　　〕

(2)「のたまひければ」とあるが、①知盛は教経にどのようなことを言ったのか。また、②教経は知盛の言葉をどのように受け取ったのか。それぞれ次から選びなさい。▼学習一

ア　敵の舟を奪い取れ。　イ　敵の大将義経を討ち取れ。
ウ　無益な殺生をやめよ。　エ　この場を一刻も早く逃れろ。
オ　平家の大将として御身を大事にせよ。　①〔　　〕②〔　　〕

3「判官も先に心得て、」（九九・6）とあるが、義経は何を「心得」ていたのか。次から選びなさい。

ア　平家に伝わっている兵法
イ　太刀や長刀の技
ウ　源氏に有利となっている戦いのなりゆき
エ　教経が自分と組み討ちしようとして追いかけていること　〔　　〕

4「ゆらりと飛び乗り給ひぬ。」（九九・15）とあるが、「ゆらりと」は「ひらりと」の意で、身軽に体を動かす様子を表している。これと同じく、物事の様子・格好などの感じを音にたとえて描写する擬態語が、本文中に二箇所ある。それぞれ抜き出しなさい。

〔　　〕〔　　〕

第一段落

5「大童になり、大手を広げて立たれたり。」（一〇〇・3）、「寄る者一人もなかりけり。」（一〇〇・6）とある。このときの教経の形相はどのようなものであったと思われるか。本文中の一語で答えなさい。〔　　〕

第二段落

6 新傾向 第二段落（一〇〇・8〜終わり）にある教経の戦いを次のようにまとめた。空欄に入る言葉をあとから選びなさい。ただし、同じ番号には同じ記号が入る。

はじめに　〔①〕×〔②〕→海へ蹴り入れる。
次に　〔①〕（右脇）〔③〕（左脇）〔④〕→ともに海に飛び込む。

ア　教経　イ　安芸太郎　ウ　安芸次郎　エ　安芸太郎の家来
①〔　　〕②〔　　〕③〔　　〕④〔　　〕

全体

7「恐ろしなんどもおろかなり。」（一〇〇・4）は、「恐ろしいなどというどころではない。」という意味で、作者の感想を述べている。『平家物語』は語り物であるから文の途中に感想などをはさむ挿入句が多く、本文中にも四箇所に用いられている。その一番目と三番目の挿入句を順に抜き出し、それぞれ初めと終わりの三字で答えなさい。（句読点は含まない）

〔　　〕〜〔　　〕・〔　　〕〜〔　　〕

学習目標　『万葉集』にある、黎明期の和歌の特色を理解する。

万葉集

教科書p.104～p.106

検印

要点の整理

思考力・判断力・表現力

○次の空欄に適語を入れて、内容を整理しなさい。

あかねさす	〔ア　　〕	紫草の生えている〔イ　　〕をあちらに行きこちらに行きなさって――野の〔ウ　　〕が見ないでしょうか、あなたが〔エ　　〕を振るのを。
紫草の	句切れなし	紫の色が映えるように美しいあなたがもし〔オ　　〕のだったら、あなたは〔カ　　〕なのだから私は〔キ　　〕などするでしょうか、いや、しませんよ。
憶良らは	〔ク　　〕	私憶良めは今はもう〔ケ　　〕いたしましょう。今ごろは〔コ　　〕で〔サ　　〕が泣いているでしょう。そして、その子の〔シ　　〕も私を待っているでしょうよ。
み吉野の	句切れなし	吉野の象山の〔ス　　〕の木々の〔セ　　〕にはたくさん鳴きざわめいている鳥の〔ソ　　〕がすることだよ。
石見の海	長歌	石見の海の角の浦の入り組んだ海岸を、よい〔タ　　〕やよい〔チ　　〕がないと人は見ようが、ままよ、よい〔ツ　　〕や〔テ　　〕がなくても、和多津の〔ト　　〕の上の青く美しい〔ナ　　〕を、朝夕、〔ニ　　〕や〔ヌ　　〕が寄せて来るが、打ち寄せる美しい〔ネ　　〕のように、寄り添って寝た最愛の〔ノ　　〕を置いて来たので、都に向かう道の数多くの〔ハ　　〕ごとに、何度も何度も振り返って見るけれども、いよいよ遠く〔ヒ　　〕は遠ざかってしまい、高角山を越えて来てしまった。今ごろは〔フ　　〕のよう

語句・文法

知識・技能

1 次の語の意味を調べなさい。

① にほふ（p.104 ℓ.4）〔　　〕
② 罷る（ℓ.6）〔　　〕
③ ここだ（ℓ.10）〔　　〕
④ よしゑやし（p.105 ℓ.3）〔　　〕
⑤ むた（ℓ.5）〔　　〕
⑥ いや（ℓ.7）〔　　〕
⑦ 念ひしなゆ（ℓ.8）〔　　〕
⑧ さやぐ（ℓ.12）〔　　〕
⑨ うら悲し（ℓ.15）〔　　〕
⑩ 夕かげ〔　　〕
⑪ 背（p.106 ℓ.2）〔　　〕

2 次の枕詞は、どの言葉にかかるか。該当する言葉を抜き出しなさい。

① あかねさす（p.104 ℓ.2）〔　　〕
② 鯨魚取り（p.105 ℓ.3）〔　　〕
③ 露霜の（ℓ.6）〔　　〕
④ 夏草の（ℓ.8）〔　　〕

3 次の太字の助詞「や」は、あとのア～エのいずれにあたるか。それぞれ選びなさい。

① 野守は見ず**や**（p.104 ℓ.2）〔　　〕
② 吾恋ひめ**や**も（ℓ.4）〔　　〕
③ 石見の**や**（p.105 ℓ.10）〔　　〕

ア　整調・詠嘆の間投助詞　イ　呼びかけの間投助詞
ウ　疑問の係助詞　エ　反語の係助詞

		にうちしおれて私を慕っているであろう妻の家の（ヘ　　）を見たいと思う。なびき伏して私に見せておくれ、立ちはだかる（ホ　　）よ。
石見のや	句切れなし	石見の国の高角山の木立の（マ　　）から私が振る（ミ　　）を、（ム　　）は見たであろうか。
小竹の葉は	（メ　　）	笹の葉は（モ　　）全体をざわざわさせて（ヤ　　）に乱れていても、私は（ユ　　）を乱されることなく（ヨ　　）をひたすら思っている。別れて来たばかりなので。
春の野に	（ラ　　）	春の野に（リ　　）がたなびいていて、なんとなくもの悲しいことだ。この夕暮れの（ル　　）の中で（レ　　）が鳴いているよ。
信濃道は	（ロ　　）	信濃に行く道は、最近切り開いた（ワ　　）です。木の切り株を踏んで馬に足を怪我させるな。馬に履き物を履かせなさい、わが（ヰ　　）よ。
父母が	句切れなし	父母が私の（ヱ　　）をなで、（ヲ　　）でいろよと言った（ン　　）が忘れられないことだよ。

修辞

知識・技能　▼学習二

柿本人麻呂

1 「石見の海」（一〇五・2）の歌について、次の問いに答えなさい。

(1) 「玉藻なす」（一〇五・5）とあるが、ここまでが「寄り」を導く序となっている。序はどこから始まっているか。初めの四字を抜き出しなさい。

(2) この長歌には、二句で対になった対句が四つある。その中から第三番目に出てくる対句を抜き出しなさい。

（　　　　）↕（　　　　）

4 **次の太字の係助詞「こそ」の結びの語を抜き出し、その文法的説明として適当なものを、あとのア〜ウからそれぞれ選びなさい。**

p.105 ℓ.2 ①人**こそ**見らめ（　　・　　）

ℓ.5 ②風**こそ**寄せめ（　　・　　）

③波**こそ**来寄れ（　　・　　）

ア　ラ行四段活用動詞已然形

イ　推量の助動詞已然形

ウ　現在推量の助動詞已然形

5 **次の太字の「る」「し」は、あとのア〜オのいずれにあたるか。それぞれ選びなさい。**

p.104 ℓ.3 ①皇太子の答ふ**る**御歌（　　）

ℓ.4 ②にほへ**る**妹を（　　）

p.105 ℓ.4 ③か青く生ふ**る**（　　）

ℓ.6 ④寄り寝**し**妹を（　　）

⑤置きて**し**来れば（　　）

ア　過去の助動詞連体形

イ　存続の助動詞連体形

ウ　上二段活用動詞連体形の一部

エ　下二段活用動詞連体形の一部

オ　強意の副助詞

6 **「踏ましむな」（一〇六・2）を単語に分け、文法的に説明しなさい。**

p.106 ℓ.2

（　　　　）

内容の理解

思考力・判断力・表現力

額田王

1 「あかねさす」（一〇四・2）の歌において、額田王の驚きや危惧の深さを印象づける、大海人皇子の大胆な動作が見られる。その動作を表す表現を、三字で抜き出しなさい。

大海人皇子

2 「紫草の」（一〇四・4）の歌の詞書に、「皇太子の答ふる御歌」とあるが、大海人皇子は額田王に対して、どのように答えているか。次から選びなさい。

ア　人妻であるあなたが憎いことだよ。
イ　人妻だから恋なんかしませんよ。
ウ　人妻でもあなたが恋しいよ。
エ　人妻というのが前世からの宿命だよ。

〔　〕

山上憶良

3 「憶良らは」（一〇四・6）の歌について、次の問いに答えなさい。

(1) この歌には、作者憶良の照れ隠しが婉曲表現となって表れている。その婉曲に表現された言葉を、三字で抜き出しなさい。

(2) ユーモラスな内容を効果的にする、軽妙な音の繰り返しがある。その繰り返しの表現を二字で抜き出しなさい。

▼学習一

山部赤人

4 「み吉野の」（一〇四・9）の歌には、カメラで写すかのように、大きな対象から次第に焦点を絞っていく表現が用いられている。焦点を絞るのに効果的なはたらきをしている語を抜き出しなさい。

〔　〕

柿本人麻呂

5 「石見の海」（一〇五・2）の歌について、次の問いに答えなさい。

(1) この長歌は、三段落に分けることができる。第二段落の初めと終わりの四字を抜き出しなさい。

〜

(2) 不動の大自然を動かしてでも愛する妻に会いたいと歌うことによって、作者人麻呂の愛情の強さを訴えようとする、素朴で激烈な表現がある。該当する一句を抜き出しなさい。

〔　〕

6 「石見のや」（一〇五・10）の歌について、次の問いに答えなさい。

(1) 詞書に「反歌二首」とあるが、ここでの反歌の役割として適当なものを、次から選びなさい。

ア　長歌の内容を繰り返したり、補ったりする。
イ　長歌と全く反対の心情を述べる。
ウ　自然にひかれる心情をそれとなくこめる。
エ　人を恋う心情をうたいこめる。

〔　〕

(2) この歌の中で、作者人麻呂の妻に対する愛情がどのような行為となって表れているか。「……行為」の形式で、四字で答えなさい。

行為

(3) 「妹見つらむか」とあるが、作者人麻呂の気持ちはどのようなものか。次から選びなさい。

ア　妻がたしかに見たかどうかということを、同行の誰かに尋ねて確かめたい気持ち。
イ　妻が見たかどうかとひどく心配して、一人嘆き悲しんでいる気持ち。

ウ　妻が見たかどうかはよくわからないが、見てほしかったと願う気持ち。
エ　妻がたしかに見てくれたかということを、妻が見えなくなってから推量する気持ち。
〔　　〕

柿本人麻呂

7 **「小竹の葉は」**（一〇五・12）**の歌について、次の問いに答えなさい。**

(1) **この歌において、「吾は妹思ふ」とあるが、それはなぜか。その理由として適当な言葉を歌の中から抜き出しなさい。**
〔　　〕

(2) **この歌の表現上の特色に該当しないものを、次から二つ選びなさい。**
ア　擬人法　イ　枕詞
ウ　倒置法　エ　字余り
〔　　〕〔　　〕

大伴家持

8 **「春の野に」**（一〇五・15）**の歌の主題は何か。次から選びなさい。**
ア　春霞　イ　春愁
ウ　鳴鶯《めいおう》　エ　夕映え
〔　　〕

東歌

9 **「信濃道は」**（一〇六・2）**の歌は、妻のどのような思いをよんだ歌か。次から選びなさい。**
ア　遠く旅立つ夫を気づかう妻の歌。
イ　信濃に旅立つ夫を晴れがましく思う妻の歌。
ウ　未知の国に旅立つ夫との再会を期待する妻の歌。
エ　夫の任国にともに行きたいと思うものの、未開の信濃への旅の厳しさを思うと同行できず、悲しむ妻の歌。
〔　　〕

防人歌

10 **「父母が」**（一〇六・4）**の歌について、次の問いに答えなさい。**

(1) **この歌は、年少の防人兵の歌である。そのことはどの表現からわかるか。適当なものを次から選びなさい。**
ア　父母が頭かきなで　イ　幸くあれて
ウ　言ひしけとばぜ　エ　忘れかねつる
〔　　〕

防人歌

(2) **「幸くあれて言ひしけとばぜ」は、古代東国方言で書かれている。標準的な古語に書き改めなさい。**
〔　　〕

全体

11 新傾向 **ある生徒が次の【文章】を読んで、【ノート】にその内容をまとめた。空欄に適語を書きなさい。**

【文章】

万葉集は八世紀後半にほぼ成立した二十巻に及ぶ歌集である。撰者は未詳であるが、大伴家持が何らかの形で関わったと見られている。短歌の他に長歌約二百六十首、旋頭歌約六十首、仏足石歌体歌一首など歌数は約四千五百首にのぼる。舒明天皇から大伴家持まで約百五十年を四期に区分するのが一般的で、歌風は清新・素朴、枕詞・序詞・対句・反復などの技法が用いられている。

【ノート】

万葉集＝〔ア　　〕世紀後半に成立した〔イ　　〕。
・撰者…未詳。〔ウ　　〕が関わる。
・歌数・巻数…約〔エ　　〕首。〔オ　　〕巻。
・歌風…〔カ　　〕。
・技法…〔キ　　〕。

学習目標　『古今和歌集』にある、発展期の和歌の特色を理解する。

古今和歌集

教科書p.107～p.109　検印

要点の整理　思考力・判断力・表現力

○次の空欄に適語を入れて、内容を整理しなさい。

仮名序　全一段落（和歌の本質と効用）	やまと歌…（p.107 ℓ.1～p.107 ℓ.5）	和歌は感動の所産	和歌は人の〔ア　　〕をもとにして、それがさまざまな〔イ　　〕となって表されたものであり、生活していく中で種々感じることを、〔ウ　　〕もの聞くものに託して表現したものが歌である。
	花に鳴く…（p.107 ℓ.5～p.107 ℓ.7）	表現は生物の本能	花の枝で鳴く〔エ　　〕や、水に住む〔オ　　〕の声を聞くと、生き物はすべて〔カ　　〕をよむ。
	力をも入…（p.107 ℓ.7～p.107 ℓ.11）	和歌の効用	神を〔キ　　〕させたり、〔ク　　〕の仲をうち解けさせたり、勇猛な〔ケ　　〕の心までをも慰めるものは、〔コ　　〕である。
春の夜の	〔サ　　〕		春の夜の〔シ　　〕というものは、〔ス　　〕の立たないことをするものだ。梅の花の〔セ　　〕こそ見ることはできないが、〔ソ　　〕は隠れるだろうか、いや隠れはしない。
蓮葉の	句切れなし		蓮の葉は、その生えている泥水の〔タ　　〕に染まらない清い〔チ　　〕を持っているのに、どうしてその上に置く露を〔ツ　　〕のように見せかけて人をだますのか。
ひさかたの	句切れなし		月に生えている〔テ　　〕も、地上の木々と同じように秋にはやはり〔ト　　〕するから、このように〔ナ　　〕の光がいちだんと明るく照るのだろうか。

語句・文法　知識・技能

1 次の語の意味を調べなさい。

p.107 ℓ.1 ①やまと歌〔　　〕
p.108 ℓ.2 ②あやなし〔　　〕
ℓ.8 ③ひさかたの〔　　〕
ℓ.13 ④むすぶ〔　　〕
p.109 ℓ.2 ⑤あやめ〔　　〕
ℓ.5 ⑥うつろふ〔　　〕
⑦世の中〔　　〕

2 次の太字の「して」は、あとのア～エのいずれにあたるか。それぞれ選びなさい。

p.107 ℓ1 ①人の心を種**として**、〔　　〕
ℓ.7 ②力をも入れず**して**〔　　〕

ア　サ行変格活用動詞連用形＋接続助詞
イ　手段・方法を表す格助詞
ウ　使役の対象を表す格助詞
エ　接続助詞

3 次の太字の動詞「生き」「生け」の活用の種類と活用形は、あとのア～コのいずれにあたるか。それぞれ選びなさい。

p.107 ℓ.6 ①**生き**とし〔　・　〕
②**生け**るもの、〔　・　〕

ア　四段活用　イ　上一段活用
ウ　上二段活用　エ　下一段活用
オ　下二段活用　カ　未然形
キ　連用形　ク　終止形
ケ　連体形　コ　已然形

冬ながら	句切れなし	今はまだ〔ニ　　〕でありながら、空から〔ヌ　　〕が散って来るのは、雲の向こうはもう〔ネ　　〕なのだろうか。
むすぶ手の	句切れなし	すくって水を飲む〔ノ　　〕から落ちる〔ハ　　〕ですぐに濁ってしまう山中の〔ヒ　　〕が飽き足らないように、十分に語らいもせず、あなたと別れてしまうことだ。
ほととぎす	句切れなし	ほととぎすが来て鳴く五月の節句に飾る〔フ　　〕、そのあやめという言葉のように、ものの〔ヘ　　〕の区別もつかなくなるような無我夢中の〔ホ　　〕をすることだよ。
色見えで	句切れなし	はっきりと〔マ　　〕に表れないで色あせていくものは世の中の人の〔ミ　　〕という名の〔ム　　〕であったのだなあ。

修辞

知識・技能

紀貫之

1 「やまと歌は、……」（一〇七・1〜11）の仮名序の文章には、対句的表現が四つ用いられている。その中から第二番目に用いられているものを抜き出しなさい。

〔　　　　〕↕〔　　　　〕

よみ人知らず

2 序詞による下の言葉の導き方には三種類あるが、「ほととぎす鳴くや五月のあやめぐさ」（一〇九・2）は、どれに該当するか。次から選びなさい。

ア　音の連想（主として同音反復によるもの）
イ　比喩（形容や比喩によるもの）
ウ　意味の連想（主として掛詞によるもの）　〔　　〕

小野小町

3 「色見えで」（一〇九・5）の歌に「人の心の花にぞありける」とあるが、実のない人の心をたとえた「花」の縁語を二つ抜き出しなさい。

〔　　　　〕〔　　　　〕

4 次の太字の助動詞の意味は、あとのア〜エのいずれにあたるか。それぞれ選びなさい。

① あはれと思は**せ**、（p.107 ℓ.9）〔　　〕
② 梅の花をよめ**る**（p.108 ℓ.1）〔　　〕
③ 色こそ見え**ね**（ℓ.3）〔　　〕
④ 花**に**ぞありける（p.109 ℓ.5）〔　　〕

ア　打消　イ　断定　ウ　使役　エ　完了

5 次の太字の「にて」は、あとのア〜エのいずれにあたるか。それぞれ選びなさい。

① 志賀の山越え**にて**、（p.108 ℓ.11）〔　　〕
② 石井のもと**にて**〔　　〕

ア　場所を表す格助詞　イ　時間を表す格助詞
ウ　断定の助動詞＋接続助詞
エ　完了の助動詞＋接続助詞

6 「紅葉すればや」（一〇八・8）とあるが、「ばや」はどのようなはたらきをしているか。⑴同じ事例、⑵その文法的説明として適当なものを、次のア〜カからそれぞれ選びなさい。（p.108 ℓ.8）

ア　思ひつつ寝《ぬ》れ**ばや**人の見えつらむ夢と知りせばさめざらましを
イ　見せ**ばや**な小島のあまの袖だにも濡れにぞ濡れし色は変はらず
ウ　心あてに折ら**ばや**折らむ初霜の置きまどはせる白菊の花
エ　仮定条件の接続助詞「ば」＋疑問の係助詞「や」
オ　確定条件の接続助詞「ば」＋疑問の係助詞「や」
カ　願望を表す終助詞

⑴〔　　〕　⑵〔　　〕

内容の理解

思考力・判断力・表現力

紀貫之（仮名序）

1 「やまと歌は、……」（一〇七・1〜11）の仮名序について、次の問いに答えなさい。

(1)「やまと歌は、」（一〇七・1）とあるが、作者がどのような文芸を意識して切り出した言葉か。その文芸として適当なものを次から選びなさい。

ア 連歌　イ 漢詩　ウ 俳諧　エ 猿楽　〔　　〕

(2)「天地を動かし、」（一〇七・8）とあるが、どのような意味か。十字以内で口語訳しなさい。（句読点は含まない）

(3)「力をも入れずして……慰むるは、歌なり。」（一〇七・7〜11）とあるが、これはどのようなことを述べようとしたものか。五字以内で答えなさい。

(4)この文章は、和歌の何について述べたものか。次から選びなさい。

ア 本質　イ 起源　ウ はたらき　エ 名の由来　〔　　〕

凡河内躬恒

2 「春の夜の」（一〇八・2）の歌に「春の夜の闇はあやなし」とあるが、何が、どのように「あやなし」なのか。次から選びなさい。

ア 「春の夜」は桜がいちばん似合うと思っていたのに、闇に姿を隠した梅の花が香りを漂わせているのは桜以上に思われる点。

イ 「梅の花」が、昼間の明るいときには姿を見せているのに、夜には姿を隠して香りだけを漂わせている点。

ウ 「春の夜の闇」が、梅の花の姿を見えなくさせているのに、その香りを隠すことができない点。

エ 「春の夜の闇」が、梅の香りを隠すために、その花の美しさまで隠してしまっている点。　〔　　〕

僧正遍昭

3 「蓮葉の」（一〇八・5）の歌について、次の問いに答えなさい。

(1)「蓮葉の……あざむく」とあるが、このような修辞法を何と言うか。その名称を答えなさい。

〔　　〕

(2)この歌は、何を主題としてよんだものか。次から選びなさい。

ア 蓮葉に置く露のはかなさ　イ 蓮葉の清らかさ

ウ 蓮葉に置く露の美しさ　エ 蓮葉に置く露に似た人の心　〔　　〕

壬生忠岑

4 「ひさかたの」（一〇八・8）の歌について、次の問いに答えなさい。

(1)「月の桂も」とあるが、「も」は何と対比して用いられたものか。五字以内で答えなさい。

(2)「照りまさるらむ」とあるが、何と比べて「まさる」のか。次から選びなさい。

ア 他の春・夏・冬の季節と比べて　イ 日本の月の光と比べて

ウ 春に咲く美しい桜の花と比べて　エ 中国の桂の木と比べて　〔　　〕

清原深養父

5 「冬ながら」（一〇八・10）の歌について、次の問いに答えなさい。

(1)「花の散り来る」とあるが、何を「花」に見立てたのか。漢字一字で答えなさい。

(2)「雲のあなたは春にやあるらむ」とあるが、どのような意味か。その説明として適当なものを、次から選びなさい。

ア 春は旅人のように他国からやって来るのだろうかと想像し、理由づけている。

イ 春は季節を飛び越えてやって来るのだろうかと想像し、理由づけている。

ウ　空の向こうは春なのだろうかと想像し、理由づけている。

エ　梅の枝から散る花を見て、春の訪れが近いことを想像し、理由づけている。

［　　］

紀貫之

6 **「むすぶ手の」（一〇八・13）の歌について、次の問いに答えなさい。**

(1) 序詞に「むすぶ手のしづくににごる山の井の」とあるが、「山の井」が「しづくににごる」のは、なぜか。その理由として適当なものを、次から選びなさい。

ア　汚れたままの手で水をすくって飲むから。

イ　多くの旅人が次から次へと飲むから。

ウ　旅の疲れのため、大量の水を飲もうとしてこぼすから。

エ　山の井は清水を石で囲ったもので、底が浅いから。　［　　］

(2) この序詞のどのような点が下の句の別れを飽き足らなく思う心にかかっていくのか。三十字以内で具体的に説明しなさい。

よみ人知らず

7 **「ほととぎす」（一〇九・2）の歌について、次の問いに答えなさい。**

(1) この歌に取り上げられている夏の代表的風物二つを、抜き出しなさい。

［　　］［　　］

(2) この歌は、どのようなことをよんだ歌か。次から選びなさい。

ア　恋のために我を忘れていた人が、ふと自分の心持ちを反省して嘆息した歌。

イ　端午の節句の近づいたことに気づき、わが恋の未練がましさを深く反省した歌。

ウ　身も世も捨てて恋におぼれた人が、時の流れにまかせて恋に賭けようとした気持ちをよんだ歌。

エ　ほととぎすの鳴き声を聞いて、ともに恋に思い悩む身のあわれさを深く嘆いた歌。　［　　］

小野小町

8 **「色見えで」（一〇九・5）の歌について、次の問いに答えなさい。**

(1) 「人の心の花にぞありける」とあるが、「花」とは何をたとえたものか。次から選びなさい。

ア　頼みがたい男心　　イ　棘《とげ》を隠して女心を魅了する人

ウ　立身出世を願う心　　エ　富と地位の栄誉　［　　］

(2) この歌の解説として適当なものを、次から選びなさい。

ア　三句までは序詞であるが、それが眼前を叙景したあざやかなものであるために、恋の嘆きが強く感じられる。

イ　女にとってはすべてのように思われた男の、心変わりしたことを嘆いた歌である。

ウ　通って来なくなった男を恨みながらも、男の行いに道理をつけて耐えて待とうと慰めている。

エ　題詠と思われるような歌で、恋の歌としては一般的であるが、叙景の歌としてもすぐれていて、二度と恋はしまいと男に対する恨みも感じられる歌である。　［　　］

全体

9 新傾向 **次の『古今和歌集』についての会話文から、誤った発言をしている生徒を選び、その箇所を抜き出して、正しく書き改めなさい。**

生徒A：古今和歌集は天皇の命によって作られた最初の勅撰和歌集だね。

生徒B：そうだね。醍醐天皇の勅命で当時の代表的な歌人であった紀友則・凡河内躬恒・壬生忠岑・大伴家持が撰者になったんだね。

生徒C：春・夏・恋などの部立のもとに配列されているのも特徴だね。

生徒D：歌風は繊細・優美で、理知的な傾向が強いね。

生徒［　　］

［　　］↓［　　］

学習目標　『新古今和歌集』にある、成熟期の和歌の特色を理解する。

新古今和歌集

教科書p.110～p.111

検印

要点の整理

思考力・判断力・表現力

○次の空欄に適語を入れて、内容を整理しなさい。

春の夜の	句切れなし	春の夜のはかなく艶なる〔ア　〕が途切れて目が覚めたが、まだ夢から覚めきれぬ気持ちで向こうの〔イ　〕を見ると、今しも横にたなびく〔ウ　〕が峰から離れて、夜が明けてゆく東の〔エ　〕だよ。
秋更けぬ	〔オ　〕	秋が更けてきた。さあ、思う存分に鳴けよ、〔カ　〕よ。今夜は〔キ　〕が降りていて寒く、〔ク　〕が生い茂り、荒れ果てたこのわが家を照らす月も、次第に光が寒々としてきている。更けゆく〔ケ　〕の悲しみにおまえも堪えられないのであろう。
明けばまた	〔コ　〕	夜が明けたなら、明日もまた越えて行くことになっている山の〔サ　〕なのであろうか。あの〔シ　〕を移り行く月の行き着く先にたなびいている〔ス　〕のあたりは。
玉の緒よ	〔セ　〕	私の〔ソ　〕よ、絶えてしまうというなら絶えてしまえ。このまま生きながらえていたら、心の中で〔タ　〕の気持ちを人に知れないように忍び秘めている力が〔チ　〕なってしまうといけないから。

語句・文法

知識・技能

1 次の語の意味を調べなさい。

p.110 ℓ.4 ①きりぎりす〔　　〕
②やや〔　　〕
ℓ.8 ③玉の緒〔　　〕
④ながらふ〔　　〕
p.111 ℓ.4 ⑤やがて〔　　〕

2 次の太字の動詞の活用の種類と活用形は、あとのア～ニのいずれにあたるか。それぞれ選びなさい。

p.110 ℓ.2 ①峰に**わかるる**横雲〔　・　〕
ℓ.4 ②秋**更け**ぬ〔　・　〕
③**鳴け**や霜夜の〔　・　〕
ℓ.6 ④**明け**ばまた〔　・　〕
ℓ.8 ⑤**忍ぶる**ことの〔　・　〕
p.111 ℓ.4 ⑥花**散り**なばと〔　・　〕

ア　カ行四段　　イ　カ行上一段
ウ　カ行上二段　　エ　カ行下一段
オ　カ行下二段　　カ　カ変
キ　ラ行四段　　ク　ラ行上一段
ケ　ラ行上二段　　コ　ラ行下一段
サ　ラ行下二段　　シ　ラ変
ス　バ行上一段　　セ　バ行上二段
ソ　バ行下一段　　タ　バ行下二段
チ　未然形　　ツ　連用形
テ　終止形　　ト　連体形
ナ　已然形　　ニ　命令形

下燃えに	句切れなし	人知れず思い焦がれる〔ツ　〕の苦しさのために、焦がれ〔テ　〕をしてしまうであろう、私の火葬の〔ト　〕だけでも、せめていとしく思うあの人に知られれば慰められるが、跡形もなく〔ナ　〕の果てに消えてしまうわが恋の〔ニ　〕は実に悲しいことだ。
吉野山	句切れなし	吉野山に修行に入り、そのまま〔ヌ　〕にこもって出るまいと〔ネ　〕しているこの私の身を、〔ノ　〕が散ってしまったなら山を出て帰って来るであろうと思って、親しい人々は今ごろは私を〔ハ　〕ているであろうか。

修辞

知識・技能 ▼学習一

藤原定家

1「春の夜の」（二〇・2）の歌は、「峰にわかるる横雲の空」と名詞で終わることによって、そのあとに省略されていることを想像させ、余情を深め、詠嘆の気持ちを表す効果がある。このような歌の終わり方を何と言うか。その名称を、四字で答えなさい。

〔　　　　〕

式子内親王

2「玉の緒よ」（二〇・8）の歌の「玉の緒」は、「命」のことである。「緒」の縁語として用いられている言葉を、次から三つ選びなさい。

ア　絶え　　イ　ながらへ　　ウ　忍ぶる　　エ　弱り

〔　〕〔　〕〔　〕

藤原俊成女

3「下燃えに」（二一・2）の歌の縁語を説明した次の文の空欄に、適当な言葉を入れなさい。

〔①〕と〔②〕と「煙」は「思ひ」の〔③〕の縁語となっている。

①〔　　〕　②〔　　〕　③〔　　〕

3 次の太字の語の中から、他と異なるものを二つ選びなさい。

p.110 ℓ.4 ①秋更け**ぬ**
p.110 ℓ.6 ②山の峰**なれ**や
p.110 ℓ.8 ③玉の緒よ絶え**な**ば
④絶えなば絶え**ね**
p.111 ℓ.2 ⑤下燃え**に**思ひ消えなん
⑥思ひ消え**なん**
p.111 ℓ.4 ⑦花散り**な**ばと

〔　〕〔　〕

4 次の太字の助詞「や」は、あとのア〜エのいずれにあたるか。それぞれ選びなさい。

p.110 ℓ.4 ①鳴け**や**霜夜のきりぎりす　〔　〕
p.110 ℓ.6 ②越ゆべき山の峰なれ**や**　〔　〕
p.111 ℓ.4 ③人**や**待つらん　〔　〕

ア　疑問の係助詞　　イ　反語の係助詞
ウ　呼びかけの間投助詞
エ　並列の間投助詞

5 次の太字の助動詞の意味は、あとのア〜コのいずれにあたるか。それぞれ選びなさい。

p.110 ℓ.1 ①法親王、五十首歌よま**せ**侍りけるに　〔　〕
p.110 ℓ.5 ②五十首歌奉り**し**とき　〔　〕
p.110 ℓ.6 ③越ゆ**べき**山の峰なれや　〔　〕
p.111 ℓ.2 ④思ひ消えな**ん**煙だに　〔　〕
p.111 ℓ.4 ⑤人や待つ**らん**　〔　〕

ア　完了　　イ　過去　　ウ　適当　　エ　予定
オ　尊敬　　カ　使役　　キ　推量　　ク　意志
ケ　現在推量　　コ　過去推量

内容の理解

思考力・判断力・表現力

藤原定家

1 「春の夜の」（二〇・2）の歌について、次の問いに答えなさい。

(1) 新傾向 次の文章は窪田空穂が『新古今和歌集評釈』でこの歌について評したものである。空欄①～⑨に入れるのに適当な言葉を、あとの語群ア～エからそれぞれ選びなさい。（同じ言葉を二回以上使ってもよい）

評 艶とあわれとの一つになった、当時の代表的詩情の具象化である。春の夜の夢は〔①〕なものである。その見果てずに、はかなく覚めるのは〔②〕である。その具象化の手腕がやがて歌としての価値である。この歌は、上三句は〔③〕である。下二句は〔④〕である。この組合せは、最も進んだものとされていた。しかしその組合せは、有機的に、渾融《こんゆう》したものとならなければならなかった。上三句は〔⑤〕だというが、夢を「浮橋」と、客観のものに言いかえ、夢の中途で覚めることを「とだえして」と、同じくその客観のものの上の事にしているのは、(a)双方を有機的にしようが為である。下二句の〔⑥〕も、そこを山家《さんか》としているのは、〔⑦〕を持たせる為である。「峰にわかるる横雲」は、春曙《しゅんしょ》のありふれた光景であるが、夜を共にいて、曙《あけぼの》に別るる横雲は〔⑧〕的であるといえる。更にいえば、春の夜の夢が如何なるものであったかを暗示しているものといえる。自然ではあるが、多分の〔⑨〕味を持ったものである。一首としてみると、(b)双方を渾融させつくした余情の多い歌といえる。

ア 人間　イ 自然　ウ 艶　エ あわれ

①〔　〕②〔　〕③〔　〕④〔　〕⑤〔　〕
⑥〔　〕⑦〔　〕⑧〔　〕⑨〔　〕

(2) この評文中の、a「双方を有機的にしよう」とした修辞技法、b「双方を渾融させつくした」手法は、それぞれ次のどれに相当するか。適当なものをそれぞれ選びなさい。

a ア 枕詞　イ 掛詞　ウ 縁語　エ 序詞
b ア 象徴　イ 比喩　ウ 写実　エ 模倣

a〔　〕 b〔　〕

(3) この評文から考えると、「春の夜の……」の歌には、擬人化されているものが二つある。それぞれ抜き出しなさい。

〔　〕〔　〕

後鳥羽院

2 「秋更けぬ」（二〇・4）の歌について、次の問いに答えなさい。

(1) この歌は、曽禰好忠の「鳴けや鳴け蓬が杣のきりぎりす過ぎゆく秋はげにぞ悲しき」（『後拾遺和歌集』）を本歌としている。①後鳥羽院、②曽禰好忠の歌について評した文を、それぞれ次から選びなさい。

ア 過ぎゆく秋を知的に捉え、観念的に歌いあげている。
イ 過ぎゆく秋の悲しみをそのまま歌い出している。
ウ 時間の経過を含ませ、絵画的に情趣の世界を表している。
エ 優艶な韻律が静かに一首を流れており、作者の心の疼《うず》きが感じられる。

①〔　〕②〔　〕

(2) 「蓬生の月」とあるが、生い茂った蓬を照らす月によって、どのようなことを表しているか。次から選びなさい。

ア 人の心もすっかり昔と変わったこと。
イ 山に隠棲してひとり月を眺めていること。
ウ 月光に照らされて虫の音に作者が耳を傾けていること。
エ 作者の住居が荒れ果てていること。

〔　〕

藤原家隆

3 「明けばまた」（二〇・6）の歌について、次の問いに答えなさい。

(1) 「空ゆく月の末の白雲」とあるが、「白雲」のあとにどのような助詞を補えば歌の意味が明確になるか。その助詞を答えなさい。

〔　〕

藤原家隆

(2)長い道中を旅してきた心が感じられるが、そのことをよく表しているのはどの言葉か。二字で抜き出しなさい。

式子内親王

4「玉の緒よ」（二〇・8）の歌について、次の問いに答えなさい。

(1)「弱りもぞする」とあるが、「もぞ」はどのような意味を表すか。次から選びなさい。

ア 詠嘆　イ 懸念　ウ 困惑　エ 心外　〔　　〕

(2)この歌は、どのようなことをよんだものか。次から選びなさい。

ア 絶えぬる恋　イ ながらふる命

ウ 忍ぶる恋　エ 弱りもぞする命　〔　　〕

藤原俊成女

5「下燃えに」（二一・2）の歌について、次の問いに答えなさい。

(1)「下燃えに」とあるが、「下燃え」とはどのような意味か。簡潔に書きなさい。

〔　　　　　　　　〕

(2)「煙だに跡なき」とあるが、「煙」は何の煙か。次から選びなさい。

ア 火葬の煙　イ 炊飯の煙

ウ 野焼きの煙　エ 人里の煙　〔　　〕

西行法師

6「吉野山」（二一・4）の歌について、次の問いに答えなさい。

(1)「吉野山やがて出でじ」とあるが、①作者西行法師が吉野山に入った目的は何か。また、②人々はどのように考えていたか。それぞれ十字以内で答えなさい。（句読点を含む）

①

②

西行法師

(2)「花散りなば」とあるが、その次にどのような言葉が省略されているか。十字以内の現代語で答えなさい。（句読点は含まない）

(3)「吉野山」の歌から西行のどのような心情・姿をうかがうことができるか。次から選びなさい。

ア 気ままでこだわりのない西行の自由人の姿。

イ 風流にひたすら打ち込む西行の数奇人《すきびと》の姿。

ウ かたくなに仏道修行につとめる西行の姿。

エ 残してきた人々を思いやって動揺する人間味ある姿。〔　　〕

全体

7 次の『新古今和歌集』についての解説文には、誤りが三箇所ある。その誤った箇所を抜き出して正しく書き改めなさい。

『新古今和歌集』は後鳥羽院の院宣によって撰集されたものである。この歌集は時代的には室町期を飾るものであるが、本質的には『古今和歌集』以来の伝統につながり、平安貴族の抱いた詩的精神の美しい夕映えというにふさわしいであろう。その代表的な歌人は藤原俊成の子である定家であって、その歌風は俊成の有心体をさらに展開させたものであった。またこの集の技法上の特色には、本歌取り、二句切れ、体言止めなどを数えることができる。

〔　　〕→〔　　〕

〔　　〕→〔　　〕

〔　　〕→〔　　〕

学習目標 和歌の伝統をふまえて成立した近世の俳諧の特徴を理解する。

春夏秋冬

教科書p.112～p.115

検印

要点の整理

思考力・判断力・表現力

○次の空欄に適語を入れて、内容を整理しなさい。

雪月花	卯木	〔ア　〕	花は白くて〔イ　〕のようであり、名は卯月に通じ、雪・〔ウ　〕・花を一度に見せる卯木であるよ。
年の内へ	年の内	〔エ　〕	新年を迎えぬうちに〔オ　〕になって、心なしか差し込む〔カ　〕も春めいてきたことだよ。
海は少し	〔キ　〕	春	海は少し遠いが、満開の〔ク　〕の木の間に、穏やかな須磨の〔ケ　〕が光って見えることだ。
浮き世の月	〔コ　〕	〔サ　〕	人生五十年というが、私はこの世の〔シ　〕を人より〔ス　〕よけいに見てしまったよ。
奈良七重	八重桜	春	古都奈良には〔セ　〕の大寺院も多く、古歌で名高い〔ソ　〕が今を盛りに咲き誇っている。
応々と	雪	冬	降り積もる〔タ　〕の夜、門をたたく音がして、内から「おう。」と答えるが、聞こえないと見えてなおも激しく〔チ　〕をたたいているよ。
梅一輪	〔ツ　〕	冬	寒梅が〔テ　〕花開いた。ほのかな香りと薄紅色に、一輪の花ほどの〔ト　〕が感じられるよ。

語句・文法

知識・技能

1 次の語の読みを現代仮名遣いで書きなさい。

- p.112 ℓ.3 ①卯木〔　〕
- p.113 ℓ.3 ②八重桜〔　〕
- ℓ.9 ③蘆毛〔　〕
- ℓ.11 ④朧月〔　〕
- p.114 ℓ.7 ⑤灯籠〔　〕
- ℓ.11 ⑥霰〔　〕
- p.115 ℓ.2 ⑦青海苔〔　〕

2 次の太字の語の品詞は、あとのア～ケのいずれにあたるか。それぞれ選びなさい。

- p.112 ℓ.3 ①雪月花**一度に**見する卯木かな〔　〕
- ℓ.7 ②海は**少し**遠きも花の木の間かな〔　〕
- p.113 ℓ.5 ③**応々と**言へどたたくや雪の門〔　〕
- ℓ.7 ④梅一輪一輪ほどのあたたかさ〔　〕
- p.115 ℓ.4 ⑤**仰のけに**落ちて鳴きけり秋のせみ〔　〕

ア 名詞　イ 動詞　ウ 形容詞　エ 副詞
オ 形容動詞　カ 感動詞　キ 名詞＋助詞
ク 感動詞＋助詞　ケ 副詞＋助詞

3 次の太字の動詞の活用の種類・活用形は、あとのア～シのいずれにあたるか。それぞれ選びなさい。

- p.112 ℓ.3 ①雪月花一度に**見する**卯木かな〔　・　〕
- ℓ.9 ②浮き世の月**見過ぐし**にけり〔　・　〕
- p.114 ℓ.2 ③上行くと下**来る**雲や秋の天〔　・　〕
- ℓ.5 ④夕顔や女子の肌の**見ゆる**時〔　・　〕
- ℓ.7 ⑤初恋や灯籠に**寄する**顔と顔〔　・　〕
- ℓ.9 ⑥**愁ひ**つつ岡にのぼれば花いばら〔　・　〕

卯の花に	大原や	上行くと	夕顔や	初恋や	愁ひつつ	月や霞	青海苔や	仰のけに
卯の花	朧月　蝶	秋の天	〔ヘ　〕	〔ム　〕	花いばら	霞　川千鳥	〔ロ　〕	秋のせみ
〔ナ　〕	春	秋	〔ホ　〕	〔メ　〕	〔ユ　〕	冬	春	秋
卯の花が白く咲く中を、〔ニ　〕の馬に乗って旅立つ〔ヌ　〕の、実にすがすがしいことよ。	春の夜、大原の里をそぞろ歩くと、〔ネ　〕に浮かれて〔ノ　〕がひらひらと舞っているよ。	〔ハ　〕の雲と〔ヒ　〕の雲とが行き交うようだ。高く晴れわたった〔フ　〕の空では。	庶民的な家の垣根に〔マ　〕が白く咲く夏の夕べ、涼をとる女性の〔ミ　〕が白く見える。	初恋なのだなあ。〔モ　〕のもとに、二人の若い〔ヤ　〕が顔と顔を寄せて語り合っている。	愁いを抱きながら〔ヨ　〕に登ってみると、あちらこちらに〔ラ　〕の花が咲いていることだ。	月が照ったかと思うと急に〔リ　〕が降ったりする、定めない〔ル　〕の夜も更けて、あたりには〔レ　〕の声が聞こえる。	潮の香を運んでくれる〔ワ　〕は、春の磯の石の窪みの〔ヰ　〕の中で採れたものなのだ。	木から落ち、〔ヱ　〕で仰向けになって力なく鳴いているよ。〔ヲ　〕のせみは。

p.115 ℓ.4　⑦仰のけに**落ち**て鳴きけり　〔　・　〕

ア　四段活用　イ　上一段活用
ウ　上二段活用　エ　下一段活用
オ　下二段活用　カ　カ行変格活用
キ　未然形　ク　連用形　ケ　終止形
コ　連体形　サ　已然形　シ　命令形

4　**「見過ぐしにけり」（二三・9）の「にけり」は、どのような助動詞で構成されているか。次から選びなさい。**

p.112 ℓ.9　〔　〕

ア　完了と詠嘆　イ　断定と過去
ウ　断定と詠嘆　エ　完了と過去

5　**次の太字の助詞の種類・はたらきは、あとのア～コのいずれにあたるか。それぞれ選びなさい。**

p.112 ℓ.5　①年の内へふみこむ春の日足**かな**　〔　〕
ℓ.7　②海**は**少し遠きも花の木の間かな　〔　〕
p.113 ℓ.5　③応々と言へ**ど**たたくや雪の門　〔　〕
ℓ.7　④梅一輪一輪**ほど**のあたたかさ　〔　〕
p.114 ℓ.7　⑤初恋や灯籠に寄する顔**と**顔　〔　〕
ℓ.9　⑥愁ひつつ岡にのぼれ**ば**花いばら　〔　〕
ℓ.11　⑦月や霞その夜**の**更けて川千鳥　〔　〕
p.115 ℓ.2　⑧青海苔**や**石の窪みの忘れ潮　〔　〕
ℓ.4　⑨仰のけ**に**落ちて鳴きけり秋のせみ　〔　〕

ア　並列の格助詞　イ　順接の接続助詞
ウ　区別の係助詞　エ　程度の副助詞
オ　逆接の接続助詞　カ　詠嘆の間投助詞
キ　主格の格助詞　ク　詠嘆の終助詞
ケ　状態の格助詞　コ　添加の接続助詞

内容の理解

思考力・判断力・表現力

〔貞門・談林〕

松永貞徳

1 「雪月花」（二三・3）の句について解説した、次の文の空欄①～④には、どのような言葉が入るか。あとのア～カから選びなさい。

「卯木」に卯〔①〕を掛けて、陰暦四月の卯〔①〕に、〔②〕のような白い〔③〕を咲かせているから、「雪月花を一度に見せている卯木だよ。」と洒落た、〔④〕の句である。

ア 雪　イ 月　ウ 花　エ 枯淡　オ 機知　カ 風流

①〔　〕②〔　〕③〔　〕④〔　〕

北村季吟

2 「年の内へ」（二三・5）の句について、次の問いに答えなさい。

(1) 修辞技法として縁語が用いられている。「ふみこむ」はどの言葉の縁語か。該当する言葉を抜き出しなさい。〔　〕

(2) この句は、何を主題としてよんだものか。漢字四字で答えなさい。

西山宗因

3 「海は少し」（二三・7）の句には、『源氏物語』（須磨）の一節「須磨には、いとど心づくしの秋風に、海は少し遠けれど……」の語句が取り入れられて、この句の趣に重要な役割を果たしている。これは、和歌や連歌におけるどのような修辞法と同じか。その修辞法の名称を答えなさい。〔　〕

井原西鶴

4 「浮き世の月」（二三・9）の句について、次の問いに答えなさい。

(1) この句は西鶴辞世の句であるが、西鶴は何歳で亡くなっているとわかるか。次から選びなさい。

ア 四十八歳　イ 五十歳　ウ 五十二歳　エ 六十歳　〔　〕

(2) 連歌・俳諧で、句中や句末にあって一句の意味を切る特定の語を、切れ字という。この句から切れ字を抜き出しなさい。〔　〕

〔蕉門〕

松尾芭蕉

5 「奈良七重」（二三・3）の句について、次の問いに答えなさい。

(1) 「七重」は、奈良が七代の都である意や奈良の七大寺の意など諸説あるが、この句の主題を十五字以内で答えなさい。（句読点は含まない）

(2) 次のA～Cの修辞技法に該当するものを、あとのア～エからそれぞれ選びなさい。

A 「奈良」「七重」　B 「七重」「八重」

C 「七重」「七堂」「八重」

ア 漸層法　イ 対句　ウ 縁語　エ 頭韻

A〔　〕B〔　〕C〔　〕

向井去来

6 「応々と」（二三・5）の句において、家の中から「応々」と答えているのに、なお門をたたき続ける訪問者の様子から、どのような情景が読み取れるか。三十字以内で説明しなさい。（句読点を含む）

服部嵐雪

7 「梅一輪」（二三・7）の句において、「梅」は何を感じさせるものとしてよまれているか。次から選びなさい。

ア 全盛だったころに対する懐旧の情。

イ 近づいてくる早春の暖かさ。

ウ 恋人の袖にたきしめた香の匂い。

エ 過ぎゆく春を惜しむ人の心。〔　〕

森川許六

8「卯の花に」（二三・9）の句において、作者許六は何をよんだのか。次から選びなさい。

ア　早暁の離別の悲しみ。
イ　初夏の夜明けの旅立ちの爽やかさ。
ウ　初秋の旅立ちの不安。
エ　早春の田舎道ののどけさ。
〔　　〕

内藤丈草

9「大原や」（二三・11）の句について、次の問いに答えなさい。

(1)「大原」から連想される文学作品が、この句の趣に重要な役割を果たしている。その文学作品を答えなさい。
〔　　　　〕

(2)この句の評語として適当なものを次から選びなさい。

ア　夢幻的　イ　退廃的
ウ　写実的　エ　理想的
〔　　〕

野沢凡兆

10「上行くと」（二四・2）の句に「上行くと下来る雲」とあるが、どのような雲の姿を描いたものか。次から選びなさい。

ア　激しく群立っている雲の姿。
イ　重くたれこめている雲の姿。
ウ　高く澄みわたった空を去来する雲の姿。
エ　ほのかにたなびている雲の姿。
〔　　〕

千代女

〔芭蕉以降〕

11「夕顔や」（二四・5）の句に「女子」とあるが、どのような女性と考えられるか。次から選びなさい。

ア　行水《ぎょうずい》する庶民的な娘。
イ　夜着に着替える公家の娘。
ウ　子に乳を与える武家の妻。
エ　宮中に仕える女官。
〔　　〕

炭太祇

12「初恋や」（二四・7）の句についての鑑賞として、適当なものを次から選びなさい。

ア　秘められた初恋の淡い悲しみが美しく描かれている。
イ　遠い昔の初恋を回想して涙している感じである。
ウ　初々しい恋人たちへの慈しみを表している。
エ　物語的な雰囲気があり、初恋の喜びを強く表している。
〔　　〕

与謝蕪村

13「愁ひつつ」（二四・9）の句で「花いばら」がよまれているが、蕪村が「花いばら」をよんだ句には、他に「花いばら故郷の路《みち》に似たるかな」がある。「花いばら」は蕪村にとってどのような花だったか。「愁ひつつ」に注意して、十二字以内で説明しなさい。（句読点を含む）

上田秋成

14「月や霰」（二四・11）の句において、作者秋成は何をよんだのか。それを説明した次の文の空欄①・②に、①は二字の適語を、②は一字で季節を答えなさい。

月が照ったかと思うと急に霰が降ったりする夜も更けて、あたりに川千鳥の声が聞こえる。そうした〔　①　〕の変わりやすい〔　②　〕の気分。

①〔　　〕
②〔　　〕

高井几董

15「青海苔や」（二五・2）の句によまれている春の磯の情景は、次のどの感覚に触発されて生まれたものか。次から選びなさい。

ア　視覚　イ　嗅覚　ウ　味覚　エ　触覚
〔　　〕

小林一茶

16「仰のけに」（二五・4）の句は感傷に流されず対象を見据えているが、苦笑を誘う一茶特有の表現がある。該当する表現を、句の中から四字以内で抜き出しなさい。

学習目標　仏教説話に取り上げられた叡実の行動と考えを捉える。

発心集（叡実、路頭の病者を憐れむ事）

教科書p.118～p.119

検印

展開の把握

思考力・判断力・表現力　▼学習一

○次の空欄に適語を入れて、内容を整理しなさい。

第一段落（発端）（初め ～ p.118 ℓ.3）	第二段落（展開）（p.118 ℓ.4 ～ p.118 ℓ.7）	第二段落（最高潮）（p.118 ℓ.7 ～ p.119 ℓ.5）	第三段落（結末）（p.119 ℓ.6 ～ 終わり）
叡実が参内する	参内の途中、病人に遭う	帝より哀れな病人を選ぶ	往生を遂げた叡実
比叡山の叡実阿闍梨は、帝のたび重なる御命令を断り切れずに、帝の〔ア　　〕平癒の祈禱のために〔イ　　〕することになった。	参内の途中、手足も動かず〔ウ　　〕のそばに臥す、みすぼらしい〔エ　　〕を見た。叡実は憐れんで、〔オ　　〕から降りて、病人の〔カ　　〕をした。仮小屋を作って屋根を覆い、〔キ　　〕を与えて面倒をみるうちに、〔ク　　〕がたってしまった。	勅使が〔ケ　　〕を急がせると、叡実は「〔コ　　〕した自分には、〔サ　　〕もみすぼらしい病人も〔シ　　〕である。帝の病気平癒の祈禱をする〔ス　　〕は大勢いるが、この病人は自分が〔セ　　〕たら、死ぬにちがいない。」と言って、〔ソ　　〕をし、〔タ　　〕せずに終わってしまった。〔チ　　〕の人々は、叡実を〔ツ　　〕した。	この叡実阿闍梨は、最後に〔テ　　〕を遂げたと、『〔ト　　〕』にある。

語句・文法

知識・技能

1 次の語の意味を調べなさい。

p.118
- ℓ.1 ①山〔　　〕
- ℓ.2 ②悩み〔　　〕
- ℓ.2 ③否びがたし〔　　〕
- ℓ.3 ④なまじひなり〔　　〕
- ℓ.6 ⑤とぶらふ〔　　〕
- ℓ.7 ⑥あつかふ〔　　〕
- ℓ.10 ⑦あながちなり〔　　〕

p.119
- ℓ.1 ⑧験〔　　〕
- ℓ.2 ⑨さらに〔　　〕
- ℓ.3 ⑩ほとほと〔　　〕

2 次の太字は、あとのア～クのいずれにあたるか。それぞれ選びなさい。

p.118
- ℓ.2 ①**召し**ければ、〔　　〕
- ℓ.4 ②**あやしげなる**病人の、〔　　〕
- ℓ.5 ③平がり**臥せる**ありけり。〔　　〕
- ℓ.9 ④心を仏道に**任せし**より、〔　　〕
- ℓ.11 ⑤同じやうに**おぼゆるなり**。〔　　〕

p.119
- ℓ.1 ⑥山々寺々に**多かる**人、〔　　〕
- ℓ.4 ⑦憐れみ**助くる**間に、〔　　〕

ア　四段活用動詞　　イ　下二段活用動詞
ウ　形容詞　　エ　形容動詞
オ　下二段活用動詞＋断定の助動詞
カ　四段活用動詞＋存続の助動詞
キ　下二段活用動詞＋過去の助動詞
ク　四段活用動詞＋過去の助動詞

内容の理解

思考力・判断力・表現力

第一段落

1 「帝の御悩み重くおはしましけるころ、召しければ、」（二八・1）とあるが、「召し」たのは何のためか。十五字以内で答えなさい。（句読点を含む）

第二段落

2 「あやしげなる病人の、足手もかなはずして、ある所の築地のつらに平がり臥せるありけり。」（二八・4）について、次の問いに答えなさい。

(1) 「あやしげなる病人」とは、どのような意味か。次から選びなさい。

ア　みすぼらしい様子の病人。
イ　どこの誰ともわからない病人。
ウ　原因不明の病にかかったと思われる病人。
エ　長くは生きられないと思われる病人。　〔　　〕

(2) 「病人の」の「の」は、同格を表す。この一文のどの語の前に「病人」を入れると文意が明確になるか。その語を示しなさい。　〔　　〕

3 「いといと便なきことなり。」（二八・7）とあるが、「便なきことなり。」とはどのような意味か。次から選びなさい。

ア　道が暗くなって、たいへん心細いことだ。
イ　参内が遅くなり、たいへん不都合なことだ。
ウ　病人はとても助かりそうにもなく、たいへん気の毒なことだ。
エ　貴僧が参上されないと、私の役目として困ったことだ。　〔　　〕

4 「かかる病人とてもまたおろかならず。」（二八・10）とあるが、「おろかならず。」とはどのような意味か。次から選びなさい。

ア　全く回復の見込みがないとは思われない。
イ　おろかな者とは限らない。
ウ　悪いことをするとは思わない。
エ　疎略にしていいわけではない。　〔　　〕

第二段落

5 「さらにこと欠くまじ。」（二九・2）とは、どのような意味か。次から選びなさい。　▼脚問1

ア　だから、私が参らなくても、帝のご祈禱に人がいなくて困るということは全然ないであろう。
イ　だから、目の前にいる病人をとりあえず看病してから参内しても、困ることは決してないであろう。
ウ　その上、私が帝のご祈禱に参上したら、他の僧たちは快く思わず困ることになるであろう。
エ　その上、私には目の前にいる病人を見捨てることができず、仏道修行の僧として困ることになるであろう。　〔　　〕

6 「時の人、ありがたきことになん言ひける。」（二九・4）とは、どのような意味か。次から選びなさい。　▼学習三

ア　叡実の行為は、その当時の人々にとっては決断力を必要とする権威に逆らうことだと称賛された。
イ　叡実の行為は、その当時の人々にとってはたいへん値打ちのあることだと称賛された。
ウ　その当時の人々は、叡実の行為を、まれに見る尊い行為だと称賛した。
エ　その当時の人々は、叡実の行為を、たいへん感謝すべきことだと称賛した。　〔　　〕

全体

7 新傾向　この文章で叡実はどのような考えに基づいて行動しているか。「慈悲」という言葉を使って、三十字以内で書きなさい。　▼学習二

学習目標　主従のやりとりを通してどのような教訓を伝えようとしたのか、編者の意図を考える。

十訓抄（祭主三位輔親の侍、鶯を召しとどむる事）

教科書p.120～p.122

検印

展開の把握

思考力・判断力・表現力　▼学習一

○次の空欄に適語を入れて、内容を整理しなさい。

第一段落（起）（初め ～ p.120 ℓ.3）	第二段落（承）（p.120 ℓ.4 ～ p.120 ℓ.11）	第三段落（転）（p.121 ℓ.1 ～ p.121 ℓ.6）	第四段落（結）（p.121 ℓ.7 ～ 終わり）
風流人の輔親	歌会の企画	鳴かぬ鶯	鶯が鳴かなかったわけ
祭主三位輔親は、【ア　】に丹後の【イ　】をまねて、池の【ウ　】を長くさし出して、【エ　】を長く植えたりしていた。	春の初め、軒近い【オ　】の枝に、鶯が決まって午前【カ　】ごろ来て鳴くので、歌人たちに触れ回り、歌会を開くことにした。【キ　】の伊勢武者に、【ク　】を逃がさないよう命じ、翌日は早くから準備をしていた。	午前【ケ　】ごろ歌人たちが集まって、歌を考えつつ、鶯が鳴くのを待っていたが、昼の【コ　】を過ぎても鳴かなかった。輔親が【サ　】に鶯は来なかったかと尋ねると、取って参りましょうと言って立った。	不審に思っていると、【シ　】に鶯を縛りつけて持って来た。【ス　】を尋ねると、【セ　】を逃がすなと昨日命じられたので、射落としたと言う。輔親も歌人たちも【ソ　】てしまい、歌人たちはしらけて帰ってしまった。

語句・文法

知識・技能

1 次の語句の意味を調べなさい。

p.120 ℓ.4 ①巳の時【　　】
ℓ.5 ②ありがたし【　　】
ℓ.8 ③あなかしこ【　　】
④やる【　　】
p.121 ℓ.10 ⑤いつしか【　　】
ℓ.8 ⑥おほかた【　　】
⑦あさまし【　　】
ℓ.10 ⑧心憂し【　　】
p.122 ℓ.2 ⑨おろかなり【　　】

2 次の太字の語の文法的説明は、あとのア～キのいずれにあたるか。それぞれ選びなさい。

p.120 ℓ.8 ①鶯打ちなんどして、やる**な**。【　　】
p.121 ℓ.2 ②午の時の下がりまで見え**ね**ば、【　　】
ℓ.3 ③いかに、鶯のまだ見え**ぬ**は。【　　】
ℓ.6 ④「取りて参らん。」とて立ち**ぬ**。【　　】
ℓ.7 ⑤心も得**ぬ**ことかなと思ふほどに、【　　】
ℓ.9 ⑥言ふかひなく逃がし候ひ**な**ば、【　　】
ℓ.14 ⑦「とく立ち**ね**。」と言ひけり。【　　】

ア　完了（強意・確述）の助動詞「ぬ」の未然形
イ　完了（強意・確述）の助動詞「ぬ」の終止形
ウ　完了（強意・確述）の助動詞「ぬ」の命令形
エ　打消の助動詞「ず」の連体形
オ　打消の助動詞「ず」の已然形
カ　禁止を表す終助詞
キ　詠嘆を表す終助詞

内容の理解

思考力・判断力・表現力

第一段落

1 第一段落の記述から輔親がどのような人物とわかるか。十字以内で答えなさい。（句読点を含む）

第二段落

2 ①「かかることこそ侍れ。」（三〇・6）、②「かかることのあるぞ。」（同・7）の「かかること」の具体的内容として適当なものを、それぞれ次から選びなさい。　▼脚問1

ア　明日、鶯が必ず来るようにしたいということ。
イ　鶯がいつも決まった時間にやって来て、鳴くこと。
ウ　鶯の鳴く声がたいへん美しいということ。
エ　鶯がわが家で盛んに鳴いていることを人に知らせたこと。
オ　明日、客を呼んで、鶯の鳴き声を聞かせること。
カ　鶯が鳴くことをたいへん喜んでいること。

①〔　　〕②〔　　〕

3「あなかしこ、……やるな。」（三〇・8〜9）とあるが、「やる」と同じ意味の言葉が本文中に二つある。それぞれ抜き出して、終止形で答えなさい。

〔　　〕〔　　〕

第三段落

4「うめきすめきし合ひたるに、」（三一・1）とあるが、どのような様子を表しているか。次から選びなさい。　▼脚問2

ア　ひそひそと話し合っている。
イ　じっと息をこらしている。
ウ　いらいらして待ちこがれている。
エ　歌をひねり出そうと苦心している。

〔　　〕

第四段落

5「こは……かくはしたるぞ。」（三一・8）について、次の問いに答えなさい。

(1)「かくはしたる」とあるが、伊勢武者がどのようにしたことをさすか。十五字以内で答えなさい。（句読点を含む）

(2) 輔親はどのような気持ちからこの言葉を発しているか。次から選びなさい。

ア　伊勢武者の腕前を称賛する気持ち。
イ　あまりにひどい行いに驚きあきれる気持ち。
ウ　伊勢武者の突飛な振る舞いに対する好奇の気持ち。
エ　客人たちの前でとぼけてみせる気持ち。

〔　　〕

6「脇かいとりて、息まへ、ひざまづきたり。」（三一・13）とあるが、伊勢武者はどのようなことを自負し得意になっているのか。十五字以内で説明しなさい。　▼学習二2

7「とく立ちね。」（三一・14）とあるが、輔親のどのような気持ちから発せられた言葉か。次から選びなさい。

ア　いつまでもひざまづいているのを苦々しく思う気持ち。
イ　あまりにも愚直な無風流ぶりに腹立つ気持ち。
ウ　命令を忠実に実行したことをねぎらう気持ち。
エ　歌人たちに笑われないように配慮する気持ち。

〔　　〕

全体

8 この説話は、ある教訓の例話として挙げられている。その教訓として適当なものを次から選びなさい。　▼学習四

ア　思慮を専らにすべきこと。
イ　すべて忍耐すべきこと。
ウ　人倫を侮《あなど》るべからざること。
エ　友を選ぶべきこと。

〔　　〕

学習目標　展開や表現に即して袴垂の心理を追い、そこから浮かび上がる保昌の人物像を捉える。

宇治拾遺物語（袴垂、保昌に合ふ事）

教科書p.123～p.125

検印

展開の把握

思考力・判断力・表現力

○次の空欄に適語を入れて、内容を整理しなさい。

第一段落 （発端） （初め～p.123 ℓ.10）	第二段落 （展開） （p.123 ℓ.11～p.124 ℓ.8）	第二段落 （最高潮） （p.124 ℓ.8～p.125 ℓ.1）	第三段落 （結末） （p.125 ℓ.2～終わり）
盗人の首領袴垂が笛を吹く男を狙う	高名の盗賊袴垂が笛を吹く男に圧倒される		袴垂、保昌から衣をもらい、忠告を受ける
昔、袴垂という盗人の首領がいた。十月のある夜、〔ア　〕を調達しようと物色中、笛を吹きながら悠然と歩く男に会った。走りかかって衣を奪おうと思うが、妙に〔イ　〕感じた。そこで、二、三町ほど〔ウ　〕するが、気づく気配も見せない。足音を高くして走り寄るが、笛を吹きながら〔エ　〕様子にけおされ、逃げ退いた。	袴垂は何度も様子をうかがうが、男は少しも取り乱した気配がない。奮起して〔オ　〕を抜いて走りかかると、今度は、男は〔カ　〕のをやめ、「何者だ。」と問う。袴垂は、思わずひざまずいてしまった。	観念して、「〔キ　〕でございます。」と答えたところ、名も問われた。「袴垂と呼ばれています。」と答えると、男は、「聞いてはいるが、〔ク　〕で、とんでもないやつ。」「ついて来い。」と言って、また〔ケ　〕て行く。	男にけおされ、袴垂はついて行った。男は〔コ　〕という人で、着物をくれたうえで、「〔サ　〕もわからない人に向かっていって、けがをするな。」と忠告をした。不気味で恐ろしかったが、〔シ　〕な人だったと、後に袴垂が語ったそうだ。

語句・文法

知識・技能

1 次の語の意味を調べなさい。

① 練り行く（p.123 ℓ.5）〔　〕
② 希有（なり）（p.124 ℓ.1）〔　〕
③ 具す（ℓ.2）〔　〕
④ ついゐる（ℓ.7）〔　〕
⑤ あやふげなり（ℓ.14）〔　〕
⑥ あさまし（p.125 ℓ.6）〔　〕
⑦ むくつけし〔　〕

2 次の太字の副詞と呼応している語を抜き出しなさい。

① **つゆ**ばかりも騒ぎたるけしきなし。（p.123 ℓ.11）
② 今は逃ぐとも**よも**逃がさじとおぼえければ、（p.124 ℓ.9）

①〔　〕　②〔　〕

3 次の太字の動詞の活用の種類と活用形はあとのア～セのいずれにあたるか。それぞれ選びなさい。

① **試み**んと思ひて、（p.123 ℓ.8）〔　・　〕
② とざまかうざまに**する**に、（ℓ.11）〔　・　〕
③ **答ふれ**ば、（p.124 ℓ.13）〔　・　〕
④ さいふ者**あり**と聞くぞ。〔　・　〕
⑤ ともに**まうで来**《こ》。（ℓ.15）〔　・　〕
⑥ 家に**行き着き**ぬ。（p.125 ℓ.3）〔　・　〕

ア 上一段活用　イ 下一段活用
ウ 下二段活用　エ 四段活用
オ カ行変格活用　カ サ行変格活用
キ ナ行変格活用　ク ラ行変格活用
ケ 未然形　コ 連用形　サ 終止形
シ 連体形　ス 已然形　セ 命令形

内容の理解

思考力・判断力・表現力

第一段落

1 「ただ一人、笛吹きて、行きもやらず練り行けば、」（一三・4）について、次の問いに答えなさい。

(1)「行きもやらず練り行けば」とは、どのような様子を表したものか。適当なものを次から選びなさい。

ア　行きつ戻りつうねって歩いている様子。
イ　ためらいながら迂回《うかい》して歩いている様子。
ウ　闊歩《かっぽ》することもできず、こっそり歩いている様子。
エ　行くでもなく戻るでもなくゆっくり歩いている様子。　〔　　〕

(2) 袴垂の行動に対し、男（保昌）は「いよいよ笛を吹きて行けば、」（一三・8）、「笛を吹きながら見返りたる」（一三・9）とあるが、男（保昌）の次の行動は大きく変化している。その叙述を十五字以内で抜き出しなさい。（句読点を含む）

〔　　　　　　　　　　　　　　　〕

(3) 男（保昌）の行動が大きく変化したのは、なぜだと考えられるか。その理由を三十字以内で説明しなさい。

〔　　　　　　　　　　　　　　　〕

2 「我に人こそつきたれ」（一三・7）について、次の問いに答えなさい。

(1)「我」とは、誰のことか。以下の本文中の言葉で答えなさい。　▼脚問1　〔　　　　〕

(2)「人こそつきたれ」とは、どのような意味か。次から選びなさい。

ア　供人がついて来ている。　イ　誰かが尾行している。
ウ　人が気がついている。　エ　人が見張っている。　〔　　〕

第二段落

3 「ついゐられぬ。」（一四・7）はどのような意味か。次から選びなさい。

ア　逃げ出したくなった。　イ　正気でいることができなかった。
ウ　ひざまずいてしまった。　エ　その場から立ち去った。　〔　　〕

4 「あやふげに、希有のやつかな。」（一四・14）について、次の問いに答えなさい。

(1)「あやふげに」とあるが、その内容を具体的に表現している箇所を、以下の本文中から、十五字以内で抜き出しなさい。

〔　　　　　　　　　　　　　　　〕

(2)「希有のやつ」とあるが、男（保昌）は袴垂をどのように思っているか。次から選びなさい。　▼学習二

ア　とんでもない命知らずな奴　イ　実にそら恐ろしい奴
ウ　実に気味の悪い奴　エ　全くうぶな奴　〔　　〕

第三段落

5 「鬼に神取られたるやうにて、ともに行くほどに、」（一五・2）とあるが、これは、誰の、どのような様子を描いたものか。次から選びなさい。

ア　自分が大盗賊ということを知りながら、悠然と笛を吹いて行く男（保昌）にすっかり圧倒されて、ふらふらついて行く袴垂の様子。
イ　自分が大盗賊とわかって、こわごわ笛を吹いて行く男（保昌）の姿を見て、すっかり気分をよくして肩を並べて行く袴垂の様子。
ウ　武人でありながら楽しそうに笛を吹く男（保昌）の姿に親しみをおぼえ、すっかり浮かれてお供をして行く袴垂の様子。
エ　貴族でありながら不気味さを漂わせる男（保昌）を警戒しつつも、奇妙に肩を並べて歩く袴垂の様子を描く。　〔　　〕

全体

6 袴垂は、保昌をどのような人物と見ているか。「希有の人かな」（一四・1）に注意して、十五字以内で答えなさい。（句読点は含まない）　▼学習二

〔　　　　　　　　　　　　　　　〕

学習目標　日記的な文章を読んで、作者の宮仕えに対する心境と中宮定子との関係性を捉える。

枕草子（宮に初めて参りたるころ）

教科書 p.128〜p.129

検印

展開の把握

思考力・判断力・表現力　▼学習一

○次の空欄に適語を入れて、内容を整理しなさい。

第一段落（初め〜p.128 ℓ.9）	第二段落（p.128 ℓ.10〜p.129 ℓ.5）	第三段落（p.129 ℓ.6〜終わり）
初宮仕えの夜	雪の朝	昼のお召し
初宮仕えのころは〔ア　　〕も落ちそうになるほど恥ずかしく、〔イ　　〕に参上して〔ウ　　〕の後ろに伺候していると、中宮様は〔エ　　〕などを出して見せて、気遣ってくださる。たいへん寒いころなので、袖口から見える中宮様の〔オ　　〕の薄紅梅色がとてもすばらしく、〔カ　　〕のことなど知らない新参者の心には、中宮様の美しさは〔キ　　〕を見張るばかりであった。	暁、すぐに〔ク　　〕に下がろうと思うが、中宮様はお引き止めなさる。〔ケ　　〕を見られるのが恥ずかしく、伏していると、〔コ　　〕が〔サ　　〕を上げに来たのも〔シ　　〕なさって、いろいろお話をなさる。やっとお許しが出て、退出すると、格子を片っ端から上げる。外は〔ス　　〕であった。	昼ごろ、「〔セ　　〕で曇って〔ソ　　〕こともあるまい。」と中宮様からたびたび〔タ　　〕があり、局の主の〔チ　　〕もせかして出仕させるので、無我夢中で参上するが、とてもつらい。

語句・文法

知識・技能

1 次の語の意味を調べなさい。

- p.128 ℓ.3 ①わりなし〔　　〕
- ℓ.5 ②なかなか〔　　〕
- ③顕証なり〔　　〕
- ④まばゆし〔　　〕
- ⑤念ず〔　　〕
- ℓ.7 ⑥にほふ〔　　〕
- ℓ.8 ⑦驚く〔　　〕
- ⑧まもる〔　　〕
- p.129 ℓ.3 ⑨夜さり〔　　〕
- ℓ.6 ⑩あらはなり〔　　〕
- ℓ.8 ⑪あへなし〔　　〕

2 次の太字の助動詞の意味は、あとのア〜エのいずれにあたるか。それぞれ選びなさい。

- p.128 ℓ.6 ①さし出でさせ給へ**る**御手の〔　　〕
- ℓ.8 ②驚か**るる**までぞ、〔　　〕
- ℓ.10 ③とく下りなむといそが**るる**。〔　　〕
- ④仰せ**らるる**を、〔　　〕
- ℓ.11 ⑤筋かひ御覧ぜ**られ**むとて、〔　　〕

ア　受身　イ　尊敬　ウ　自発　エ　存続

3 次の太字の「けれ」の違いを、文法的に説明しなさい。

- p.128 ℓ.5 ①顕証に見えてまばゆ**けれ**ど、
- ℓ.8 ②かかる人こそは世におはしまし**けれ**と、

〔　　　　〕

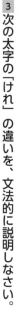

内容の理解

思考力・判断力・表現力

第一段落

1 「手にてもえさし出づまじう、わりなし。」（二六・3）とあるが、「わりなし」とは作者のどのような心理を表す言葉か。二十五字以内で説明しなさい。

2 「『これは、とあり、かかり。それが、かれが。』などのたまはす。」（二六・3）とあるが、中宮がそのようにして話しかけたのは、どのような気持ちからか。最も適当なものを次から選びなさい。

ア 作者の緊張や恥じらいをときほぐし、尻ごみする作者をそば近く引き寄せたいという気持ちから。

イ 作者は学者清原元輔の娘であり、当代随一の才女であるので、絵についての学識を試してみたいという気持ちから。

ウ 作者が宮中に仕えるためには、絵についての教養も必要なので、教えてやりたいという気持ちから。

エ 作者の評判をかねてより聞いていたので、その才気煥発《かんぱつ》なところを他の女房たちに披露させたいという気持ちから。

〔　　〕

第二段落

3 「葛城の神もしばし。」（二六・10）とあるが、どのような心情から発せられたものか。適当なものを次から選びなさい。 ▼学習二

ア 絶望感に打ちのめされている相手を立ち直らせたい。

イ 身分違いに気後れしている作者を励ましてやりたい。

ウ 容貌が醜いと思い込んでいる作者を慰めてやりたい。

エ 必要以上に恥ずかしがる作者に戯れかけてなごませたい。

〔　　〕

第二段落

4 「『まな。』と仰せらるれば、」（二九・2）とあるが、「まな。」は中宮のどのような気持ちを表した言葉か。適当なものを次から選びなさい。 ▼学習二

ア まだ格子を上げる時刻でもないのに、格子を上げることによって、せっかくの雰囲気が壊れてしまうと懸念なさった言葉。

イ 格子を上げると明るくなり、作者が恥ずかしがって退出したがることを考慮なさった言葉。

ウ 格子を上げるのは新参の者の仕事であるから、作者に上げさせようと心遣いなさった言葉。

エ 女房より身分の低い女官に命令されて女房が格子を上げるのは、はしたないとお考えになった言葉。

〔　　〕

第三段落

5 「さおぼしめすやうこそあらめ。思ふに違ふはにくきものぞ。」（二九・8）について、次の問いに答えなさい。

(1) 「さおぼしめす」とは、どのような意味か。「さ」のさしている内容を明らかにして、二十五字以内で説明しなさい。

(2) 「思ふ」に敬語を用いていないのはなぜか。十五字以内で説明しなさい。

全体

6 本文の内容と一致しないものを、次から選びなさい。

ア 中宮は、作者を笑いものにする女官たちをさりげなく追い払った。

イ 中宮は、作者を適当に退出させ、夜早くに参るよう声をかけた。

ウ 中宮は、作者が退出するまでの間、話相手になった。

エ 中宮は、作者を夜が明けてしばらくしてから退出させた。

〔　　〕

学習目標　日記的な文章を読んで、作者の宮仕えに対する心境と中宮定子との関係性を捉える。

枕草子（御方々、君たち）

教科書p.130～p.131

検印

展開の把握　思考力・判断力・表現力

○次の空欄に適語を入れて、内容を整理しなさい。

第一段落（初め ～ p.130 ℓ.3）	第二段落（p.130 ℓ.4 ～ p.130 ℓ.7）	第三段落（p.130 ℓ.8 ～ 終わり）
発端	展開	結末
中宮様の前に多くの立派な人々がおられるので、私は廂の柱に寄りかかって〔ア　〕たちと話をしていたところ、中宮様が〔イ　〕を投げてよこされたので、開いてみると、「〔ウ　〕をいとしく思ってやろうか。ただし、〔エ　〕でなかったら、どうか。」と書いていらっしゃった。	これは、中宮様の前でおしゃべりなどをするときに、私がいつも「人に愛されるなら、〔オ　〕でなかったらいや。二番、三番なんて〔カ　〕でもいやだ。」と言うので、まわりの人々から、「まるで〔キ　〕の一乗の法だね。」と言われたことについての内容であるようだ。	紙や筆などをくださったので、「中宮様に〔ク　〕いただくのであれば、九品蓮台の間の〔ケ　〕、つまり最下級で結構でございます。」と申し上げる。すると中宮様が、「ずいぶん弱気になったこと。いったん〔コ　〕たことだから、〔サ　〕の人から第一番に愛されようと思わなくては。」と仰せになったのは、実にうれしい。

語句・文法　知識・技能

1　次の語の意味を調べなさい。

p.130

ℓ.1　①上人〔　〕

ℓ.2　②物語〔　〕

ℓ.5　③なかなか〔　〕

ℓ.9　④むげに〔　〕

⑤思ひくんず〔　〕

⑥わろし〔　〕

2　次の太字の助動詞「む」「め」の意味を、あとのア～オからそれぞれ選びなさい。

p.130

ℓ.4　①何にかはせ**む**。〔　〕

ℓ.5　②あしうせられてあら**む**。〔　〕

ℓ.6　③一にてをあら**む**。〔　〕

ℓ.10　④さてこそあら**め**。〔　〕

ℓ.11　⑤また一に思はれ**む**とこそ思はめ。〔　〕

⑥また一に思はれむとこそ思は**め**。〔　〕

ア　推量　イ　仮定　ウ　婉曲
エ　適当　オ　意志

3　次の①・②の文法的説明として適当なものを、あとのア～エからそれぞれ選びなさい。

p.130

ℓ.6　①一乗の法なり。〔　〕

ℓ.7　②筋なめり。〔　〕

ア　名詞＋完了の助動詞未然形＋推定の助動詞

イ　名詞＋断定の助動詞の音便＋推定の助動詞

ウ　名詞＋四段動詞の音便＋推定の助動詞

エ　名詞＋詠嘆の終助詞＋推定の助動詞

内容の理解

思考力・判断力・表現力

第一段落

1 「思ふべしや、いなや。」（三〇・3）について、次の問いに答えなさい。

(1)「思ふべしや」とあるが、「思ふ」とはどのような意味か。六字以内で答えなさい。（句読点は含まない）

(2)「思ふ」は、①誰が、②誰を、思うのか。該当する人をそれぞれ答えなさい。 ▼脚問1

① 〔　　〕 ② 〔　　〕

第二段落

2 「すべて、人に一に思はれずは、何にかはせむ。」（三〇・4）とあるが、この言葉から、作者のどのような性格がうかがわれるか。次から選びなさい。

ア 陽気　イ 律儀
ウ 勝ち気　エ 内気 〔　　〕

3 「人々も笑ふことの筋なめり。」（三〇・7）とあるが、どのような意味か。簡潔に書きなさい。

〔　　〕

第三段落

4 「『九品蓮台の間には、下品といふとも。』など、書きて参らせたれば、」（三〇・8）について、次の問いに答えなさい。

(1)「九品蓮台の間には、下品といふとも」とあるが、ここではどのようなことを言おうとしているのか。次から選びなさい。 ▼学習二1

ア 中宮様に愛していただけるのなら、千人中千番でもかまいません。
イ 私を笑う皆様方は、とうてい極楽往生などできませんよ。
ウ 中宮様と私とでは、身分の大差がございましょう。
エ 極楽往生できるのならば、最下級でも結構です。 〔　　〕

(2)また、ここで「九品蓮台」という言葉を引き合いに出したのは、どの言葉を受けて言ったものか。該当する言葉を、本文中から四字で抜き出しなさい。

第三段落

5 「いとわろし。言ひとぢめつることは、さてこそあらめ。」（三〇・9）について、次の問いに答えなさい。

(1)「いとわろし」とあるが、これはどのような態度を批判した言葉か。次から選びなさい。

ア 謙虚な態度
イ 弱気な態度
ウ ひとりよがりの態度
エ 傲慢な態度 〔　　〕

(2)「言ひとぢめつること」とは、どの言葉をさすか。その言葉を含む会話を抜き出し、初めの五字で答えなさい。（句読点を含む） ▼脚問2

6 「仰せらるる、いとをかし。」（三〇・12）とあるが、「をかし」には作者のどのような気持ちがこめられているか。次から選びなさい。

ア 滑稽だ　イ 興がある
ウ うれしい　エ 趣がある 〔　　〕

全体

7 この文章は三段落に分かれているが、時間に従った順序になっていない。普通の時間的順序に改めると、どのようになるか。次から選びなさい。 ▼学習一

ア 第一段落→第三段落→第二段落
イ 第二段落→第一段落→第三段落
ウ 第三段落→第二段落→第一段落 〔　　〕

学習目標　日記的な文章を読んで、作者の宮仕えに対する心境と中宮定子との関係性を捉える。

枕草子（五月の御精進のほど）

教科書 p.132〜p.134

検印

展開の把握　思考力・判断力・表現力

○次の空欄に適語を入れて、内容を整理しなさい。

第一段落 （発端） （初め 〜 p.132 ℓ.4）	第二段落 （展開） （p.132 ℓ.7 〜 p.133 ℓ.12）	第三段落 （結末） （p.133 ℓ.13 〜 終わり）
ほととぎすの歌をよみに	詠歌義務免除の許可	中宮様は別格
中宮様が中宮職におられたころ、〔ア　　〕のでほととぎすの〔イ　　〕を聞きに行きたいと言うと、〔ウ　　〕たちも賛成して出かけた。	〔エ　　〕ばかりあと、その日の話になって、明順邸でごちそうになった〔オ　　〕のことが話題になる。中宮様の下の句に〔カ　　〕をつけるように言われてつけたが、〔キ　　〕をよみたくないと〔ク　　〕に申したところ、中宮様はお笑いになって、「〔ケ　　〕」と命じないことにするとおっしゃったので、〔コ　　〕した。	〔サ　　〕の夜、歌に無関心に振る舞うのを伊周様が見とがめて、よめとおっしゃる。中宮様の〔シ　　〕を得てよまないと答えても、〔ス　　〕なさる。中宮様が〔セ　　〕の子と言われるあなたが今宵の〔ソ　　〕に参加しないとはと歌をよこされた。父の〔タ　　〕を気にしない立場ならよみますと、歌でお答えした。

語句・文法　知識・技能

1 次の語の意味を調べなさい。

①つれづれなり（p.132 ℓ.3）〔　　　〕
②いとほし（p.133 ℓ.8）〔　　　〕
③まめやかなり（p.133 ℓ.9）〔　　　〕
④けしきばむ（p.133 ℓ.13）〔　　　〕

2 次の太字の語は、あとのア〜オのいずれにあたるか。それぞれ選びなさい。

①下蔵こそ**恋しかりけれ**（p.132 ℓ.10）〔　　〕
②今宵の歌をまづぞ**よままし**（p.134 ℓ.9）〔　　〕

ア　シク活用形容詞
イ　四段活用動詞＋過去の助動詞
ウ　四段活用動詞＋詠嘆の助動詞
エ　四段活用動詞＋反実仮想の助動詞
オ　シク活用形容詞＋詠嘆の助動詞

3 次の太字の「せ」は、あとのア〜オのいずれにあたるか。それぞれ選びなさい。

①笑は**せ**給ひて、（p.133 ℓ.9）〔　　〕
②いみじう心まうけ**せ**させ給へり。（p.133 ℓ.11）〔　　〕
③女房も歌よま**せ**給ふ。（p.133 ℓ.13）〔　　〕
④投げ給は**せ**たり。（p.134 ℓ.4）〔　　〕
⑤のちといはれぬ身なり**せ**ば（p.134 ℓ.9）〔　　〕

ア　サ行下二段活用動詞の活用語尾
イ　サ行変格活用動詞
ウ　尊敬の助動詞
エ　使役の助動詞
オ　過去の助動詞

内容の理解

第一段落

1 新傾向 「例様ならぬもをかし。」（一三・2）とあるが、なぜ「塗籠の前の二間なる所」が「例様ならぬ」のか。次の条件に従って、答えなさい。 思考力・判断力・表現力

（条件）・「誰の何のために何をしたから。」という形式で書くこと。
・二十五字以内で書くこと。

第二段落

2 「紙の……給ひて、」（一三・9〜11）について、次の問いに答えなさい。

(1) 中宮が歌の下の句を書いたのは、どのような気持ちからか。現代語の一語で答えなさい。

〔　　　　〕

(2) 「下蕨こそ恋しかりけれ」の下の句に対して「ほととぎす……」（一三・12）と上の句をつける文学形式を、何と呼ぶか。次から選びなさい。

ア 相聞歌　イ 連歌　ウ 狂歌　エ 挽歌

〔　　〕

3 「いといかがは、文字の数知らず、春は冬の歌、秋は梅・花の歌などをよむやうは侍らむ。」（一三・3）とあるが、作者がこのように言ったのはなぜか。三十字以内で説明しなさい。

4 「それが子なれば。」（一三・6）とあるが、このあとにどのような言葉を補ったらよいか。次から選びなさい。

ア すぐれた歌をよむのも当然である。
イ すぐれた歌をよむといって自慢気である。
ウ 拙い歌でも評判になるものである。
エ 拙い歌には目もくれないのである。

〔　　〕

第三段落

5 「さること承りて、」（一三・16）の「さること」とはどのようなことか。十五字以内の現代語で答えなさい。（句読点を含む） ▼脚問2

6 「元輔が」（一四・6）の歌を見て、作者は「をかしきことぞたぐひなきや。」（一四・7）と述べているが、それはなぜか。その理由として誤っているものを、次から選びなさい。

ア みなが歌をよんでいるのを傍観しながら、うずうずしているのを見透かされた思いがしたから。
イ 一人のけ者の立ち場になった清少納言への中宮の心配りが感じられるから。
ウ さらりと書きつけて投げてよこした歌でありながら掛詞や縁語を用いた見事なものだったから。
エ 作者が以前、詠歌免除を許し出たときの口実を踏まえたものだったから。

〔　　〕

全体

7 この文章は、中宮と作者との遠慮のない親しい関係を描いている。そのことについて、次の問いに答えなさい。

(1) 作者の称美する中宮が、どのように描かれているか。最もよく表していると思われる描写を、第二段落から五字で抜き出しなさい。（句読点は含まない）

(2) 作者は歌をよむにあたって、つねに気にしていることがあり、それを中宮に素直に訴えている。どのようなことを気にしているのか。三十字以内で答えなさい。（句読点を含む）

学習目標　『枕草子』の日記的章段を読んで、作者と中宮定子との関係性を捉える。

枕草子（雪のいと高う降りたるを）

教科書p.135　検印

展開の把握　思考力・判断力・表現力

○次の空欄に適語を入れて、内容を整理しなさい。

第一段落（中宮の称賛）（初め ～ p.135 ℓ.3）				第二段落（人々の称賛）（p.135 ℓ.4 ～ 終わり）
発端	展開	最高潮	結末	添加
雪がとても〔ア　〕降り積もっている朝、いつもと違って〔イ　〕をお下ろししして、炭櫃に〔ウ　〕をおこして話などして、〔エ　〕たちが集まって、御前に控えていたときに、	中宮様が「少納言よ、〔オ　〕の雪はどのようでしょうか。」とおっしゃったので、	私が〔カ　〕を上げさせて、〔キ　〕を高く巻き上げたところ、	〔ク　〕はにっこりとお笑いになる。	お仕えしている〔ケ　〕たちも、「そのような〔コ　〕のことは知っているし、〔サ　〕までもするけれど、すぐには思いも〔シ　〕なかったことだった。やっぱり〔ス　〕は、中宮様に〔セ　〕する人としては〔ソ　〕な人であるようね。」と言う。

語句・文法　知識・技能

1 次の語の読みを現代仮名遣いで書きなさい。

p.135
- ℓ.1 ①格子〔　〕
- ℓ.1 ②炭櫃〔　〕
- ℓ.3 ③御簾〔　〕

2 次の語の意味を調べなさい。

p.135
- ℓ.1 ①参る〔　〕
- ℓ.2 ②物語〔　〕
- ℓ.2 ③いかなり〔　〕
- ℓ.4 ④さる〔　〕
- ℓ.5 ⑤なほ〔　〕

3 次の太字の助動詞の意味をあとのア～クからそれぞれ選び、活用形を答えなさい。

p.135
- ℓ.2 ①いかなら**む**。〔　・　〕
- ②仰せ**らるれ**ば、〔　・　〕
- ℓ.3 ③御格子上げ**させ**て、〔　・　〕
- ④高く上げ**たれ**ば、〔　・　〕
- ⑤笑は**せ**給ふ。〔　・　〕
- ℓ.4 ⑥寄ら**ざり**つれ。〔　・　〕
- ℓ.5 ⑦さべきな**めり**。〔　・　〕

ア　使役　イ　尊敬　ウ　意志　エ　推量
オ　打消　カ　完了　キ　適当　ク　可能

4 「さべきなめり。」（一三五・5）は「さンべきなンめり」と読むのが適当であるが、これはどのような語形の音便か。もとの形を答えなさい。

p.135 ℓ.5〔　〕

内容の理解

思考力・判断力・表現力

第一段落

1 「例ならず御格子参りて、」（一三五・1）について、次の問いに答えなさい。

(1) 「例ならず」とあるが、いつもだったらどうだったのか。適当なものを次から選びなさい。

ア　格子のもとに集まる　　イ　格子を窓や戸口などに取りつける
ウ　格子から離れて座る　　エ　格子を上げる　　〔　　〕

(2) 「御格子参りて」とは、ここではどのような意味か。十五字以内で口語訳しなさい。（句読点は含まない）

2 「物語などして、」（一三五・1）とあるが、①「物語などして」と②「物語どもして」とはどのように違うか。適当なものをそれぞれ次から選びなさい。

ア　話をあれこれして　　イ　話をしかたなくして
ウ　話や他のことをして　　エ　その話に限って効果があって
オ　話に熱中して　　カ　説得しながら話をして

①〔　　〕②〔　　〕

3 「香炉峰の雪、」（一三五・2）とあるが、これは中国の漢詩集である『白氏文集』にある詩の一節を表している。『白氏文集』は、誰の漢詩集か。次から選びなさい。

ア　李白　　イ　杜甫　　ウ　王維　　エ　白居易　　〔　　〕

4 「笑はせ給ふ。」（一三五・3）とあるが、これは中宮のどのような笑いか。二十五字以内で説明しなさい。　▼脚問2

第二段落

5 「さることは知り、」（一三五・4）とあるが、「さること」とは、どのようなことをさすか。簡潔に書きなさい。

〔　　〕

全体

6 新傾向　ある生徒が、この文章の内容を次のように図にまとめた。

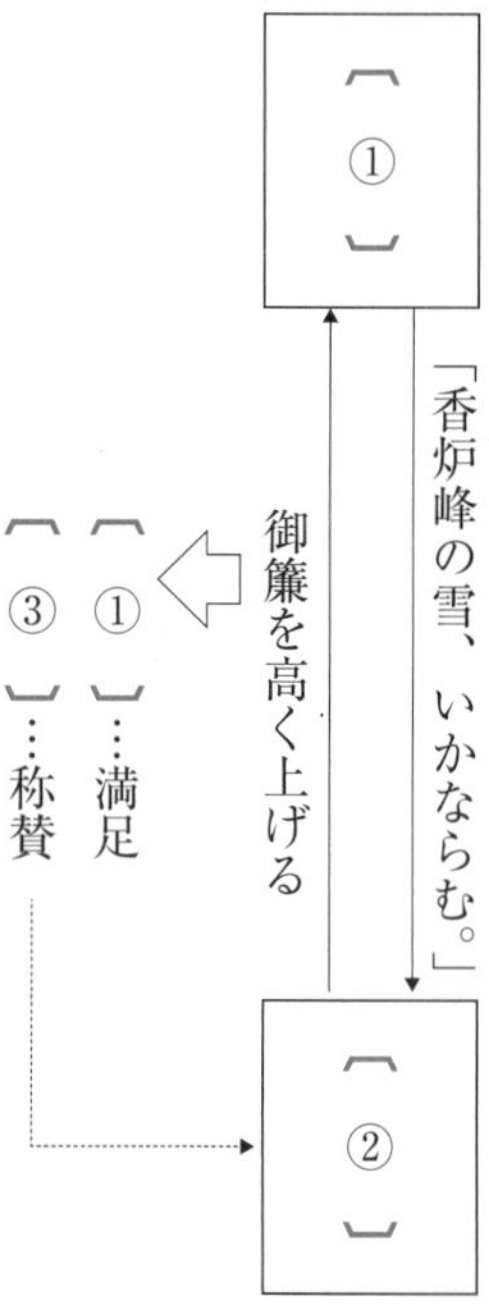

(1) 図の空欄①〜③にあてはまる人物を、次からそれぞれ選びなさい。

ア　帝　　イ　他の女房　　ウ　中宮　　エ　清少納言

①〔　　〕②〔　　〕③〔　　〕

(2) 図に「香炉峰の雪、いかならむ。」とあるが、空欄①の人物は、このように言うことによって空欄②の人物にどのようなことを伝えたかったのか。十二字以内の会話体で答えなさい。（句読点は含まない）

(3) 空欄③の人物は空欄②の人物のどのような点を称賛したのか。次から選びなさい。

ア　雪景色などの自然を愛するその風流ぶり。
イ　漢詩・和歌についてのその博学ぶり。
ウ　機転のきいたその当意即妙の才知。
エ　雪・月・花を見事によみきる歌才。

〔　　〕

学習目標　同じ話を題材にした別の古文作品と読み比べ、共通点や相違点を捉える。

活動　「雪のいと高う降りたるを」と『十訓抄』との読み比べ

教科書p.136〜p.137

検印

展開の把握　思考力・判断力・表現力

○次の空欄に適語を入れて、内容を整理しなさい。

第一段落（初め〜p.136 ℓ.4）	第二段落（p.136 ℓ.5〜p.136 ℓ.9）	第三段落（p.136 ℓ.10〜終わり）
冬の日の出来事	香炉峰の詩	清少納言の人物評
〔ア　　〕がとても美しく降った冬の朝、〔イ　　〕が雪を御覧になりながら、「香炉峰の雪は、どのようなものか」とおっしゃられたので、それを聞いた〔ウ　　〕が何も言わずに〔エ　　〕を押し出した。これは末の世までも風流な振る舞いとして言い伝えられた。	この〔オ　　〕の雪の話は、〔カ　　〕が、香炉峰の山の麓に住まわれたときに作られた詩にあるもので、そこには「遺愛寺の鐘は枕を欹てて聴く　香炉峰の雪は簾を撥げて看る」とあるのだが、〔キ　　〕の言葉に反応して〔ク　　〕が、これを実践したのである。	この清少納言は、村上天皇の御代に、〔ケ　　〕の五人のうち、清原元輔の〔コ　　〕で、和歌のことも学問のことも父から受け継ぎ、気立てがとてもすばらしく、その時々の〔サ　　〕も見事なことが多かった。

語句・文法　知識・技能

1 次の語の意味を調べなさい。

p.136
- ℓ.1 ①おもしろし〔　　〕
- ℓ.2 ②ありさま〔　　〕
- ℓ.4 ③優なり〔　　〕
- ℓ.11 ④やまとことば〔　　〕
- ⑤心ざま〔　　〕
- ⑥わりなし〔　　〕
- ℓ.12 ⑦いみじ〔　　〕

2 次の太字の助動詞「れ」「られ」の意味は、あとのア〜エのいずれにあたるか。それぞれ選びなさい。（同じ記号を何度選んでもよい）

p.136
- ℓ.2 ①仰せ**られ**ければ、〔　　〕
- ℓ.4 ②言ひ伝へ**られ**けり。〔　　〕
- ℓ.9 ③仰せ出ださ**れ**けるによりて、〔　　〕

ア　受身　イ　尊敬　ウ　可能　エ　自発

3 「おもしろく降りたりける」（一三六・1）を、例にならって文法的に説明しなさい。

例　多かり（ク活用形容詞「多し」の連用形）・けり（過去の助動詞「けり」の終止形）

p.136 ℓ.1
〔　　〕

内容の理解

思考力・判断力・表現力

●「雪のいと高う降りたるを」と同じ題材について扱った『十訓抄』を読んで、次の問いに答えなさい。

第一段落

1 「端近く居出でさせ給ひて、」（二三六・1）とあるが、誰が何のためにこのようにしているのか。空欄①・②に入る言葉を、①はあとから選び、②は五字以内で答えなさい。

〔 ① 〕が〔 ② 〕ため。

ア 一条天皇　イ 中宮　ウ 清少納言　エ 清原元輔

① 〔　　〕　②

2 「申すことはなくて、御簾を押し張りたり」（二三六・3）とあるが、清少納言はなぜこのような動作をしたのか。三十字以内で説明しなさい。

第二段落

3 「簾を撥げ」（二三六・8）とはどの程度簾を上げることだと考えられるか。本文の記述をふまえて、簡潔に答えなさい。▼活動二

〔　　〕

第三段落

4 「いみじきこと多かり」と（二三六・12）とあるが、何に対するどのような評価か。次から選びなさい。

ア 一条天皇の時代にはすばらしい女房が多いというよい評価。
イ 清少納言のような女房は多くないのが残念だという悪い評価。
ウ 清少納言の振る舞いにはすばらしいことが多いというよい評価。
エ 清少納言の振る舞いにはひどいことが多いという悪い評価。

〔　　〕

全体

5 新傾向 次の会話文を読んで、あとの問いに答えなさい。▼活動一 ▼活動三

生徒A：二つの話を比べてみると、いろいろ違いがあるね。例えば『枕草子』の登場人物は〔 ① 〕と〔 ② 〕、それに女房たちと女性ばかりだけど、『十訓抄』には〔 ③ 〕が登場しているね。

生徒B：そして、その〔 ③ 〕がその場にいる人々に対して、「香炉峰のありさま、いかならむ。」と問いかけているけど、『枕草子』では、〔 ① 〕が〔 ② 〕だけに問いかけているね。

生徒C：どちらも称賛されているけれど、『枕草子』では中宮が笑った描写があるのが印象的だったな。自分の思うような対応を清少納言がしたから、満足気だね。

生徒A：『十訓抄』では「世の末まで優なる例」として伝えられたことや、清少納言の人物像も補足されているね。

生徒B：それぞれの違いをふまえて、作品ごとの清少納言の描かれ方をまとめると、『枕草子』では〔 ④ 〕女房として、『十訓抄』では〔 ⑤ 〕女房として描かれていると言えそうだね。

(1) 空欄①〜③に入る人物名をそれぞれ書きなさい。

① 〔　　〕　② 〔　　〕　③ 〔　　〕

(2) 空欄④・⑤に入る言葉を、それぞれ二十字以内で答えなさい。

④

⑤

学習目標　夕顔の死にまつわる物の怪の怪異的な雰囲気の描写や、それに対峙する登場人物たちの心情を捉える。

源氏物語（夕顔の死）

教科書p.140～p.143

検印

展開の把握　思考力・判断力・表現力

○次の空欄に適語を入れて、内容を整理しなさい。　▼学習一

第一段落（事件の発生）（p.140 ℓ.6 ～ p.141 ℓ.9）	第二段落（事件の展開）（p.141 ℓ.10 ～ p.142 ℓ.3）	第三段落（事件の結末）（p.142 ℓ.4 ～ p.143 ℓ.3）
物の怪、夕顔にとりつく	源氏、預かりの子に紙燭を命じる	夢の女が現れ、夕顔の息絶える
夜半、（ア　　　）もとに美しい女が座って、（イ　　　）を言って、源氏のそばの（ウ　　　）を起こそうとしていた。源氏がはっと目を覚ますと、部屋の（エ　　　）は消え、右近もおびえていて、夕顔は（オ　　　）を失っている。西の（カ　　　）から外に出て見ると、（キ　　　）の灯も消えていた。	目を覚ました院の預かりの子に、（ク　　　）をつけて来ること、（ケ　　　）に弦打ちして（コ　　　）を出させることを命じる。源氏の乳母子の惟光は伺候していなかった。預かりの子は（サ　　　）の武士であったので、（シ　　　）を鳴らし、「火の（ス　　　）。」と言いながら、自室のほうへ帰って行った。	部屋に戻り、手（セ　　　）して見ると、夕顔は先ほどのまま臥して息もしておらず、（ソ　　　）もない様子である。やっと（タ　　　）を持って来たので、取り寄せて見ると、夕顔の枕もとに、（チ　　　）に見た女が（ツ　　　）として現れ、ふっと消えた。源氏は夕顔を起こすが、（テ　　　）なるばかりで、息絶えていた。

語句・文法　知識・技能

1 次の語の意味を調べなさい。

- p.140 ℓ.8　①時めかす（　　　）
- ②めざまし（　　　）
- ℓ.9　③おどろく（　　　）
- ℓ.10　④うたて（　　　）
- p.141 ℓ.3　⑤疎まし（　　　）
- ℓ.5　⑥わりなし（　　　）
- ℓ.16　⑦つきづきし（　　　）
- p.142 ℓ.5　⑧ものぐるほし（　　　）
- p.143 ℓ.1　⑨むくつけし（　　　）

2 次の太字の助動詞「る」「れ」は、あとのア～オのいずれにあたるか。それぞれ選びなさい。

- p.140 ℓ.6　①少し寝入り給へ**る**に、（　　　）
- p.142 ℓ.7　②さやうのものには脅さ**れ**じ。（　　　）
- ℓ.11　③物に気取ら**れ**ぬるなめり（　　　）
- p.143 ℓ.2　④身の上も知ら**れ**給はず、（　　　）

ア　受身　イ　尊敬　ウ　可能　エ　自発　オ　完了

3 「夢に見えつるかたち」（一四二・15）を、例にならって文法的に説明しなさい。　p.142 ℓ.15

例　ふと（副詞）・消え失せ（サ行下二段活用動詞「消え失す」の連用形）・て（助詞）

（　　　　　　　　　　）

内容の理解

思考力・判断力・表現力

1「おのがいとめでたしと見奉るをば尋ね思ほさで、かくことなることなき人を率ておはして、時めかし給ふこそ、いとめざましくつらけれ。」（四・7）について、次の問いに答えなさい。

(1)「尋ね思ほさで」の主語は誰か。適当なものを次から選びなさい。

ア　光源氏　イ　夕顔

ウ　右近　エ　物の怪　［　　］

(2)「時めかし給ふこそ、いとめざましく」とは、どのような意味か。適当なものを次から選びなさい。

ア　今ふうのことをなさっているのは、本当に興ざめで

イ　いい気になっていらっしゃるのは、非常に目障りで

ウ　連れ回して時節を楽しんでいらっしゃるのは、実に不愉快で

エ　ご寵愛なさるのは、とても心外で　［　　］

(3)話し手のそねみをこめた見下した言い方が、「めざましく」に表れているが、他にも見られる。会話中から十字以内で抜き出しなさい。

2「うたておぼさるれば、太刀を引き抜きてうち置き給ひて、」（四・10）とあるが、「太刀を引き抜き」は魔除けのまじないである。以下の文章にも、魔除けのまじないが二つ見られる。それぞれ三字で抜き出しなさい。

3「いかでかまからむ、暗うて。」（四・1）について、次の問いに答えなさい。

(1)「いかでかまからむ」とは、どのような意味か。適当なものを次から選びなさい。

ア　とてもここに来ることはできないでしょう

イ　とてもここを離れることはできません

ウ　どのようにして行けばよいのでしょうか

エ　なんとかして参上してほしいものだ　［　　］

(2)右近のおびえた心が、どのような表現となって表れているか。その特徴を一つ、十二字以内で簡潔に説明しなさい。

4「手をたたき給へば、」（四・2）とあるが、どのような理由から手を打ったと思われるか。理由として適当なものを次から選びなさい。

ア　右近がとても怖がっているので、手を打って勇気づけようとした。

イ　渡殿に休んでいる宿直の者を起こし、呼ぶために手を打った。

ウ　手を打つことで、暗闇の中の互いの位置を確かめようとした。

エ　右近の言葉があまりに幼く感じられ、思わず手を打って笑ってしまった。　［　　］

5「この女君いみじくわななき惑ひて、いかさまにせむと思へり。」（四・4）について、次の問いに答えなさい。

(1)「いかさまにせむと思へり。」とは、どのような様子を表したものか。適当なものを次から選びなさい。

ア　どのように答えたらよいのか、口もきけない様子。

イ　なんとかして助かりたいと思っている様子。

ウ　どうしたらよいかわからない様子。

エ　何かの間違いだと思っている様子。　［　　］

(2)「女君」は、どのような人物として描かれているか。適当なものを次

第一段落

から選びなさい。

ア　気が弱く優柔不断な人
イ　子供じみて臆病な人
ウ　狐を恐れて取り乱している人
エ　病弱のために来世を願っている人

〔　　〕

6「ここに、しばし、近く。」（一四一・8）とあるが、この表現上の特徴を、源氏の心理状態をふまえて、三十字以内で説明しなさい。

第二段落

7「この院の預かりの子、むつましく使ひ給ふ若き男、また上童ひとり、例の随身ばかりぞありける。召せば、御答へして起きたれば、」（一四一・10）について、次の問いに答えなさい。

(1)「御答へして起き」たのは、「院の預かりの子」であるが、A「上童」、B「例の随身」とは考えられない。その根拠となる箇所を、本文中からそれぞれ十八字以内で抜き出しなさい。（句読点は含まない）

A

B

(2)「御答へして起き」たのは、「院の預かりの子」であるが、そのように考えるのはなぜか。その根拠となる箇所を、本文中から十五字以内で抜き出しなさい。（句読点は含まない）

第二段落

(3)「むつましく使ひ給ふ若き男」は、「預かりの子」を説明する注のようなはさみこみと考えられるが、別の本には「預かりの子」の次に助詞がある。どのような助詞か。適当なものを次から選びなさい。

ア　の　　イ　は　　ウ　に　　エ　を

〔　　〕

8「御前にこそわりなくおぼさるらめ。」（一四三・8）とあるが「わりなく」思うとは、どのように思うのか。適当なものを次から選びなさい。

ア　ひどくこわいことだと思う
イ　しかたないことだと思う
ウ　気のきかないことだと思う
エ　気にくわないことだと思う

〔　　〕

第三段落

9「昔物語などにこそかかることは聞け」（一四三・16）とあるが、「かかること」とはどのようなことか。十五字以内で説明しなさい。

全体

10 本文は夕顔の死にまつわる怪異的な雰囲気が見事に描かれている。この場の不気味な雰囲気を盛り上げるのに効果的と思われる描写を、次から三つ選びなさい。 ▼学習二1

ア　物に襲はるる心地して、おどろき給へれば、灯も消えにけり。
イ　手をたたき給へば、山彦の答ふる声、いと疎まし。
ウ　西の妻戸に出でて、戸を押し開け給へれば、渡殿の灯も消えにけり。
エ　名対面は過ぎぬらむ。滝口の宿直奏し今こそ。
オ　例ならぬことにて、御前近くもえ参らぬつつましさに、長押にもえ上らず。
カ　まづ、この人いかになりぬるぞと思ほす心騒ぎに、身の上も知られ給はず、

〔　　〕〔　　〕〔　　〕

 同じような展開の話を扱った別の古文作品と読み比べ、共通点や相違点を捉える。

活動 「夕顔の死」と『江談抄』との読み比べ

教科書p.144〜p.145

検印

展開の把握

思考力・判断力・表現力

○次の空欄に適語を入れて、内容を整理しなさい。

第一段落（初め〜p.144 ℓ.2）	第二段落（p.144 ℓ.3〜終わり）	
事件前	融の亡霊事件	後日談
寛平法皇が〔ア　　〕と川原院にお出かけになり、山川の景色をご覧になる。〔イ　　〕になって月が明るかった。	御殿の〔ウ　　〕にいた人が、戸を開けて出てくる。法皇が問うと〔エ　　〕の亡霊だった。法皇が「退去せよ。」と言うと亡霊は法皇の腰に抱きつき、〔オ　　〕は死んだように顔色が悪くなった。法皇の行列を先導する者たちはみな中門の〔カ　　〕にいて、ただ〔キ　　〕だけが、近くにいた。この者を呼び、人々を呼んで、〔ク　　〕に御休所を乗せたが、御休所は顔色が悪く〔ケ　　〕ことができない。〔コ　　〕を呼んで、〔サ　　〕させたところ、かろうじて生き返った。	法皇は前世の行いによって日本国王となり、〔シ　　〕を去ったのちも、神祇が守護し申し上げて、融の亡霊を追い払った。戸の表面には武器の跡がある。これは、〔ス　　〕が融の亡霊を追い込んだ跡である。

語句・文法

知識・技能

1 次の語の読みを現代仮名遣いで書きなさい。

p.144
- ℓ.3 ①塗籠〔　　〕
- ℓ.4 ②汝〔　　〕
- ℓ.7 ③牛童〔　　〕
- ℓ.9 ④能ふ〔　　〕
- ℓ.10 ⑤加持す〔　　〕
- ℓ.11 ⑥雖も〔　　〕

2 次の語の意味を調べなさい。

p.144
- ℓ.3 ①渡御す〔　　〕
- ℓ.4 ②汝〔　　〕
- ℓ.7 ③頗る〔　　〕
- ℓ.9 ④能ふ〔　　〕
- ⑤還御す〔　　〕
- ℓ.12 ⑥面〔　　〕

3 次の太字の敬語の種類と誰から誰への敬語かを、あとのア〜ケから、それぞれ選びなさい。（同じ記号を何度選んでもよい）

p.144
- ℓ.3 ①法皇問はしめ**給ふ**。〔　・　→　〕
- ℓ.4 ②融にて**候ふ**。〔　・　→　〕
- ③御休所を**賜はら**む〔　・　→　〕
- ℓ.9 ④浄蔵大法師を**召し**て、〔　・　→　〕
- ℓ.11 ⑤神祇守護し**奉り**、〔　・　→　〕

ア 尊敬語　イ 謙譲語　ウ 丁寧語
エ 作者（語り手）　オ 神祇
カ 融　キ 御休所
ク 浄蔵大法師　ケ 寛平法皇

内容の理解

思考力・判断力・表現力

●「夕顔の死」と同じような展開である『江談抄』を読んで、次の問いに答えなさい。

第一段落

1 この文章はどこで起きた事件を記したものか。本文中から三字で抜き出しなさい。

第二段落

2 「殿中の塗籠に人有り、」(一四四・3)とあるが、この「人」は誰のことか。次から選びなさい。

ア 寛平法皇　イ 京極御休所

ウ 融　エ 浄蔵大法師　〔　　〕

3 「何ぞ猥りに此の言を出だすや。」(一四四・5)とあるが、「此の言」とはどのようなことか。本文中から一文で抜き出しなさい。

〔　　〕

4 「霊物恐れながら法皇の御腰を抱く。」(一四四・6)とあるが、そのとき御休所はどうなっていたか。次から選びなさい。

ア 死にそうになって顔色が悪くなった。

イ 顔色が悪くなって、立つこともできなかった。

ウ 死にそうになったがすぐに回復した。

エ 一度息をひきとったが、顔色が悪いまま生き返った。〔　　〕

全体

5 新傾向 次の文は、「夕顔の死」と『江談抄』の結末について、ある生徒の感想である。この文章の空欄①〜③に入る言葉を、①・②は八字以内で答え、③は『江談抄』から二字で抜き出しなさい。 ▼活動二

「夕顔の死」では、「息はとく絶え果てにけり。」とあるように、夕顔が〔①〕が、『江談抄』では「纔かに以つて蘇生す」とあるように、〔②〕。だからこそ、『江談抄』が伝える河原院の話を知っていた『源氏物語』の読者は、夕顔の〔③〕を信じて疑わず、それが、果たされないので衝撃を受けたのではないかと思う。

①
②
③

全体

6 新傾向 次の発言は「夕顔の死」と『江談抄』の二つの文章の共通点や相違点に関する生徒の発言である。本文の内容に合った発言をしている生徒の記号を書きなさい。 ▼活動一

生徒A：「夕顔の死」と『江談抄』には似たところが多くあると思います。例えば、物の怪に出会ったときに、主人公のかたわらにはお仕えする者がおらず、かろうじて一人と連絡が取れ、その者が、僧を呼びに行ったというところです。

生徒B：「夕顔の死」と『江談抄』では、男主人公が女を思う気持ちの深さが共通していると思います。「夕顔の死」では、立つことのできない女を自ら運んでいるし、『江談抄』では、物の怪に取りつかれた女に寄り添い、意識が戻るのを願っています。

生徒C：「夕顔の死」と『江談抄』では、物の怪が出た状況が酷似しています。『江談抄』では「月明らかなり。」とあり、「夕顔の死」も八月十六日(満月の翌日)の夜ということは、月が明るい夜でした。このとき男主人公は女と二人で過ごしていて、他の人は物の怪の気配を感じていないところもそっくりです。

生徒D：「夕顔の死」と『江談抄』の相違点は、物の怪の性別が違うところだと思います。「夕顔の死」では、光源氏を慕う女の物の怪、『江談抄』では、御休所を奪いに来た男の物の怪でした。

生徒〔　　〕

学習目標 長編物語である『源氏物語』の話の展開のしかたや、登場人物の心理描写を捉える。

源氏物語（葵の上の出産）

教科書 p.150～p.153

検印

展開の把握 思考力・判断力・表現力

○次の空欄に適語を入れて、内容を整理しなさい。

第一段落 物の怪とりつく （発端）（展開） （p.150 ℓ.6 ～ p.151 ℓ.8）	第二段落 物の怪正体を明かす （最高潮） （p.151 ℓ.9 ～ p.152 ℓ.8）	第三段落 物の怪退散 （結末） （p.153 ℓ.1 ～ p.153 ℓ.2）
物の怪につかれた葵の上	六条の御息所の生き霊出現	葵の上、男子出産
葵の上が〔ア　〕づき、数々の〔イ　〕が尽くされた。〔ウ　〕深い物の怪も、さすがに〔エ　〕されて苦しみ、源氏を呼ぶ。几帳近くに寄り、〔オ　〕を上げて見ると、白い〔カ　〕で、長い〔キ　〕を結んで横たわり、いつもと違う〔ク　〕で見つめて、〔ケ　〕がこぼれる葵の上の姿は、たまらなくいとおしい。	葵の上がひどく泣くので、〔コ　〕のことや源氏のことを考えて泣くのかと思って〔サ　〕ると、苦しいので祈禱を止めてほしいと言う。思い悩む人の〔シ　〕は浮かれ出るものだと言って歌をよむ〔ス　〕や風情は、葵の上と別人である。あの御息所の〔セ　〕だと気づき、誰かと問うと、まさしく御息所その人で、〔ソ　〕などと言っただけでは不十分なほどだ。	少し〔タ　〕が静かになったので、〔チ　〕を得られたのかと、母である大宮が〔ツ　〕を持参し、抱き起こされて、ほどなく男君が生まれた。

語句・文法 知識・技能

1 次の語の意味を調べなさい。

p.150 ℓ.8 ①やむごとなし〔　〕
ℓ.10 ②さればよ〔　〕
p.151 ℓ.4 ③こちたし〔　〕
ℓ.5 ④なまめく〔　〕
ℓ.15 ⑤あくがる〔　〕
ℓ.16 ⑥なつかしげなり〔　〕
p.152 ℓ.5 ⑦疎まし〔　〕
ℓ.8 ⑧かたはらいたし〔　〕

2 次の太字の「あ」「ざ」は音便形である。もとの形に改めなさい。また、助動詞「なれ」の意味をあとのア～エからそれぞれ選びなさい。

p.151 ℓ.11 ①あふ瀬**あ**なれば、〔　・　〕
ℓ.12 ②絶え**ざ**なれば、〔　・　〕

ア 断定　イ 存在
ウ 伝聞　エ 推定

3 次の太字の「なむ」は、あとのア～エのいずれにあたるか。それぞれ選びなさい。

p.151 ℓ.12 ①対面はあり**なむ**。〔　〕
ℓ.13 ②あひ見るほどあり**なむ**とおぼせ。〔　〕
ℓ.14 ③聞こえむとて**なむ**。〔　〕
ℓ.15 ④あくがるるものに**なむ**ありける。〔　〕

ア 強意の助動詞未然形＋推量の助動詞終止形
イ ナ変動詞未然形語尾＋推量の助動詞終止形
ウ 強意の係助詞
エ 他に対する願望の終助詞

内容の理解
思考力・判断力・表現力

第一段落

1 「例の……悩む。」（一五〇・8〜9）について、次の問いに答えなさい。

(1) 「例の執念き御物の怪一つ」とあるが、葵の上付きの侍女たちにはどのようなものと考えられていたか。適当なものを次から選びなさい。

ア 葵の上を呪い殺そうとする死霊にちがいない。
イ 源氏に恨みをもつ女性の生き霊にちがいない。
ウ 左大臣家を代々呪って来た怨霊にちがいない。
エ 一般的に出産にとりつく狐や草木の霊にちがいない。 〔　〕

(2) 「やむごとなき」とは、具体的にどのようなことを言い表したものか。適当なものを次から選びなさい。

ア 身分が高く、宮中への出入りが許されていること。
イ 多年の功労があって、年老いていること。
ウ 祈りの効験が特別によく表れること。
エ 最近中国から渡来して若く元気であること。 〔　〕

第二段落

2 「いかなりとも……おぼせ。」（一五一・11〜13）について、次の問いに答えなさい。

(1) 「いかなりとも……ありなむ。」とあるが、源氏がそのように言って慰めたのは、葵の上がどのように思っていると考えたからか。該当する箇所を、本文中から十二字以内で抜き出しなさい。

(2) 「大臣、宮なども、深き契りある仲は」とあるが、どのような仲か。四字で答えなさい。

(3) 葵の上に対する源氏の慰めの強さが、どのような表現となって表れているか。本文中から四字で抜き出しなさい。

第二段落

3 「嘆きわび空に乱るるわが魂」（一五二・1）とあるが、当時はもの思いをすると魂はどうなると信じられて来たか。十字以内で簡潔に説明しなさい。

4 物の怪の正体を六条の御息所と知った源氏は、あまりのことの意外さに驚きあきれている。その源氏の心情を表す形容詞を、本文中から終止形で抜き出しなさい。 ▼学習二

〔　〕

全体

5 新傾向 この文章を読んだ生徒たちが、教科書一五二ページの上村松園の描いた絵を見ながら話し合いをしている。

生徒A：この絵は物の怪となった〔 ① 〕を描いたものだろうね。
生徒B：そうだろうね。この女性の悲しく、恨めしそうな表情は、〔 ② 〕をあきらめきれない未練の気持ちを表しているんじゃないかな。
生徒C：私は着物の絵柄の〔 Ⅰ 〕が気になるよ。ここからは〔 ② 〕をからめとろうとする〔 ① 〕の執拗な怨念を感じるよ。
生徒D：題名は「焔」なんだね。これは、〔 ② 〕の正妻である〔 ③ 〕に対する嫉妬の「ほのお」を表しているのだろうね。

(1) 空欄①〜③にあてはまる人物を、次からそれぞれ選びなさい。

ア 光源氏　イ 六条の御息所
ウ 葵の上　エ 若君（夕霧）

①〔　〕②〔　〕③〔　〕

(2) 生徒Cの空欄Ⅰには、絵の中の女性の着物に描かれているものがあてはまる。五字以内で書きなさい。

学習目標　『源氏物語』の話の展開のしかたや心理描写に目を向け、登場人物の人物像を捉える。

源氏物語（明石の姫君の入内）

教科書p.154～p.157

検印

展開の把握　思考力・判断力・表現力

○次の空欄に適語を入れて、内容を整理しなさい。

第一段落（p.154 ℓ.6～p.154 ℓ.11）	姫君の入内と紫の上	姫君の〔ア　〕の儀式は盛大に行われた。紫の上は姫君を手離しがたく、〔イ　〕の娘であったらと、〔ウ　〕や夕霧も思う。三日間姫君の〔エ　〕に付き添って、紫の上は退出した。
第二段落（p.154 ℓ.12～p.155 ℓ.6）	紫の上と明石の君の対面	入れ替わって、〔オ　〕が付き添うために参内した〔カ　〕、明石の君と紫の上とは初めて〔キ　〕して、互いに相手のすぐれた人柄に感動した。
第三段落（p.155 ℓ.7～p.155 ℓ.12）	姫君を見る明石の君の感慨	明石の君は、〔ク　〕した姫君を久々に見るにつけ、長らく耐えてきた〔ケ　〕があったと思い、また、父が念じた〔コ　〕の神の導きを〔サ　〕した。
第四段落（p.155 ℓ.13～p.156 ℓ.6）	明石の君の教育ぶり	明石の君の人柄が〔シ　〕であるから、姫君の〔ス　〕もよく、〔セ　〕も姫君を格別に思う。〔ソ　〕に対する女房たちの心がけや〔タ　〕までもよく教育していた。
第五段落（p.156 ℓ.7～p.156 ℓ.9）	紫の上に対する明石の君	時折参上する紫の上と明石の君は、〔チ　〕的にうちとけ、明石の君は〔ツ　〕過ぎたところもなく、〔テ　〕のうちどころもない物腰の人であり、〔ト　〕を備えた女性である。
第六・七段落（p.156 ℓ.10～p.157 ℓ.3）	四十の賀を迎える源氏の心境	姫君の〔ナ　〕、夕霧の〔ニ　〕という懸案もかたづき、源氏の心は〔ヌ　〕に傾く。〔ネ　〕をはじめとして、まわりの女性たちの将来も〔ノ　〕ないという心境である。明年、源氏は〔ハ　〕の賀を迎える。

語句・文法　知識・技能

1 次の語の意味を調べなさい。

①うとうとし（p.154 ℓ.13）〔　　〕
②めざまし（p.155 ℓ.1）〔　　〕
③かたみに（ℓ.2）〔　　〕
④そこら〔　　〕
⑤おろかなり（p.156 ℓ.4）〔　　〕
⑥用意（ℓ.6）〔　　〕
⑦めやすし（ℓ.12）〔　　〕

2 「これもうちとけぬる初めなめり。」（一五四・14）に用いられている助動詞を、終止形で抜き出しなさい。（p.154 ℓ.14）

〔　　〕

3 次の太字の助動詞の意味は、あとのア～オのいずれにあたるか。それぞれ選びなさい。

①年月のほども知ら**れ**侍れば、（p.154 ℓ.13）〔　　〕
②いとことわりと思ひ知ら**るる**に、（p.155 ℓ.3）〔　　〕
③御輦車など許さ**れ**給ひて、（ℓ.5）〔　　〕
④おろかならず思ひ知ら**る**。（ℓ.11）〔　　〕
⑤いどみ給へ**る**御方々の人などは、（p.156 ℓ.1）〔　　〕
⑥それに消た**る**べくもあらず。（ℓ.2）〔　　〕
⑦もてなし聞こえ給へ**れ**ば、（ℓ.4）〔　　〕
⑧いみじくととのへなし給へ**り**。（ℓ.6）〔　　〕
⑨世に知ら**れ**たる親ざまには、（ℓ.15）〔　　〕

ア　受身　イ　尊敬　ウ　自発　エ　可能　オ　存続

内容の理解

思考力・判断力・表現力

第一段落

1 「御参りの儀式、」（一五四・6）について、次の問いに答えなさい。

(1) 明石の姫君の入内の儀式を執り行うことについて、源氏はどのように心がけていたか。三十字以内で説明しなさい。

(2) その儀式は、実際にはどのようなものとなったか。次から選びなさい。

ア 源氏の威勢をもってすることであるから、おのずと常凡を超えたものとなった。

イ 世間の人々がこれまでに見たことがないほどの、風変わりなものとなった。

ウ 世間の人々が好感をもって見ることができる、一般的常識の範囲のものとなった。

エ 明石の君がこれまで見たことがないような、紫の上の気配りの行き届いた優雅なものとなった。

〔　〕

2 「限りもなくかしづき据ゑ奉り給ひて、上は、まことにあはれにうつくしと思ひ聞こえ給ふ」（一五四・7）について、次の問いに答えなさい。

(1) 「奉り給ひ」「聞こえ給ふ」とあるが、「奉り」「聞こえ」は誰に対する敬語か。次から選びなさい。

ア 源氏　イ 紫の上

ウ 明石の姫君　エ 明石の君

〔　〕

(2) 「あはれにうつくし」とは、どのような心情を表したものか。その心情を十五字以内で説明しなさい。

第一段落

3 「ただこのこと一つをなむ、飽かぬことかなとおぼしける。」（一五四・9）について、次の問いに答えなさい。

(1) 「このこと」とあるが、どのようなことか。十五字以内で説明しなさい。

(2) 「飽かぬことかな」とあるが、「飽かぬ」とはどのような心情を表したものか。その心情を漢字二字で答えなさい。

4 「年月のほども知られ侍れば、うとうとしき隔ては残るまじくや。」（一五四・13）について、次の問いに答えなさい。

(1) 「うとうとしき」と反対の意味を表す語がある。本文中から抜き出し、終止形で答えなさい。

〔　〕

(2) 紫の上が明石の君に対して、「うとうとしき隔ては残るまじくや。」と言っているが、それはなぜか。その理由を十五字以内で説明しなさい。

第二段落

5 「ものなどうち言ひたる」（一五四・14）の一文について、次の問いに答えなさい。

(1) 「むべこそは」の次に省略された言葉がある。次から選びなさい。

ア あるらむ

イ ありけれ

ウ ありけむ

エ ありし

〔　〕

第二段落

(2) 紫の上は、明石の君を観察した結果、どのような思いで御覧になったか。次から選びなさい。 ▼学習一

ア　心外な思いで

イ　とても優雅な思いで

ウ　妬ましい思いで

エ　目を見張る思いで

〔　　〕

第三段落

6 「涙のみとどまらぬは、一つものとぞ見えざりける。」（一五五・8）について、次の問いに答えなさい。

(1) この表現は、『後撰集』の「うれしきも憂きも心は一つにて分かれぬものは涙なりけり」をふまえている。この歌の趣意を説明した次の文の空欄A～Cに入る適当な言葉を、それぞれ補いなさい。

〔　A　〕ときも〔　B　〕ときも同じ〔　C　〕がこぼれる。

A〔　　〕　B〔　　〕

C〔　　〕

(2) 「一つものとぞ見えざりける。」とは、どのような心情を表しているか。次から選びなさい。 ▼脚問1

ア　非常にうれしい。

イ　非常に悲しい。

ウ　非常に苦しい。

エ　非常に恨めしい。

〔　　〕

第四段落

7 「それに消たるべくもあらず。」（一五六・2）とあるが、何を、どんなことで消されるはずがないのか。最も適当なものを次から選びなさい。

ア　姫君と競い合っている方々の評判を、姫君のお付きの女房がその人たちの欠点を言うことで貶めることはできないということ。

イ　母君が姫君に付き添っていることを、まわりの女房が欠点として言い立てることで、姫君の評判が悪くなることはないということ。

ウ　姫君の評判を上げるために周りの女房が世話を焼くことを、母君が余計なことであるとして嫌がるはずがないということ。

エ　周囲の人々が取りざたしている姫君の評判を、自分は欠点だらけだとして姫君自身が否定することはないということ。

〔　　〕

第四段落

8 「御仲らひ」（一五六・7）とあるが、誰と誰の「御仲らひ」か。書きなさい。 ▼脚問2

〔　　〕と〔　　〕

第五段落

9 「今は本意も遂げなむとおぼしなる。」（一五六・13）とあるが、源氏が出家しようと考えるようになった理由が二つ述べられている。その初めの理由を二十字以内で説明しなさい。 ▼学習三

第六・七段落

全体

10 紫の上と明石の君の人物像について、次の問いに答えなさい。

(1) 紫の上は、破格の待遇を受けている人として描かれている。それが端的に表れている箇所を、本文中から十二字以内で抜き出しなさい。（句読点は含まない）

(2) 明石の君は、どのような人として描かれているか。第四、第五段落において繰り返し用いられている形容詞一語を抜き出し、終止形で答えなさい。

〔　　〕

学習目標　長編物語である『源氏物語』の話の展開のしかたや、登場人物の心理描写を捉える。

源氏物語（女三の宮の降嫁）

教科書 p.158～p.161

検印

展開の把握

思考力・判断力・表現力

○次の空欄に適語を入れて、内容を整理しなさい。

第一段落 (p.158 ℓ.6～p.159 ℓ.11)	源氏の後悔と紫の上の苦悩	女三の宮降嫁三日目の夜、浮気っぽく〔ア　　〕な自分の失態が原因だと反省し、〔イ　　〕する源氏は、〔ウ　　〕だけはと許しを乞い、機嫌を取ろうとするが、紫の上は〔エ　　〕ない。歌を唱和し、なおもためらう源氏を、〔オ　　〕のもとへせきたてた。
第二段落 (p.159 ℓ.12～p.160 ℓ.6)	平静を装うが、眠れない紫の上	紫の上は、〔カ　　〕していた今の時期になって、〔キ　　〕の悪いことが出て来て、この先を不安に思う。女房たちは、女三の宮の〔ク　　〕に押されたままではすむまいなどと話し、〔ケ　　〕合っているが、紫の上は〔コ　　〕を装って優雅に話などして〔サ　　〕まで起きている。
第三段落 (p.160 ℓ.7～p.161 ℓ.4)	女房と六条院の女方、紫の上に同情	女房たちの〔シ　　〕ならぬ憶測を気遣って、紫の上は、この輿入《こしい》れは〔ス　　〕の心にかなうものだなどと言うので、あまりの〔セ　　〕だと、昔は源氏に仕えた〔ソ　　〕や中将の君も味方する。他の妻妾方も見舞うが、〔タ　　〕はあてにならず、〔チ　　〕でもしかたないと紫の上は思う。

語句・文法

知識・技能

1 次の語の意味を調べなさい。

①らうたげなり（p.158 ℓ.8）〔　　〕
②あだあだし（ℓ.9）〔　　〕
③かたはらいたし（p.159 ℓ.9）〔　　〕
④なのめなり（ℓ.14）〔　　〕
⑤今めかし（p.160 ℓ.8）〔　　〕
⑥なかなか（p.161 ℓ.2）〔　　〕

2 次の太字の「なり」「なる」は、あとのア～エのいずれにあたるか。それぞれ選びなさい。

①おぼしかけず**なり**ぬめりしを。（p.158 ℓ.11）〔　　〕
②え定め給ふまじか**なる**を、（p.159 ℓ.1）〔　　〕
③かばかり**なる**ありさまに、（p.160 ℓ.2）〔　　〕
④あまり**なる**御思ひやりかな。（ℓ.15）〔　　〕

ア　四段活用動詞
イ　形容動詞ナリ活用活用語尾
ウ　断定の助動詞
エ　推定の助動詞

3 次の太字の「な」は、あとのア～オのいずれにあたるか。それぞれ選びなさい。

①ことわりと許し給ひてむ**な**。（p.158 ℓ.12）〔　　〕
②ことども出で来**な**むかし。（p.160 ℓ.4）〔　　〕
③心苦しき御事**な**めれば、（ℓ.13）〔　　〕
④いかで心置かれ奉らじと**な**む思ふ。〔　　〕

ア　断定の助動詞連体形「なる」の撥音便
イ　強意の助動詞未然形
ウ　詠嘆の終助詞
エ　禁止の終助詞
オ　係助詞の一部

内容の理解

思考力・判断力・表現力

第一段落

1「御衣どもなど、いよいよ薫きしめさせ給ふものから、うちながめてものし給ふけしき、」（一五八・7）について、次の問いに答えなさい。

(1)「御衣どもなど、いよいよ薫きしめさせ給ふ」とあるが、この紫の上の行為にはどのような心の様子がうかがわれるか。適当なものを次から選びなさい。

ア　つとめて何気ないふうを装っている様子
イ　源氏の薄情さに動揺するのを抑えきれない様子
ウ　愛情をこめて手落ちがないよう心を配っている様子
エ　ぐずぐずしている源氏を苦々しく思っている様子

〔　　〕

(2)「うちながめてものし給ふ」とは、どのような意味か。二十字以内で答えなさい。（句読点は含まない）

2「あだあだしく、心弱くなりおきにけるわが怠りに、かかることも出で来るぞかし。」（一五八・9）について、次の問いに答えなさい。　▼学習一

(1)「あだあだしく」は源氏の深く思慕する藤壺の血縁である女三の宮に対する関心を言い表したものであるが、「心弱くなりおきにける」とはどのようなことを言い表したものか。二十字以内で説明しなさい。

(2)「わが怠り」とあるが、「怠り」とはどのような意味か。漢字二字で答えなさい。

第一段落

(3)「かかることも出で来るぞかし。」には、源氏のどのような心情が表れているか。適当なものを次から選びなさい。

ア　満足　　イ　苛立《いらだ》ち
ウ　不満　　エ　後悔

〔　　〕

3「少しほほゑみて、」（一五九・1）とあるが、紫の上のどのような笑いか。適当なものを次から選びなさい。　▼学習二-1

ア　いつもと変わらぬ気品のある笑い
イ　源氏の悩みを受けとめるやさしい笑い
ウ　悲しみをおし隠した作り笑い
エ　源氏の反省によって救われた笑い

〔　　〕

4「目に近く」（一五九・5）、「命こそ」（一五九・8）の二つの歌について、次の問いに答えなさい。

(1)「目に近く」の歌において、紫の上はどのようなことをよんだのか。十五字以内で答えなさい。

(2)「定めなき世の常ならぬ中の契りを」とあるが、源氏はどのようなことをよんだのか。適当なものを次から選びなさい。

ア　私たちの夫婦仲は固い絆《きずな》で結ばれているということ。
イ　壊れた二人の仲をいま一度もとに戻したいということ。
ウ　現世だけではなく来世も夫婦でありたいということ。
エ　人の命も夫婦の仲もはかないものだとわかったこと。

〔　　〕

5「いとかたはらいたきわざかな。」（一五九・9）とあるが、紫の上のどのような気持ちを表したものか。三十字以内で説明しなさい。　▼脚問2

第二段落

6「つゆも見知らぬやうに、いとけはひをかしく物語などし給ひつつ、」（一六〇・5）とあるが、紫の上のどのような心情を表していると考えられるか。適当なものを次から選びなさい。　▼学習二2

ア　女房たちが自分たちの身の上に不安を感じているのを、無視する気持ち。

イ　女房たちが自分のことをうわさしているのを知りながら、平静を装う気持ち。

ウ　女房たちが源氏の新たな正妻に好奇心を抱いているのを、たしなめる気持ち。

エ　女房たちが新たな主人女三の宮に心を移しかけているのを、黙って見守る気持ち。

〔　　〕

第三段落

7「なほ童心の失せぬにやあらむ、我もむつび聞こえてあらまほしきを、あいなく、隔てあるさまに人々やとりなさむとすらむ。」（一六〇・10）とあるが、紫の上のどのような気持ちから生じた発言と考えられるか。適当なものを次から選びなさい。

ア　紫の上が女三の宮と険悪になるのを避けようとして、周囲の挑発を抑える気持ち。

イ　紫の上が女三の宮と親しくしたい気持ちを強調して、周囲の憶測を打ち消そうとする気持ち。

ウ　紫の上が女三の宮を暖かく迎え入れようとしているのに、水をさす周囲の思惑をおろかしく思う気持ち。

エ　子供のいない紫の上が、親代わりとして女三の宮をかわいがろうとする気持ち。

〔　　〕

8「昔は、ただならぬさまに使ひならし給ひし人ども」（一六〇・15）について、次の問いに答えなさい。

(1)これは、中務や中将の君などの女性たちが、特殊な立場であったことを意味している。この女性たちを「使ひならし」ていたのは誰か。適当なものを次から選びなさい。

ア　女三の宮　イ　源氏　ウ　帝　エ　紫の上　〔　　〕

(2)物語はこの場面で、なぜこのような人物たちを登場させていると考えられるか。十五字以内で説明しなさい。

9「いかにおぼすらむ。」（一六一・1）とは、どのような意味か。言葉を補って十五字以内で口語訳しなさい。

10「かく……苦しけれ。」（一六一・3）について、次の問いに答えなさい。

(1)「かく推し量る人」とは、誰のことか。本文中から抜き出しなさい。

(2)「なかなか苦しけれ。」とあるが、なぜ「苦しけれ」なのか。その理由として適当なものを次から選びなさい。

ア　他の妻妾たちの同情は、自分に対する嫉妬の裏返しだから。

イ　同情にかこつけて、源氏の愛情をも奪いかねないから。

ウ　同情を寄せてくれる人のほうがつらい思いをしているから。

エ　同情を寄せてくれる人の評言がうわさとなり、世間のもの笑いとなりかねないから。

〔　　〕

全体

11本文で描かれている紫の上像を一言で表現するとすれば、どのようになるか、適当なものを次から選びなさい。

ア　おおらか　イ　あでやか　ウ　けなげ　エ　勝ち気　〔　　〕

学習目標　長編物語である『源氏物語』の話の展開のしかたや、登場人物の心理描写を捉える。

源氏物語（紫の上の死）

教科書p.162～p.165

検印

展開の把握

思考力・判断力・表現力

○次の空欄に適語を入れて、内容を整理しなさい。

第一段落（発端）（p.162 ℓ.8～p.162 ℓ.10）	秋を迎えた紫の上	秋になり、少し〔ア　　〕なったが、紫の上の病状は一進一退で、涙がちで過ごしている。
第二段落（展開①）（p.162 ℓ.11～p.162 ℓ.15）	明石の中宮帰参の挨拶	中宮が宮中帰参の挨拶に〔イ　　〕の部屋を訪れた。せっかくの〔ウ　　〕なので、紫の上は格別に〔エ　　〕を設けた。
第三段落（展開②）（p.163 ℓ.1～p.163 ℓ.5）	紫の上の昔と今の美しさ	紫の上は痩せ細ってはいるけれど、これまでのあまりにも鮮やかで華やかだった女盛りは、花の〔オ　　〕にたとえられただけに、今のほうが優雅である。この世を全く〔カ　　〕ものと思っている様子は、わけもなく悲しく思われる。
第四段落（最高潮）（p.163 ℓ.6～p.164 ℓ.5）	紫の上の歌に源氏と中宮が唱和	風が〔キ　　〕とした夕暮れに、紫の上が庭を眺めて〔ク　　〕に寄りかかっているところに、〔ケ　　〕が姿を見せた。小康状態を喜ぶ源氏に、萩の〔コ　　〕に託して命のはかなさを歌によむ。源氏と〔サ　　〕もそれに唱和し、このまま〔シ　　〕を生きるすべがあればと思いなさる。
第五段落（結末）（p.164 ℓ.6～p.165 ℓ.2）	紫の上の臨終	まもなく紫の上の〔ス　　〕が急変し、中宮がお手を取ると〔セ　　〕のご様子である。加持祈禱もむなしく、明け方に息を引き取られた。

語句・文法

知識・技能

1 次の語の意味を調べなさい。

p.162 ℓ.9 ①かごとがまし〔　　〕

ℓ.14 ②かたはらいたし〔　　〕

p.163 ℓ.1 ③あてなり〔　　〕

④なまめかし〔　　〕

ℓ.2 ⑤にほひ〔　　〕

ℓ.3 ⑥なかなか〔　　〕

ℓ.5 ⑦すずろなり〔　　〕

p.164 ℓ.8 ⑧なめげなり〔　　〕

2 次の太字の敬語の種類及び誰から誰への敬意かを、あとのA～Fとア～オからそれぞれ選びなさい。

p.162 ℓ.11 ①中宮は**参り**給ひなむ〔　・　→　〕

②**聞こえ**まほしう〔　・　→　〕

ℓ.14 ③見**奉ら**ぬもかひなし〔　・　→　〕

p.163 ℓ.2 ④あざあざと**おはせ**し〔　・　→　〕

ℓ.7 ⑤起きゐ**給ふ**めるは。〔　・　→　〕

ℓ.10 ⑥いかに**おぼし**騒がむ〔　・　→　〕

p.164 ℓ.7 ⑦苦しくなり**侍り**ぬ。〔　・　→　〕

ℓ.11 ⑧いかに**おぼさ**るるにか。〔　・　→　〕

ℓ.12 ⑨御手をとらへ**奉り**て〔　・　→　〕

A　尊敬の動詞　B　尊敬の補助動詞

C　謙譲の動詞　D　謙譲の補助動詞

E　丁寧の動詞　F　丁寧の補助動詞

ア　源氏　イ　紫の上　ウ　明石の中宮

エ　帝　オ　作者

内容の理解

思考力・判断力・表現力

第二段落

1 「さかしきやうにもあり、」（一六二・12）とあるが、そう思われるのはなぜか。その理由を、二十五字以内で説明しなさい。

第三段落

2 新傾向 「こよなう痩せ細り給へれど、……よそへられ給ひしを、」（一六三・1〜3）における、紫の上の容貌の変化を次のようにまとめた。空欄①・②に入る言葉をあとの条件に従って書きなさい。 ▼学習一

【　①　】容貌であったが、【　②　】容貌である。

（条件）・①は「来し方は」、②は「現在は」という書き出しで書くこと。

・それぞれ二十五字以内で書くこと。

①

②

第四段落

3 「見給ふ」（一六三・6）とあるが、その視線の先にあるものは何か。本文中から十字以内で抜き出しなさい。

4 「こよなく御心も晴れ晴れしげなめりかし。」（一六三・8）とあるが、どのような意味か。口語訳として適当なものを次から選びなさい。

ア　ご気分もすっかり晴れたことでしょうね。

イ　ますますご気分も晴れ晴れなさることでしょうね。

ウ　このうえもなくご気分も晴れ晴れなさると見えますね。

エ　いよいよご気分も爽やかですね。

【　　】

第四段落

5 「かばかりのひまあるをも、」（一六三・8）とは、どのような意味か。適当なものを次から選びなさい。

ア　中宮というご身分でこのようにお見舞いの時間が取れたのを。

イ　短い時間にせよ、源氏が見舞いに来られたことを。

ウ　このように起きていられるほど、紫の上が元気になったことを。

エ　紫の上の気分が、ほんのこの程度によいだけでも。

【　　】

6 紫の上、源氏、中宮の歌の唱和に関して、次の問いに答えなさい。 ▼学習三

(1) 新傾向 紫の上の歌は、源氏にどのような気持ちを伝えようとしているか。次の条件に従って書きなさい。

（条件）・会話体で書くこと。

・文末を「……ように。」の形にすること。

・三十字以内で書くこと。

(2) 紫の上の歌に対して、源氏と中宮はどのように返しているか。適当なものを次から選びなさい。

ア　源氏は死ぬときは紫の上と一緒に死にたい、中宮は人の世ははかないものだ、と返している。

イ　源氏は紫の上が死んだら自分は何を頼りにすればいいのだろう、中宮は紫の上の命を奪うこの世が恨めしい、と返している。

ウ　源氏は紫の上とこの世に生き続けたい、中宮は紫の上が死んだら自分も生きてはいられない、と返している。

エ　源氏は紫の上に遅れることなく自分も死ぬだろう、中宮は紫の上が死ぬのは耐えられない、と返している。

【　　】

第四段落

(3) 三人の歌に共通してよまれている、①素材、②感慨は何か。三首の歌の中から適当な一語を抜き出して答えなさい。

①〔　　　〕　②〔　　　〕

(4)「よそへられたる」(一六三・12)とあるが、何が、何に「よそへられたる」のか。適当なものを次から選びなさい。 ▼脚問5

ア　ひとたび折れたらもとに戻らない枝が、紫の上の死に。
イ　起き上がることもない萩の枝が、紫の上の病状に。
ウ　萩の露を散らす風が、紫の上の寿命に。
エ　はかなく風に散る萩の露が、紫の上の命に。

〔　　　〕

7「聞こえ交はし給ふ御かたちどもあらまほしく、」(一六四・1)について、次の問いに答えなさい。

(1)「聞こえ交はし給ふ」とあるが、誰と誰とがよみ交わしなさるのか。適当なものを次から選びなさい。

ア　紫の上と源氏　　イ　源氏と中宮
ウ　紫の上と中宮　　エ　紫の上と源氏と中宮

〔　　　〕

(2)「御かたちどもあらまほしく」とは、どのような意味か。十五字以内で答えなさい。(句読点は含まない)

8「かくて千年を……かなはぬことなれば、」(一六四・3〜4)について、次の問いに答えなさい。

(1)「千年を過ぐすわざもがな」とは、どのような意味か。二十字以内で口語訳しなさい。(句読点は含まない)

第四段落

(2) 何が「心にかなはぬこと」だというのか。次から選びなさい。

ア　人の寿命　　イ　人の気持ち
ウ　人の余命　　エ　人の容姿

〔　　　〕

第五段落

9「今は渡らせ給ひね。」(一六四・6)について、次の問いに答えなさい。

(1) 誰が、誰に言ったのか。次から選びなさい。

ア　紫の上が源氏に　　イ　源氏が中宮に
ウ　紫の上が中宮に　　エ　中宮が源氏に

〔　　　〕

(2) なぜそう言ったのか。その理由を三十字以内で説明しなさい。

全体

10 この場面の内容と部分的に一致しないものがある。適当なものを次から選びなさい。

ア　紫の上は、消え入るようにお痩せになってはいるものの、気高く優雅な趣がいちだんと加わってかえって死を予感させ、縁起でもないと源氏はお見受けになっている。
イ　紫の上は、自分がこうして起きているのもしばらくの間で、風に揺れてしない、とどまるべくもない萩の上の露のありさまが、余命いくばくもない自分の命に思い合わせられると思うのである。
ウ　以前にもこのようにいったん息が絶えて、また蘇生なさったことがあるので、源氏は物の怪のせいかとお疑いになって、さまざまな手立てをお尽くしになったが、結局紫の上はお亡くなりになった。
エ　秋を迎えても思わしくない紫の上を里下りしていた明石の中宮や源氏が見舞い、歌をよみ交わすが、気分のすぐれない紫の上は源氏の手立てのかいもなく翌朝息をひきとってしまう。

〔　　　〕

学習目標　和歌に関する多様な考え方の一端に触れ、公任が考える和歌の評価基準を捉える。

俊頼髄脳（歌のよしあし）

教科書 p.168～p.169

検印

展開の把握

思考力・判断力・表現力

○次の空欄に適語を入れて、内容を整理しなさい。

第一段落		
（主題） （初め ～ p.168 ℓ.1）	（具体例①） （p.168 ℓ.1 ～p.168 ℓ.5）	（具体例②） （p.168 ℓ.5 ～終わり）
歌の評価	歌人の優劣	和泉式部の代表歌
歌の〔ア　　〕を判断するのは難しい。	定頼…「和泉式部と〔イ　　〕はどちらが勝るか?」 公任…「一言で優劣を決めることはできないが、〔ウ　　〕が立派な歌人だ。『ひまこそなけれ』の歌が〔エ　　〕である。」	定頼…「式部の歌では、〔す　　〕は『はるかに照らせ』を名歌としているが……。」 公任…「『〔カ　　〕』の歌がよい。」 理由をあげて評価した。

語句・文法

知識・技能

1 次の語の意味を調べなさい。

p.168 ℓ.1	①よしあし〔　　〕
ℓ.4	②やむごとなし〔　　〕
p.169 ℓ.1	③末〔　　〕
ℓ.2	④本〔　　〕
ℓ.3	⑤凡夫〔　　〕
ℓ.3	⑥いみじ〔　　〕

2 次の動詞の活用の種類を書き、活用形をあとのア～カから選びなさい。

p.168 ℓ.1	①知らむことは、	〔　　〕活用・〔　　〕
ℓ.2	②いづれかまされるぞ。	〔　　〕活用・〔　　〕
ℓ.6	③はるかに照らせ	〔　　〕活用・〔　　〕
ℓ.8	④世の人の申すめれ。	〔　　〕活用・〔　　〕
p.169 ℓ.2	⑤本にひかされて、	〔　　〕活用・〔　　〕
	⑥こやとも人を	〔　　〕活用・〔　　〕

ア　未然形　　イ　連用形　　ウ　終止形
エ　連体形　　オ　已然形　　カ　命令形

3 次の太字の「な」は、あとのア～ウのいずれにあたるか。それぞれ選びなさい。

p.168 ℓ.1	①ことのほかの大事なめり。	〔　　〕
ℓ.4	②いとやむごとなき歌よみなり。	〔　　〕

ア　ク活用形容詞の語幹の一部
イ　完了（強意・確述）の助動詞「ぬ」の未然形
ウ　断定の助動詞「なり」の連体形撥音便の撥音無表記

内容の理解

思考力・判断力・表現力

全体

1 「歌のよしあしを知らむことは、ことのほかの大事なめり。」（一六・1）とあるが、以下に具体例を挙げ、何を論じたものか。次から選びなさい。 ▼学習一

ア 歌人の優劣　イ 歌の解釈
ウ 歌の評価　エ 歌の表現

〔　　〕

2 「あやしげに思ひて、」（一六・5）とあるが、中納言がそのように思ったのはなぜか。次から選びなさい。

ア 四条大納言が式部の「ひまこそなけれ」という歌をあげたから。
イ 四条大納言が式部と赤染とでは比較が難しいと言ったから。
ウ 世人が式部の「はるかに照らせ」という歌を難解だと評したから。
エ 四条大納言が式部を赤染よりも高く評価したから。

〔　　〕

3 「それ」（一六・9）とあるが、この内容を三十字以内で書きなさい。

4 本文中に出てくる和泉式部の歌「ひまこそなけれ葦の八重ぶき」（一六・3）と「はるかに照らせ山の端の月」（一六・6）に、それぞれ上の句をつけると次のA・Bのようになる。 ▼学習二

A 津の国のこやとも人をいふべきにひまこそなけれ葦の八重ぶき
B 暗きより暗き道にぞ入りぬべきはるかに照らせ山の端の月

(1) Aの歌について、次の問いに答えなさい。

① 「こや」は、今の兵庫県伊丹市の歌枕「昆陽」であるが、他に「来や」と「小屋」とが掛けられている。歌の主意から考えるとどのような意味か。八字以内で答えなさい。（句読点を含む）

② 「ひまこそなけれ」とあるが、よい機会がないのはなぜか。その原因として適当なものを次から選びなさい。

ア 人目が多いから。
イ 忙しいから。
ウ 道のりが遠いから。
エ 愛情がさめたから。

〔　　〕

③ 「葦の八重ぶき」とあるが、この言葉の縁語を二つ、歌の中から抜き出しなさい。

〔　　〕〔　　〕

(2) Bの歌において「月」は、どのようなものとしてよまれているか。十字以内で簡潔に答えなさい。（句読点は含まない）

(3) A・Bの歌に共通する表現技法を次からすべて選びなさい。

ア 体言止め　イ 倒置法
ウ 本歌取り　エ 序詞

〔　　〕

全体

5 この文章からうかがわれる、公任の和歌の評価基準はどのようなものか。次から選びなさい。 ▼学習三

ア 豊かな人間性
イ 独創性の有無
ウ 敬虔《けいけん》な信仰心
エ 官能的な情感

〔　　〕

学習目標　和歌に関する多様な考え方の一端に触れ、俊恵が考える和歌の評価基準を捉える。

無名抄（深草の里）

教科書p.170～p.171

検印

展開の把握

思考力・判断力・表現力

○次の空欄に適語を入れて、内容を整理しなさい。　▼学習一

第一段落（初め～p.170 ℓ.10）	第二段落（p.170 ℓ.10～p.171 ℓ.3）	第三段落（p.171 ℓ.3～終わり）
俊成の代表作に関する俊恵の質疑	俊成自賛歌への俊恵の批判	俊恵の代表作
俊恵が俊成に〔ア　　　〕を尋ねたところ、俊成は「〔イ　　　〕」の歌を挙げた。俊恵は「〔ウ　　　〕」の歌のほうが〔エ　　　〕が高いがと尋ねると、俊成は、ほかではそのように決めているのでしょうが、「〔オ　　　〕」の歌が〔カ　　　〕にならないぐらいよいということであった。	しかし、俊恵はあの「〔キ　　　〕」の歌は、「〔ク　　　〕」という第三句が惜しまれると言う。これほどの秀歌は〔ケ　　　〕描写で心を伝えればよいのに、〔コ　　　〕なところを〔サ　　　〕的に露骨に〔シ　　　〕で表しているから、ひどく〔ス　　　〕の浅いものになってしまったのである。	俊恵は自分の歌の中では、「〔セ　　　〕」の歌がよいと思っているので、死後に〔ソ　　　〕がわからなくなったら、俊恵がこう〔タ　　　〕していたと伝えなさいと言った。

語句・文法

知識・技能

1 次の語句の意味を調べなさい。

①夕さる（p.170 ℓ.4）〔　　　　〕
②面影（ℓ.7）〔　　　　〕
③いさ（ℓ.8）〔　　　　〕
④そらなり（p.171 ℓ.1）〔　　　　〕
⑤心にくし（ℓ.2）〔　　　　〕
⑥詮〔　　　　〕
⑦おぼつかなし（ℓ.6）〔　　　　〕

2 次の太字の敬語の活用の種類・活用形・敬語の種類は、あとのア～サのいずれにあたるか。それぞれ選びなさい。

①思ひ**給ふる**。（p.170 ℓ.5）〔　　・　　・　　〕
②知り**給へ**ず。（ℓ.9）〔　　・　　・　　〕
③思う**給ふる**。（p.171 ℓ.6）〔　　・　　・　　〕
④語り**給へ**。（ℓ.7）〔　　・　　・　　〕

ア　四段活用　　イ　下二段活用
ウ　未然形　　エ　連用形　　オ　終止形
カ　連体形　　キ　已然形　　ク　命令形
ケ　尊敬語　　コ　謙譲語　　サ　丁寧語

3 次の太字の「なり」は、あとのア～エのいずれにあたるか。それぞれ選びなさい。

①うづら鳴く**なり**深草の里（p.170 ℓ.4）〔　　〕
②無念におぼゆる**なり**。〔　　〕
③これほどに**なり**ぬる歌は、（ℓ.11）〔　　〕

ア　動詞　　イ　形容動詞活用語尾
ウ　断定の助動詞　　エ　推定の助動詞

内容の理解

第一段落

1 「御詠の中には、いづれをかすぐれたりとおぼす。」（一七〇・1）について、次の問いに答えなさい。　思考力・判断力・表現力

(1)「夕されば」（一七〇・4）の歌から受ける感じは、どのようなものか。適当なものを次から選びなさい。

ア　崇高美　イ　静寂美
ウ　艶麗美　エ　平淡美　〔　　〕

(2)「面影に」（一七〇・7）の歌の題として適当なものを、次から選びなさい。

ア　遠尋山花（遠ク山花ヲ尋ヌ）
イ　行路尋花（路ヲ行キテ花ヲ尋ヌ）
ウ　望山待花（山ヲ望ンデ花ヲ待ツ）
エ　山花未落（山花未《いま》ダ落チズ）　〔　　〕

(3)前問(2)で「面影に」の歌の題として選んだ理由を、三十字以内で説明しなさい。

(4)俊恵が俊成に質問したとき、どのような答えを予期していたと考えられるか。簡潔に説明しなさい。

〔　　　　〕

第二段落

2 「腰の句」（一七〇・11）とあるが、どのような句か。適当なものを次から選びなさい。

ア　腰の浮いた感じの軽薄な句
イ　素直さの欠けた曲がった感じの句
ウ　重々しすぎる表現の句
エ　和歌の第三句　〔　　〕

第三段落

3 「かのたぐひ」（一七一・6）は、何をさすか。適当なものを次から選びなさい。　▼脚問1

ア　叙情的な歌の部類
イ　叙景的な歌の部類
ウ　代表的な歌の部類
エ　旅情的な歌の部類　〔　　〕

4 「かくこそ言ひしか。」（一七一・7）とあるが、俊恵が言ったことはどのようなことか。二十五字以内で説明しなさい。

全体

5 本文中の三首の歌について、本文中で示されているそれぞれの特色を考えて、該当する批評を次から選びなさい。

ア　優艶な幻想美の世界を示すため、主観を濃く表している。
イ　主観を示さず、優雅な幻想美の世界を描き出している。
ウ　主観を示さず、蕭条《しょうじょう》とした叙景の言外に深い情趣を見せている。
エ　情景・心情がともに細かく描写され、明快な情趣を表している。
オ　蕭条とした時間・空間の美の中に、主情を示す一句が挿入されている。

夕されば〔　　〕　面影に〔　　〕　み吉野の〔　　〕

6 新傾向　俊恵がよいと思っている歌とはどのようなものか。次の条件に従って書きなさい。　▼学習二

（条件）・「景色」「心情」という二語を使って書くこと。
・三十字以内で書くこと。

学習目標　定家が本歌取りについて具体的に考察した内容を読み取る。

毎月抄（本歌取り）

教科書p.172〜p.173

検印

展開の把握

思考力・判断力・表現力　▼学習一

○次の空欄に適語を入れて、内容を整理しなさい。

第一段落（初め〜p.172 ℓ.4）	第二段落（p.172 ℓ.5〜p.172 ℓ.9）	第三段落（p.172 ℓ.10〜終わり）
本歌取りの作法・一	本歌取りの作法・二	本歌取りの作法・三
本歌取りの方法として、（ア　）や（イ　）の歌をそのまま（ウ　）や（エ　）の歌としてよむのは、（オ　）でないとできない。春の歌を（カ　）や（キ　）の季によみかえ、恋の歌を（ク　）や（ケ　）の歌によみかえ、しかも（コ　）を取っているとわかるようによむのがよい。	本歌の言葉をあまり多く取りすぎてはいけない。本歌の取り方は、最も（サ　）と思われる語句を（シ　）ぐらい取るのであって、新しくよむ歌の（ス　）の句と（セ　）の句に分けてよむのがよい。	目新しく（ソ　）だと思われる語句もむやみに取るのはよくない。また、あまりに（タ　）すぎて、その歌を（チ　）としてよんだとも思われないようなのは、何の（ツ　）もないわけだから、以上述べたことを（テ　）て取らねばならない。

語句・文法

知識・技能

1 次の語の意味を調べなさい。

p.172
ℓ.1 ①やがて（　　）
ℓ.2 ②達者（　　）
ℓ.4 ③聞こゆ（　　）
ℓ.6 ④詮（　　）
ℓ.7 ⑤はたて（　　）

2 「先にも記し申し候ひし、」（一七三・1）を単語に分け、活用語について例にならって文法的に説明しなさい。

例 取り＝ラ行四段活用動詞「取る」の連用形。
給は＝ハ行四段活用補助動詞「給ふ」の未然形。
ざれ＝打消の助動詞「ず」の已然形。

p.172 ℓ.1
（　　　　　）

3 次の太字の敬語は、あとのア・イのいずれにあたるか。それぞれ選びなさい。

p.172 ℓ.1 ①本歌取り**侍る**やうは、（　）
ℓ.7 ②恋ふとて」と**侍る**歌を取らば、（　）
ℓ.10 ③よめるたぐひも**侍り**。（　）
p.173 ℓ.1 ④さのみ取るがわろく**侍る**なり。（　）
ℓ.2 ⑤何の詮か**侍る**べきなれば、（　）

ア　動詞
イ　補助動詞

内容の理解

第一段落

1 「その歌を取れると聞こゆるやうに、」（一七三・3）と、ほぼ反対の内容を表す箇所を本文中から抜き出し、初めと終わりの五字で答えなさい。（句読点は含まない）

思考力・判断力・表現力

［　　　　　］～［　　　　　］

第二・三段落

2 次のA・Bの歌は、本文中の「夕暮れは雲のはたてにものぞ思ふ天つ空なる人を恋ふとて」（『古今集』恋一　よみ人知らず）（一七三・7）を本歌としている。

A　都をば天つ空とも聞かざりき何ながむらん雲のはたてを
（『新古今集』羇旅　宜秋門院丹後《ぎしゅうもんいんのたんご》）

B　ながめわびそれとはなしにものぞ思ふ雲のはたての夕暮れの空
（『新古今集』恋二　源通光《みちてる》）

A・Bの本歌取りの歌について、次の問いに答えなさい。

(1) Aの歌は、本歌からどのような言葉を取り入れているか。次からすべて選びなさい。

ア　都　　イ　天つ空　　ウ　ながむ　　エ　雲のはたて

〔　　　〕

(2) Bの歌は、本文で述べている定家の本歌取りの作法に合っていない。それはどのような点か。三点にまとめて、それぞれ二十五字以内で簡潔に説明しなさい。

・

・

・

全体

3 次に述べた本歌取りの作法は、『毎月抄』と『近代秀歌』で定家が説いているものである。

(1) 定家が本文で説いているものを、次の作法の中から三つ選びなさい。

ア　最も重要と思われる語句を二つほど取って、よもうとする歌の上の句と下の句に分けてよむこと。

イ　本歌の語句を改めず、そのままそれを土台としてよむこと。

ウ　語句は古いのを用い、心は新しく、自分の才域を超えたすぐれた高い姿を心にかけること。

エ　あまりに弱く取りすぎて、その歌を本歌としてよんだと思われないようなのはよくない。

オ　二句、三句に本歌のままの語句を用い、下の句の語句を本歌と同じように続けるのは取りすぎで、新しい歌とは認めがたい。

カ　季を変えてよんだり、恋を雑や季などの歌に変えてよんだりして、本歌から取ったとわかるようによむこと。

キ　最近よまれた歌の場合、たとえ一句でも、その句は誰それがよんだものだとわかるような語句は、決してよまずに避けること。

ク　本歌の初句、二句の語句を取る場合、取ってよいものとよくないものとがある。

〔　　〕〔　　〕〔　　〕

(2) 本文で定家が説いている本歌取りの作法は、(1)で選んだ三つ以外にもある。それはどのような作法か。二十字以内で答えなさい。

学習目標 清少納言を二百年後に批評した文章を読んで、伝承された人物評を捉える。

無名草子（清少納言）

教科書p.174～p.175

検印

展開の把握

思考力・判断力・表現力

○次の空欄に適語を入れて、内容を整理しなさい。 ▼学習一

	主題	成り上がった人がそのままであった例は珍しい。
第一段落（初め～p.174 ℓ.6）	清少納言の事績	清少納言　皇后〔ア　　〕に仕え、高く評価された。→『〔イ　　〕』に述べている。
第二段落（p.174 ℓ.7～p.174 ℓ.10）	清少納言の歌才	清少納言＝歌人清原〔ウ　　〕の子。しかし〔エ　　〕は得意でなく、〔オ　　〕集の入集も少ない。
第三段落（p.174 ℓ.11～終わり）	著作態度と晩年	『枕草子』には定子の全盛については詳述しながら、中の関白家の〔カ　　〕には触れていない。清少納言　晩年は〔キ　　〕であった。

語句・文法

知識・技能

1 次の語の意味を調べなさい。

- p.174 ℓ.1 ①ありがたし〔　　〕
- ℓ.3 ②しる〔　　〕
- ℓ.4 ③時めく〔　　〕
- p.175 ℓ.4 ④かけても〔　　〕
- ⑤はかばかし〔　　〕
- ℓ.5 ⑥よすが〔　　〕
- ℓ.7 ⑦あやし〔　　〕

2 次の太字の敬語の品詞と敬語の種類は、あとのア～オのいずれにあたるか。それぞれ選びなさい。

- p.174 ℓ.4 ①**候ひ**給ひて、〔　・　〕
- ②**おぼしめされ**たりける〔　・　〕
- ℓ.5 ③書き表して**侍れ**ば、〔　・　〕
- ℓ.6 ④細かに**申す**に及ばず。〔　・　〕
- p.175 ℓ.3 ⑤関白殿失せ**給ひ**、〔　・　〕

ア　動詞　イ　補助動詞
ウ　尊敬語　エ　謙譲語　オ　丁寧語

3 次の太字の「ばかり」の違いを文法的に説明しなさい。

p.175 ℓ.2
①時めかせ給ひしこと**ばかり**を、
②身の毛も立つ**ばかり**書き出でて、

〔　　〕

内容の理解

思考力・判断力・表現力

第一段落

1 「あまりになりぬる人」（一七四・1）について、次の問いに答えなさい。

(1) 「あまりになりぬる人」を口語訳しなさい。 ▼脚問1

〔　　　　〕

(2) この文章で「あまりになりぬる人」とされているのは誰か。次から選びなさい。

ア　清少納言　イ　皇后定子
ウ　関白殿　エ　内大臣

〔　　〕

2 「さばかりなりけるほどよりは、」（一七四・7）を、十五字以内で口語訳しなさい。

第二段落

3 「みづからも思ひ知りて、申し請ひて、さやうのことには、まじり侍らざりけるにや。」（一七四・9）について、次の問いに答えなさい。

(1) 「思ひ知りて」とあるが、何を「思ひ知」っていたのか。十字以内で答えなさい。（句読点を含む）

(2) 「さやうのこと」とは、どのようなことか。十字以内で答えなさい。（句読点を含む）

第三段落

4 「田舎にまかりて住みけるに、」（一七五・6）とあるが、清少納言が地方に住んだことに対して、作者はなぜそうなったと考えているか。次から選びなさい。

ア　元輔の娘だと期待されるが、歌をよむことが得意ではなかったから。
イ　仕えていた皇后定子に自らお願いしたから。
ウ　関白が亡くなったり、内大臣が流されたりして後ろ盾がいなくなったから。
エ　頼ることのできる身よりがいなかったから。

〔　　〕

第三段落

5 この文章で述べられている清少納言の『枕草子』の執筆態度として、当てはまらないものを次から選びなさい。 ▼学習二1

ア　出来事をおもしろおかしく、すべて残らず書き残しておこうという気持ちで書いている。
イ　皇后定子が帝の寵愛を受け、最盛期であったころのことを鳥肌が立つほど記述している。
ウ　関白が亡くなったり、内大臣が流されたりした衰退の様子は一切書かない心配りをしている。
エ　田舎に下って、都を思い回想したことを、その時の気持ちとともに書いている。

〔　　〕

全体

6 この文章で作者が述べたかったことはどのようなことか。次から選びなさい。

ア　皇后定子に寵愛され、『枕草子』という美的世界を創造した清少納言の才能を賛美しながらも、晩年には零落したことから、長い人生を平穏に全うすることの難しさ。
イ　皇后定子との美しい主従関係を成立させ、宮廷生活を見事に描いた清少納言の才能を賛美しながらも、晩年には仏門に入り、過去の生活を回想することによってのみ生きていく王朝女性のあわれさ。
ウ　散文作家としての才能に恵まれた女性が、王朝文化の諸相を見事に描きながらも、和歌の方面で活躍しなかったために、やがて主人から見放されてしまうという宮仕えの難しさ。
エ　晩年に零落しても、若き日の皇后定子との華やかな生活を回想し、『枕草子』に描いた美的世界をいつまでも胸中に保持して生きる一途さゆえに、敵対する側から見放された悲しさ。

〔　　〕

学習目標 紫式部を二百年後に批評した文章を読んで、伝承された人物評を捉える。

無名草子（紫式部）

教科書p.176〜p.177

検印

展開の把握　思考力・判断力・表現力

○次の空欄に適語を入れて、内容を整理しなさい。

第一段落（初め〜p.176 ℓ.8）	第二段落（p.176 ℓ.8〜終わり）
『源氏物語』の成立時期	日記の引用による論証
『源氏物語』 ・〔ア　　〕の要請を受けて紫式部が書いたという説 ・〔イ　　〕前に書いたという説 いずれが〔ウ　　〕か。	紫式部日記には 出仕当初 他の女房…自分（紫式部）のことを、立派で〔エ　　〕にくい人と思っていた。 自分（紫式部）…〔オ　　〕していた。 ↓ 他の女房…意外に思った。

語句・文法　知識・技能

1 次の語の意味を調べなさい。

p.176
- ℓ.1 ①繰り言〔　　〕
- ②めでたし〔　　〕
- ℓ.2 ③つれづれ〔　　〕
- ℓ.3 ④召す〔　　〕
- ⑤めづらし〔　　〕
- ℓ.5 ⑥いみじ〔　　〕
- ℓ.8 ⑦まこと〔　　〕
- ℓ.9 ⑧はづかし〔　　〕
- ⑨心にくし〔　　〕
- ℓ.10 ⑩おのおの〔　　〕
- ℓ.11 ⑪かたほなり〔　　〕

2 次の太字の敬語の品詞と敬語の種類は、あとのア〜オのいずれにあたるか。それぞれ選びなさい。

p.176
- ℓ.1 ①めでたく**侍る**は、〔　・　〕
- ℓ.2 ②物語や**候ふ**。〔　・　〕
- ③尋ね**参らせ**給へりけるに、〔　・　〕
- ℓ.3 ④紫式部を**召し**て、〔　・　〕
- ℓ.4 ⑤何か**侍る**べき。〔　・　〕
- ⑥作りて**参らせ**給へかし。〔　・　〕
- ℓ.5 ⑦仰せられけるを、**承り**て、〔　・　〕
- ℓ.8 ⑧まことにて**侍ら**む。〔　・　〕
- ℓ.9 ⑨**参り**ける初めばかり、〔　・　〕

ア　動詞　　イ　補助動詞
ウ　尊敬語　　エ　謙譲語
オ　丁寧語

内容の理解

思考力・判断力・表現力

第一段落

1 「尽きもせずうらやましく、めでたく侍る」(一八六・1)とされている事柄は、何か。次から選びなさい。

ア　紫式部が美貌にすぐれ、学識があると上東門院に寵愛されたこと。
イ　紫式部が大斎院に華やかにお仕え申し上げたこと。
ウ　紫式部という名がつけられたこと。
エ　『源氏物語』を創作したこと。

〔　　〕

2 「『作れ。』と仰せられけるを、承りて、」(一八六・5)とあるが、①「仰せられける」、②「承りて」の動作主は誰か。それぞれ主語を答えなさい。

①〔　　〕　②〔　　〕

3 「いづれかまことにて侍らむ。」(一八六・8)とあるが、何と何を比較して尋ねているのか。「いづれか」にあたる二つのことを、それぞれ二十五字以内で答えなさい。(句読点を含む) ▼学習一

・

・

第二段落

4 「添い苦しうもあらむずらむ」(一八六・10)の意味として、適当なものを次から選びなさい。

ア　一緒にいるのが気づまりであろう
イ　つきあいにくいということはないであろう
ウ　つきあうのが苦しくなかったらよかったのに
エ　一緒にいるようにしたい

〔　　〕

第二段落

5 「おのおの思へりける」(一八六・10)とあるが、「おのおの」とはどのような人々をさすか。次から選びなさい。

ア　大斎院や上東門院
イ　同僚たち
ウ　実家の侍女たち
エ　家族たち

〔　　〕

6 「ほけづき、かたほにて、一文字をだに引かぬさまなりければ、」(一八六・11)について、次の問いに答えなさい。

(1) 新傾向 「一文字をだに引かぬさま」は、教科書八十六ページの「紫式部日記(日本紀の御局)」のある部分と対応している。その部分を「紫式部日記(日本紀の御局)」の本文中から、二十字以内で抜き出しなさい。(句読点は含まない) ▼学習二

(2) 「一文字をだに引かぬさま」とは、紫式部が自分をどのような者に見せかけようとした様子を表しているか。十五字以内で答えなさい。(句読点を含む)

全体

7 本文中に日記を引用した目的は何か。次から選びなさい。

ア　紫式部がお仕えした人が誰であるかを顕示するため。
イ　紫式部の人柄を明示するため。
ウ　『源氏物語』の成立を論証するため。
エ　紫式部の宮中での様子を推測するため。

〔　　〕

学習目標 歴史物語に記載されたエピソードを読んで、歴史に残された人々の姿を捉える。

大鏡（三舟の才）

教科書p.180～p.181

検印

展開の把握　思考力・判断力・表現力

○次の空欄に適語を入れて、内容を整理しなさい。▼学習一

第一段落（出来事）（発端）（初め～p.180 ℓ.4）	第一段落（出来事）（展開）（p.180 ℓ.4～p.181 ℓ.1）	第一段落（出来事）（結末）（p.181 ℓ.1～p.181 ℓ.7）	第二段落（感想）（添加）（p.181 ℓ.7～終わり）
道長の舟遊び	公任の詠歌	公任の述懐	語り手の称賛
ある年、道長が、大井川で〔ア　〕を催したとき、漢詩の舟・〔イ　〕の舟・和歌の舟の三つに分け、それぞれ〔ウ　〕の道にすぐれた人を乗せた。	公任が参上したのを見て、道長はどの舟に乗るのかと問うた。公任は〔エ　〕の舟に乗り、「小倉山」の歌をよんで、人々から〔オ　〕された。	公任はあとで、〔カ　〕の舟に乗って、これほどの漢詩を作り、〔キ　〕を博するほうがよかったと〔ク　〕がり、それにしても道長に〔ケ　〕が評価されたことは、〔コ　〕にならずにはいられなかったと述懐した。	一道に秀でることさえ〔サ　〕のに、公任のようにどの〔シ　〕にも卓越していた人は、昔にも〔ス　〕のないことである。

語句・文法　知識・技能

1 次の語の意味を調べなさい。

p.180
- ℓ.1 ①ひとよせ〔　〕
- ②逍遥す〔　〕
- ℓ.2 ③作文〔　〕
- ℓ.3 ④たふ〔　〕
- ℓ.9 ⑤嵐〔　〕
- ℓ.11 ⑥あそばす〔　〕

2 次の太字の語は、あとのア～カのいずれにあたるか。それぞれ選びなさい。

p.180
- ℓ.6 ①いづれの舟にか乗ら**る**べき。〔　〕
- ②いづれの舟にか乗らる**べき**。〔　〕
- ℓ.8 ③よみ給へ**る**ぞかし、〔　〕
- ℓ.11 ④あそばしたり**な**。〔　〕

p.181
- ℓ.1 ⑤作文のにぞ乗る**べかり**ける。〔　〕
- ℓ.4 ⑥まさり**な**まし。〔　〕

ア　適当の助動詞　イ　完了の助動詞
ウ　推量の助動詞　エ　強意の助動詞
オ　尊敬の助動詞　カ　詠嘆の終助詞

3 この文章では、入道殿には「させ給ひ」「せ給ひ」と二重の敬語を用い、大納言殿には「給へ」「給ひ」のみの敬語を用いて、身分の違いを明示している。これと同じく対比的に両者の身分の違いを明示している敬語動詞を本文中から抜き出し、終止形で答えなさい。▼学習三

入道殿〔　〕　大納言殿〔　〕

内容の理解 思考力・判断力・表現力

第一段落

1 「かの大納言、いづれの舟にか乗らるべき。」(一八〇・5)とは、どのような意味か。次から選びなさい。
ア あの大納言は、どの舟にお乗りになるのだろうか。
イ あの大納言は、どの舟に乗るのが当然か。
ウ あの大納言は、どの舟に乗ることができようか。
エ あの大納言は、どの舟にお乗りにならねばならないのだろうか。
〔　　〕

2 「紅葉の錦着ぬ人ぞなき」(一八〇・10)は、実景としてどのような情景か。三十字以内で説明しなさい。

3 「申し受け給へるかひありて、あそばしたりな。」(一八〇・11)について、次の問いに答えなさい。
(1) 「申し受け給へるかひありて」とは、どのような意味か。次から選びなさい。
ア 人の要請を受けてお乗りになっただけあって
イ 歌を熱心に学んできただけあって
ウ 世に歌壇の才人と評判を受けている人だけあって
エ 自分から願い出て歌をお作りになっただけあって
〔　　〕
(2) 「あそばしたりな。」の敬語をはずした文を、次から選びなさい。
ア よみたりな。
イ 乗りたりな。
ウ 遊びたりな。
エ 着たりな。
〔　　〕

第一段落

4 「かばかりの詩」(一八一・2)とあるが、「か」は何をさしているか。次から選びなさい。
ア 「和歌の舟に乗り侍らむ。」と言ったこと。
イ 「小倉山」の歌。
ウ 「作文のにぞ乗るべかりける。」と言ったこと。
エ 「くちをしかりけるわざかな。」と言ったこと。
〔　　〕

5 「殿の、『いづれにかと思ふ。』とのたまはせしになむ、我ながら心おごりせられし。」(一八一・5)について、次の問いに答えなさい。
(1) 「我ながら心おごりせられし。」とあるが、入道殿のどの言葉のために、大納言殿はつい得意になったと言っているのか。該当する入道殿の言葉を、一語で抜き出しなさい。
〔　　〕
(2) また、その言葉がなぜ大納言殿を得意にさせたのか。三十字以内で説明しなさい。

第二段落

6 「一事のすぐるるだにあるに、」(一八一・7)とはどのような意味か。次から選びなさい。 ▼脚問1
ア 一つのことだけに優れているのはよくないことなのに、
イ 一つだけでなくすべてに優れていることはよくあることなのに、
ウ 一つのことに優れていることさえめったにないことなのに、
エ 一つも優れたところがないのは残念なことなのに、
〔　　〕

全体

7 この話は、主としてどのようなことを伝えようとしたのか。十五字以内で簡潔に答えなさい。(句読点を含む)

学習目標　歴史物語に記載されたエピソードを読んで、歴史に残された人々の姿を捉える。

大鏡（佐理の大弐）

教科書p.182～p.183

検印

展開の把握　思考力・判断力・表現力

○次の空欄に適語を入れて、内容を整理しなさい。　▼学習一

第一段落（発端）（初め～p.182 ℓ.4）	第二段落（展開）（事件）（p.182 ℓ.5～p.182 ℓ.14）	第三段落（結末）（p.183 ℓ.1～p.183 ℓ.5）	第四段落（評）（p.183 ℓ.6～終わり）
能書家佐理が遭遇した怪奇	三島明神の懇望	神の所望に応えて無事帰京	日本第一の評価
佐理の大弐は〔ア　〕の名人である。大弐の任期が終わって上京したときに、〔イ　〕の手前で〔ウ　〕がひどく荒れた。少し回復したので、〔エ　〕しようとすると、同じように荒れる。	幾日も経過するので、不審に思って〔オ　〕ってみると、神の〔カ　〕という。恐ろしく思って寝た〔キ　〕に気高い老人が現れ、佐理をここに〔ク　〕したのは自分だと言い、〔ケ　〕を書くように要請する。名を〔コ　〕に住む翁と聞いて、謹んで引き受けたところで、佐理は目がさめた。	〔サ　〕へ渡ると、天候も晴れ、〔シ　〕が吹いて飛ぶように着いた。丁重に〔ス　〕し、正装して〔セ　〕を書いて掲げると、無事に帰京することができた。	神が佐理の〔ソ　〕を懇望されたということから、日本第一の〔タ　〕家という評判を得た。六波羅蜜寺の〔チ　〕も佐理が書いたものである。

語句・文法　知識・技能

1 次の語の意味を調べなさい。

p.182 ℓ.1 ①手書き〔　〕
ℓ.2 ②泊まり〔　〕
③日〔　〕
ℓ.10 ④なべて〔　〕
ℓ.13 ⑤おどろく〔　〕
p.183 ℓ.3 ⑥清まはる〔　〕
⑦やがて〔　〕
ℓ.6 ⑧人間〔　〕
ℓ.8 ⑨おぼえ〔　〕

2 次の太字の語のあとに省略された言葉は、あとのア～オのいずれが適当か。それぞれ選びなさい。

p.182 ℓ.6 ①**いかなることにか**と、〔　〕
ℓ.11 ②この折ならでは**いつかは**とて、〔　〕

ア　あれ　イ　あらむ　ウ　出でむ
エ　書かせむ　オ　書かせ奉らむ

3 次の太字の語は、あとのア～エのいずれにあたるか。それぞれ選びなさい。

p.182 ℓ.3 ①**また**同じやうになりぬ。〔　〕
ℓ.5 ②**かくのみ**しつつ日ごろ過ぐれば、〔　〕
p.183 ℓ.1 ③**さて**、伊予へ渡り給ふに、〔　〕
ℓ.7 ④**さまで**欲しくおぼしけむこそ、〔　〕
⑤**また**、おほよそこれにぞ、〔　〕
ℓ.9 ⑥**されば**、かの三島の社の額と、〔　〕

ア　副詞　イ　接続詞
ウ　副詞＋副助詞　エ　接続詞＋係助詞

内容の理解

思考力・判断力・表現力

第一段落

1 「任果てて上られけるに、」（一八二・1）とあるが、どこからどこに上ったのか。その名称を答えなさい。

〔　　　〕→〔　　　〕

第二段落

2 「さるべきこともなし。」（一八二・6）とあるが、どのような意味か。適当なものを次から選びなさい。 ▼脚問1

ア　天候がよくなるような気配もない。
イ　いくら占っても吉の結果が出ない。
ウ　神の祟りを受けるようなことも思い当たらない。
エ　夢のお告げのようなこともまだ出てこない。

〔　　〕

3 「夢に見え給ひけるやう、」（一八二・7）について、次の問いに答えなさい。

(1) 夢の内容は、「いみじうけたかきさましたる男の」からどこまでか。終わりの五字を本文中から抜き出しなさい。

(2) 佐理が見た夢の内容に一致しないものを、次から二つ選びなさい。

ア　高貴な様子をした老人が現れ、佐理に額を書くように頼んだ。
イ　すべての社の額は立派であるのに、老人の社の額は粗末である。
ウ　老人は平凡な書家に額を書かせるのはおもしろくないと言う。
エ　佐理が名前を聞くと、三島に住む老人だと告げた。
オ　老人は、佐理が自分を敬う様子に驚いた。

〔　　〕〔　　〕

4 「おのれ」（一八二・8）、「我」（一八二・10）は、誰のことか。適当なものをそれぞれ次から選びなさい。

ア　佐理の大弐　イ　占い師　ウ　三島に侍る翁
エ　神司　オ　末々

おのれ〔　　〕　我〔　　〕

5 「とどめ奉りたるなり。」（一八二・11）とあるが、どこにとどめたのか。本文中から十二字以内で抜き出しなさい。

第三段落

6 「多くの日荒れつる日ともなく、うらうらとなりて、そなたざまに追ひ風吹きて、」（一八三・1）とあるが、この天候の記述と呼応しているのはどこか。本文中から二十五字以内で抜き出しなさい。

第四段落

7 「わがすることを人間にほめ崇むるだに興あることにてこそあれ、」（一八三・6）とあるが、どのような意味か。適当なものを次から選びなさい。

ア　自分の行いを世間の人からほめられようと考えるのはよいことで
イ　自分のすることを世間でほめてくれることだけでもうれしいのに
ウ　自分の行為を世間の人がほめるのは当然愉快であるから
エ　自分の功績を世間の人が称賛してくれることは実に気分のよいことだよ

〔　　〕

全体

8 この文章は、何について書かれたものか。それを説明した次の文の空欄を、それぞれあとの指示に従って埋めなさい。

〔　①　〕から〔　②　〕の能書家と評判になった〔　③　〕について。

(1) 空欄①に入る言葉として、適当なものを次から選びなさい。

ア　三島の神に、夢で望まれて社の額を書いたこと
イ　三島の神に、書いた額を日本一にふさわしいと絶賛されたこと
ウ　三島の神が、夢で並の技量ではないと告げたこと
エ　三島の神が、夢に登場して日本一と認めたこと

〔　　〕

(2) 空欄②・③に入る言葉を、本文中から②は四字で、③は五字で抜き出しなさい。

②

③

学習目標　歴史物語に記載されたエピソードを読んで、歴史に残された人々の姿を捉える。

大鏡（中納言争ひ）

教科書p.184〜p.185

検印

展開の把握

思考力・判断力・表現力　▼学習一

○次の空欄に適語を入れて、内容を整理しなさい。

第一段落（事件の総括）	第二段落（事件の内容・中納言争い）		
（主題）（初め〜p.184 ℓ.4）	（発端）（p.184 ℓ.5〜p.184 ℓ.9）	（展開）（p.184 ℓ.9〜p.185 ℓ.1）	（結末）（p.185 ℓ.1〜終わり）
誠信の憤死	誠信、中納言昇進を渇望	斉信の中納言昇進	誠信、食を断って憤死
法住寺の大臣為光公の（ア　　）である左衛門督誠信が（イ　　）の官位争いに敗れて、人を恨み（ウ　　）心を起こして亡くなったその様子は、なんとも（エ　　）あきれた事件であった。	人柄や（オ　　）が弟に劣っていたせいか、中納言に（カ　　）ができたとき、誠信は弟斉信に、「私が中納言の（キ　　）を申し出るから、おまえは遠慮せよ。」と申した。斉信は（ク　　）した。	誠信は（ケ　　）して、懸命に中納言昇進を申請したところ、道長が斉信に「誠信はなれまい。あなたが（コ　　）したら、ほかの者がなるだろう。」と言ったので、斉信は昇進を（サ　　）し、中納言に任官した。	斉信の昇進が決定した除目の（シ　　）から、誠信は（ス　　）を強く握りしめ、斉信・道長に邪魔されたと怒り、（セ　　）を断って、七日目に憤死した。握った（ソ　　）が手の甲にまで突き抜けたそうだ。

語句・文法

知識・技能

1 次の語句の意味を調べなさい。

p.184 ℓ.3 ①あさまし（　　）
②からし（　　）
ℓ.5 ③世おぼえ（　　）
ℓ.6 ④わざと（　　）
ℓ.7 ⑤ここ（　　）
ℓ.9 ⑥心ゆく（　　）
ℓ.10 ⑦そこ（　　）
ℓ.13 ⑧避る（　　）
ℓ.14 ⑨よしなし（　　）
p.185 ℓ.4 ⑩参る（　　）

2 次の太字の「れ」は、あとのア〜ケのいずれにあたるか。それぞれ選びなさい。

p.184 ℓ.3 ①人に越えら**れ**、（　　）
ℓ.5 ②世おぼえの劣り給へ**れ**ばにや、（　　）
ℓ.8 ③ましてかく仰せら**れ**むには、（　　）
ℓ.10 ④そこは申さ**れ**ぬか。（　　）
ℓ.12 ⑤左衛門督は、えなら**れ**じ。（　　）
⑥そこに避ら**れ**ば、こと人こそは（　　）
p.185 ℓ.3 ⑦斉信、道長に、我はばま**れ**ぬるぞ。（　　）

ア　受身「る」　イ　尊敬「る」　ウ　可能「る」
エ　自発「る」　オ　存続「り」
カ　受身「らる」の一部
キ　尊敬「らる」の一部
ク　可能「らる」の一部
ケ　自発「らる」の一部

内容の理解

思考力・判断力・表現力

第一段落

1 **「さるべきにこそはありけめ。」（一八四・4）とは、どのようなことを言っているのか。適当なものを次から選びなさい。** ▼脚問1

ア　左衛門督が人に越えられるのも世間の例と同じで、特に変わった出来事ではないということ。

イ　力量の劣っている人間が人に越えられてしまうのは当然のことで、何の不思議もないということ。

ウ　悪心を起こして死ぬことになったのも、そういう宿縁・因縁があったのだということ。

エ　悪心を起こしたからには死ななければならなかったのも、またやむを得ないだろうということ。

〔　　〕

第二段落

2 **「左衛門督の申さるれば、いかがは。」（一八四・11）の次に、どのような言葉が省略されているか。五字以内で答えなさい。**

3 **「かくあらむには、」（一八五・1）とあるが、「かく」は何をさしているか。適当なものを次から選びなさい。** ▼脚問2

ア　他の人々が中納言の官位をひそかにねらっていること。

イ　左衛門督が中納言の官位を辞退し申し上げたこと。

ウ　弟殿が入道殿に中納言の官位を直接申請したこと。

エ　他の人々が弟殿に中納言の官職を譲ったこと。

〔　　〕

4 **「あるまじきよし」（一八五・2）とあるが、「あるまじき」は前の発言のどこをふまえて言ったものか。適当なものを次から選びなさい。**

ア　あるべきことならず。

イ　左衛門督の申さるれば、いかがは。

ウ　こと人こそはなるべかなれ。

エ　なし給ぶべきなり。

〔　　〕

第二段落

5 **「ものもつゆ参らで、」（一八五・4）とあるが、どのような意味か。十五字以内で口語訳しなさい。（句読点は含まない）**

6 **この話には、語られる話にはよくあることだが、ありえないような誇張されたところがある。**

(1) **誇張の最も極端な箇所を指摘し、その内容を二十字以内で簡潔に説明しなさい。**

(2) **また、それは何を表したものか。本文中の一語で答えなさい。**

〔　　〕

全体

7 新傾向 **次の生徒の会話文の中から、本文の内容に合致する発言をすべて選びなさい。**

生徒A：「中納言争ひ」という題名からもわかるように、この話は中納言にどうしてもなりたかった兄弟の間で起きた、お互いを非難することで争いになった話だね。

生徒B：いやいや弟には中納言になりたい気持ちなんかなかったんだから、「お互い」というのは違うと思うよ。

生徒C：でも兄弟の間では、弟が中納言昇進を申請しないという約束になっていたから、兄は弟に裏切られたと思ったんだったよね。

生徒D：しかたがないんじゃないかな。兄は中納言になる器量がないと道長に判断されてしまったのだから。どうせ兄が中納言になれないのであれば、遠慮する必要はないと弟は思ったんだよ。

生徒〔　　、　　〕

学習目標　歴史物語に記載されたエピソードを読んで、歴史に残された人々の姿を捉える。

大鏡（菅原道真の左遷）

教科書p.186～p.188

検印

展開の把握　思考力・判断力・表現力

○次の空欄に適語を入れて、内容を整理しなさい。

第一段落（発端）（初め～p.186 ℓ.10）	時平と道真および道真左遷の事情	醍醐天皇は左大臣時平と右大臣道真に〔ア　〕を執らせていた。道真は時平より年齢も上であり、〔イ　〕や政治向きの思慮とも格段にすぐれ、帝の〔ウ　〕も格別に厚かった。道真は時平から〔エ　〕され、不幸な出来事が生じて失脚し、筑紫の大宰府の〔オ　〕として〔カ　〕されることになった。
第二段落（展開①）（p.186 ℓ.11～p.187 ℓ.9）	帝の苛酷な処置と道真の離京の心境	帝のご処置はきわめて〔キ　〕で、小さな子供の同行は許したものの、成人の子息たちを、父君と同じ〔ク　〕にさえ流さなかった。筑紫下向にあたり、庭の〔ケ　〕に託して〔コ　〕の歌をよみ、宇多法皇に〔サ　〕の罪を訴えた歌一首を奉った。
第三段落（展開②）（p.187 ℓ.10～終わり）	道中の道真と明石の駅の長に応えた詩	配所の筑紫へ行く途中の山崎で〔シ　〕して、〔ス　〕が遠くなるにつれての悲しみを歌によんだ。播磨の〔セ　〕の駅という所では、驚き悲しむ駅の長に応えて、人の〔ソ　〕盛衰は、自然の〔タ　〕の移り変わりと同じだという心境を、〔チ　〕に託した。

語句・文法　知識・技能

1 次の語の意味を調べなさい。

- ①才（p.186 ℓ.5）〔　〕
- ②心おきて（ℓ.6）〔　〕
- ③かしこし〔　〕
- ④おぼえ（ℓ.7）〔　〕
- ⑤おほやけ（ℓ.14）〔　〕
- ⑥あやにくなり〔　〕
- ⑦やがて（p.187 ℓ.11）〔　〕

2 次の太字の語は、あとのア・イのいずれにあたるか。それぞれ選びなさい。

- ①子どもあまた**おはせ**しに、（p.186 ℓ.11）〔　〕
- ②位ども**おはせ**しを、（ℓ.12）〔　〕
- ③幼く**おはし**ける男君、（ℓ.13）〔　〕
- ④慕ひ泣きて**おはし**ければ、〔　〕

ア　動詞　　イ　補助動詞

3 次の太字の助動詞は、あとのア～ケのいずれにあたるか。それぞれ選びなさい。

- ①世の政を行ふ**べき**よし、（p.186 ℓ.3）〔　〕
- ②さる**べき**にやおはしけむ、（ℓ.8）〔　〕
- ③よから**ぬ**こと出で来て、（ℓ.9）〔　〕
- ④流さ**れ**給ふ。（ℓ.10）〔　〕
- ⑤我は水屑となり果て**ぬ**（p.187 ℓ.8）〔　〕
- ⑥作ら**しめ**給ふ詩、いと悲し。（p.188 ℓ.2）〔　〕

ア　受身　　イ　完了　　ウ　適当
エ　尊敬　　オ　当然　　カ　打消
キ　使役　　ク　命令　　ケ　自発

内容の理解

第一段落

1 新傾向 次の表は、第一段落に書かれている時平と道真の人物像をまとめたものである。これを見てあとの問いに答えなさい。

思考力・判断力・表現力　▼学習一

	時平	道真
年齢	〔②五字〕	〔③五字〕
学才＝〔①〕	〔④十一字〕	〔⑤十五字〕

(1) 表の空欄①には「才」を具体的に表したものが入る。本文中からそれにあたる語を抜き出しなさい。〔　　〕

(2) 表の空欄②〜⑤に入る言葉を、本文中からそれぞれの空欄にある字数で抜き出しなさい。（句読点を含む）

②

③

④

⑤

2 「左大臣やすからずおぼしたる」（一八六・8）とあるが、その心情はどのようなものか。次から二つ選びなさい。

ア 畏怖　イ 不快　ウ 忠心　エ 嫉妬　オ 安堵　〔　　〕〔　　〕

第一段落

3 「さるべきにやおはしけむ、」（一八六・8）とあるが、どのような意味か。次から選びなさい。

ア そのように以前から右大臣に対して恨みを抱いておられたのであろうか。

イ そうなるはずの前世からの運命でおありだったのであろうか。

ウ そのような心配事がおありになったせいであろうか。

エ そのようなご気性のせいでありましょうか。

4 「流され給ふ。」（一八六・10）について、次の問いに答えなさい。

(1) その直接の原因を表す語句を、本文中から十字以内で抜き出しなさい。（句読点は含まない）〔　　〕

(2) これが無実の罪であったことを表す語句を、本文中から八字以内で抜き出しなさい。（句読点は含まない）

第二段落

5 「帝の御おきて、きはめてあやにくにおはしませば、」（一八六・14）とあるが、どのような帝の処置をさして、きわめて無慈悲であったと語っているのか。二十五字以内で説明しなさい。

6 「東風吹かばにほひおこせよ梅の花あるじなしとて春を忘るな」（一八七・5）について、次の問いに答えなさい。

(1) 「東風吹かば」とあるが、「東風」とはここではどのように吹く風か。次から選びなさい。

ア　京都から東へ向かって吹く春風
イ　京都から九州へ向かって吹く春風
ウ　九州から東へ向かって吹く春風
エ　京都の自邸から皇居へ向かって吹く春風
〔　　〕

(2)「春を忘るな」とあるが、意味は同じだが異なる表現がされている本がある。どのような表現か。次から選びなさい。

ア　春や忘れむ
イ　春ぞ忘るる
ウ　春な忘れそ
エ　春を忘れず
〔　　〕

第二段落

7「流れゆく我は水屑となり果てぬ君しがらみとなりてとどめよ」（一八七・8）とあるが、道真は罪をこうむって大宰権帥に左遷される身を、何にたとえているか。歌の中の言葉を用いて、六字で答えなさい。

第三段落

8「都遠くなるままに、あはれに心細くおぼされて、」（一八七・12）について、「都遠くなるままに」とは、道真がよんだ歌「君が住む宿の梢を行く行くと隠るるまでもかへり見しはや」（一八七・14）においては、どのように言い表されているか。歌の中から抜き出しなさい。
〔　　〕

9「駅長莫《カレ》レ驚《クコト》　時《ノ》変改　一栄一落是《レ》春秋」（一八八・3）について、次の問いに答えなさい。

(1)「時《ノ》変改」とあるが、これにさらに送り仮名をつけた場合、どのような送り仮名が適当か。次から選びなさい。

ア　時《ノ》変改《ノミ》
イ　時《ノ》変改《ナリ》
ウ　時《ノ》変改《ヲ》
エ　時《ノ》変改《ヨリ》
〔　　〕

第三段落

(2)「一栄」に該当することは、具体的には何か。本文中から十五字以内で抜き出しなさい。（句読点を含む）

(3)「一栄一落是春秋」とは、どのような意味か。次から選びなさい。

ア　春に花を咲かせた木も秋に落ち葉するのが自然の掟《おきて》なのだが、人間の掟や運命もそれと同じなのであろうか。
イ　春から秋へと季節が移り行くのが自然の理《ことわり》であるように、時勢が変われば、人間の運命も変わるものだ。
ウ　春に咲く花もあれば、秋に咲く花もあるように、世の中には栄耀栄華を誇る者もあれば、そのような人生を望まない者もいるものだ。
エ　何度も春秋の季節を繰り返してきた者にとっては、時勢の流れによる栄枯盛衰も、それほど驚くことはないのであろうか。
〔　　〕

全体

10 本文の内容に一致するものを次から二つ選びなさい。

ア　道真は、左遷されることを悲しんで、「亭子の帝」に救いを求めようとした。
イ　道真が都を発つときによんだ「東風吹かば」の歌は、「醍醐の帝」に献じられた。
ウ　道真は、離れて流されることになった幼い子供たちに会うことを懇願した。
エ　道真が、都において「東風吹かば」の歌をよんだとき、梅の花はすでに咲いていた。
オ　道真は、播磨の国において、「駅の長」に慰めてもらったことに、たいそう感謝した。
〔　　〕〔　　〕

学習目標　年齢に応じた稽古のしかたを説いた能楽論から、人の生き方に通じる普遍的な教訓を捉える。

風姿花伝（七歳・十二、三より・二十四、五）

教科書p.191〜p.193

検印

展開の把握　思考力・判断力・表現力

○次の空欄に適語を入れて、内容を整理しなさい。

七歳 (p.191 ℓ.1 〜 p.191 ℓ.6)	十二、三より (p.191 ℓ.7 〜 p.192 ℓ.2)	二十四、五 (p.192 ℓ.3 〜 p.193 ℓ.1)
芸の初め 七歳の時期の稽古のあり方	十二、三歳の時期の 稽古のあり方	二十四、五歳の時期の 稽古のあり方
申楽の芸では、七歳を〔ア　〕の初めとする。この年齢では生得の〔イ　〕があり、自由に任せるのがよい。あまりに厳しく注意すると、やる気を失い、能の〔ウ　〕が止まる。	この年齢では、歌う声も〔エ　〕に合うようになり、順を追って能の技術や曲目を教えてよい。〔オ　〕と〔カ　〕の二つの利点によって、美しさが引き立つ。写実的な演技はさせてはならない。能が〔キ　〕しない結果になる。	この年齢は、〔ク　〕の芸の基盤を確立する時期で、〔ケ　〕に専念すべきときである。〔コ　〕と〔サ　〕が定まり、この二つは壮年の演技者にふさわしい芸能が生じる基盤である。こういう果報が備わるので、〔シ　〕が出現したと目立ち、一時的な〔ス　〕のために清新で、実力以上に評価され、慢心しがちである。〔セ　〕に返って基本の型を〔ソ　〕に身につけ、〔タ　〕の指導を受け、稽古にますます〔チ　〕するのがよい。

語句・文法　知識・技能

1 次の語の意味を調べなさい。

- (p.191 ℓ.5) ①ものくさし〔　〕
- (ℓ.8) ②幽玄なり〔　〕
- (ℓ.9) ③たより〔　〕
- (p.192 ℓ.3) ④一期〔　〕
- (ℓ.9) ⑤仇〔　〕
- ⑥花〔　〕

2 次の太字の「べし」は、あとのア・イのいずれにあたるか。それぞれ選びなさい。

- (p.191 ℓ.2) ①得たる風体ある**べし**。〔　〕
- (ℓ.4) ②心のままにせさす**べし**。〔　〕
- (ℓ.8) ③物数をも教ふ**べし**。〔　〕
- (p.192 ℓ.10) ④まことの目利きは見分く**べし**。〔　〕
- (p.193 ℓ.1) ⑤稽古をいやましにす**べし**。〔　〕

ア　当然
イ　適当

3 次の太字の「に」について、簡潔に説明しなさい。

- (p.191 ℓ.7) ①やうやう声も調子**に**かかり、〔　〕
- (p.192 ℓ.4) ②この道**に**二つの果報あり。〔　〕
- (ℓ.9) ③花**に**はあらず。〔　〕
- (p.193 ℓ.1) ④稽古をいやまし**に**すべし。〔　〕

ア　断定の助動詞
イ　格助詞
ウ　接続助詞
エ　副詞の一部

内容の理解

思考力・判断力・表現力

七歳

1 「気を失ひて、能、ものくさくなりたちぬれば、」（一九一・5）とは、どのような意味か。次から選びなさい。 ▼脚問1

ア　子供が稽古に興味を失い、物まねの稽古を怠けてしまうと、

イ　子供がやる気を失い、謡《うたい》の稽古を怠けてしまうと、

ウ　子供がやる気をなくし、能の稽古に嫌気がさしてしまうと、

エ　子供が能に興味を失い、形の美しさが崩れてしまうと、

〔　　〕

2 「次第次第に物数を教ふべし。」（一九一・8）とあるが、それはなぜか。三十字以内で説明しなさい。

十二、三より

3 「二つのたより」（一九一・9）とは何か。次から選びなさい。

ア　声の調子と能の技術

イ　姿と声

ウ　よきこととわろきこと

エ　物まねと姿

〔　　〕

七歳・十二、三より

4 「七歳」・「十二、三より」の文章の内容として適当なものを次から選びなさい。 ▼学習一

ア　七歳のころの稽古は、たくまずに演じるしぐさを伸ばし、あまり型にはめてはいけない。

イ　十二、三歳のころは、生涯の芸が確立する時期なので、たくさんの能を教えてもよい。

ウ　七歳や十二、三歳といった幼少年期は、心のままに自由にさせることが肝要である。

エ　七歳や十二、三歳といった幼少年期には、あまり手のこんだ物まねをさせず、段階を追って技術を教える。

〔　　〕

二十四、五

5 「これ、返す返す、主のため仇なり。」（一九二・9）とあるが、本人にとって何が「仇」になるのか。三字以内の一語で答えなさい。

6 「これも……あらず。」（一九二・9）について、次の問いに答えなさい。

(1) 「まことの花」とは、どのような意味か。二十五字以内で説明しなさい。 ▼学習二

(2) どうすれば「まことの花」を身につけることができるというのか。二十字以内で説明しなさい。

7 「二十四、五歳」の文章の内容として適当なものを次から選びなさい。 ▼学習一

ア　この時期を盛りの絶頂期とし、まことの花をきわめ、天下に名人・上手として許され、名声を博すべき時期である旨を強調する。

イ　この時期を個性的演技が確立する重大な転換期であるとし、先人の遺風を継承して高い境地に到達するよう稽古に励めと説く。

ウ　この時期を肉体的好条件の時分の花の失われる生涯の危機とし、芸の修行と、花を咲かす工夫をきわめる不屈の意志とを要請する。

エ　この時期を一時の花の盛りに過ぎないとし、しかも未熟の段階と断定して、この得意の絶頂にきざす慢心と自負心の危険と、その危機を克服する方法を説く。

〔　　〕

学習目標　「誠」と「習へ」の意味を押さえ、芭蕉が理想とした風雅（俳諧）のありようを捉える。

三冊子（風雅の誠）

教科書p.194〜p.195

検印

展開の把握

思考力・判断力・表現力

○次の空欄に適語を入れて、内容を整理しなさい。

第一段落（初め〜p.194 ℓ.2）	師の教え高悟帰俗	風雅の〔ア　〕を高く悟って、日常卑俗の世界に向かえば、卑俗な物事もそのまま〔イ　〕となる。
第二段落（p.194 ℓ.3〜p.194 ℓ.5）	俳諧に遊ぶ心	俳諧の誠を追求している者は不純な〔ウ　〕がなく、対象の素材は〔エ　〕で素直である。
第三段落（p.194 ℓ.6〜p.194 ℓ.11）	誠を体得する方法	誠を体得するためには、古人や師の〔オ　〕を通して、わが心のあり方を直し、〔カ　〕ように努める。
第四段落（p.195 ℓ.1〜p.195 ℓ.3）	松のことは松に習え	師の言葉「松のことは松に習え」は、〔キ　〕を捨て素直に教えを乞えということだが、勝手に〔ク　〕して、習わないで終わる人が多い。
第五段落（p.195 ℓ.4〜p.195 ℓ.6）	「習う」ことの意義	「習え」というのは、〔ケ　〕に没入し、その〔コ　〕が明らかになって〔サ　〕するやいなや、自然と〔シ　〕が生まれることをいう。
第六段落（p.195 ℓ.7〜終わり）	師の心に学ぶ道	師の心のあり方を〔ス　〕を傾けて探り求めていると、師の〔セ　〕が自分の心にほのめき転化し、〔ソ　〕を離れることができる。

語句・文法

知識・技能

1 次の語の意味を調べなさい。

①風雅（p.194 ℓ.1）〔　　〕
②子細なし（ℓ.4）〔　　〕
③うるはし〔　　〕
④心得顔（ℓ.10）〔　　〕
⑤作意（p.195 ℓ.6）〔　　〕

2 次の太字の動詞の活用は、あとのア〜カのいずれにあたるか。それぞれ選びなさい。

①風雅に**ゐる**者は、（p.194 ℓ.3）〔　　〕〔　　〕
②**自得する**やうに責むることを、（ℓ.9）〔　　〕〔　　〕
③誠を**つとむる**とはいふべし。〔　　〕〔　　〕
④匂ひとなり、**うつる**なり。（p.195 ℓ.8）〔　　〕〔　　〕

ア　四段活用　イ　上一段活用
ウ　上二段活用　エ　下一段活用
オ　下二段活用　カ　サ行変格活用

3 次の太字の助動詞は、あとのア〜エのいずれにあたるか。それぞれ選びなさい。

①俗に帰る**べし**。（p.194 ℓ.1）〔　　〕〔　　〕
②俳諧に帰る**べし**。（ℓ.2）〔　　〕〔　　〕
③近くは師の心よく知る**べし**。（ℓ.6）〔　　〕〔　　〕
④誠をつとむるとはいふ**べし**。（ℓ.9）〔　　〕〔　　〕
⑤己を押し直す**べき**ところなり。（ℓ.11）〔　　〕〔　　〕
⑥その足もとに戻りて俳諧す**べし**。（p.195 ℓ.7）〔　　〕〔　　〕

ア　意志　イ　命令
ウ　義務　エ　可能

内容の理解

思考力・判断力・表現力

第二段落

1 「常、風雅にゐる」（一九四・3）とは、どのような意味か。十五字以内で答えなさい。

第三段落

2 「その心を知らざれば、たどるに誠の道なし。」（一九四・7）について、次の問いに答えなさい。

(1) 「その心を知らざれば」とあるが、「その心」とは何をさすか。適当なものを次から選びなさい。

ア 誠の心
イ 風雅の心
ウ 古人の心
エ 古人や師の心

〔　　〕

(2) 「誠の道」に対応してそれと反対の意味を表す語句がある。その語句を、三字で抜き出しなさい。

3 「師の詠草の跡を追ひ、」（一九四・7）とは、どのような意味か。適当なものを次から選びなさい。

ア 師の作品をよく調べあげ。
イ 師の筆跡をできるだけ集め。
ウ 師の風雅の旅の足跡をたどり。
エ 師の未発見の遺作の発掘に努め。

〔　　〕

第四段落

4 「松のことは松に習へ。竹のことは竹に習へ。」（一九五・1）について、次の問いに答えなさい。

(1) この教えは、どのような意味か。適当なものを次から選びなさい。

▼学習一

ア 人間的感情を払拭して、自然を深く愛せよ。
イ 先入観を捨てて、虚心に物に接するようにせよ。
ウ 世俗的欲望を捨てて、悟りの境地に入れ。
エ 主観的な判断を避け、謙虚に師の教えに従え。

〔　　〕

(2) この教えを守らないと、どのような不都合が生じるというのか。それを具体的に述べている箇所を本文中から二十字以内で抜き出しなさい。

第五段落

5 「物に入りて、その微のあらはれて情感ずるや、句となる」（一九五・4）とほぼ同じ内容を述べている箇所が第二段落にある。二十字以内で抜き出しなさい。

第六段落

6 「その色香」（一九五・8）とは、何をさすか。十五字以内で答えなさい。

全体

7 この文章の趣旨に合致するものを、次から選びなさい。

ア 俳諧の修業にとって最も大切な基礎作業は、無私の境地となって、師風の学習に精進することであり、そのほかに道はない。
イ 俳諧の道にこころざす者は、たとえ世間の好みにさからうことになっても師風を固守しなければならない。
ウ 俳諧の道においては、世俗的・日常的で卑近な事柄を排除して、常に上品な風格を忘れてはならない。
エ 俳諧のすばらしさはその作者自身の風雅に対する心のあり方とも深く結びついている。

〔　　〕

学習目標 松尾芭蕉とその門人たちの、句作をめぐる苦心や理念を捉える。

去来抄（行く春を・下京や）

教科書p.196～p.197

検印

展開の把握

思考力・判断力・表現力

○次の空欄に適語を入れて、内容を整理しなさい。

【行く春を】

第一段落（初め～p.196 ℓ.5）	第二段落（p.196 ℓ.5～終わり）
尚白の非難と去来の反論	芭蕉の意図
過ぎ行く春を〔ア　　〕の人と惜しんだことだよ。　芭蕉 芭蕉（先生）「この句を尚白は、『場所や〔イ　　〕に必然性がない』と非難したのだが、どう思うか。」 去来（私）「尚白の非難は当たっていません。実景に対する〔ウ　　〕をよんだ句だから動かせないと思います。」	芭蕉「そうだ。この詩は、近江における〔エ　　〕の情という〔オ　　〕的詩情にもとづくものである。」 去来「場所や季節に合う句が人を感動させるのは本当なのですね。」 芭蕉「おまえは、この句の真の〔カ　　〕が理解できている。」 先生は大いに喜ばれた。

語句・文法

知識・技能

1 次の語の意味を調べなさい。

p.196 ℓ.2 ①難〔　　〕
②振る〔　　〕
ℓ.4 ③たより〔　　〕
ℓ.5 ④をさをさ〔　　〕
ℓ.6 ⑤徹す〔　　〕
ℓ.9 ⑥風雅〔　　〕
p.197 ℓ.2 ⑦冠〔　　〕
ℓ.7 ⑧腹いたし〔　　〕

2 次の太字の語は、あとのア～エのいずれにあたるか。それぞれ選びなさい。

p.196 ℓ.4 ①湖水**朦朧と**して春を惜しむ〔　　〕
p.197 ℓ.2 ②**いろいろと**置き侍りて、〔　　〕

ア　副詞
イ　名詞＋助詞
ウ　接続詞
エ　タリ活用形容動詞連用形

3 「をかしかりなん」（一九七・8）を単語に分けて、文法的に説明しなさい。

p.197 ℓ.8

〔　　　　〕

【下京や】

第一段落（初め ～p.197 ℓ.3）	第二段落（p.197 ℓ.3 ～ p.197 ℓ.5）	第三段落（p.197 ℓ.5 ～終わり）
芭蕉の付け句	芭蕉の自信	去来の評
京の下町、下京は、降り積もった〔キ　　〕が白く覆っている。 夜の〔ク　　〕の降る風情が下京の〔ケ　　〕にぴったりだと感じられるよ。 凡兆 この句は〔コ　　〕がなかなか決まらず、先生が「下京や」と示したが、〔サ　　〕は納得しかねていた。	芭蕉（先生） 「凡兆、自分の手柄としてこの句を置きなさい。これ以上の句があれば二度と〔シ　　〕を口にしない。」 と強く言って〔ス　　〕を示した。	去来（私） 「『下京や』の上五のよさは認めるが、これ以外にないとは言い切れない。〔セ　　〕の人々はこのよさを理解できず、別の〔ソ　　〕をいくつもつけるだろう。他門の人がつけた上五をまた、〔タ　　〕の我々はおかしく感じるに違いないよ。」

4 **「春を愛すること、」（一九六・5）の「する」は、次のア～エのいずれにあたるか。選びなさい。**

p.196 ℓ.5

ア　下二段活用動詞の一部
イ　尊敬の助動詞
ウ　サ行変格活用動詞の一部
エ　使役の助動詞

〔　　〕

5 **次の太字の助動詞の意味は、あとのア～クのいずれにあたるか。それぞれ選びなさい。**

① 行く年にも振る**べし**。（p.196 ℓ.2）〔　　〕
② たよりある**べし**。（ℓ.4）〔　　〕
③ 風雅を語る**べき**者なり。（ℓ.9）〔　　〕
④ この冠を置く**べし**。（p.197 ℓ.4）〔　　〕
⑤ 俳諧を言ふ**べから**ず。〔　　〕
⑥ いくつも冠置かる**べし**。（ℓ.7）〔　　〕

ア　意志　　イ　推量　　ウ　適当
エ　当然　　オ　命令　　カ　可能
キ　義務　　ク　予定

6 **「いかが聞き侍るや。」（一九六・3）と「下京や」（一九七・1）の助詞「や」の違いを説明しなさい。**

〔　　〕

内容の理解

思考力・判断力・表現力

行く春を（第一段落）

1 「尚白が難に、『近江は丹波にも、行く春は行く年にも振るべし。』と言へり。」（一九六・2）について、次の問いに答えなさい。

(1) 芭蕉の「行く春を」の句についての尚白の非難は、要するにどのようなことなのか。句中の言葉を用いて、三十字以内で説明しなさい。

(2) 尚白の意見によれば、「行く春を」の句は、この形の他にどのような形をとり得るのか。空欄①・②に適当な言葉をそれぞれ補いなさい。

・行く春を〔　①　〕と惜しみけり

・〔　②　〕を近江の人と惜しみけり

①〔　　　　〕　②〔　　　　〕

2 「尚白が難、あたらず。湖水朦朧として春を惜しむにたよりあるべし。」（一九六・3）について、次の問いに答えなさい。

(1) 「尚白が難、あたらず。」とあるが、去来は「行く春を」の句をどのような句と考えているのか。十五字以内で答えなさい。（句読点を含む）

(2) 「湖水朦朧として春を惜しむにたよりあるべし。」とあるが、どのような意味か。次から選びなさい。

ア　琵琶湖の朦朧と霞む風景は春を惜しむのにかなっているようだ。

イ　琵琶湖はおぼろに霞んでいて春の訪れを惜しむのに都合がよい。

ウ　琵琶湖の朦朧として霞む晩春は名残惜しい季節であるはずだ。

エ　琵琶湖が霞む季節には春を惜しむ音信があるようだ。

〔　　〕

行く春を（第二段落）

3 「行く年近江にゐ給はば、いかでかこの感ましまさん。行く春丹波にいまさば、もとよりこの情浮かぶまじ。」（一九六・6）について、次の問いに答えなさい。

(1) 「この感ましまさん。」とあるが、「この感」とはどのような感慨か。十字以内で答えなさい。（句読点を含む）　脚問1

(2) この二文には、どのような修辞法が用いられているか。その修辞法の名称を答えなさい。

〔　　　　〕

4 「去来、なんぢはともに風雅を語るべき者なり。」（一九六・9）とあるが、芭蕉が去来に対してそう思ったのはなぜか。その理由として適当なものを次から選びなさい。

ア　去来が芭蕉に近江の詩情を味わうことを勧めたから。

イ　去来は自然を的確に捉えることができる人だと悟ったから。

ウ　去来の俳諧の美に対する認識の深さに感じたから。

エ　去来が芭蕉に俳諧の本質を教えてくれたから。

〔　　〕

行く春を（全体）

5 この文章に表れた芭蕉の作句態度は、どのようなものか。次から選びなさい。

ア　芭蕉は、古人の詩歌の世界の中で形づくられてきた伝統的詩情をそのまま継承することによって、自己の句を確立した。

イ　芭蕉は、自己の実感と伝統的な詩情との融合の上に句を求めていった。

ウ　芭蕉は、実景実感をそのまま表出することが常に句としての絶対性を勝ち得ると考えた。

エ　芭蕉は、伝統的詩情を媒介とした、未来永劫《えいごう》続く人間真実の表現をめざした。

〔　　〕

下京や（第一段落）

6「いまだ落ち着かず。」（一九七・3）とあるが、どのような様子を述べたものか。二十五字以内で説明しなさい。

下京や（第二段落）

7「兆、なんぢ手柄にこの冠を置くべし。」（一九七・3）とあるが、芭蕉はなぜ「手柄」といったのか。二十字以内で説明しなさい。

8「俳諧を言ふべからず。」（一九七・4）とあるが、どのような意味か。次から選びなさい。

ア　俳諧について、おまえに語ることができない。
イ　俳諧の師匠であるとは名乗らない。
ウ　俳諧について、おまえが語るのを許さない。
エ　俳諧について、論じるつもりはない。

〔　　〕

下京や（第三段落）

9「こなたにはをかしかりなん」（一九七・8）とあるが、どのような意味か。次から選びなさい。

ア　自分たち蕉門の眼から見たら、きっと滑稽なものに見えるにちがいない。
イ　他門の人が見たら、逆におかしなものに見えるにちがいない。
ウ　他門の人が見ても、きっと趣があるにちがいない。
エ　自分たち蕉門の眼から見ても、逆に趣があるだろう。

〔　　〕

10芭蕉が「下京や」の冠が非常にすぐれていることを自信を持って強調している箇所がある。その強調している一文を抜き出し、初めの十字で答えなさい。

〔　　〕

下京や（全体）

11芭蕉が「下京や」でなければならぬとした心境は、どのようなものか。次から選びなさい。

ア　銀一色の雪の世界に灯のともる、艶なる下町の美的情調が、びしょびしょと降る夜の雨によって凄絶に変貌する感じを表現するため、「下京や」と決定したものであろう。
イ　雪の上に音もなく降る夜の雨の、そのひっそりとした雰囲気は、昼間の商いの喧噪と対照的で、生活に疲れて眠る小市民の姿を思い起こさせるので、「下京」でなければならないと考えたのであろう。
ウ　あたり一面美しい銀世界である。その美しい銀世界にしとしと降る雨はいやなものである。雨は下町の人々の生活にとって敵であるから、「下京や」と置いたものであろう。
エ　雪が降り積む上に雨が降るという情趣は、とりすました白銀の世界とは異なる親しみやすさを感じさせるので、人家が立て込み明るい灯が流れている「下京」の雰囲気と結ぶのが、よく調和すると考えたものであろう。

〔　　〕

12この文章において、去来が芭蕉から感得したことはどのようなことか。次から選びなさい。

ア　あまり言葉に凝ってもかえって意味が不明になることが多いから、言葉の吟味は最小限にとどめるよう注意するのがよい。
イ　あるときのあるもののある状態を表す言葉は、ただ一つしかありえない。そのような語を決定するのが俳諧を志す者の心構えである。
ウ　形にとらわれて句の詩想を忘れてはならない。発句は実際の景に接し、その実感にもとづいて作り、空想的なものは排除する。
エ　あまり語句に凝りすぎてはかえって重くなるから、適当な程度にとどめるのがよい。

〔　　〕

学習目標　『徒然草』の一節を批判する作者の態度や手法に着眼し、作者の主張を捉える。

玉勝間（兼好法師が詞のあげつらひ）

教科書p.198～p.199

検印

展開の把握

思考力・判断力・表現力

○次の空欄に適語を入れて、内容を整理しなさい。

第一段落 （初め～p.198 ℓ.2）	第二段落 （p.198 ℓ.3～p.198 ℓ.10）	第三段落 （p.198 ℓ.11～終わり）
兼好の風流観に対する問題提起	兼好への批判	宣長の見解
兼好法師が『〔ア　　〕』の中で、「桜の花は〔イ　　〕の状態だけを、〔ウ　　〕は曇りのない状態だけを〔エ　　〕するものではない。」と述べているが、これはどうかと思われる。	昔の歌に、桜の花を散らす〔オ　　〕を嘆き、月を隠す〔カ　　〕をいとう歌が多く、〔キ　　〕が深い歌もそういう歌に多いのは、〔ク　　〕の花や曇りなき月を願う心が〔ケ　　〕だから、そうもありえないことを嘆くのである。だから、兼好の言葉は人間本来の〔コ　　〕に反した、後世の〔サ　　〕ぶった心から生まれた、にせの〔シ　　〕である。	総じて、すべての人の〔ス　　〕心持ちに反することを〔セ　　〕とするのは、作為が多い。〔ソ　　〕に逢わないのを嘆く歌に〔タ　　〕が深いのは、逢うことを強く願うからである。わびしく悲しいのを〔チ　　〕があるといって願ったりするのは、人の〔ツ　　〕ではない。

語句・文法

知識・技能

1 次の語の意味を調べなさい。

p.198 ℓ.1 ①くまなし〔　　　〕
ℓ.4 ②かこつ〔　　　〕
③いとふ〔　　　〕
④心づくし〔　　　〕
ℓ.5 ⑤心深し〔　　　〕
ℓ.6 ⑥せちなり〔　　　〕
ℓ.8 ⑦さかふ〔　　　〕
ℓ.9 ⑧みやび〔　　　〕
p.199 ℓ.1 ⑨逢ふ〔　　　〕

2 次の太字の「なる」のうち、「花は盛りなる」（一九六・3）の「なる」と文法的に同じものには○、異なるものには×をつけなさい。

p.198 ℓ.6 ①思ふ心のせち**なる**からこそ、〔　　〕
ℓ.8 ②言へるごとく**なる**は、〔　　〕
p.199 ℓ.5 ③あはれ**なる**は多きぞかし。〔　　〕

3 次の太字の語の活用形は、あとのア～カのいずれにあたるか。それぞれ選びなさい。

p.198 ℓ.4 ①よめるぞ**多く**て、〔　　〕
ℓ.5 ②さる歌に**多かる**は、〔　　〕
ℓ.10 ③このたぐひ**多し**。〔　　〕
ℓ.11 ④つくりことぞ**多かり**ける。〔　　〕
p.199 ℓ.1 ⑤嘆く歌のみ**多く**して、〔　　〕
ℓ.5 ⑥あはれなるは**多き**ぞかし。〔　　〕

ア　未然形　イ　連用形　ウ　終止形
エ　連体形　オ　已然形　カ　命令形

内容の理解

思考力・判断力・表現力

第一段落

1 「『花は盛りに、月はくまなきをのみ見るものかは。』とか言へるは、いかにぞや。」（一九六・1）について、次の問いに答えなさい。

(1) 「花は盛りに、月はくまなきをのみ見るものかは。」とは、どのような意味か。次から選びなさい。

ア 桜の花が満開の状態の時には、月はかげったところのない状態だけを称美するものであろうか、そうではない。
イ 桜の花は満開の状態だけを、月はかげったところのない状態だけを称美するものであろうか、そうではない。
ウ 桜の花は満開の状態だけを、月はかげったところのない状態だけを称美するかは、個人の判断によるものであろう。
エ 桜の花は満開の状態だけを、月はかげったところのない状態だけを称美するべきものなのだ。

〔　　〕

(2) 「いかにぞや。」とあるが、作者は兼好法師の言葉をどのように思っているか。次の文の空欄にあてはまる言葉を二字で答えなさい。

作者は兼好法師の言葉を〔　　〕している。

第二段落

2 「心深きもことにさる歌に多かるは、」（一九六・5）とあるが、「さる歌」とはどのような歌か。本文中から該当する箇所を抜き出し、初めと終わりの四字で答えなさい。

〔　　〕～〔　　〕

3 「さもえあらぬ」（一九六・6）とは、どうすることができないと嘆いているのか。その嘆きの内容を、三十字以内で答えなさい。（句読点を含む）

第二段落

4 「まことのみやび心」（一九六・9）の説明を、次から選びなさい。

ア 美しさの盛りの中に、それを欠いた状態を重ねて捉えること。
イ 美しさの盛りに、素朴で飾り気のない宮廷人の心を見いだすこと。
ウ 美しさの盛りに、情趣を欠いた味わい深いものを見いだすこと。
エ 美しさの盛りを見ることを願い、それが果たされれば率直に喜び、果たされなければ率直に悲しむこと。

〔　　〕

5 「すべて、なべての人の願ふ心に違へるを、みやびとするは、つくりことぞ多かりける。」（一九六・11）るが、「つくりこと」とは何か。該当するものを二つ、次から選びなさい。

ア 花に風を待ち、月に雲を願ひたる
イ 逢ひ見んことを願ふ
ウ うれしきことは、さしも深くはおぼえぬ
エ 心にかなはぬすぢを悲しみ憂へたる
オ わびしく悲しきを、みやびたりとて願はん

〔　　〕〔　　〕

第三段落

6 「すべて、うれしきを……多きぞかし。」（一九九・4～5）とあるが、なぜか。次の空欄①・②に入る言葉をそれぞれ二十字以内で答えなさい。

人の心は〔　①　〕が、〔　②　〕から。

①

②

全体

7 この文章で、作者が述べようとした主旨は何か。次から選びなさい。 ▼学習二

ア 真心の大切さ
イ 歌心の大切さ
ウ 恋心の大切さ
エ 仏心の大切さ

〔　　〕

学習目標　重病の天皇に仕えた日々を克明に記した日記を読んで、場面と人々の心情を捉える。

讃岐典侍日記（堀河天皇との別れ）

教科書p.202〜p.204

検印

展開の把握　思考力・判断力・表現力

○次の空欄に適語を入れて、内容を整理しなさい。

第一段落 (p.202 ℓ.9〜p.203 ℓ.5)	(p.203 ℓ.5〜p.203 ℓ.9)	第二段落 (p.203 ℓ.10〜p.204 ℓ.3)	(p.204 ℓ.3〜p.204 ℓ.10)
堀河天皇のご意向	白河院のお返事	病床の堀河天皇	作者の嘆き
堀河天皇は大臣をお呼びになり、〔ア　〕のお出ましを確かめると、〔イ　〕の指示と今夜中に行うべきことを伝えるように命じる。大臣は涙を隠して退出する。	大臣が帰参して、〔ウ　〕の言葉を〔エ　〕すると、天皇は今夜のうちに決めよとおっしゃる。やりとりを聞いた作者は、〔オ　〕のことだと理解する。	みな眠らずに見守っているが、堀河天皇はひどく苦しそうで、作者を困らせるような問いかけをしたり、〔カ　〕に対して怠けていると難癖をつけたりなさる。作者はおそばを離れず、泣きながら〔キ　〕のように添い臥している。	作者は天皇の〔ク　〕が近いことを予感して眠ることもできず、時節も〔ケ　〕ころで、天皇に寄り添って〔コ　〕つつ泣くばかりである。お仕えしてきた日々を思い出し、悲嘆にくれる。

語句・文法　知識・技能

1 次の語の読みを現代仮名遣いで書きなさい。

- p.202 ℓ.10 ①大臣〔　　〕
- ℓ.11 ②御幸〔　　〕
- p.203 ℓ.4 ③直衣〔　　〕
- ℓ.5 ④乳母〔　　〕
- ℓ.6 ⑤去年〔　　〕

2 次の語の意味を調べなさい。

- p.203 ℓ.10 ①けしき〔　　〕
- ℓ.13 ②いらへ〔　　〕
- ③しるし〔　　〕
- ℓ.15 ④ゆゆし〔　　〕

3 次の太字の助動詞の意味は、あとのア〜クのいずれにあたるか。それぞれ選びなさい。

- p.202 ℓ.12 ①九檀の護摩と懺法との候ふ**べき**なり。〔　　〕
- p.203 ℓ.2 ②明日明後日候ふ**べき**心地し侍らず。〔　　〕
- ℓ.13 ③御いらへもせ**られ**ず。〔　　〕
- p.204 ℓ.5 ④思ひ続け**られ**て、〔　　〕
- ℓ.6 ⑤臥させ給へるとに詰め**られ**て、〔　　〕
- ℓ.10 ⑥ただ推し量る**べし**。〔　　〕

ア　義務　イ　意志　ウ　推量　エ　可能
オ　命令　カ　自発　キ　受身　ク　尊敬

4 次の太字の敬語の種類は、あとのア〜ウのいずれにあたるか。それぞれ選びなさい。

- p.202 ℓ.9 ①少し御粥など**参らす**れば、〔　　〕
- p.203 ℓ.7 ②と**奏せ**らるるにぞ、〔　　〕

ア　尊敬語　イ　謙譲語　ウ　丁寧語

内容の理解

思考力・判断力・表現力

第一段落

1 「参りて申せ。」（三〇二・12）について、次の問いに答えなさい。

(1) 「参りて申せ。」から始まる会話文は、誰の発言かを答えなさい。

〔　　　〕

(2) 「参りて」とあるが、どこへ参るのか。八字以内で答えなさい。

(3) 「申せ」とあるが、申し上げるように指示されている内容を抜き出し、初めと終わりの四字で答えなさい。（句読点は含まない）

〜

2 「かばかりになりたる」（三〇三・3）とは、何がどのようになったというのか。十五字以内で答えなさい。

3 「去年一昨年の御ことにも、……今日まで候ふにこそ。」（三〇三・6〜7）とあるが、どのようなことを言っているのか。適当なものを次から選びなさい。

ア　過去にも堀河天皇から加持・祈禱を強化する要望があって、幼い東宮によって続けられてきたということ。

イ　過去にも東宮は危篤に陥ったが、まだ若いため病に打ち勝ち、現在まで息災だということ。

ウ　以前堀河天皇が危篤になったときは、幼い東宮を残していくことを案じてもちなおしたということ。

エ　以前も堀河天皇の譲位の話が出たが、東宮が幼少のため先延ばしにしていたということ。

〔　　　〕

第一段落

4 「今ぞ心得る。」（三〇三・9）とあるが、作者はどのようなことを「心得」たのか。適当なものを次から選びなさい。

ア　堀河天皇が九壇の護摩と懺法とを用いた祈禱を望んでいること。

イ　堀河天皇が死期の近いことを自覚していること。

ウ　堀河天皇が譲位についておっしゃっていること。

エ　白河院が今夜のうちに護摩を用いた修法を行うこと。

〔　　　〕

5 「かく目も見立てぬ」（三〇三・11）について、次の問いに答えなさい。

(1) 実際はそうではなかったことがわかる動詞を、本文中から抜き出し、終止形で答えなさい。

〔　　　〕

(2) 堀河天皇がこのように言った理由を、次から選びなさい。

ア　苦痛のあまり周囲の状況を把握できなくなっていたため。

イ　病苦にいらだち、八つ当たりをしたため。

ウ　いっそうの加持・祈禱を望んでいたため。

エ　軽口をたたいて、重苦しい雰囲気を和ませるため。

〔　　　〕

第二段落

6 「力の及び候ふことに候はばこそ。」（三〇三・16）のあとに省略されている内容を、二十五字以内の現代語で答えなさい。（句読点を含む）　▼脚問2

全体

7 本文から読み取ることのできる作者の心情を、次から選びなさい。　▼学習二

ア　堀河天皇がお仕えしやすい主君であったことに感謝する心情。

イ　堀河天皇に仕えることに慣れきっていたことを悔やむ心情。

ウ　堀河天皇の温情を思い出し、別れのつらさが胸に迫る心情。

エ　堀河天皇のご崩御後はどうしたらよいかと悲嘆にくれる心情。

〔　　　〕

学習目標 主人公の、夢に現れた亡き主への思いや現実の世の変転に対する思いを捉える。

たまきはる（建春門院の夢）

教科書p.205～p.207

検印

展開の把握

思考力・判断力・表現力

○次の空欄に適語を入れて、内容を整理しなさい。

第一段落 (p.205 ℓ.13～p.206 ℓ.10)	(p.206 ℓ.10～p.206 ℓ.13)	第二段落 (p.206 ℓ.14～p.207 ℓ.4)	第三段落 (p.207 ℓ.5～p.207 ℓ.7)
八条院に出仕	初お目見え	都の騒乱	移り変わる人の心
建春門院の逝去後も、常に女院の〔ア　　〕を見て、おそば近くにお仕えしているような気がしていた。〔イ　　〕に出仕したが、〔ウ　　〕を用いた療養中でお目通りできずに〔エ　　〕ほどたったころ、昼寝の夢で〔オ　　〕から、〔カ　　〕に初お目見えがかなうだろうと告げられる。目覚めると、姉の〔キ　　〕に、ふて寝をしているとからかわれた。	〔ク　　〕が〔ケ　　〕にお出ましになるということで召され、初お目見えを果たす。それ以来、建春門院の夢を見なくなった。	八条院の御所の〔コ　　〕などでお仕えしていたが、ついに〔サ　　〕一門が都落ちする騒ぎが起き、八条院は〔シ　　〕に逃れた。〔ス　　〕も比叡山に逃れるが、法住寺殿内の仮御所に戻られ、〔セ　　〕のもとにもお出ましになる。	人の心も以前とはうって変わり、〔ソ　　〕にお仕えした当時をともにしのぶ人もいない。

語句・文法

知識・技能

1 次の語の意味を調べなさい。

p.206 ℓ.4 ①いとど〔　　〕
ℓ.5 ②わびし〔　　〕
ℓ.7 ③すは〔　　〕
ℓ.8 ④おどろく〔　　〕
ℓ.16 ⑤なべて〔　　〕
p.207 ℓ.2 ⑥そらごと〔　　〕

2 次の太字の助動詞の意味は、あとのア～クのいずれにあたるか。それぞれ選びなさい。

p.206 ℓ.6 ①冷泉殿、御前に候は**れ**しに、〔　　〕
ℓ.10 ②笑ひて帰ら**れ**し。〔　　〕
ℓ.11 ③ふたたび見参らせ**ぬ**こそ、〔　　〕
ℓ.12 ④夢もゆゑのありける**に**やと、〔　　〕
ℓ.15 ⑤昔のみ思ひ出で**られ**て、〔　　〕
p.207 ℓ.2 ⑥そのゆゑと思ひ分か**ね**ど、〔　　〕

ア 完了　イ 存続　ウ 断定
エ 打消　オ 自発　カ 可能
キ 受身　ク 尊敬

3 「見えさせ給はんずるぞ。」（二〇六・7）の品詞分解として適当なものを、次から選びなさい。

p.206 ℓ.7

ア 動詞＋助動詞＋補助動詞＋助動詞＋助動詞＋助詞
イ 動詞＋補助動詞＋助動詞＋助動詞＋助動詞＋助詞
ウ 動詞＋助動詞＋補助動詞＋助動詞＋助動詞＋助詞
エ 動詞＋副詞＋助動詞＋補助動詞＋助動詞＋助動詞＋助詞

〔　　〕

内容の理解

思考力・判断力・表現力

第一段落

1「ただ同じさま」（三〇六・1）とあるが、何と何が同じさまだというのか。二十五字以内で答えなさい。

2「心地のわびしければ、参るまじ。」（三〇六・5）を口語訳しなさい。

3「例の……たれば、」（三〇六・6〜7）について、次の問いに答えなさい。

(1)「見参らせし」とあるが、誰を見たのか。適当なものを次から選びなさい。

ア　建春門院　イ　八条院　ウ　冷泉殿
エ　三位殿　オ　坊門殿　カ　作者

(2)「御前に」とあるが、誰の御前か。(1)のア〜カから選びなさい。 ▼脚問2

(3)「参りたれば」とあるが、誰が参るのか。(1)のア〜カから選びなさい。

4「や、御前は、すは、今日見えさせ給はんずるぞ。」（三〇六・7）について、次の問いに答えなさい。

(1) 誰の発言か。**3**(1)のア〜カから選びなさい。

(2)「御前」とは誰のことか。**3**(1)のア〜カから選びなさい。 ▼脚問2

(3) 誰が「見えさせ給」うのか。**3**(1)のア〜カから選びなさい。

5「笑ひて帰られし。」（三〇六・10）とは、誰がどこから帰ったのか。十五字以内で答えなさい。

第一段落

6「あやしきにつけてあはれなれ。」（三〇六・12）とは、どのようなことに対する感慨か。適当なものを次から選びなさい。

ア　持仏堂での姿を最後に、建春門院に再び会うことはなかったこと。
イ　何度夢に見ようとも、この世では建春門院に二度と会えないこと。
ウ　八条院にお目見えがかなってから建春門院の夢を見ないこと。
エ　初お目見え以降、八条院に会う機会がなかったこと。

7「にはかに常盤殿に渡りおはします」（三〇六・16）とあるが、主語は誰か。**3**(1)のア〜カから選びなさい。

第二段落

8「都の方に煙立ちて、」（三〇七・1）とあるが、この描写の意味することは何か。二十字以内で説明しなさい。

9「移り変はる世」（三〇七・2）とは具体的には何がどのようになったことをいっているのか。二十五字以内で説明しなさい。

全体

10 第一段落の回想、第二段落の世の中の状況をふまえて、第三段落で述べられている作者の心情を、次から選びなさい。 ▼学習二

ア　人の心も神代の初めに戻ったようで、周囲にとけこめない孤立感。
イ　珍しいうわさばかりが聞こえ、世情から取り残された孤独感。
ウ　亡き建春門院の思い出をともに語り合う人もいない寂寥感《せきりょうかん》。
エ　過去への思いを共有できる人を見つけたい焦燥感。

学習目標　自身の前半生を赤裸々に描いた日記を読み、男女の思いや心情を捉える。

とはずがたり（秘密の出産）

教科書 p.208〜p.210

検印

展開の把握

思考力・判断力・表現力　▼学習一

○次の空欄に適語を入れて、内容を整理しなさい。

第一段落（起）(p.208 ℓ.11 〜 p.209 ℓ.1)	産気づく	（九月）二十日過ぎの〔ア　〕から産気づいた。死後までどんな〔イ　〕が残るかと思うと、あの方の並々でない〔ウ　〕を見るにつけても悲しい。
第二段落（承）(p.209 ℓ.2 〜 p.209 ℓ.8)	無事出産	深夜になって、あまりのつらさに起き上がると、助け起こしてくれた〔エ　〕にすがって〔オ　〕した。あの方が〔カ　〕の手配を命じたことに、事情を知る侍女たちは感心した。
第三段落（転）(p.209 ℓ.9 〜 p.210 ℓ.6)	わが子との別れ	生まれた子が〔キ　〕であるのを確かめるとすぐに、どこかへ連れ去られてしまった。もう二度と会えないと悲しみにくれているうちに夜が明けた。後深草院に〔ク　〕したと伝えると、院からは見舞いの言葉とともに〔ケ　〕が届く。
第四段落（結）(p.210 ℓ.7 〜 p.210 ℓ.10)	産後の逢瀬	後産に苦しむこともなく数日がたったので、あの方も帰ったが、〔コ　〕過ぎてから出仕せよとの仰せなので、籠って過ごす。あの方が〔サ　〕のように通って来て、世間の〔シ　〕が気にかかる。

語句・文法

知識・技能

1 次の語の意味を調べなさい。

① あはれがる（p.209 ℓ.8）〔　　〕
② などや（ℓ.13）〔　　〕
③ なかなかなり（ℓ.14）〔　　〕
④ かまへて（p.210 ℓ.5）〔　　〕
⑤ つくづくと（ℓ.8）〔　　〕

2 次の太字の助動詞のうち、他とは意味が異なるものを番号で選び、文法的に説明しなさい。

① 人にかくとも言は**ね**ば、（p.208 ℓ.11）
② なほざりなら**ぬ**心ざしを見るにも、（ℓ.13）
③ 外へ出で給ひ**ぬ**と見しよりほか、（p.209 ℓ.12）
④ ものは言は**ね**ど、（ℓ.14）
⑤ 人知れ**ぬ**音をのみ袖に包みて、（p.210 ℓ.2）

〔　　〕〔　　　　〕

3 次の太字の副助詞の意味は、あとのア〜キのいずれにあたるか。それぞれ選びなさい。

① ただ衣の下**ばかり**にて一人悲しみゐたる（p.209 ℓ.3）〔　　〕
② 女にて**さへ**ものし給ひつるを、（ℓ.16）〔　　〕
③ いかなる方へと**だに**知らずなりぬると〔　　〕
④ 人知れぬ音を**のみ**袖に包みて、（p.210 ℓ.2）〔　　〕
⑤ ここなりつる人も帰り**など**したれども、（ℓ.7）〔　　〕
⑥ 隔てなくと言ふ**ばかり**通ひ給ふも、（ℓ.9）〔　　〕

ア 類推　**イ** 限定　**ウ** 添加　**エ** 例示
オ 程度　**カ** 婉曲　**キ** 最小限の限定

内容の理解

思考力・判断力・表現力

第一段落

1 **「亡き後までもいかなる名にかとどまらんと思ふ」（二〇八・13）とは、どのような心情か。適当なものを次から選びなさい。**〔　　〕

ア　自分の死後までどのような名であっても残したいと望む心情。

イ　死後に生まれ変わってでもわが子を見守りたいと願う心情。

ウ　自分の死後に不義が露見し、悪評が立つことを案じる心情。

エ　出産時に死んだら現世に執着が残ると恐れる心情。

第二段落

2 新傾向 **「かき起こさるる袖に取りつきて、ことなく生まれ給ひぬ。」（二〇九・6）は、『源氏物語』の「宮の御湯持て寄せ給へるに、かき起こされ給ひて、ほどなく生まれ給ひぬ。」（一五三・1）の影響を受けた記述である。葵の上の出産には母宮が付き添っているが、本文では「雪の曙」が出産に立ち会っている。光源氏はなぜ立ち会わなかったと思うか。その理由として適当なものを、次から選びなさい。**〔　　〕

ア　出産は神事であるため。

イ　出産を穢《けが》れと捉えるため。

ウ　妻の実家で面倒をみるのが通例であるため。

エ　加持・祈禱やまじないなどに専念するため。

第三段落

3 **「さても何ぞ。」（二〇九・9）とあるが、この疑問の答えに該当する箇所を、本文中から十二字以内で抜き出しなさい。**

4 **「なかなかなれば、」（二〇九・14）を、作者の思いを補って口語訳しなさい。** ▼脚問2

〔　　〕

5 **「よしや、よも。」（二〇九・14）のあとに省略されている内容として適当なものを、次から選びなさい。**

ア　見る　　　　　　イ　見ることあらん

ウ　見ることあるまじ　エ　見ぬことあらじ

〔　　〕

第三段落

6 **「さもなければ、」（二一〇・2）の意味として適当なものを、次から選びなさい。**〔　　〕

ア　わが子をもう一度見るわけにもいかないので、

イ　理由を説明することができないから、

ウ　願いがかなうこともないなら、

エ　わが子の行方を知りようもないので、

7 **「いと恐ろし。」（二一〇・6）とあるが、これは誰に対するどのような気持ちか。二十字以内で説明しなさい。** ▼脚問3

第四段落

8 **「我も人も思ひたるも、心のひまなし。」（二一〇・10）について次の問いに答えなさい。**

(1)「人」とは誰のことか、答えなさい。 ▼脚問4〔　　〕

(2)「心のひまなし。」の説明として適当なものを、次から選びなさい。〔　　〕

ア　手放したわが子のことをあれこれ考え続けている。

イ　うわさが立つことを恐れて心の休まるときがない。

ウ　「雪の曙」とより強いきずなで結ばれている。

エ　不義の露見におびえるあまり、うわの空である。

全体

9 **この文章には「秘密の出産」の事実を知っている人が「雪の曙」以外にも登場する。その人を表す言葉を本文中から五字で抜き出しなさい。**

学習目標　王朝文学の系譜に連なる物語の一作品を読み、その作品の特異な設定を読み取る。

とりかへばや物語（父大納言の苦悩）

教科書 p.212〜p.215

検印

展開の把握

思考力・判断力・表現力

○次の空欄に適語を入れて、内容を整理しなさい。 ▼学習一

第一段落 (p.212 ℓ.3〜p.213 ℓ.11)	第二段落 (p.213 ℓ.12〜p.214 ℓ.6)	第三段落 (p.214 ℓ.7〜p.215 ℓ.5)
姫君と父大納言		若君と父大納言
父大納言が東の対の姫君のもとを訪れると、姫君は御帳台の内で〔ア　　〕を弾いている。盛りの〔イ　　〕でも御覧なさいと声をかけつつ座ると、姫君は〔ウ　　〕もこれほどではあるまいと思われるほどすばらしい。大納言は涙にくれ、姫君も恥じ入り、涙をこぼしそうにしている。	姫君は〔エ　　〕をしているかのような顔色で、〔オ　　〕のこぼれかかるさまも魅力的である。〔カ　　〕歳だが、すらりとして優美な様子はこのうえなく美しい。大納言は〔キ　　〕などにしたほうがよいものかと御覧になり、涙にくれる。	西の対に若君を訪ねると、〔ク　　〕の音が聞こえる。若君は狩衣に〔ケ　　〕姿で、顔つきや目もとは魅力に満ちている。この子も〔コ　　〕として育てていたならと、胸がつぶれ、若君の秀でた容姿に〔サ　　〕が浮かぶも、心中は暗い。若君は〔シ　　〕や〔ス　　〕など、戸外での遊びに興じている。

語句・文法

知識・技能

1 次の語の読みを現代仮名遣いで書きなさい。

p.212 ℓ.9 ①几帳〔　　〕
p.213 ℓ.2 ②御髪〔　　〕
p.214 ℓ.2 ③袿〔　　〕
ℓ.11 ④狩衣〔　　〕
⑤指貫〔　　〕

2 次の語の意味を調べなさい。

p.213 ℓ.1 ①いぶせし〔　　〕
ℓ.4 ②なつかし〔　　〕
ℓ.12 ③かたはらいたし〔　　〕
ℓ.14 ④らうたし〔　　〕

3 次の太字の助動詞の意味は、あとのア〜クのいずれにあたるか。それぞれ選びなさい。

p.213 ℓ.12 ①化粧じ給は**ね**ど、〔　　〕
ℓ.15 ②かくてこそ見るべかり**けれ**。〔　　〕
p.214 ℓ.2 ③人柄にもてはやさ**れ**て、〔　　〕
p.215 ℓ.2 ④見るごとに笑ま**れ**ながらぞ、〔　　〕

ア 自発　イ 可能　ウ 受身　エ 尊敬
オ 完了　カ 打消　キ 過去　ク 詠嘆

4 次の各文には音便が含まれている。もとの形に改めて全文を書きなさい。

p.214 ℓ.7 ①吹き澄ましたなり。
〔　　〕
ℓ.8 ②これもさなり。
〔　　〕

内容の理解

思考力・判断力・表現力

第一段落

1「などかくのみ埋もれては。……ものすさまじげに思ひて侍るはや。」（三二・10～三三・1）について、次の問いに答えなさい。

(1)「かくのみ」のさす内容を本文中から二十五字以内で抜き出し、初めと終わりの五字で選びなさい。

～

(2)どのようなことを述べているのか。次から選びなさい。

ア　女房たちに、碁や双六をして過ごすのではなく、盛りの花を楽しめと勧めている。

イ　姫君に、御帳台の内にこもってばかりおらず花見でもするようにと勧めている。

ウ　姫君に、寝ているばかりでは女房たちもあきれているだろうと、起き出すよう促している。

エ　女房たちに、碁や双六にうつつを抜かしているとはあまりにも気が利かないと注意している。

2「これこそなつかしかりけれ。」（三三・4）の「これ」のさす箇所を本文中から抜き出し、初めと終わりの五字で答えなさい。（句読点は含まない）

～

3「いにしへのかぐや姫も、け近くめでたき方はかくしもやあらざりけむ。」（三三・5）の意味を、次から選びなさい。

ア　昔のかぐや姫も、親しみやすくすばらしいという点はこのようであったのだろうか。

イ　昔のかぐや姫も、親しみやすくすばらしいという点ではこの姫君ほどではなかったのではないか。

ウ　昔のかぐや姫でも、間近で称美したいことはこれほどでもなかっただろうよ。

エ　昔のかぐや姫も、間近で称美したらその人にもこのようにひかれたのだろうよ。

第一段落

4「御けしき」（三三・8）とあるが、誰の様子か。次から選びなさい。

ア　大納言　イ　姫君　ウ　若君　エ　女房

5「我もこぼれて、」（三三・10）について、次の問いに答えなさい。

(1)「我」は誰をさすか。**4**のア～エから選びなさい。

(2)「こぼれて」を、主語を補って解釈しなさい。

6姫君の心情がうかがわれる形容動詞を、第一段落の本文中から二つ抜き出しなさい。

第二段落

7「かくて」（三三・15）のさす内容を、本文中から十字以内で抜き出しなさい。

8「なまめかしきさまぞ、限りなきや。」（三三・16）とあるが、誰のどのような様子か。十五字以内で説明しなさい。

第二段落

9 「尼などにて、ひとへにその方の営みにてやかしづき持たらまし。」（三四・3）の意味を、次から選びなさい。

ア　姫君は、尼などであったなら、ひたすら仏道修行をさせてお世話したであろうに。
イ　姫君は、尼などであって、ひたすら仏道修行の生活を大切にするのがよいだろうか。
ウ　姫君は、尼などにして、ひたすら仏道修行をさせることでお世話したらよかろうか。
エ　姫君は、尼などに、ひたすら仏道修行の暮らしのお世話をさせることにしよう。

〔　　〕

10 「くちをしく」（三四・4）とあるが、どのようなことが「くちをし」いのか。次から選びなさい。

ア　息子が美しい女性として成長していること。
イ　美しく育った娘を尼にするしかないこと。
ウ　娘に人並みの結婚が望めないこと。
エ　娘と息子を取り替えられないこと。

〔　　〕

第三段落

11 「さりげなくもてなして、」（三四・9）から読み取ることのできる大納言の心情を、次から選びなさい。

ア　若君が吹く笛の音が、ひどく不吉に響くことに心が乱れたが、それを表に出すまいとする心情。
イ　若君が見事に吹く笛の音を耳にして動揺しながらも、それを抑え、隠そうとする心情。
ウ　若君の吹く笛の音のすばらしさに気持ちも落ち着かないが、冷静に若君を扱おうと心がける心情。
エ　若君が珍しく笛を吹いていることに驚いたものの、若君を何気なくもてなそうとする心情。

〔　　〕

第三段落

12 「あないみじ。」（三四・15）のここでの意味を、次から選びなさい。

ア　ああ、たいそう残念なことだ。
イ　ああ、ひどく恐れ多いことだ。
ウ　ああ、とてもすばらしいことだ。
エ　ああ、甚だしく幸せなことだ。

〔　　〕

13 「これは長さこそ劣りたれ、」（三五・1）について、①「これ」は誰をさすか、②誰と比べて「劣りたれ」と言っているのか。それぞれ**4**のア〜エから選びなさい。

①〔　　〕②〔　　〕

14 「見るごとに笑まれながらぞ、心のうちはくらさるるや。」（三五・2）について、次の問いに答えなさい。

(1) 「見るごとに笑まれ」るのはなぜか。十五字以内で説明しなさい。

(2) 「心の内はくらさるるや」という大納言の心情を、三十字以内で説明しなさい。

全体

15 大納言が訪ねた折、姫君と若君は、誰と一緒にいたか。それぞれ本文中の言葉で答えなさい。

姫君〔　　〕
若君〔　　〕

16 大納言は子供たちのことで苦悩しているが、その原因は何にあると考えているか。本文中から四字以内で抜き出しなさい。

学習目標　悲恋物の定型と呼ばれる作品を読んで、登場人物の心情を捉える。

しのびね物語（偽りの別れ）

教科書 p.216～p.219

検印

展開の把握

思考力・判断力・表現力　▼学習一

○次の空欄に適語を入れて、内容を整理しなさい。

第一段落（p.216 ℓ.4～p.216 ℓ.11）	第二段落（p.217 ℓ.1～p.218 ℓ.7）	第二段落（p.218 ℓ.8～p.218 ℓ.15）	第三段落（p.218 ℓ.16～p.219 ℓ.6）
帝との別れ	姫君との別れ		父母・若君との別れ
中納言は宮中に参内して、〔ア　〕のために〔イ　〕のほうへ行くと奏上した。帝は〔ウ　〕戻るようにとおっしゃった。	夕暮れに紛れて中納言は姫君の〔エ　〕に入り、〔オ　〕の成長を支えに〔カ　〕に仕えるよう説いた。姫君が連れて行ってくれと慕うので、次の〔キ　〕には迎えに来ると偽り、〔ク　〕と〔ケ　〕を残す。そして、〔コ　〕に、中納言は姫君の局を出る。	泣きはらした姫君の顔はますます美しく、中納言は自分の〔サ　〕を嘆きつつ立ち去った。	中納言が父〔シ　〕の邸に帰参すると、両親は華やかな装いの息子の姿を立派だと喜んだ。中納言は自らの〔ス　〕が親を嘆かせるだろうと〔セ　〕思われたが、結局はお救いすることになると思い直す。〔ソ　〕が無心に遊び回る姿を見て悲しく思い、姫君に〔タ　〕を書いた。

語句・文法

知識・技能

1 次の語の意味を調べなさい。

p.216 ℓ.8 ①やがて〔　〕
p.217 ℓ.7 ②おとなし〔　〕
ℓ.14 ③すかす〔　〕
p.218 ℓ.4 ④はしたなし〔　〕
ℓ.12 ⑤いたづらなり〔　〕

2 次の太字の係助詞の結びの語を抜き出し、終止形で答えなさい。

p.216 ℓ.7 ①**こそ**心苦しけれ。〔　〕
ℓ.11 ②**ぞ**、あはれなる。〔　〕
p.217 ℓ.6 ③ことを**こそ**おぼさめ。〔　〕
p.218 ℓ.12 ④宿世**こそ**心憂けれ。〔　〕
ℓ.14 ⑤うち**ぞ**はかなかりける。〔　〕

3 次の太字の敬語の品詞と敬語の種類は、あとのア～オのいずれにあたるか。それぞれ選びなさい。

p.216 ℓ.8 ①詣づることの**侍れ**ば。〔　・　〕
ℓ.9 ②「鞍馬の方へ。」と**奏し**て、〔　・　〕
p.217 ℓ.3 ③かやうにて**候ひ**給ふと〔　・　〕
ℓ.10 ④具して**おはせ**よ。〔　・　〕
ℓ.12 ⑤かなはじと**おぼし**て、〔　・　〕
ℓ.13 ⑥もろともに出で**侍ら**ん。〔　・　〕
p.218 ℓ.8 ⑦心強くは出で**給へ**ども、〔　・　〕
p.219 ℓ.2 ⑧もの思はせ**奉ら**んことの〔　・　〕

ア　動詞　イ　補助動詞
ウ　尊敬語　エ　謙譲語　オ　丁寧語

内容の理解

思考力・判断力・表現力

1 「ことさらひきつくろひ、はなやかに御装束し給ひて、」(三六・4)とあるが、中納言がそのようにした理由を、二十五字以内で説明しなさい。

2 「さらぬ人々」(三六・5)について、次の問いに答えなさい。

(1)「さらぬ人々」とは、ここではどのような意味か。口語訳しなさい。

〔　　　〕

(2)具体的には誰をさすか。適当なものを次から選びなさい。

ア 内大臣　イ 后　ウ 上達部《かんだちめ》　エ 地下《ぢげ》　〔　　〕

3 「涙の落つるを紛らはしつつ、候ひ給へば、」(三六・6)とあるが、このときの中納言の心情を、次から選びなさい。

ア 愛し合い、子までなした姫君が帝に仕えることになり、帝と顔を合わせるのもつらい心情。

イ 帝にお目にかかるのもこれが最後と思うとひどくつらいが、その悲しみを帝に悟られまいとする心情。

ウ 鞍馬へのもの詣でのため、しばらく帝のそばを離れることになり、別れがひどくつらい心情。

エ 今帝にお目にかかったばかりなのに、すぐに別れることになるつらさを、帝に隠そうとする心情。　〔　　〕

4 「やがて帰り侍らん。」(三六・8)と述べた理由を、次から選びなさい。

ア 寺に長く留まるつもりはないため。

イ いつかは帰参する気であるため。

ウ すぐに戻って来てほしいため。

エ 帝を安心させるため。　〔　　〕

第一段落

5 「しろしめされぬ」(三六・11)とあるが、どのようなことを「しろしめされぬ」のか。二十字以内で説明しなさい。

6 「世の常の中」(三七・1)とは、どのような意味か。説明しなさい。

〔　　　〕

第二段落

7 「目もくれて、ものもおぼえず。」(三七・2)とは、誰のどのような状態か。三十字以内で説明しなさい。

8 「宮仕ひに出だし立て」(三七・7)とあるが、①誰が、②誰を、③どうするのか。①・②は次から選び、③は十字以内で説明しなさい。(句読点は含まない)

ア 中納言　イ 帝　ウ 姫君　エ 若君　オ 内大臣　カ 母上

①〔　　〕　②〔　　〕　③

9 「おくらかし給はんが心憂きこと。」(三七・11)とあるが、姫君はどのようなことを言っているのか。次から選びなさい。

ア 中納言が、自分を残して出奔してしまうのがつらいということ。

イ 帝が、姫君の出家を先に延ばそうとするのがつらいということ。

ウ 中納言が、別れの悲しみに出家を遅らせるのがつらいということ。

エ 帝が、中納言の出奔に反対し、引き留めるのがつらいということ。　〔　　〕

第二段落

10 「あやふくて、」（三七・15）とあるが、姫君のどのような心情か。三十字以内で説明しなさい。 ▼学習三1

11 「夜も明け方になりぬ。」（三八・4）とあるが、中納言が姫君のもとで夜明けを迎えた理由として適当なものを、次から選びなさい。

ア　泣いている姫君を見ていっそう愛情が募り、少しでも長く一緒にいたかったから。
イ　泣いている姫君を一度は冷淡に振り捨てたものの、やはり見過ごしにはできなかったから。
ウ　泣いている姫君を、冷たく振り捨てて出て行くことができなかったから。
エ　泣いている姫君を見て、その聞き分けのなさを残念に思いつつ、あれこれ慰めたから。　〔　　〕

12 「御顔をつくづくと見給へば、」（三八・10）について、次の問いに答えなさい。

(1) ①誰が、②誰の顔を見ているのか。**8**のア～カから選びなさい。　①〔　　〕②〔　　〕

(2) 「つくづくと見」るのは、どのような思いからか。本文中から五字で抜き出しなさい。

第三段落

13 「いつよりもはなやかにひきつくろひ給へる」（三八・16）とあるが、これとほぼ同じ内容を述べた箇所を、本文中から二十五字以内で抜き出しなさい。（句読点を含む）

第三段落

14 「つひには助け奉らん」（三九・3）とあるが、中納言の思いとして適当なものを次から選びなさい。

ア　出家後は、両親が平穏な余生を送れるように手を尽くそうという思い。
イ　出家後は、両親が極楽往生できるように、仏道修行に励もうという思い。
ウ　出家後は、いつかは両親のもとに戻り、親孝行しようという思い。
エ　出家後、もし困ることがあっても、両親がきっと助けてくれるという思い。　〔　　〕

全体

15 新傾向 次の生徒の会話文の中から、本文の内容に合致していない発言を選びなさい。

生徒A：中納言の出家するという決意は、愛する姫君が泣いて連れていってほしいと頼んでも揺らがなかったから、相当固いものだったんだね。
生徒B：そうだね。出家の決意の証拠として姫君には、いつも身につけている数珠と扇を渡して、わかってもらおうとしているね。
生徒C：中納言はなかなか離してくれない姫君に対して、日暮れに迎えに来るとうそもついているね。
生徒D：姫君も最初はそのうそを疑っているけれども、最終的には中納言を信じて待っているね。なんて切ない場面なんだろう。
生徒E：中納言にとっても姫君にとってもつらいことだね。この話のタイトル「偽りの別れ」の「偽り」は、中納言が本心を他人に偽り、隠しているということを表しているんだね。

生徒〔　　〕

学習目標　王朝文学の系譜に連なる物語の中の短編を読んで、内容と展開を捉える。

堤中納言物語（はいずみ）

教科書p.220～p.224

検印

展開の把握

思考力・判断力・表現力　▼学習一

○次の空欄に適語を入れて、内容を整理しなさい。

前半				後半
第一段落（p.220 ℓ.7～p.221 ℓ.2）	第二段落（p.221 ℓ.3～p.221 ℓ.13）	第三段落（p.221 ℓ.14～p.222 ℓ.7）	第四段落（p.222 ℓ.8～p.222 ℓ.13）	第五段落（p.222 ℓ.14～p.223 ℓ.11）
もとの妻、大原に到着童に歌を託す	事情を聞いた男は妻を連れ戻そうと決意	男、もとの妻を自邸に連れ戻す	男、新しい女の引き取りを延期	男、女の父母、掃墨を塗った女の顔を見て恐怖
もとの妻は、〔ア　〕になる前に〔イ　〕に着いた。たいそう小さい〔ウ　〕なので、送って来た童は〔エ　〕に思ったが、歌を託されて、泣く泣く〔オ　〕に乗って、男の家に帰った。	男が目を覚ますと、〔カ　〕は山の端近くなっていた。童から妻の家の〔キ　〕を聞いて泣き、男は夜明けより前に連れ戻そうと〔ク　〕し、童を供として急ぎ〔ケ　〕へ行き着いた。	〔コ　〕をたたき、〔サ　〕に似た声で歌をよむので、心当たりはないが、戸を開けて家に入れたところ、男はもとの妻の〔シ　〕臥す所に寄って、〔ス　〕する。夜の明けぬうちにと言って、〔セ　〕に乗せて帰った。	もとの妻は〔ソ　〕としたまま男の家に着いた。男は女をこの上なく〔タ　〕な人だと思う。新しい女には、ここにいる人が〔チ　〕をしたので迎えることができないと言い送る。女の〔ツ　〕は嘆いた。	ある日、男は〔テ　〕に突然新しい女の家を訪れた。新しい女は慌てて〔ト　〕と掃墨とを間違えて顔に塗った。まだらに〔ナ　〕の形に跡をつけた顔を見て、男は〔ニ　〕悪く思って帰ってしまった。女の父母が部屋に来て、娘の〔ヌ　〕を見て倒れ臥す。

語句・文法

知識・技能

1 次の語の意味を調べなさい。

p.221 ℓ.9 ①ゆゆし〔　　〕
ℓ.10 ②いたづらなり〔　　〕
p.222 ℓ.4 ③おこたり〔　　〕
ℓ.8 ④あきる〔　　〕
p.223 ℓ.8 ⑤むくつけし〔　　〕

2 次の太字の語が連体詞の場合は○を、連体詞でない場合は×を書きなさい。

p.220 ℓ.7 ①**この**女は、いまだ夜中ならぬ先に〔　　〕
p.221 ℓ.7 ②**ありつる**歌を語るに、〔　　〕
ℓ.9 ③さまで**ゆゆしき**所へ行くらむ〔　　〕
ℓ.10 ④**さる**所にては、〔　　〕
ℓ.12 ⑤**あたら**御さまを。〔　　〕
ℓ.14 ⑥**あばれたる**家なり。〔　　〕
p.224 ℓ.2 ⑦**例の**肌になりたるを見て、〔　　〕

3 次の太字の助動詞は、あとのア・イのいずれにあたるか。それぞれ選びなさい。

p.220 ℓ.9 ①はや、馬率て参り**ね**。〔　　〕
②いづこにか泊まらせ給ひ**ぬる**〔　　〕
p.221 ℓ.2 ③ほどもなく来着き**ぬ**。〔　　〕
ℓ.3 ④山の端近くなり**に**たり。〔　　〕
ℓ.6 ⑤など遅くは帰り**つる**ぞ。〔　　〕
ℓ.9 ⑥行きて迎へ返し**て**むと思ひて、〔　　〕
ℓ.10 ⑦身もいたづらになり**な**む。〔　　〕

ア　完了の助動詞
イ　強意の助動詞

後半	
第六段落 (p.223 ℓ.12〜p.224 ℓ.4)	第七段落 (p.224 ℓ.5〜p.224 ℓ.7)
女、自分の顔を見て大騒ぎ	女の一家の大騒ぎの滑稽
〔ネ　　〕を見た女も泣き騒ぐので、家人たちは男の妻の〔ノ　　〕のためにこうなったのかと疑い、〔ハ　　〕を呼ぶ。〔ヒ　　〕が涙で濡れた肌を拭うと、もとに戻った。	家人たちは〔フ　　〕を塗ったとも気づかず、美しい姫君が〔ヘ　　〕なしになったと大騒ぎしたのも、実に返す返す〔ホ　　〕であった。

4 次の太字の副詞と呼応している語を抜き出しなさい。

p.222 ℓ.5 ① **さらに**聞こえやるべくもなし。
ℓ.9 ② **さらに**かしこへまからじ。
p.223 ℓ.3 ③ **な**入り給ひそ。」と言へ。
ℓ.13 ④ **え**言ひやらず。

①〔　　〕　②〔　　〕
③〔　　〕　④〔　　〕

内容の理解

第一段落

1 「いと心苦しと見ゐたり。」(二二〇・8) とあるが、「この童」が「いと心苦し」と思ったのはなぜか。三十字以内で説明しなさい。 思考力・判断力・表現力

第二段落

2 「男、うちおどろきて見れば、月もやうやう山の端近くなりにたり。」(二二一・3) について、次の問いに答えなさい。

(1) 「うちおどろきて」とは、どのような意味か。適当なものを次から選びなさい。

ア　ひどく感動して　　イ　ふと目が覚めて
ウ　たいへんびっくりして　　エ　突然起こされて

〔　　〕

(2) 「月もやうやう山の端近くなりにたり。」とあるが、ここでは「月」はどのような役割を果たしているか。十字以内で簡潔に答えなさい。(句読点は含まない)

3 「いとあやし。など遅くは帰りつるぞ。いづくなりつる所ぞ。」(二二一・6) について、次の問いに答えなさい。

(1) 「いとあやし。」とあるが、何が「あやし」というのか。適当なものを次から選びなさい。

ア　童の帰りが遅すぎたこと
イ　童が一人で帰って来たこと
ウ　童が慌てて戻ったこと
エ　童が泣いていたこと

〔　　〕

(2) 「いづくなりつる所ぞ。」と問うているが、これとほぼ同じ内容の言葉がある。本文中の歌の中から、十字以内で抜き出しなさい。

第二段落

4 「ありつる歌を語るに、男もいと悲しくて、うち泣かれぬ。」(二二一・7) について、次の問いに答えなさい。

(1) 「ありつる歌」とは、どの歌をさすか。該当する歌の初句を抜き出しなさい。 ▼脚問1

〔　　〕

(2) 「男もいと悲しくて、うち泣かれぬ。」とあるが、男が悲しくて泣いたのは、歌のどの部分によるのか。十字以内で抜き出しなさい。

第二段落

5 「男、『明けぬ先に。』とて、この童、供にて、いととく行き着きぬ。」(三二・12)とあるが、「明けぬ先に。」のあとに補うべき言葉を本文中から六字以内で抜き出しなさい。

第三段落

6 「涙川そことも知らずつらき瀬を行き返りつつながれ来にけり」(三三・1)について、次の問いに答えなさい。

(1)「涙川」の「川」の縁語として、「瀬」「ながれ」の他にもう一つ考えられる語がある。歌の中から抜き出しなさい。 ▼脚問2

〔　　〕

(2)「ながれ」は掛詞でもある。掛けられている二語を、意味の違いがわかるように漢字を用いて答えなさい。

〔　　〕〔　　〕

第四段落

7 「このほどを過ごして、迎へ奉らむ。」(三三・11)とあるが、「このほど」の具体的な内容は何か。十字以内で答えなさい。(句読点は含まない)

8 「この男、いとひききりなりける心にて、」(三三・14)とあるが、男の性急な性格はもとの妻を迎えに行ったときに繰り返された言葉からもうかがうことができる。その言葉を、本文中から五字で抜き出しなさい。

9 「よし、今しばしありて参らむ。」(三三・8)とあるが、この言葉はどの言葉を口実にして言ったものか。本文中から十五字で抜き出しなさい。

第五段落

10 「かく来たりと聞きて来たるに、」(三三・9)とあるが、①「来たり」と②「来たる」の主語を、次からそれぞれ選びなさい。 ▼脚問3

ア　もとの女　　イ　新しい女
ウ　男　　エ　侍女
オ　新しい女の父母　　カ　乳母

①〔　　〕②〔　　〕

第六段落

11 「泣けば、」(三三・15)とあるが、新しい女はなぜ泣き出してしまったのか。適当なものを次から選びなさい。

ア　父母が倒れたから。
イ　自分の顔を見たから。
ウ　家人が大騒ぎしたから。
エ　もとの妻の呪詛にあったから。

〔　　〕

第七段落

12 「かかりけるものを、」(三四・5)とあるが、「かかりける」のさす内容として適当なものを次から選びなさい。

ア　新しい女の両親が娘の顔を見てショックを受けたこと。
イ　新しい女が掃墨を間違えて顔に塗ってしまったこと。
ウ　母親が新しい女の顔を拭いたらもとの肌色に戻ったこと。
エ　もとの女が陰陽師を呼んでお祓《はら》いをしたこと。

〔　　〕

全体

13 本文の前半で、もとの女が男の愛情を取り戻したのはなぜか。適当なものを次から選びなさい。 ▼学習三

ア　女を送っていった童から聞いた女の家の様子をあわれに思ったから。
イ　女を思って詠歌したところ、女の本当の気持ちに気がついたから。
ウ　女を送っていった童の非難の言葉で、自分の本心に気がついたから。
エ　女を送っていった童から聞いた女のよんだ歌に心を動かされたから。

〔　　〕

14 本文の後半における「新しい女」の一家の騒動を、物語の語り手はどのように評しているか。その評語として適当なものを次から選びなさい。

ア　とても風流だ　　イ　なんとも不憫《ふびん》だ
ウ　実に滑稽だ　　エ　なんとなく不気味だ

〔　　〕

学習目標　「推敲」の言葉の由来となった漢文を読解する。

推敲

教科書 p.226

検印

展開の把握

思考力・判断力・表現力

○次の空欄に適語を入れて、内容を整理しなさい。

①唐の詩人〔ア　　〕は〔イ　　〕の受験のために都（長安）にやってきた。

②ろばに乗りながら詩を作り、「僧〔ウ　　〕月下門」の句を思いついた。

③「〔エ　　〕」の字を「〔オ　　〕」の字に改めたほうがよかろうかと、しぐさをして考えたが、まだ決しかねていた。

④うっかりして大尹〔カ　　〕の行列に突き当たってしまった。

⑤事情を詳しく説明したところ〔キ　　〕は、「〔ク　　〕の字がよい。」と言った。

⑥二人はそのまま轡《たづな》を並べて進みながら、詩について語り合った。

語句・句法

知識・技能

1 次の語の読み（送り仮名を含む）と意味を調べなさい。

p.226 ℓ.3

①乃ち〔　　〕〔　　〕

②具に〔　　〕〔　　〕

③遂に〔　　〕〔　　〕

2 次の文を書き下し文に改めなさい。

①未ダレ知ラ。〔　　〕

②未ダレ定マラ。〔　　〕

内容の理解

思考力・判断力・表現力

1 「未レ決。」（二二六・2）とは、何を決めることができなかったというのか。「〜ということ。」に続くように、十五字以内で答えなさい。

ということ。

全体

2 賈島が自作の詩について、一心不乱に考えていたことをうかがわせる一文を、本文中から抜き出しなさい。（返り点・送り仮名不要）

〔　　〕

3 「具言」（二二六・3）の具体的な内容を、次から選びなさい。

▼脚問1

ア　大尹韓愈に対する非礼の謝罪。

イ　自作詩中の用字に関する迷い。

ウ　科挙を目前に控えての心構え。

エ　自作詩集の出版に関する依頼。

〔　　〕

全体

4 「遂並レ轡論レ詩。」（二二六・3）の部分から、韓愈のどのような人物像を読み取ることができるか。次から選びなさい。

ア　政治には無関心な風流人。

イ　友情に厚い文学者。

ウ　自尊心の強い権力者。

エ　詩を愛する寛容な政治家。

〔　　〕

学習目標　「推敲」で思索されている詩を読んで、賈島の考えを想像し、その人物像を捉える。

活動　「推敲」と賈島「題二李凝幽居一」との読み比べ

教科書 p.226

検印

○次の漢詩を読んで、あとの問いに答えなさい。

題ス二李凝ガ幽居ニ一

閑居少ニ二隣並一
草径入ル二荒園ニ一
鳥ハ宿ル池辺ノ樹
僧ハ敲ク月下ノ門
過ギテレ橋ヲ分カチ二野色ヲ一
移シテレ石ヲ動カス二雲根ヲ一
暫ク去リテ還タ来タルレ此ニ
幽期不レ負カレ言ニ

（三体詩）

李《り》凝《ぎよう》が＊幽居《いうきよ》に題《だい》す

閑居《かんきよ》　＊隣並《りんぺい》少《まれ》に
草径《さうけい》　荒園《くわうゑん》に入《い》る
鳥《とり》は宿《やど》る　池辺《ちへん》の樹《じゆ》
僧《そう》は敲《たた》く　月下《げつか》の門《もん》
橋《はし》を過《す》ぎて　野色《やしよく》を分《わ》かち
石《いし》を移《うつ》して　雲根《うんこん》を動《うご》かす
暫《しばら》く去《さ》りて　還《ま》た此《ここ》に来《き》たる
＊幽期《いうき》　言《げん》に負《そむ》かず

語注
＊幽居…俗世間を離れて静かに暮らすこと。
＊隣並…隣近所。
＊幽期…風雅の約束。

要点の整理　思考力・判断力・表現力

1 次の空欄に適語を入れて、詩の大意を整理しなさい。

〔ア　　〕で落ち着いた〔イ　　〕には、〔ウ　　〕合う家も少なく、草の茂った〔エ　　〕は、荒れ果てた〔オ　　〕へと通じる。〔カ　　〕は池のほとりの樹木に宿り、〔キ　　〕が月明かりのもとで門を〔ク　　〕。池に架けてある〔ケ　　〕を渡ってもまだ野の気配が残り、山の中から雲が湧くと言われる〔コ　　〕を持ってきて庭に据えてある。しばらくよそに行っていましたが、また〔サ　　〕へ戻ってきました。〔シ　　〕は決して破りはいたしません。

2 「題二李凝幽居一」について、①詩の形式、②押韻している字、③対句（「第何句と第何句」というように句数で記しなさい。対句のない場合は「なし」と記しなさい。）を整理しなさい。

①〔　　〕
②〔　　〕
③〔　　〕

内容の理解

思考力・判断力・表現力

1 **この詩はどのような場面についてよんだものか。それを説明した次の文の空欄①〜③に入る適語をあとから選びなさい。**

〔　①　〕が〔　②　〕の家を、〔　③　〕に訪問している場面。

ア 李凝　イ 僧　ウ 朝　エ 昼　オ 夜

①〔　　〕②〔　　〕③〔　　〕

2 **「李凝」とは、どのような人か。最も適当なものを次から選びなさい。**

ア 好きなものを集めてそれに囲まれて暮らすことに満足している人。

イ 都会の中に自然の環境を作り出してその中で暮らしている人。

ウ 静かな田舎の暮らしに飽き足らなくなったら、旅に出てしまう人。

エ 俗世間を離れて、静かに自然を愛して暮らしている人。〔　　〕

3 新傾向 **本詩の僧は賈島であり、『推敲』の中では、この詩の「僧敲月下門」の部分を考えている。次の会話文は、それをふまえた「推」と「敲」の違いについての話し合いである。これを読んで、あとの問いに答えなさい。**

教　師：月下の門を「推した」場合と「敲いた」場合の違いは何だろう？

生徒A：門を「推した」ときはあまり音がしないけど、「敲いた」ときはトントンって軽やかな音がして、詩の状況に合っている感じがするよ。

教　師：そうだね。他にはないかな？

生徒B：門を「敲く」って要するにノックだよね。訪問した合図を送って、鍵を開けてもらうんだよね。

生徒C：そうすると、門を「推す」のときは鍵が開いているということかな。

生徒D：鍵が開いているのは、あらかじめ訪問の約束をしてある場合だね。

生徒C：じゃあ、僧は「敲いた」んだから、約束なしに夜に訪問したんだね。ちょっと迷惑じゃない？

生徒A：迷惑をかけることはわかっていても、訪問したかったんじゃないかな。たとえば急に話をしたくなったとか。

生徒B：訪問相手の李凝の人柄を考えると、僧は、月の美しさをいっしょに味わって語り合いたくなったのかもしれないよ。

生徒D：僧をどういう人物と捉えるかが大切だね。約束して訪問したなら常識的な人ということしかわからないけれど、約束せずに夜訪問したのだとしたら、僧は李凝と〔　①　〕ということになるね。

(1) 会話文中の空欄①に入る適語を十字以内で答えなさい。

(2) 会話文の中から、「敲く」にするほうがよいと考えている生徒の理由を二つ探し、それらを次の文の空欄に適当な形でまとめなさい。

・「敲く」にしたほうが「推す」よりも、〔　　〕から。

・「敲く」にしたほうが「推す」よりも、〔　　〕から。

(3) 賈島が、「推す」と「敲く」のどちらがよいか悩んだのはなぜか。その理由を説明した次の文の空欄に入る言葉をそれぞれ二字で書きなさい。

詩の中のたった〔　①　〕が違うだけで、詩の〔　②　〕の印象が変わってしまうから。

①　　②

4 **『推敲』の本文とこの詩から読み取れる賈島の人物像として、最も適当なものを次から選びなさい。**

ア 風流を好んでいるが、一般的な常識もわきまえている人。

イ 身分の違う相手に対しても分け隔てなく接する人。

ウ 言葉を選んで詩を作ることを生きがいとしている人。

エ 一つの事に没頭してしまうと、まわりが見えなくなる人。〔　　〕

学習目標　「呉越同舟」の言葉の由来となった漢文を読解する。

呉越同舟

教科書p.227

検印

展開の把握

思考力・判断力・表現力

○次の空欄に適語を入れて、内容を整理しなさい。

第一段落（初め～三七・3）

軍隊の使い方が巧みな大将＝〔ア　　〕という蛇のようなものだ。

この蛇は〔イ　　〕に住んでいる。この蛇の〔ウ　　〕を打つと〔エ　　〕が助けに来、〔オ　　〕を打つと〔カ　　〕が助けに来る。

その中ほどを打つと〔キ　　〕も〔ク　　〕もともに助けに来る。

第二段落（三七・4～終わり）

質問→〔ケ　　〕はこの蛇のように相互を救わせることができますか。

答え→それは〔コ　　〕だ。たとえば、呉の国の人と〔サ　　〕の国の人は仲が悪くて互いに〔シ　　〕合っているが、同じ舟に乗って川を渡っているときに、突然〔ス　　〕に遭遇すると助け合うのは、まさに左右の手でかばい合うようなものである。

内容の理解

思考力・判断力・表現力

第一段落

1 「善用レ兵者、譬如二率然一。」（三七・1）とは、どういうことか。次から選びなさい。

ア　巧みな用兵とは、強い兵を優遇して士気を高めること。
イ　巧みな用兵とは、兵どうしを助け合わせること。
ウ　巧みな用兵とは、兵に何度もしつこく攻めさせること。
エ　巧みな用兵とは、勇猛果敢に攻めさせること。

〔　　〕

2 「其中」（三七・2）とは、何をさすのか。十五字以内で答えなさい。

3 「使レ如二率然一」（三七・4）がさす部分を本文中から抜き出し、初めと終わりの三字で答えなさい。（訓点不要）

～

語句・句法

知識・技能

1 次の語の読み（送り仮名を含む）と意味を調べなさい。

p.227 ℓ.3	①倶に〔　　〕〔　　〕
ℓ.4	②敢へて〔　　〕〔　　〕

2 次の文を書き下し文に改めなさい。

①使ムレ弾ゼ二数曲ヲ一。〔　　〕

②仲尼ハ賢ナル乎。〔　　〕

第二段落

4 「如二左右手一。」（三七・5）とは、どういう意味か。次から選びなさい。　▼脚問1

ア　左右の手が力を合わせて身体を守るようである。
イ　左右の手の力の強いほうが活躍するようである。
ウ　左右の手がお互いにかばい合うようである。
エ　左右の手がお互いけんかし合うようである。

〔　　〕

全体

5 「呉越同舟」という故事成語の、現在使われている意味を答えなさい。　▼学習二

〔　　〕

学習目標　「嬰逆鱗」の言葉の由来となった漢文を読解する。

嬰二逆鱗一

教科書 p.228　検印

展開の把握　思考力・判断力・表現力

○次の空欄に適語を入れて、内容を整理しなさい。

〔ア　　〕という動物は、従順な〔イ　　〕で、飼い慣らして〔ウ　　〕ることができる。

↓

しかし、〔エ　　〕の喉もとには直径〔オ　　〕ほどの逆さまに生えたうろこ（＝〔カ　　〕）があり、もし人がこれに触れたならば、必ず〔キ　　〕される。

⇔

君主にも〔ク　　〕と言うべきものがある。君主に自分の〔ケ　　〕を述べる者は、その〔コ　　〕に触れずにうまくやる必要がある。うまくやればあとの成功が〔サ　　〕できる。

内容の理解　思考力・判断力・表現力

全体

1 「竜之為レ虫也、」（二二八・1）とは、どういう意味か。次から選びなさい。

ア　竜も動物の一種で　イ　竜が動物になったのは
ウ　竜は動物の中で　エ　竜の動物としての性質は　〔　　〕

2 「狎而騎」（二二八・1）とは、誰が何をどうすることか。十五字以内で答えなさい。

3 「其喉下」（二二八・1）の「其」は何をさしているか。本文中から抜き出しなさい。〔　　〕

全体

4 「若人有二嬰レ之者一、」（二二八・2）について、次の問いに答えなさい。

(1)「之」は何をさしているか。本文中から抜き出しなさい。〔　　〕

(2)この結果、どのようになるのか。八字以内で答えなさい。

5 「幾矣。」（二二八・3）とはどういう意味か。次から選びなさい。▼脚問1

ア　望ましいことである。　イ　あとのことはよくわからない。
ウ　成功したのに近い。　エ　近々死ぬことになる。　〔　　〕

6 「逆鱗に触れる」は、現在どのような意味で使われているか。次から選びなさい。▼学習二

ア　指導者を怒らせる。　イ　目上の人を怒らせる。
ウ　権力者に見放される。　エ　地位の高い人にごまをする。　〔　　〕

語句・句法　知識・技能

1 次の語の読み（送り仮名を含む）と意味を調べなさい。

p.228 ℓ.1	①夫れ	〔　　〕	〔　　〕
	②然れども	〔　　〕	〔　　〕
ℓ.3	③能く	〔　　〕	〔　　〕

2 次の文を書き下し文に改めなさい。

①若《もシ》不《ンバ》レ従《ハ》、非《ザル》レ忠《ニ》也。〔　　〕

②草木得《レバ》二雨露《ヲ》一、則《チ》成長《ス》。〔　　〕

学習目標 「知音」の言葉の由来となった漢文を読解する。

知音

教科書 p.229 検印

展開の把握 思考力・判断力・表現力

○次の空欄に適語を入れて、内容を整理しなさい。

・伯牙＝〔ア　〕を弾く名手。
・〔イ　〕＝音色を聞き分けることのできる人。

具体的エピソード

伯牙の気持ちが〔ウ　〕にある場合には、鍾子期は、「高く険しい音色で〔エ　〕のようだ。」と言い、伯牙の気持ちが〔オ　〕にある場合には、鍾子期は、「水が勢いよく流れるような音色で〔カ　〕のようだ。」と言った。

友情の結末

鍾子期が〔キ　〕と、伯牙は〔ク　〕を壊し、〔ケ　〕を断ち切って、生涯二度と奏でることはなかった。→理由：世の中にはもはや琴を弾いて聞かせるに〔コ　〕者はいないから。

内容の理解 思考力・判断力・表現力

全体

1 「之」（二二九・1）は、何をさすか。本文中から抜き出しなさい。〔　〕

2 「志在㆓太山㆒」（二二九・1）について、次の問いに答えなさい。

(1)「志」とは、誰の「志」か。本文中から抜き出しなさい。〔　〕

(2)「志在㆓太山㆒」とは、どういうことか。次から選びなさい。

ア 演奏の技術が最高のものになるようにと願っているということ。
イ 泰山のように雄大な山のごとき心境で演奏をするということ。
ウ 自分の演奏技術に絶対の自信を持ちながら演奏するということ。
エ 泰山を登頂するような強い意志で演奏するということ。〔　〕

全体

3 「巍巍乎若㆓太山㆒。」（二二九・2）の言葉は、何を表しているか。次から選びなさい。

ア 鍾子期が、伯牙の琴の演奏を深く理解していたこと。
イ 鍾子期の琴の演奏は、伯牙の技術に及ばなかったこと。
ウ 鍾子期が、伯牙の才能の限界を感じたということ。
エ 鍾子期が、伯牙の琴の指導をしていたということ。〔　〕

4 「伯牙破ㇾ琴絶ㇾ絃、終身不㆓復鼓㆒ㇾ琴。」（二二九・4）した理由を説明した文を、本文中から抜き出しなさい。（返り点・送り仮名不要） ▼学習一
〔　〕〔　〕

5 「知音」という故事成語と同じ意味の語を、次から選びなさい。

ア 知命　イ 旧知　ウ 知徳　エ 知己　〔　〕

語句・句法 知識・技能

1 次の語の読み（送り仮名を含む）と意味を調べなさい。

p.229 ℓ.1 ①聴く〔　〕〔　〕
②方たる〔　〕〔　〕
ℓ.5 ③以為へらく〔　〕〔　〕

2 次の文を書き下し文に改めなさい。

①賢ナル哉、回也。〔　〕
②黄鶴一タビ去リテ不㆓復タ返㆒ラ。〔　〕

学習目標 史伝を読んで登場人物の言動を押さえ、古代中国の理想的政治のあり方を捉える。

鼓腹撃壌

教科書p.232〜p.233

検印

展開の把握 思考力・判断力・表現力

○次の空欄に適語を入れて、内容を整理しなさい。

第一段落 (p.232 ℓ.3〜p.232 ℓ.5)	第二段落 (p.232 ℓ.6〜p.233 ℓ.7)		
帝尭の人柄と宮殿の様子	帝尭の治世の姿	童謡	老人の歌
古代中国の帝（ア）は、帝嚳の子である。 彼の仁は（イ）が万物を覆い尽くすのに似ており、彼の知は（ウ）のようであった。近づいて見ると（エ）のようなあたたかさを感じ、遠くから望み見ると恵みの雨をもたらす（オ）のようであった。 尭は平陽に都を置いた。宮殿は、（カ）で葺いた屋根で軒端を切りそろえず、宮殿への階段は（キ）で築かれた三段だけであった。	帝（ク）が天下を治めて（ケ）年がたった。天下がうまく治まっているのか、民衆が（コ）を帝として戴くことを願っているのかわからなかった。（サ）の者に聞いても、朝廷の役人に尋ねても、（シ）の者に聞いてもわからなかった。 そこで帝（ス）は、粗末な身なりをして、にぎやかな大通りに出かけた。	我々民衆の生活を成り立たせているのは、帝の徳のおかげである。 知らず知らずのうちに、帝の（セ）に従ってしまう。	日が昇ったら仕事を始め、日が沈んだら休む。 井戸を掘って水を飲み、畑を耕して食べる。 帝の力がどうして（ソ）に及んでいようか、いや、及んでいない。

語句・句法 知識・技能

1 次の語の読み（送り仮名を含む）と意味を調べなさい。

p.232 ℓ.3	ℓ.6	ℓ.7	ℓ.8	p.233 ℓ.2
①如し	②億兆	③左右	④游ぶ	⑤爾

2 次の文を書き下し文に改めなさい。

①女《なんぢ》忘レタル二会《くわい》稽《けい》之恥ヲ一邪。

②無キレ非ザルレ教ヘニ也。

③吾何ゾ愛《を》シマンヤ二一牛ヲ一。

④何ゾ不ル二試ミルニレ之ヲ以ツテセ一レ足ヲ。

内容の理解

思考力・判断力・表現力

第一段落

1 「其仁如レ天、」（三二・3）とは、どういうことの比喩か。次から選びなさい。 ▼学習一

ア 帝尭の仁徳が天のように広大であること。
イ 帝嚳の仁徳が天のように高尚であること。
ウ 幼い子供の人徳が天のように広大であること。
エ 幼い子供の仁徳が天のように澄んでいること。

〔　　〕

2 「就レ之如レ日、望レ之如レ雲。」（三二・4）について、次の問いに答えなさい。 ▼学習一

(1) 「之」は、何をさすか。本文中から抜き出しなさい。

〔　　〕

(2) 「如レ日」・「如レ雲」は、何を表したものか。次から選びなさい。

ア 容姿が輝くばかりに美しいこと。
イ 体格が見上げるほど大柄なこと。
ウ 人柄があたたかくて慈悲深いこと。
エ 表情が天気のように変わること。

〔　　〕

3 「茆茨不レ翦、土階三等。」（三二・4）とは、何の、どのような様子を表しているか。十字以内で説明しなさい。

第二段落

4 「微服」（三二・8）したのは、なぜか。二十字以内で答えなさい。 ▼脚問1

5 「莫レ匪二爾極一」（三三・2）とは、どういう意味か。二十字以内で書きなさい。

第二段落

6 「帝之則」（三三・3）とは、どういう意味か。次から選びなさい。

ア 帝が取り仕切る儀礼。
イ 帝嚳が作った法律。
ウ 帝になるための資質。
エ 帝尭が立てた規範。

〔　　〕

7 「含レ哺鼓レ腹、撃レ壌」（三三・4）は、老人のどのような様子を表しているか。答えなさい。

〔　　〕

8 「日出而作日入而息／鑿レ井而飲耕レ田而食」（三三・5〜6）の表している生活ぶりを次から選びなさい。

ア すべてをありのままに受け止める、無為自然の生活。
イ 自然の運行に従って労働する、自給自足の生活。
ウ 朝から晩まで働きどおしで、厳しい自然に立ち向かう生活。
エ 好きな時間に起きて好きな時間に働く自由な生活。

〔　　〕

9 「帝力何有二於我一哉」（三三・7）は、どういう意味か。次から選びなさい。

ア 帝のために私の力が役立つことがあろうか、いや、ないだろう。
イ 帝の力はどうして私より優れていようか、いや、劣っている。
ウ 帝の力がどうして私に及んでいようか、いや、及んでいない。
エ 帝の力はどうして私のためになろうか、いや、ならない。

〔　　〕

10 老人の歌は、尭の政治がどのようであることを表しているのか。次から選びなさい。 ▼学習二

ア 民に政治が意識されないほど、理想的なものであるということ。
イ 老人には理解されないほどに、難解なものであるということ。
ウ 食料の供給と労働面では、非常にうまくいっているということ。
エ 老人の楽しい余生を保障したものであるということ。

〔　　〕

学習目標 戦国時代を背景とした国の状況を押さえ、王が二人の大夫に下した判断の理由を読み取る。

莫二敢飾一詐

教科書p.234～p.235

検印

展開の把握

思考力・判断力・表現力

○次の空欄に適語を入れて、内容を整理しなさい。

〔ア　　〕は国力が衰えていたので、王は国力の回復を考え即墨と〔イ　　〕の知事を呼んでそれぞれ次のように言った。

即墨の知事に	〔ケ　　〕の知事に
あなたの赴任後、あなたの〔ウ　　〕が毎日耳に入った。 ←視察させると 田や〔エ　　〕はよく開墾され、〔オ　　〕は満ち足りて、役所もひまで〔カ　　〕がなく、東方の〔キ　　〕も安泰である。 ←あなたの評判が悪いのは 私の〔ク　　〕に取り入って助言を求めなかったからだ。 ←一万石の領主に取り立てた。	おまえの赴任後、おまえをほめる〔コ　　〕が毎日耳に入った。 ←視察させると 田や〔サ　　〕は開墾されておらず〔シ　　〕は貧しく飢えている。趙が〔ス　　〕を攻めても〔セ　　〕が薛陵を取っても知らぬ顔だった。 ←おまえの評判が良いのは 私の〔ソ　　〕に賄賂を渡して取り入ってほめられるようにしたからだ。 ←ほめた者と一緒に釜ゆでの刑にした。

多くの〔タ　　〕たちはふるえ恐れ、うわべを偽る者はいなくなった。

←〔チ　　〕の国は大いに治まり、〔ツ　　〕は兵を送って攻めて来なくなった。

語句・句法

知識・技能

1 次の語の読み（送り仮名を含む）と意味を調べなさい。

p.234 ℓ.4 ①幾ど　〔　　〕〔　　〕

②大夫　〔　　〕〔　　〕

③辟く　〔　　〕〔　　〕

ℓ.6 ④寧し　〔　　〕〔　　〕

p.235 ℓ.3 ⑤嘗て　〔　　〕〔　　〕

2 次の文を書き下し文に改めなさい。

①人自リレ古皆有リレ死。　〔　　〕

②天帝使ム三我ヲシテ長タラ二百獣一。　〔　　〕

③吾莫シ二敢ヘテ責ムルコト一レ汝ヲ。　〔　　〕

④秦不二敢ヘテ動カ一。　〔　　〕

内容の理解

思考力・判断力・表現力

第一段落

1 「斉国幾不レ振。」（二三四・4）の意味を、次から選びなさい。

ア 斉王の威力が衰えて他国に軽んじられていること。
イ 斉の国力が衰えて不安定な状況であること。
ウ 斉王が他国に侵略する意志がないということ。
エ 斉の国力を回復する手段が見つけられないこと。

〔　　〕

2 「東方寧。」（二三四・6）とは、どういう意味か。二十字以内で答えなさい。

3 「是」（二三四・6）とは、何か。本文中から五字以内で抜き出しなさい。（訓点不要）

第二段落

4 「趙攻レ鄄、子不レ救。衛取二薛陵一、子不レ知。」（二三五・1）とは阿の知事がどうだったというのか。次から選びなさい。

ア 斉の領土がこれ以上増えても仕方がないと思って黙っていた。
イ 斉の領土が他国に侵略されないように我慢していた。
ウ 斉が他国の領土を侵略する計画は黙っていた。
エ 斉の領土が他国から侵略されても対応しなかった。

〔　　〕

5 「嘗誉者」（二三五・3）とあるが、どう「誉」めたか。次から選びなさい。

ア 知事は領地を拡大し斉に貢献している。
イ 知事は領地をよく治め民を幸せにしている。
ウ 知事は領地を守るために絶えず他国と戦っている。
エ 知事は領地を治めるために民に倹約を勧めている。

〔　　〕

6 「斉大治。」（二三五・4）の理由を三十字以内で説明しなさい。 ▼脚問3

全体

7 新傾向 ある生徒がこの文章の内容を、次のように表にまとめた。 ▼学習一 ▼学習二

	評判	実態	王の命令	命令の理由
即墨大夫	〔①〕	〔③〕	〔⑤〕	〔⑦〕
阿大夫	〔②〕	〔④〕	〔⑥〕	〔⑧〕

(1) 空欄①～④にそれぞれの大夫の「評判」や「実態」がよい場合は○を、悪い場合は×を書きなさい。

①〔　　〕 ②〔　　〕 ③〔　　〕 ④〔　　〕

(2) 空欄⑤・⑥について、王はそれぞれの大夫にどのようなことを命じたか。それぞれ十五字以内で書きなさい。

⑤

⑥

(3) 空欄⑦・⑧にあてはまる理由を、それぞれ次から選びなさい。

⑦ ア 王の側近に取り入ったが、知事の仕事は全うしたから。
イ 王の意見は聞かなかったが、知事の仕事は全うしたから。
ウ 王の側近に取り入らず、知事の仕事を全うしたから。
エ 王に直接意見を聞き、知事の仕事を全うしたから。

⑧ ア 王の側近に賄賂を贈り、自分の良い評判が王の耳に入るようにしたから。
イ 王の側近に賄賂を贈り、王の良い評判が立つようにしたから。
ウ 王の側近から賄賂をもらい、王の良い評判を立てたから。
エ 王の側近から賄賂をもらい、側近の良い評判を王に売り込んだから。

⑦〔　　〕 ⑧〔　　〕

学習目標 戦国時代を背景とした国の状況を押さえ、作中に描かれた話からできた言葉について知る。

鶏鳴狗盗

教科書 p.236〜p.237　検印

展開の把握　思考力・判断力・表現力

○次の空欄に適語を入れて、内容を整理しなさい。

（初め〜p.236 ℓ.7）	靖郭君田嬰の子である文は〔ア　　〕を数千人かかえていた。文の名声は諸侯に聞こえていた。文は号して〔イ　　〕といった。
孟嘗君の危機（p.236 ℓ.8〜p.236 ℓ.9）	〔ウ　　〕の昭王は、孟嘗君が賢人であるという評判を聞き、まず人質を〔エ　　〕の国に入れて、孟嘗君に面会を求めた。孟嘗君がやって来ると、捕らえて殺そうとした。
第一の脱出（p.236 ℓ.9〜p.237 ℓ.3）	場所＝〔オ　　〕の宮廷 孟嘗君が昭王の幸姫に釈放を頼むと、幸姫は報酬として狐白裘を要求した。しかし、すでに昭王に献上していて、他の狐白裘はなかった。食客の中でこそ泥のうまい者が秦の〔カ　　〕から狐白裘を盗み、これを〔キ　　〕に献上した。幸姫は孟嘗君を釈放するように〔ク　　〕を説得し、孟嘗君は釈放された。
第二の脱出（p.237 ℓ.4〜p.237 ℓ.6）	場所＝〔ケ　　〕 孟嘗君は馬を走らせ、姓名を変えて、関所にたどり着いた。関所の規則では、鶏が鳴いて初めて〔コ　　〕を通すことになっていた。食客の中で鶏の鳴きまねのうまい者が鳴きまねをすると、あたりの〔サ　　〕が皆鳴き始めた。関所の番人は車馬を出発させた。間もなく追っ手がやって来たが、追いつけなかった。
（p.237 ℓ.7〜終わり）	孟嘗君は秦を恨み、〔シ　　〕・〔ス　　〕とともにこれを討った。

語句・句法　知識・技能

1 次の語の読み（送り仮名を含む）と意味を調べなさい。

- p.236 ℓ.5 ①封ぜらる
- ℓ.8 ②先づ
- p.237 ℓ.1 ③蓋し
- ④嘗て
- ℓ.2 ⑤能く
- ℓ.3 ⑥為に
- ℓ.6 ⑦遂に

2 次の文を書き下し文に改めなさい。

①項王怒リテ欲スレ殺サントレ之ヲ。

②願ハクハ大王急ギ渡レ。

③我ト与レ彼孰レカ勝ル。

内容の理解

思考力・判断力・表現力

孟嘗君の危機

1 「聞二其賢一、」（三三六・8）について、次の問いに答えなさい。

(1)「其」とは、誰をさすか。本文中の語句を用いて答えなさい。

〔　　　　〕

(2)ここの他に「其」の人物の風評について述べた部分を、本文中から抜き出しなさい。（訓点不要）

〔　　　　〕

2 「先納二質於斉一、」（三三六・8）とあるが、最初に人質を斉に入れたのはなぜか。次から選びなさい。　脚問1

ア　孟嘗君の食客の正確な数を知らせるため。
イ　孟嘗君が本当に賢人かどうかを調べるため。
ウ　孟嘗君を安心させ、秦にやって来させるため。
エ　孟嘗君の身柄を秦に引き渡すことを要求するため。

〔　　〕

3 「欲レ殺レ之。」（三三六・9）とあるが、なぜ殺そうとしたのか。次から選びなさい。

ア　宣王を倒して王位に就いた孟嘗君を罰するため。
イ　すぐれた人物だといううわさを聞いて恐れたため。
ウ　人質を渡すことを要求されて、腹が立ったため。
エ　幸姫を奪われるのではないかと心配したため。

〔　　〕

第一の脱出

4 「使下人抵二昭王幸姫一求上解。」（三三六・9）とあるが、なぜ幸姫に助けを求めたのか。次から選びなさい。

ア　幸姫は孟嘗君の異母兄弟で、彼の身を案じているから。
イ　昭王は幸姫がお気に入りで、彼女の頼みを断らないから。
ウ　幸姫は清廉な人で、道理に合わないことが嫌いだから。
エ　幸姫は秦の司法・警察をつかさどる役職であるから。

〔　　〕

第一の脱出

5 「無二他裘一」（三三七・2）とあるが、この時点で「裘」を持っているのは誰か。本文中の語句を用いて答えなさい。

〔　　　　〕

6 「得レ釈。」（三三七・3）について、ここでの「釈」と同じ表現を、本文中から一字で抜き出しなさい。

〔　〕

第二の脱出

7 「函谷関。」（三三七・4）の規則はどういうものか。次から選びなさい。

ア　朝、鶏が鳴くまでは関所の門を開けないということ。
イ　人よりも鶏などの物資を先に通行させるということ。
ウ　恐ろしい秦王の命令には決して逆らわないということ。
エ　ごくわずかな時間しか開門しないということ。

〔　　〕

8 ①「出レ客。」（三三七・5）、②「客有」（同）の「客」は、それぞれどういう意味か。次から選びなさい。

ア　食客　　イ　旅客　　ウ　主客　　エ　客死

①〔　　〕　②〔　　〕

9 「不レ及。」（三三七・6）とは、どういうことか。次から選びなさい。

ア　秦王は孟嘗君を追ったが函谷関にたどり着けなかったこと。
イ　追っ手の鳴きまねが食客の鳴きまねに及ばなかったこと。
ウ　昭王の追っ手が孟嘗君の一行に追いつけなかったこと。
エ　昭王の追っ手が孟嘗君と戦ったがかなわなかったこと。

〔　　〕

全体

10 「鶏鳴狗盗」は「つまらない働きしかできない者」という意味の故事成語であるが、この「つまらない働き」とは、本文中のどの内容をさすか。二つ答えなさい。

〔　　　　〕

〔　　　　〕

背水之陣

学習目標　史伝を読んで登場人物の言動を押さえ、韓信のとった作戦の巧みさを理解する。

教科書p.240～p.241

検印

展開の把握

思考力・判断力・表現力

○次の空欄に適語を入れて、内容を整理しなさい。　▼学習一

漢の三年、〔ア　　〕は張耳とともに〔イ　　〕を攻める際に、自軍を三つに分け、次のような作戦を立てた。

作戦内容

①〔ウ　　〕の騎馬兵〔エ　　〕人に〔オ　　〕を持たせ〔カ　　〕から〔キ　　〕を遠望できるところまで発進させる。

②大将の軍は敗走を装い趙軍に追撃させる。そのすきに乗じて、遠望していた騎馬兵が空っぽになった〔ク　　〕に入り、趙の幟を抜き取り、漢の〔ケ　　〕を立てる。

③一万人の兵に命じて〔コ　　〕の陣を布かせる。

夜明け方、戦いが始まった。作戦は、次のように実行された。

実戦の様子

①〔サ　　〕は、〔シ　　〕の旗と太鼓を押し立てて敵の正面へ突撃した。敵が迎え撃ち、しばらく戦いが続いてから、〔ス　　〕と張耳は偽ってわざと味方の〔セ　　〕の軍のほうへ逃走した。

②敵は予想どおり〔ソ　　〕を空にして追撃してきた。

③〔タ　　〕の軍は死にものぐるいで戦い、敵は韓信らをとり逃がし、〔チ　　〕へと戻ったが、そこにはすでに〔ツ　　〕が翻っており、驚いて逃げた。

④〔テ　　〕軍は、それを挟み撃ちにして破り、趙王〔ト　　〕を捕らえた。

諸将が勝利の祝賀にやってきて、〔ナ　　〕を〔ニ　　〕にした常識外れの布陣で勝った理由を尋ねた。韓信は、「兵は〔ヌ　　〕や〔ネ　　〕に置いてこそ、必死で戦うので生き残れる。」という兵法の言葉を述べた。諸将はみな〔ノ　　〕した。

語句・句法

知識・技能

1 次の語の読み（送り仮名を含む）と意味を調べなさい。

p.240

ℓ.4 ①以ゐる〔　　〕〔　　〕

ℓ.6 ②従り〔　　〕〔　　〕

ℓ.7 ③逐ふ〔　　〕〔　　〕

④疾く〔　　〕〔　　〕

ℓ.9 ⑤良〔　　〕〔　　〕

2 次の文を書き下し文に改めなさい。

①先生使ム㆓子路ヲシテ問ハ㆑之ヲ。〔　　〕

②子張問フ、十世可ケン㆑知ル也。〔　　〕

③何ゾ及バン㆓於我ニ㆒乎。〔　　〕

④敢ヘテ不ラン㆑走《に》ゲ乎。〔　　〕

内容の理解

思考力・判断力・表現力

全体

1 「禦レ之。」（三四〇・5）の「之」がさすものを答えなさい。

［　　　　］

2 韓信は、「軽騎二千人」（三四〇・5）を発進させるに当たり、敵にその存在を気づかせないために、どのようなことに注意したか。二点に分け、それぞれ十字以内で答えなさい。

3 漢軍の「背レ水陣」（三四〇・8）を見た趙軍は、どのような気持ちになったと考えられるか。次から選びなさい。

ア 何か策略があるに違いないと警戒心を抱いた。
イ 逃げ場のない無謀な布陣をばかにして油断した。
ウ 決死の覚悟で戦うつもりなのだろうと緊張した。
エ 大したことのない平凡な戦法だと楽観視した。

［　　］

4 韓信が、趙軍のねらいを自分に向けさせて城壁から誘い出すことを意図してとった行動を、本文中から七字と八字で抜き出しなさい。（訓点不要）

5 「水上軍皆殊死戦。」（三四一・1）について、次の問いに答えなさい。

(1)「水上」の意味を、次から選びなさい。

ア 水面上　イ 川上　ウ 川辺　エ 水中

［　　］

(2)「皆殊死戦」したのは、「水上」が兵たちにとってどのような場所であったからか。本文中から二つ抜き出しなさい。（訓点不要）

［　　　　］［　　　　］

全体

6 「夾撃」（三四一・4）とは、どの軍とどの軍とで趙軍を挟み撃ちにしたのか。本文中の語句を用いて、二十字以内で説明しなさい。

7 「不レ曰下『陥二之死地一而後生、置二之亡地一而後存上。』乎。」（三四一・7）の意味するところを、次から選びなさい。　▼脚問1

ア 兵は、助かる見込みのない場所に追い込み、死力を尽くさせてこそ生還させることができるということ。
イ 兵を、退くに退けない危険な状況に追い込んでしまうことによって、相手を油断させることができるということ。
ウ 兵が生還できるかどうかが予測できる安全な戦場などというのは、どこにも存在しないということ。
エ 兵が死地に赴くときに陥りやすい問題は、死に場所をここだと定めてしまい、生きようとしないことだということ。

［　　］

8 「背水の陣で臨む」とは、どういう意味だと考えられるか。本文の内容をふまえて答えなさい。　▼学習二

［　　　　］

学習目標　本文の展開を的確に捉えるとともに、比喩にこめられた作者のものの考え方について理解する。

雑説

教科書 p.244〜p.245

検印

展開の把握

思考力・判断力・表現力　▼学習一

○次の空欄に適語を入れて、内容を整理しなさい。

第一段落（初め〜p.244 ℓ.3）	第二段落（p.244 ℓ.4〜p.244 ℓ.7）	第三段落（p.244 ℓ.8〜終わり）
〔ア　　〕の必要性	名馬にはふさわしい待遇が必要	〔キ　　〕のいないことの嘆き
馬の鑑定の名人がいてこそ、一日に（イ　　）を走るような名馬が見いだされる。 しかし、馬の鑑定の名人はいつもいるとは限らない。才能を見いだされなかった名馬は、（ウ　　）によって粗末に扱われ、名馬としてほめたたえられることはない。	名馬は、一食に穀物を（エ　　）ほども食べることがある。 馬を飼う者 ― その馬が名馬であることを知らない。 それほどの食糧を与えない。 食糧が不十分 → （オ　　）が出ず、才能が発揮されない。 並の（カ　　）と同じ働きさえできない。	馬を飼う者 ― その馬が名馬であることを知らない。 馬をむち打つとき→名馬にふさわしい方法でむち打たない。 馬を飼うとき→名馬の才能を発揮させる飼い方をしない。 馬が（ク　　）くとき→名馬の心が理解できない。 馬を飼う者は、「名馬がいない。」と嘆くが、（ケ　　）に名馬がいないわけではない。

語句・句法

知識・技能

1 次の語の読み（送り仮名を含む）と意味を調べなさい。

p.244 ℓ.1 ① 而れども　〔　　〕〔　　〕

ℓ.2 ② 祗だ　〔　　〕〔　　〕

ℓ.4 ③ 食ふ　〔　　〕〔　　〕

ℓ.6 ④ 飽く　〔　　〕〔　　〕

p.245 ℓ.2 ⑤ 嗚呼　〔　　〕〔　　〕

2 次の文を書き下し文に改めなさい。

① 家貧シクシテ不二常ニハ得レ油ヲ。　〔　　〕

② 女《なんぢ》忘二レタル会稽之恥一ヲ邪。　〔　　〕

③ 但ダ聞二ク人語ノ響一クヲ。　〔　　〕

④ 匈奴不レ能レハ隠スコト。　〔　　〕

内容の理解

思考力・判断力・表現力

第一段落

1 「世有二伯楽一、然後有二千里馬一。」（三四・1）とは、どういうことか。次から選びなさい。

ア　伯楽がいても、その後に千里の馬が存在しなければ意味がない。
イ　千里の馬が登場するずっと前から、伯楽はすでに存在していた。
ウ　伯楽がいなければ、千里の馬は存在しないことになる。
エ　伯楽が登場する前から、伯楽はすでに存在していた。

〔　　〕

2 「伯楽《ハ》不二常《ニハ》有一《ラ》。」（三四・2）を「伯楽常《ハ》不《ニ》レ有《ラ》。」とすると、どのような意味になるか、答えなさい。

〔　　　　〕

3 「不下以二千里一称上也。」（三四・3）とは、どういうことか。次から選びなさい。

ア　千里を走るという目標を果たさないで終わる。
イ　千里を走る自信を持てないままで終わる。
ウ　千里の馬ではないとひどくけなされてしまう。
エ　千里の馬としてほめたたえられないで終わる。

〔　　〕

第二段落

4 「粟一石」（三四・4）は、馬の一回の食事の量としてはどうなのか。次から選びなさい。

ア　多い　イ　普通　ウ　少ない　エ　非常に少ない

〔　　〕

5 「才美」（三四・6）と同じ意味で使われている語句を、本文中から五字以内で抜き出しなさい。

6 「不レ可レ得。」（三四・7）について、次の問いに答えなさい。

(1) 「不レ可レ得。」とは、どういうことか。次から選びなさい。

ア　千里の馬の能力を発揮することができない。
イ　並の馬ほどの働きをすることができない。
ウ　千里の馬ほどの食糧を得ることはない。
エ　並の馬ほどの食糧を得ることはない。

〔　　〕

(2) なぜ「不レ可レ得。」なのか。理由を三十字以内で書きなさい。

第三段落

7 ①「策レ之」（三四・8）、②「食レ之」（同）、③「鳴レ之」（同）の「之」はそれぞれ何をさすか。本文中から抜き出しなさい。（訓点不要）

①〔　　〕　②〔　　〕　③〔　　〕

8 「嗚呼、」（三五・2）は、誰の嘆きの言葉か。書きなさい。

〔　　〕

9 ①「伯楽」（三四・1）、②「千里馬」（同・1）、③「奴隷人」（同・2）、④「粟」（同・4）はそれぞれ何をたとえているか。次から選びなさい。

▼学習二

ア　俸禄《ほうろく》　イ　名誉　ウ　有能な人材
エ　無能な人材　オ　すぐれた為政者　カ　無能な為政者

①〔　　〕　②〔　　〕　③〔　　〕　④〔　　〕

全体

10 筆者の主張を表している一文を本文中から抜き出しなさい。（返り点・送り仮名不要）

〔　　　　〕

学習目標　動物に託して描かれた話に込められた、作者の考える教訓を捉える。

黔之驢

教科書 p.246 ～ p.247

検印

展開の把握　思考力・判断力・表現力

○次の空欄に適語を入れて、内容を整理しなさい。

第一段落 （初め ～ p.246 ℓ.8）	第二段落 （p.247 ℓ.1 ～ 終わり）
〔ア　　　〕には驢馬がいなかった。〔イ　　　〕な人が〔ウ　　　〕に載せて連れて来た。しかし〔エ　　　〕がないので山のふもとに放した。〔オ　　　〕が驢馬を見て、大変大きかったので、これは〔カ　　　〕かと思い、〔キ　　　〕の中に隠れて様子をうかがっていた。そのうち少しずつ〔ク　　　〕いて、用心深く見たが相手のことがよく〔ケ　　　〕。ある日驢馬が一声鳴いた。〔コ　　　〕は大変驚き、遠くへ逃げた。自分に〔サ　　　〕としているのだと思って、ひどく〔シ　　　〕た。しかし観察するうちに、特異な〔ス　　　〕はなさそうに見える。その〔セ　　　〕にもますます慣れて、近づいてみたが何もしない。ますます〔ソ　　　〕て〔タ　　　〕をぶつけたりした。驢馬は我慢できず、〔チ　　　〕を〔ツ　　　〕った。すると虎は喜んで、〔テ　　　〕はこれだけだと考えて跳びかかり、大声でほえて驢馬の〔ト　　　〕を食いちぎり、〔ナ　　　〕を食い尽くして去った。	ああ、〔ニ　　　〕の大きいものは徳があるように見え、声の大きなものは〔ヌ　　　〕があるように見えるものだ。あのとき、驢馬が〔ネ　　　〕を出さなかったら、虎が獰猛《どうもう》だといっても、最後まで疑い〔ノ　　　〕て襲いかからなかっただろう。悲しいことだ。

語句・句法　知識・技能

1 次の語の読み（送り仮名を含む）と意味を調べなさい。

p.246 ℓ.3	①窺ふ	〔　　　〕	〔　　　〕
	②稍く	〔　　　〕	〔　　　〕
ℓ.4	③遁る	〔　　　〕	〔　　　〕
ℓ.6	④勝へず	〔　　　〕	〔　　　〕
p.247 ℓ.2	⑤畏る	〔　　　〕	〔　　　〕

2 次の文を書き下し文に改めなさい。

①昆弟妻《さい》嫂《そう》、側《そばメテ》レ目《ヲ》不二敢《ヘテ》視一。
〔　　　　　　　　　　〕

②直《ダ》不《ル》二百歩《ナラ》一耳。
〔　　　　　　　　　　〕

③噫、微《なカリセバ》二斯《こノ》人一吾誰《ニ》与《か》帰《セン》。
〔　　　　　　　　　　〕

④我《ト》与レ汝有《ル》レ是《レ》夫。
〔　　　　　　　　　　〕

内容の理解

思考力・判断力・表現力

第一段落

1 「至則無レ可レ用。」（二四六・1）について、次の問いに答えなさい。

(1)「至」とはどこに至るのか、答えなさい。〔　　〕

(2)「無レ可レ用」とはどういう意味か。十字以内で答えなさい。

2 「莫二相知一。」（二四六・3）とはどういうことか。次から選びなさい。

ア どちらからも相手を知ろうとはたらきかけない。
イ お互いに相手のことを知らない。
ウ 相手のことがよくわからない。
エ お互い相手のことに興味がない。〔　　〕

3 「覚下無二異能一者上。」（二四六・5）の意味を、次から選びなさい。

ア 特異な能力はなさそうに思えた。
イ 特異な能力はないと肝に銘じた。
ウ 特異な能力はないことを思い出した。
エ 特異な能力がなければいいと思った。〔　　〕

4 「不二敢搏一。」（二四六・6）の意味を、次から選びなさい。

ア 驢馬は虎が怖くて全くつかみかかることはできなかった。
イ 驢馬は積極的に虎につかみかかろうとはしなかった。
ウ 虎は積極的に驢馬につかみかかろうとはしなかった。
エ 虎は驢馬が怖くて全くつかみかかることはできなかった。〔　　〕

5 「虎因喜」（二四六・7）の理由を三十字以内で説明しなさい。 ▼脚問1

第二段落

6 「類レ有レ徳」（二四七・1）は驢馬と虎の話の中のどういう表現に相当するか。該当部分を三字で抜き出しなさい。

7 「其技」（二四七・2）とは何か。次から選びなさい。

ア 跳踉　イ 蹄　ウ 鳴　エ 噬〔　　〕

8 「今若レ是焉。」（二四七・2）の「是」は何をさすか。次から選びなさい。 ▼脚問2

ア 驢馬が虎に食い殺されたこと。
イ 驢馬が虎を蹴ったこと。
ウ 驢馬が鳴いて虎を驚かせたこと。
エ 驢馬がその大きさで虎を圧倒したこと。〔　　〕

9 「悲夫。」（二四七・3）には作者のどのような気持ちが込められているか。三十字以内で説明しなさい。

全体

10 この話から得られる教訓について説明した次の文章の空欄に、適当な語を補いなさい。 ▼学習二

権勢を誇る〔①〕い相手に〔②〕を立てて自分の正体を見せてはいけない。正体を見せなければ、相手は得体が知れないと〔③〕を抱いたまま襲ってくることはないであろう。

①〔　　〕②〔　　〕③〔　　〕

11 この文章の主題と同じような内容のことわざを、次から選びなさい。

ア 犬も歩けば棒にあたる。
イ 虎穴に入らずんば虎子を得ず。
ウ 捕らぬ狸《たぬき》の皮算用。
エ 雉《きじ》も鳴かずば打たれまい。〔　　〕

売油翁

学習目標 技術の習熟について述べた文章を読んで、内容を理解し、作者の主張を捉える。

教科書p.248〜p.249

検印

展開の把握

思考力・判断力・表現力

○次の空欄に適語を入れて、内容を整理しなさい。

第一段落（初め 〜 p.248 ℓ.2）	第二段落（p.248 ℓ.3 〜 p.248 ℓ.4）	第三段落（p.248 ℓ.5 〜 p.249 ℓ.2）	第四段落（p.249 ℓ.3 〜 終わり）
		陳康粛公と老人とのやりとり	作者の論評
陳康粛公尭咨は（ア　　）の技術に秀で、当代に（イ　　）者がいなかった。公自身もそのことを（ウ　　）に思っていた。	あるとき、家の畑の射場で矢を射ていたところ、（エ　　）の老人がやってきて、荷物を下ろして立ち止まり、長い間じっと見つめ、立ち去ろうとしなかった。老人は、公が矢を射て十本のうち（オ　　）・（カ　　）本を（キ　　）に命中させるのを見て、ただ少し（ク　　）だけであった。	陳康粛公「おまえも射術を知っているのか。私の射術は（ケ　　）正確だろう！」 老人「大したことではない。ただ（コ　　）しているだけだ。」 陳康粛公「おまえはどうして私の弓を（サ　　）にするのか？」 老人「私は、（シ　　）を酌《く》んでいるのでわかるのだ。」 老人は一つの（ス　　）を取り出して地面に置き、（セ　　）でその口を覆って、ゆっくりと杓で（ソ　　）を酌んでたらした。油は銭の穴からひょうたんに入り、銭は（タ　　）。老人は、自分もただ（チ　　）しているだけだと言い、康粛は笑って彼を許した。	このことは『（ツ　　）』の、「牛を解体し」、「車輪を削る」ことと同じだ。

語句・句法

知識・技能

1 次の語の読み（送り仮名を含む）と意味を調べなさい。

p.248 ℓ.1 ①善くす（　　）（　　）

ℓ.2 ②矜る（　　）（　　）

ℓ.4 ③中つ（　　）（　　）

ℓ.8 ④徐ろに（　　）（　　）

p.249 ℓ.3 ⑤所謂（　　）（　　）

2 次の文を書き下し文に改めなさい。

①但ダ聞ク㆓人語ノ響クヲ㆒。（　　）

②有リ㆑朋自リ㆓遠方㆒来タル。不㆓亦説バシカラ㆒乎。（　　）

③君安クンゾ与㆓項伯㆒有ル㆑故。（　　）

④何ゾ愛《を》シマンヤ㆓一牛ヲ㆒。（　　）

内容の理解

思考力・判断力・表現力

第一段落

1 「公亦以レ此自矜。」（二四八・1）とあるが、「公」自身のこのような気持ちから発せられたと思われる一文を、本文中から抜き出しなさい。

【　　　】

第二段落

2 「但微頷レ之。」（二四八・4）における翁の気持ちを、次から選びなさい。▼脚問1

ア　康粛の名人芸に感心しきっている。
イ　康粛の鼻を明かしてやろうとたくらんでいる。
ウ　康粛の技量を一応は認めている。
エ　康粛の技量は大したことはないと思っている。

【　　】

第三段落

3 「吾射不二亦精一乎。」（二四八・5）について、次の問いに答えなさい。

(1) ここでの「精」と同じ意味の「精」を含む熟語を、次から選びなさい。

ア　精神　イ　精霊　ウ　精気　エ　精鋭　【　　】

(2) 康粛は、翁からのどのような返答を期待したのか。次から選びなさい。

ア　本当にすばらしい弓矢の腕前だ。
イ　弓矢の腕前を競い合ってほしい。
ウ　名人の域にはまだ達していない。
エ　近い将来名人になれるだろう。

【　　】

4 「但手熟爾。」（二四八・6）の意味を十五字以内で説明しなさい。

5 前問**4**の翁の言葉に対する康粛の気持ちについて説明した、次の文の空欄①～④に、本文中の適語（いずれも一字）を補いなさい。▼学習一

自分の【①】の技量を【②】だと感心してもらえると思っていたのに、【③】に過ぎないと言われ、【④】く見られたことに怒りを覚えた。

①　②　③　④

第三段落

6 「知レ之。」（二四八・7）の「之」は、何をさしているか。本文中から四字で抜き出しなさい。

7 「康粛笑而遣レ之。」（二四九・1）について、次の問いに答えなさい。▼脚問3

(1) ここでの「笑」は、どのような笑いか。次から選びなさい。

ア　嘲笑　イ　爆笑　ウ　苦笑　エ　哄笑　【　　】

(2) 「之」は何をさしているか、答えなさい。

【　　　】

第四段落

8 「此」（二四九・3）とは、何をさしているか、次から選びなさい。

ア　売油翁の言動。　イ　康粛の怒り。
ウ　康粛と売油翁との出会い。　エ　康粛の言動。

【　　】

全体

9 新傾向 全体を通しての康粛の心境の変化を、次のように図で表わした。空欄①～③に入る言葉を、あとから選びなさい。

陳康粛公の心境	老人の発言
【①】	
↓	「無レ他。但手熟爾。」
【②】	
↓	「我亦無レ他。惟手熟爾。」
【③】	

ア　悔恨　イ　得意　ウ　納得　エ　憎悪　オ　卑下
カ　落胆　キ　憤慨

①【　　】②【　　】③【　　】

10 作者が、この文章によって主張していることを説明した、次の文の空欄①・②に入る適当な語を、それぞれ二字で答えなさい。▼学習二

【①】に【②】すると【①】を超越した境地に至るということ。

①　②

学習目標 登場人物の描写を読み解くことを通して、戦乱の時代を生きた人々の人物像を捉える。

鴻門之会

教科書 p.252～p.260

検印

展開の把握

思考力・判断力・表現力

○次の空欄に適語を入れて、内容を整理しなさい。 ▼学習一

場面	範囲		内容
項羽、大いに怒る	（初め～p.252 ℓ.6）		〔ア　　〕の率いる楚軍は秦の地を攻め下して〔イ　　〕に到着したが、関所は封鎖されていた。さらに、〔ウ　　〕が咸陽を攻め破ったと聞き、〔エ　　〕は大いに怒り、当陽君らに関所を攻撃させた。
	（p.252 ℓ.7～p.253 ℓ.2）	〔オ　　〕の密告	沛公が〔カ　　〕の地で王になろうとしているという密告を聞き、項羽は〔キ　　〕を討つ決意をする。
	（p.253 ℓ.3～p.253 ℓ.7）	〔ク　　〕の忠告	沛公には今や天下を取る〔ケ　　〕が感じられ、また沛公の上に立ちのぼる〔コ　　〕からは、天下を取る資格もうかがえると、同じく天下統一をねらう〔サ　　〕に沛公を取り逃がすなと説く。
剣の舞	（p.254 ℓ.1～p.254 ℓ.9）	〔シ　　〕の謝罪	〔ス　　〕に陣する項羽を訪れ、敵対する意思のないことを告げる。それを聞き、項羽は心を和らげた。
	（p.254 ℓ.10～p.255 ℓ.2）	〔セ　　〕の合図	酒宴の最中、〔ソ　　〕は〔タ　　〕に沛公を殺すよう何度も合図を送るが、〔チ　　〕は応じない。
	（p.255 ℓ.3～p.255 ℓ.11）	〔ツ　　〕と項伯の剣舞	〔テ　　〕は〔ト　　〕を呼び、剣舞を装い沛公を撃たせようとするが、項伯が沛公をかばった。

語句・句法

知識・技能

1 次の語の読み（送り仮名を含む）と意味を調べなさい。

箇所	語	読み	意味
p.252 ℓ.3	①又		
ℓ.6	②遂に		
p.254 ℓ.7	③今者		
ℓ.10	④因りて		
	⑤与に		
p.255 ℓ.3	⑥人と為り		
	⑦若		
ℓ.5	⑧不者ずんば		
ℓ.8	⑨請ふ		
p.257 ℓ.7	⑩故らに		
p.258 ℓ.4	⑪方に		
p.259 ℓ.2	⑫乃ち		

段落	範囲	見出し	内容
樊噲、頭髪上指す	(p.256 ℓ.1 ～ p.256 ℓ.6)	張良と樊噲の話	危険を察した〔ナ　　〕は、軍門の外で待つ樊噲を呼びに行く。樊噲は〔ニ　　〕を救おうと剣と盾を持ち、遮る番兵を突き倒す。
	(p.256 ℓ.7 ～ p.257 ℓ.1)	樊噲の気迫	宴席に躍り込んだ樊噲は〔ヌ　　〕をにらみつけ、気迫で圧倒する。
	(p.257 ℓ.2 ～ p.257 ℓ.11)	〔ネ　　〕の熱弁	樊噲は、沛公が一番に秦を破って〔ノ　　〕を陥落させるという手柄を立てたのに、報償を与えられないばかりか殺されそうになるのは理に合わないと熱弁をふるう。〔ハ　　〕は折をみて樊噲と座をはずした。
沛公、虎口を脱す	(p.258 ℓ.1 ～ p.258 ℓ.5)	沛公と樊噲の相談	〔ヒ　　〕は別れの挨拶をせずに去ることを気にかけるが、樊噲から〔フ　　〕の前の小事であるとたしなめられる。
	(p.258 ℓ.6 ～ p.258 ℓ.8)	後事の依頼	樊噲の意見を聞き入れた沛公は、そのまま脱出することにし、後事を〔ヘ　　〕に託す。
	(p.258 ℓ.9 ～ p.259 ℓ.2)	沛公の脱出	沛公は〔ホ　　〕も騎兵も残したまま、身一つで自陣のある〔マ　　〕まで逃げ帰る。
	(p.259 ℓ.3 ～ p.259 ℓ.10)	范増の激怒	張良は沛公の去ったことを告げ、項羽と〔ミ　　〕に贈り物を献上する。項羽は璧を受け取るが、〔ム　　〕は贈られた玉斗を剣で割って悔しさを表した。
	(p.259 ℓ.10 ～ 終わり)	脱出後の沛公	沛公は陣に帰ると、裏切った〔メ　　〕を殺した。

2 次の文を書き下し文に改めなさい。

①王大イニ怒リ、使㆔メントス人ヲシテ殺㆓サ中射之士㆒ヲ。
〔　　　　〕

②未㆑ダ解㆑セ憶《おも》㆓フヲ長安㆒ヲ。
〔　　　　〕

③己ノ所㆑ハ不㆑ル欲セ、勿㆑カレ施㆓スコト於人㆒ニ。
〔　　　　〕

④何ヲ以ッテ知㆓ル其ノ然㆒ルヲ邪《や》。
〔　　　　〕

⑤嘗テ遊㆑ビ楚ニ、為㆓ル楚ノ相ノ所㆒㆑ト辱ムル。
〔　　　　〕

⑥死馬スラ且ツ買㆑フ之ヲ。況《いは》ンヤ生ケル者ヲ乎《や》。
〔　　　　〕

⑦牛安クニカ之《ゆ》ク。
〔　　　　〕

内容の理解

思考力・判断力・表現力

1 「有レ兵守レ関、不レ得レ入。」（二五三・3）について、次の問いに答えなさい。

(1) 「兵」とは誰の兵か。書きなさい。 【　　】

(2) 「不レ得レ入。」の主語は誰か。書きなさい。 【　　】

2 「左司馬曹無傷」（二五三・7）は、なぜ主君である沛公の悪口を項羽の耳に入れたのか。その理由を、次から選びなさい。 ▼脚問1

ア　沛公のやり方があまりに残忍で、家臣として耐えられないから。
イ　項羽が天下をとると予想し、将来重用されようとしたから。
ウ　曹無傷と子嬰はライバルであり、子嬰を失脚させようとしたから。
エ　沛公のつらい仕打ちに耐えかねて、主君を変えようとしたから。 【　　】

3 「財物……所レ幸。」（二五三・5〜6）について、次の問いに答えなさい。

(1) 対照的な表現を教科書二五三ページから八字以内で抜き出しなさい。（訓点不要）

(2) 沛公の態度が以前と変わったことを、范増はどのように捉えているか。次から選びなさい。

ア　沛公は、自分の忠告を受け入れようとしている。
イ　沛公は、以前の自分の行動を深く反省している。
ウ　沛公は欲望を捨て去り、隠者となるつもりである。
エ　沛公は、天下をねらう大きな志を持っている。 【　　】

4 「竜虎」（二五三・7）とは、何の象徴か。本文中から一語で抜き出しなさい。 【　　】

剣の舞

5 「臣」（二五四・3）、「将軍」（同・4）とは、それぞれ誰のことか、答えなさい。

臣【　　】 将軍【　　】

6 ①「不レ然、」（二五四・9）の「然」、②「至レ此。」（同）の「此」は何をさすか。それぞれ次から選びなさい。

ア　沛公が咸陽を攻め破ったこと。
イ　項羽が沛公を討とうとしたこと。
ウ　曹無傷が項羽に密告したこと。
エ　沛公が項羽に反旗を翻したこと。

①【　　】 ②【　　】

7 新傾向 「項王」（二五四・10）以下の席の位置はどのようか。左の図の①〜④にあたる人名を書きなさい。 ▼脚問3

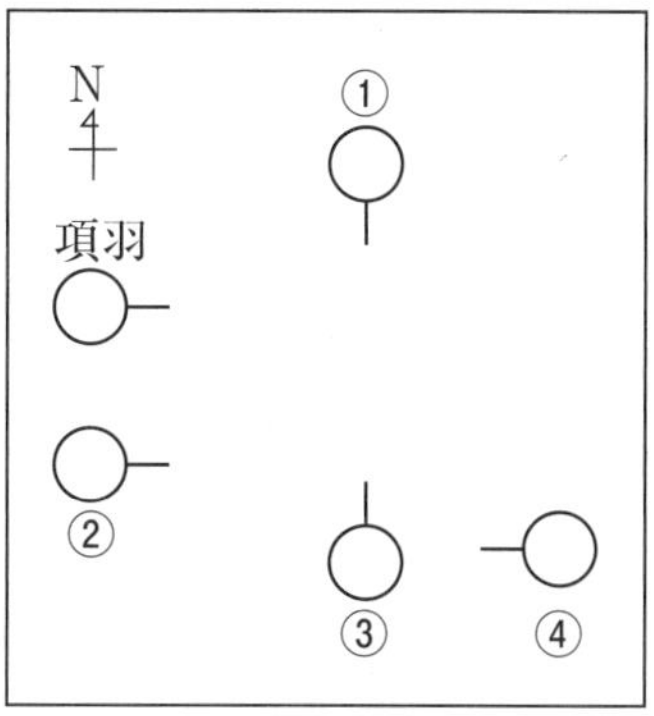

①【　　】 ②【　　】 ③【　　】 ④【　　】

8 ①「項荘」（二五五・8）と②「項伯」（同・9）は同じように剣を持って舞っているが、それぞれの剣舞の意図は何か。次から選びなさい。

ア　自分の体を盾にして、沛公の命を守るため。
イ　項羽と和解した沛公を盛大に歓待するため。
ウ　沛公に近づいて、沛公を暗殺するため。
エ　項羽に指図する范増を暗殺するため。

①【　　】 ②【　　】

9 ①「其意」（二五六・3）の「其」、②「与レ之」（同・4）の「之」は、それぞれ誰をさしているか、答えなさい。

10「頭髪上指」（二五六・7）と同様の心情を表した言葉を四字で抜き出しなさい。（訓点不要）

①〔　　〕 ②〔　　〕

11「虎狼之心」（二五七・3）とはどのような心か。次から選びなさい。

ア　勇猛な心　　イ　ずる賢い心
ウ　利己的な心　　エ　残忍な心

〔　　〕

12①「大王」（二五七・7）、②「有功之人」（同・9）とは誰のことか。また、③「細説」（同・9）とは誰の発言をこう言ったのか。答えなさい。

①〔　　〕 ②〔　　〕
③〔　　〕

13「此亡秦之続耳。」（二五七・9）について、次の問いに答えなさい。

(1)「此」の内容を端的に表現した部分を、本文中から七字以内で抜き出しなさい。（訓点不要）

(2)樊噲はどのようなことを言おうとしているのか。次から選びなさい。　▼学習四

ア　滅んだ秦の二の舞になると項羽を非難している。
イ　秦を越えることはできないと不満を表している。
ウ　項羽に対して秦を滅ぼす良策を進言している。
エ　秦より強大な国を作ってほしいと希望している。

〔　　〕

14「大行不レ顧二細謹一、」（二五八・3）の①「大行」、②「細謹」は何にあたるか。それぞれ次から選びなさい。

ア　別れの挨拶をすること。　イ　項羽と同盟を結ぶこと。
ウ　天下を統一すること。　エ　項羽を打ち倒すこと。

①〔　　〕 ②〔　　〕

15「何辞為。」（二五八・5）は倒置形である。白文で普通の語順に改めなさい。（返り点・送り仮名不要）

〔　　〕

16①「大将軍」（二五九・5）、②「豎子」（同・8）、③「之」（同・10）は、それぞれ誰をさしているか、答えなさい。

①〔　　〕 ②〔　　〕
③〔　　〕

17亜父が「抜レ剣撞而破レ之」（二五九・8）した理由を次から選びなさい。

ア　土産を献上する張良の態度が気にくわなかったから。
イ　項羽への土産より自分への土産の価値が低かったから。
ウ　厠に行った沛公が、そのまま宴席に戻らなかったから。
エ　項羽が自分の意見を聞かず、沛公を取り逃がしたから。

〔　　〕

18亜父が「不レ足二与謀一。」（二五九・9）と言った理由を次から選びなさい。

ア　項羽が虎狼の心を持つから。　イ　項羽の決断が甘いから。
ウ　沛公が無礼な行いをしたから。　エ　項羽が無能だから。

〔　　〕

19「鴻門之会」で①項羽、②沛公はどのような人物として描かれているか。それぞれ次から選びなさい。　▼学習六

ア　単純で激しやすく、情勢を判断する力が弱い人物。
イ　部下の意見も聞き、情勢を判断する力を持つ人物。
ウ　強い武力を持ち、部下に対してやさしく接する人物。
エ　独断専行で、部下の意見を聞かない人物。

①〔　　〕 ②〔　　〕

学習目標　追い詰められていく項王の心境を読み取る。

四面楚歌

教科書 p.261～p.265

検印

展開の把握　思考力・判断力・表現力

○次の空欄に適語を入れて、内容を整理しなさい。

時　利あらず（初め～p.262 ℓ.4）	（p.262 ℓ.5～p.263 ℓ.6）	項王の最期（p.264 ℓ.1～p.264 ℓ.10）	（p.264 ℓ.11～終わり）
垓下の城中	最後の酒宴	ク〔　　　　〕との会話	項羽の自刎
〔ア　　　　〕の会から四年、〔イ　　　　〕の率いる楚軍は垓下に追い詰められ、漢軍と〔ウ　　　　〕の兵にすっかり包囲された。夜になると、漢軍から〔エ　　　　〕の地方の歌が聞こえてきたので〔オ　　　　〕は驚愕《きょうがく》し、自らの敗北を深く自覚した。	夜中に、項羽は最後の酒宴を開く。自ら〔カ　　　　〕を作り、こたえて〔キ　　　　〕も歌った。これは項羽の辞世の歌となる。項羽は涙を流し、そばについている家来たちも皆泣いた。	項羽は部下とともに垓下を脱出し、〔ケ　　　　〕にたどり着く。〔コ　　　　〕が船を用意していて、項羽に故郷の〔サ　　　　〕に逃れるよう勧める。しかし、項羽は自分だけが生きて帰ることを恥じ、亭長に愛馬〔シ　　　　〕を贈り、亭長の厚意を辞退した。	項羽は僅かな部下とともに、〔ス　　　　〕に対して接近戦を挑む。奮戦するが、項羽も傷を負った。昔なじみの〔セ　　　　〕が漢軍に参加していることに気づいた項羽は、せめて報奨を旧友にやろうと、自ら〔ソ　　　　〕を切り、死んだ。

語句・句法　知識・技能

1 次の語の読み（送り仮名を含む）と意味を調べなさい。

① 幸す　p.262 ℓ.5
〔　　　　〕〔　　　　〕

② 左右　p.263 ℓ.5
〔　　　　〕〔　　　　〕

③ 莫し　ℓ.6
〔　　　　〕〔　　　　〕

④ 縦ひ　p.264 ℓ.7
〔　　　　〕〔　　　　〕

⑤ 為に　p.265 ℓ.4
〔　　　　〕〔　　　　〕

2 次の文を書き下し文に改めなさい。

① 怠惰之冬日ハ、何ゾ其レ長キ也。
〔　　　　〕

② 少壮幾時ゾ兮奈レ老イヲ何セン。
〔　　　　〕

③ 今人ハ独リ知ルノミレ愛スルニ其ノ身ヲ一。
〔　　　　〕

④ 独リ畏レンニ廉将軍ヲ一哉。
〔　　　　〕

内容の理解

思考力・判断力・表現力

1 「囲レ之」(二六二・3)の「之」は何をさすか。本文中の語句を抜き出しなさい。(訓点不要)

2 「是何楚人之多也。」(二六二・4)から項羽の驚きと落胆がうかがえるが、それは何に起因する心情か。次から選びなさい。

ア　楚人は大勢いるのに全く役に立たないこと。
イ　信頼していた楚人に裏切られてしまったこと。
ウ　沛公の率いる漢軍が大勢で攻めてきたこと。
エ　楚人が王である項羽の顔を知らなかったこと。

3 「項王則夜起飲二帳中一。」(二六二・5)は、何をするためか。次から選びなさい。

ア　虞美人や側近を交えて決別の宴を催すため。
イ　沛公や楚人と和睦を結ぶ会合を開くため。
ウ　脱出路を探る偵察部隊を出陣させるため。
エ　高ぶった神経を静めて決戦に備えるため。

4 項羽の詩(二六三・1～4)について、次の問いに答えなさい。

(1) 第一句から生まれた成語「抜山蓋世」の意味を次から選びなさい。

ア　天下を武力で治めてゆくこと。
イ　運命に翻弄されること。
ウ　力も気力も抜きんでて強いこと。
エ　人徳で世を治めること。

(2) 項羽は自分の敗北の原因は何だと考えているか。詩中から三字以内で抜き出しなさい。(訓点不要)

項王の最期

5 「亦足レ王也。」(二六四・4)の意味として適当なものを、次から選びなさい。

ア　もう一度王としての満足感を味わえます。
イ　この地にも王にふさわしい人材が多くいます。
ウ　王になる人材が不足していつも困っています。
エ　この地も同様に王になるのに十分な場所です。

6 「項王笑曰、」(二六四・5)の「笑」とはどのような笑いか。次から選びなさい。　▼脚問3

ア　漢軍に対して自分の力を誇示する高笑い。
イ　江東の父兄に対して軽蔑を表した冷笑。
ウ　運命に対する自嘲めいた諦めの笑い。
エ　大勢で自分を追う漢軍をばかにする笑い。

7 「縦彼不レ言、」(二六四・7)とは、①誰が、②どのようなことについて「不レ言」というのか。本文中からそれぞれ四字で抜き出しなさい。(訓点不要)

①
②

8 新傾向　項王が江東に渡ろうとしなかったのは、どのような思いからか。次の条件に従って書きなさい。　▼学習二

(条件)・項王になったつもりで「自分」という言葉を使って書くこと。
・思いを二つ、それぞれ三十字以内で書くこと。

全体

9 「四面楚歌」の現在使われている意味を書きなさい。

学習目標　漢詩の表現や技法への理解を深め、古代中国の人々が自然や人事に向けた思いを捉える。

中国の詩

教科書p.268～p.271

検印

要点の整理

思考力・判断力・表現力

○次の空欄に適語を入れて、各詩の大意を整理しなさい。

独坐敬亭山	秋風引	九月九日憶山東兄弟
たくさんいた〔ア　　〕は高く飛んでいなくなってしまい、ぽつんと浮かんでいた〔イ　　〕も流れ去って、あたりは静かである。たがいに見つめあったままで見飽きることのないのは、〔ウ　　〕だけである。	どこから吹いてくるのか、〔エ　　〕が訪れた。サアーッサアーッと寂しい音をたてて〔オ　　〕の群れを連れて来た。秋風は今日の〔カ　　〕に庭の〔キ　　〕に入り、孤独な〔ク　　〕が誰よりも先にそれを聞きつけた。	九月九日は、〔ケ　　〕の節句である。都である〔コ　　〕はいつにも増してにぎやかで、佳節を祝う家族連れの姿もよく見かけられる。故郷から遠く離れた私は、孤独を強く感じ、親兄弟のことを思う。今ごろ、兄弟たちは〔サ　　〕ところに登り、髪に〔シ　　〕を挿して、家族が〔ス　　〕足りないまま過ごしていることだろう。

○各詩について、①詩の形式、②押韻している字、③対句（「第何句と第何句」というように句数で記しなさい。対句のない場合は「なし」と記しなさい。）を整理しなさい。

独坐敬亭山	秋風引	九月九日憶山東兄弟
①〔　　〕 ②〔　　〕 ③〔　　〕	①〔　　〕 ②〔　　〕 ③〔　　〕	①〔　　〕 ②〔　　〕 ③〔　　〕

磧中作

〔セ　〕を走らせて〔ソ　〕に向かって旅を続けていると、〔タ　〕にまで届きそうになる。〔チ　〕を出発してからすでに二度も月が円くなるのを見た。今夜はどこに〔ツ　〕をとればいいのかわからない。一万里にわたる平坦《たん》な荒涼とした砂漠には、人の暮らしを知らせる〔テ　〕がどこにも見当たらず、心細くなる。

① ＿＿＿　② ＿＿＿　③ ＿＿＿

除夜寄弟妹

旅先で大みそかの〔ト　〕に故郷の弟や妹のことを思うと、寝つかれず〔ナ　〕事が湧いてくる。彼らとは遠く離れて〔ニ　〕たつが、一本のともしびを前にして感慨深い。〔ヌ　〕でやつれた私は以前の姿ではなく、正月を前に〔ネ　〕に帰りたい思いは募る。そのうち楽しいだんらんをしたいが、それまで私は旅の身だから、おまえたちはそれぞれ〔ノ　〕してくれ。

① ＿＿＿　② ＿＿＿　③ ＿＿＿

江村

澄んだ川の水が一曲がりして〔ハ　〕を抱きかかえるように流れ、日の長い〔ヒ　〕にこの川辺の〔フ　〕は静かに落ち着いている。梁の上に巣を作った〔ヘ　〕は気ままに出入りしているし、水の中に浮かぶ〔ホ　〕は私になれて近寄ってくる。老妻は〔マ　〕を作り、子供は〔ミ　〕を作っている。病気がちの私に必要なものはただ〔ム　〕だけだ。

① ＿＿＿　② ＿＿＿　③ ＿＿＿

内容の理解

思考力・判断力・表現力

独坐敬亭山

1 「独坐二敬亭山一」詩について、次の問いに答えなさい。

(1) 第一・二句は、何を描写したものか。次から選びなさい。〔　〕

ア 敬亭山で作者が見た風景。　イ 高所から見た町の様子。
ウ 都で感じた季節の変化。　エ 敬亭山の自然の厳しさ。

(2) 「敬亭山」（二六八・4）の様子を表している語を、詩中から抜き出しなさい。〔　〕

(3) この詩によまれている作者の心情を、次から選びなさい。〔　〕

ア 旅先での望郷の思い。　イ 友人と離れた孤独感。
ウ 自然に没入する喜び。　エ 妻を懐かしむ気持ち。

秋風引

2 「秋風引」詩について、次の問いに答えなさい。

(1) 秋の訪れを表している語句を、詩中から二つ抜き出しなさい。〔　〕〔　〕

(2) 「雁群」（二六八・6）と対応している語句を詩中から二字で抜き出しなさい。

(3) 「最先聞」（二六八・7）からは、どのような心情がうかがえるか。次から選びなさい。▼学習二 〔　〕

ア 秋の到来を喜ぶ気持ち。　イ 去りゆく秋を惜しむ気持ち。
ウ 朝廷からの来客を喜ぶ気持ち。　エ 誰よりも強い孤独と憂愁。

九月九日憶山東兄弟

3 「九月九日憶二山東兄弟一」詩について、次の問いに答えなさい。

(1) 「九月九日」（二六九・1）の重陽の節句に関係のある語句を、詩中から三つ、それぞれ漢字二字で抜き出しなさい。（訓点不要）

(2) 「異郷」・「異客」（二六九・2）のような「異」字の繰り返しは、どのような効果を挙げているか。次から選びなさい。〔　〕

ア 疎外感の表現。　イ 無常観の説明。
ウ 反抗心の表現。　エ 孤独感の強調。

(3) 「異客」（二六九・2）とは、誰のことか。書きなさい。〔　〕

(4) 「倍思レ親」（二六九・2）とあるが、その理由を次から選びなさい。〔　〕

ア 故郷を離れると親のありがたさがよくわかるから。
イ 山にも登れなくなった親のことが心配だから。
ウ 佳節には、楽しそうな家族の姿を見かけるから。
エ 旅先で母に似た人と出会ったから。

(5) この詩からうかがえる作者の心情を、二十字以内で書きなさい。

磧中作

4 「磧中作」詩について、次の問いに答えなさい。

(1) 第一・二句は、どのように構成されているか。次から選びなさい。〔　〕

ア 第一句では新生活に対する期待を、第二句では残した家族への思いを表している。
イ 第一句では家からの距離的な遠さを、第二句では家を出発してからの時間的な長さを表現している。
ウ 第一句・第二句ともに大自然の過酷さと雄大さを表現している。
エ 第一句・第二句ともに人間の営みの小ささと、創造主の偉大さを対比している。

(2) 「見二月両回円一」（二六九・6）とは、どういうことか。次から選びなさい。〔　〕

ア　出発してから二か月がたったこと。
イ　二晩続けて満月を見たということ。
ウ　涙で月が二重に見えたということ。
エ　満月の周囲に光の輪が二つできたということ。
〔　　〕

(3)「人煙」（二六九・7）とは、何か。次から選びなさい。
ア　連絡用に兵士があげるのろし。
イ　異民族の戦闘の合図の煙。
ウ　隊商の人々が巻き上げる砂煙。
エ　人家で食事の支度をする煙。
〔　　〕

(4) 第四句に込められた心情を、十五字以内で書きなさい。

5「除夜寄㆓弟妹㆒」詩について、次の問いに答えなさい。

(1)「不㆑寐百憂生」（二七〇・3）の理由を表している部分を詩中から抜き出しなさい。（訓点不要）
〔　　〕

(2)「此夜情」（二七〇・4）とは、どのようなものか。次から選びなさい。
ア　幼い弟や妹のことを心配しての望郷の念。
イ　病気のため容貌が変わってしまった悲しみと望郷の念。
ウ　病気と貧困で苦しい旅を続ける悲しみと望郷の念。
エ　幼い弟や妹を置き去りにした自責の念。
〔　　〕

(3)「早晩重歓会」（二七〇・6）とは、どういう意味か。次から選びなさい。
ア　そのうちに再び楽しくだんらんしたいものだ。
イ　そのうちに何回も楽しいだんらんができるだろう。
ウ　そのうちに再び歓迎会をしたいものだ。
エ　そのうちに何回も歓迎会はできるだろう。
〔　　〕

(4)「各長成」（二七〇・6）とは、誰がどうすることか。二十字以内で答えなさい。

6「江村」詩について、次の問いに答えなさい。

(1) 詩題の「江村」とは、どういう意味か。最もよく説明されている部分を詩中から抜き出しなさい。（訓点不要）
〔　　〕

(2)「相親相近水中鷗」（二七一・1）とあるが、なぜか。次から選びなさい。
ア　鷗をひなのころから飼育しているから。
イ　鷗は人なつこい性質の鳥であるから。
ウ　作者が無心で悪意がないから。
エ　作者のそばにいる子供に興味があるから。
〔　　〕

(3)「微軀此外更何求」（二七一・5）について、次の問いに答えなさい。

①「微軀」とは、何をさすか。書きなさい。
〔　　〕

②「此」とは何をさすか。詩中の語で答えなさい。
〔　　〕 ▼脚問3

③「何求」のように言う理由は何か。次から選びなさい。 ▼学習二
ア　これ以上求めることができないほど貧しいから。
イ　静かで平和な村での生活に妥協しているから。
ウ　これ以上求める体力・気力がないから。
エ　静かで平和な村での生活を喜んでいるから。
〔　　〕

学習目標　日本の各時代の作者が漢詩に託した自然や人事に対する思いを捉える。

日本の詩

教科書p.274～p.275

検印

要点の整理

思考力・判断力・表現力

○次の空欄に適語を入れて、各詩の大意を整理しなさい。

不出門	冬夜読書	送夏目漱石之伊予
右大臣から〔ア〕権帥に左遷されて以来、私は粗末な住まいにいる。〔イ〕に値する罪に恐れおののき、身の置きどころもない。都督府の正面にある高楼はやっと〔ウ〕の色が見えるが、観世音寺はただその〔エ〕の音に耳を傾けるしかない。胸中の思いは、〔オ〕が消えるのを追いかけようというものであり、外側の世界に対しては、〔カ〕が迎えるように対処しようと思っている。この土地で手を縛られてつながれているわけではないが、僅かな距離であっても〔キ〕を出て行くことはできない。	〔ク〕は山の草庵を懐に抱くように降り、樹木の〔ケ〕は深い。軒につるした風鈴は動かず、〔コ〕は深々と更けていく。散らかした書物を静かにかたづけて意味のよくわからない箇所を考える。一本の青い〔サ〕が遠い昔の人の心を照らし出す。	行きなさい、〔シ〕里のかなたの松山へ。〔ス〕を見送ると夕暮れの寒さが身にしみる。汽車で東海道を下ると空には富士山がかかっているだろうし、汽船で瀬戸内海を行けば海の果てに大きな波がわき起こるだろう。〔セ〕では友人はほとんどおらず、いたずらっ子を教育するのは難しいだろう。〔ソ〕節に再会できることを期待している。遅咲きの桜が散ってしまうので、遅れてはいけない。

○各詩について、①詩の形式、②押韻している字、③対句（「第何句と第何句」というように句数で記しなさい。対句のない場合は「なし」と記しなさい。）を整理しなさい。

不出門	冬夜読書	送夏目漱石之伊予
①〔　〕	①〔　〕	①〔　〕
②〔　〕	②〔　〕	②〔　〕
③〔　〕	③〔　〕	③〔　〕

内容の理解

思考力・判断力・表現力

1「不レ出レ門」詩について、次の問いに答えなさい。

(1) なぜ、作者は大宰府にいるのか。その理由を表した言葉を詩中から二字で抜き出しなさい。（訓点不要）

□□

(2)「只聴二鐘声一」（三七四・3）なのは、なぜか。十字程度で答えなさい。

□□□□□□□□□□

(3) 新傾向 生徒たちがこの詩を読んで感想を述べあっている。詩の内容を正しく捉えている生徒の発言をすべて選びなさい。

生徒A：この詩からは、作者が左遷された先で謹慎しているときの心情がよくわかるね。自ら外出を控えているのは、その処分を受け入れているということだと思うよ。

生徒B：この詩からは、作者が家族と離れて左遷されているときの悲しみがよくわかるね。外出できない状況だと、外の世界が満月のように満ち足りたものに思えるのは当然だよね。

生徒C：この詩からは、罪の重さに恐れおののき、ひっそりと生きていこうという作者の決意がわかるね。謹慎中でも不平不満を言わないように過ごすなんて、自分にはできないな。

生徒D：この詩には作者が左遷された先での優雅な生活の様子が描かれているね。外出はできないものの、観音寺の鐘を聴くことで心が落ち着く。作者はこの状況に満足しているんだね。

生徒〔　　〕

2「冬夜読書」詩について、次の問いに答えなさい。

(1)「夜沈沈」（三七四・8）とは、どういう意味か。次から選びなさい。

ア　夜の闇がますます濃くなっていく。
イ　夜の不気味さがあたりを支配する。
ウ　夜がしんしんと更けていく。
エ　夜の寒さが体にこたえる。

〔　　〕

(2)「一穂青灯」（三七五・1）と対応する語句を、詩中から三字で抜き出しなさい。（訓点不要）

□□□

(3) この詩の主題は、何か。次から選びなさい。

ア　雪深い山堂で、ひとり静かに詩作に打ち込む楽しさ。
イ　読書して、遠い昔の聖人や賢人の精神に触れる喜び。
ウ　白い雪と黒い樹影、そして青い灯火の織り成す美しさ。
エ　勉学に励んで、世間で頭角を現したいという願望。

〔　　〕

3「送三夏目漱石之二伊予一」詩について、次の問いに答えなさい。

(1)「三千里」（三七五・4）とは、どこからどこまでの距離が遠いことを表しているのか。都道府県名を書きなさい。

〔　　〕から〔　　〕まで

(2)「生二暮寒一」（三七五・4）には、どのような気持ちが込められているか。次から選びなさい。 脚問2

ア　病気がちな自分に対する不安。
イ　遠く旅立つ友人に向けた激励。
ウ　出征する兵士に向けた励まし。
エ　遠く旅立つ友人を送る寂しさ。

〔　　〕

(3)「莫レ後」（三七五・7）とは、何に遅れるなというのか。次の空欄を補って答えなさい。

〔　　〕のころに行う〔　　〕

学習目標 七夕伝説の由来の一つとなった説話を読み、古代中国の人々の孝行に対する考え方を捉える。

織女

教科書 p.278〜p.279

検印

展開の把握

思考力・判断力・表現力

○次の空欄に適語を入れて、内容を整理しなさい。

第一段落 (初め〜p.278 ℓ.3)	第二段落 (p.278 ℓ.4〜p.278 ℓ.5)	第三段落 (p.278 ℓ.6〜p.279 ℓ.1)	第四段落 (p.279 ℓ.2〜終わり)
孝行息子	不思議な女性	董永の願い	女性の正体
〔ア　　〕の時代の董永は、小さいときに〔イ　　〕を亡くし、父といっしょに住み、父を大切にしていた。父が死んだとき、貧しくて〔ウ　　〕をすることができなかった。そこで董永は自分を奴隷として売り、〔エ　　〕の費用に当てようとした。主人は董永に〔オ　　〕を与えて、家に帰した。	董永は〔カ　　〕間の喪に服し終わると、主人の元に帰って奴隷の仕事をしようとした。主人の家に行く途中で一人の女性に出会った。その女性は董永に「どうか〔キ　　〕の妻にしてください。」と言った。	主人は「銭はあなたにあげたのだ。」と言ったが、董永は「あなたの恵みを受けて父の葬礼ができました。厚い〔ク　　〕に報いたいのです。」と言った。主人は董永の妻が〔ケ　　〕がうまいと聞いて、「それならばあなたの奥さんに、私のために〔コ　　〕を百疋織らせてください。」と言った。	董永の妻は〔サ　　〕で織り上げた。妻は董永に「私は天の〔シ　　〕です。あなたが孝行なので〔ス　　〕が借金を返済させるよう私に命ぜられたのです。」と言い、空へ舞い上がり、どこに行ったのかわからなくなった。

語句・句法

知識・技能

1 次の語の読み(送り仮名を含む)と意味を調べなさい。

p.278 ℓ.1 ①少くして〔　　〕〔　　〕

ℓ.4 ②畢はる〔　　〕〔　　〕

ℓ.7 ③小人〔　　〕〔　　〕

④報ゆ〔　　〕〔　　〕

ℓ.8 ⑤爾り〔　　〕〔　　〕

2 次の文を書き下し文に改めなさい。

①雖モレ有リト二五男児一、総《すべ》テ不レ好マ二紙筆ヲ一。〔　　〕

②大王来タルトキ、何ヲカ操《と》レル。〔　　〕

③但ダ聞ク人語ノ響キヲ。〔　　〕

④令ム二騎ヲシテ皆下リテレ馬ヲ歩行セ一。〔　　〕

内容の理解

思考力・判断力・表現力

第一段落

1 「乃自売為レ奴、以供二喪事一。」（二七八・2）について、次の問いに答えなさい。

(1) この文の主語を答えなさい。

〔　　〕

(2) 「自売為レ奴」するのは、なぜか。次から選びなさい。

ア　父親を大切に扱わなかった者を罰するため。
イ　父親の葬儀にかかる費用を稼ぎ出すため。
ウ　父親が死に、生活の糧がなくなったから。
エ　父親の供養塔を建てる費用を稼ぎ出すため。

〔　　〕

2 「主人知二其賢一、与二銭一万一、遣レ之。」（二七八・3）について、次の問いに答えなさい。

(1) 「之」は何をさすか。本文中から三字で抜き出しなさい。

(2) 「主人」が「銭一万」を与えたのはなぜか。次から選びなさい。

ア　以前董永の父親から恩を受けたことがあったから。
イ　働き者の董永なら、いい奴隷になると考えたから。
ウ　董永の行いが立派であることに感心していたから。
エ　董永の利殖の才能に頼って金もうけを企んだから。

〔　　〕

第二段落

3 「欲下還二主人一、供中其奴職上。」（二七八・4）とは、どういう意味か。

ア　主人に一万銭を返してから、奴隷になろうとした。
イ　主人の元に帰って、奴隷の仕事をしようとした。
ウ　銭を返し終わったので、奴隷を辞めようとした。
エ　主人の元に帰って、奴隷を辞めようとした。

〔　　〕

4 「俱」（二七八・5）とは、どうすることか。具体的に十五字以内で答えなさい。

第三段落

5 「君之恵、」（二七八・6）とは、何のことか。二十五字以内で説明しなさい。

6 主人が「婦人何能。」（二七八・8）と言ったのはなぜか。次から選びなさい。

ア　董永と女性との二人分の働きを期待したから。
イ　女性は董永にふさわしくないと思ったから。
ウ　女性は何か特技がありそうな様子だったから。
エ　董永が恩返しをすると言ってきかないから。

〔　　〕

第四段落

7 「償レ債」（二七九・4）の意味を、次から選びなさい。▼脚問2

ア　お金を返すこと。　イ　機織りをすること。
ウ　妻になること。　エ　孝行をすること。

〔　　〕

全体

8 新傾向　董永が父親に対して行った孝行を三つ、次の条件に従って書きなさい。

（条件）・①は父親が生きているときの孝行について、②は父親が死んだときの孝行について、③は父親が死んだあとの孝行について書くこと。
・それぞれ二十五字以内で書くこと。

①

②

③

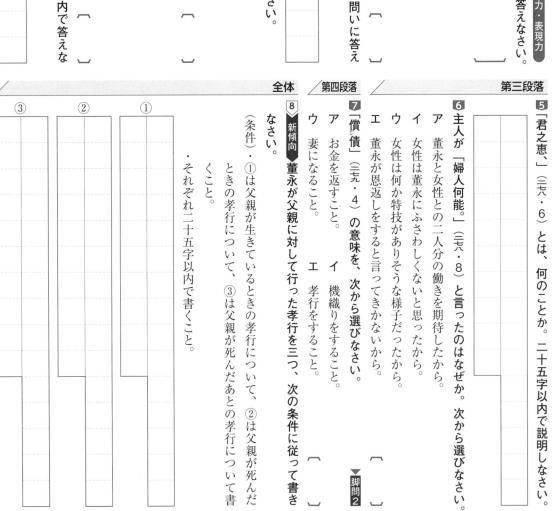

学習目標　一般的なイメージとは異なる幽霊についての話を読み、古代中国の人々の超常的な存在に対する見方を捉える。

売レ鬼

教科書 p.280～p.281

検印

展開の把握　思考力・判断力・表現力

○次の空欄に適語を入れて、内容を整理しなさい。

第一段落（初め ～ p.281 ℓ.4）	第二段落（p.281 ℓ.5 ～ 終わり）
	作者の論評
南陽の定伯が若かったころ、ある夜、幽霊に出くわした。定伯は「私も〔ア　　〕だ。」とうそをつき、いっしょに宛市まで歩いていくこととなった。幽霊と定伯とは交代で相手を背負うことにしたが、幽霊は「あなたはたいへん〔イ　　〕。もしや幽霊ではないのではないか。」と疑った。定伯は「私は〔ウ　　〕になったばかりなので、重いのだ。」とごまかした。定伯が「私は死んだばかりなので、幽霊が何を恐れるのかわからない。」と言うと、幽霊は「人の〔エ　　〕が嫌いなのだ。」と答えた。途中、幽霊が〔オ　　〕を渡ると、少しも音がしなかった。定伯が渡ると、ざぶざぶと音がした。幽霊はこれを怪しんだが、定伯は「私は死んだばかりで、渡り方を習っていないから音がするのだ。」とごまかした。	〔カ　　〕に着こうとしたとき、定伯は幽霊を背負って〔キ　　〕の上にくっつけて、捕まえた。幽霊は大声で叫び、降ろすように言ったが、定伯は聞き入れなかった。宛市に着き、幽霊を降ろすと、幽霊は一匹の〔ク　　〕に姿を変えた。定伯はこれが変化することを恐れて〔ケ　　〕をつけた。定伯は銭〔コ　　〕で幽霊を売って、去っていった。

語句・句法　知識・技能

1 次の語の読み（送り仮名を含む）と意味を調べなさい。

p.280

ℓ.1 ①逢ふ〔　　〕〔　　〕

②鬼〔　　〕〔　　〕

ℓ.2 ③汝〔　　〕〔　　〕

ℓ.4 ④太だ〔　　〕〔　　〕

ℓ.6 ⑤将た〔　　〕〔　　〕

2 次の文を書き下し文に改めなさい。

①今夜ハ不レ知ラ何レノ処ニカ宿スルヲ。〔　　〕

②以テ二五十歩ヲ一笑ハバ二百歩ヲ一、則チ何如。〔　　〕

③若ハ非ズ二吾ガ故人ニ一乎。〔　　〕

④問フレ余ニ何ノ意アリテカ棲ムト二碧山ニ一。〔　　〕

内容の理解

思考力・判断力・表現力

第一段落

1 「卿太重。将非レ鬼也。」（二六〇・6）について、次の問いに答えなさい。

(1) 「卿」とは、何をさすか。本文中から抜き出しなさい。（訓点不要）

〔　　〕

(2) 「将非レ鬼也。」の意味を次の中から選びなさい。　▼脚問1

ア　やはり幽霊ではなかったのだな。
イ　もしかして幽霊なのか。
ウ　ひょっとして幽霊ではないのか。
エ　どうして幽霊ではないと言うのか。

〔　　〕

(3) 「将非レ鬼也。」と思ったのは、なぜか。理由がわかる箇所を本文中から五字以内で抜き出しなさい。（訓点不要）

2 「我新鬼、不レ知レ有二何所一畏忌。」（二六〇・8）と言ったのは、なぜか。二十字以内で説明しなさい。

3 「何以有レ声。」（二六一・2）の後に続く言葉を、本文中から五字以内で抜き出して補いなさい。（訓点不要）

第二段落

4 「唾レ之。」（二六一・7）について、次の問いに答えなさい。

(1) 「之」は、何をさすか。十字以内で説明しなさい。

(2) 「唾」したのは、なぜか。次から選びなさい。

ア　羊の肉がとてもおいしそうだったから。
イ　千五百ほどの銭をきちんと数えるため。
ウ　かわいい羊に親愛の情を示すため。
エ　幽霊が再び変身しないようにするため。

〔　　〕

全体

5 新傾向　次の生徒の会話から、本文の内容をふまえて話している生徒をすべて選びなさい。　▼学習一

生徒Ａ：この話に出てくる鬼は、定伯を鬼ではないと疑っても、定伯の「新鬼であるから」という理由をうのみにして彼を信じてしまうね。何だか少し間の抜けた性格のようだね。

生徒Ｂ：そうだね。唾をつけられると力を失う弱点も、自ら告白してしまっているもんね。

生徒Ｃ：外見も人間と同じようで、会話も普通にできるから、そう感じるのかもね。

生徒Ｄ：人間でないことの証明は、音をたてずに川を渡れることだけだものね。

生徒〔　　〕

6 この話のおもしろさは、どのようなところにあると考えられるか。次から選びなさい。

ア　一人の男が、悪い鬼をうまくだまして財宝を手に入れるという勧善懲悪に基づいた展開。
イ　超自然的な存在でありながら、人に捕まえられ逃げることのできない弱い幽霊という着想。
ウ　幽霊と機転の利いた問答を繰り返すことにより、立身出世を果たすという壮大なテーマ。
エ　本来恐ろしくて近づきがたい幽霊の存在を、身近なものとして表現した趣向。

〔　　〕

学習目標 説話の型の一つである動物の報恩譚を読み、夢と現実とがどのように関連しているかを捉える。

蟻王

教科書p.282～p.283

検印

展開の把握

思考力・判断力・表現力

○次の空欄に適語を入れて、内容を整理しなさい。

第一段落（初め ～ p.282 ℓ.5）	第二段落（p.282 ℓ.6 ～ p.282 ℓ.8）	第三段落（p.283 ℓ.1 ～ p.283 ℓ.5）	第四段落（p.283 ℓ.6 ～ 終わり）
船での出来事	夢	十年後	恩返し
〔ア　　〕の国の董昭之が、あるとき船に乗り、銭塘江を渡っていた。川の中ほどで、一匹の〔イ　　〕が一本の短いアシにつかまって流れているのを見つけた。昭之が蟻を拾い取って船に乗せようとすると、船の中の人々は「この蟻は〔ウ　　〕を持っているので生かしておいてはいけない。」と反対した。昭之は蟻をかわいそうに思い、〔エ　　〕をアシに結びつけて船べりにつないだ。船が岸についたときに、蟻は陸に上がることができた。	夜、昭之の〔オ　　〕に黒い服の人物が現れ、「私は蟻の〔カ　　〕です。もし、あなたに差し迫った災難が起こったなら、お知らせください。」と言った。	昭之は罪もないのに捕らえられ、盗賊の首領ということで投獄された。蟻の王にどうやって知らせるか〔キ　　〕が考えていると、一緒に投獄されている者が「ただ二、三匹の蟻を捕まえて、手のひらに置いて事情を話せばよい。」と教えてくれた。	夜、黒い服を着た人が夢に現れ、昭之に逃げるよう告げた。〔ク　　〕たちが足かせをかみ切ってくれ、昭之は牢獄から逃げることができた。余杭の〔ケ　　〕に逃げ込んだ昭之にほどなく大赦の命が下り、処刑を逃れることができた。

語句・句法

知識・技能

1 次の語の読み（送り仮名を含む）と意味を調べなさい。

p.282 ℓ.1	①嘗て	〔　　〕〔　　〕
ℓ.2	②甚だ	〔　　〕〔　　〕
ℓ.6	③云ふ	〔　　〕〔　　〕
p.283 ℓ.2	④忽ち	〔　　〕〔　　〕
ℓ.7	⑤是に於いて	〔　　〕〔　　〕
	⑥便ち	〔　　〕〔　　〕
	⑦已に	〔　　〕〔　　〕

2 次の文を書き下し文に改めなさい。

①兎ハ不レ可カラ二復タ得一。
〔　　〕

②及ビテレ時ニ当ニシ二勉励ス一。
〔　　〕

③信ニシテ而見レ疑ハ、忠ニシテ而被レ謗《そし》ラ。
〔　　〕

内容の理解

思考力・判断力・表現力

第一段落

1 「甚惶遽。」（二八二・2）とあるが、恐れ慌てているのは、なぜか。本文中から五字以内で抜き出しなさい。

2 「不レ可レ長。」（二八二・4）とは、どういうことか。次から選びなさい。

ア　小さな生き物に対しても優しい点が董昭之の長所だということ。
イ　人を危険にさらす董昭之を長者にすることはできないということ。
ウ　毒を持った蟻にかまれてしまった者は、命が長くないということ。
エ　毒を持った蟻をこのまま生かしておくことはできないということ。

〔　　〕

3 「不レ可レ長。」（二八二・4）とあるが、董昭之はどうしてこのようなことをしたのか。次から選びなさい。

ア　蟻をいじめた船内の人々を懲らしめるため。
イ　蟻を助けるよう、神に祈りをささげるため。
ウ　蟻を船の中に入れずに、岸まで誘導するため。
エ　毒を持った蟻が逃げられないようにするため。

〔　　〕

第二段落

4 「不レ慎堕レ江、」（二八二・7）とは、どういうことか。次から選びなさい。

ア　蟻王が不注意から銭塘江に落ちたということ。
イ　蟻王が堕落した生活を送っていたということ。
ウ　董昭之が蟻王を銭塘江に落としたということ。
エ　董昭之に蟻王が謹慎するよう命じたということ。

〔　　〕

5 「急難」（二八二・7）とあるが、董昭之の身に降りかかった「急難」の内容を具体的に述べている一文を本文中から抜き出し、最初の五字を書きなさい。

第三段落

6 「今何処告レ之。」（二八三・2）の意味を、次から選びなさい。

ア　今、自分はどこに捕縛されているというのだろうか。
イ　今、どこに自分の危急を知らせればよいのだろうか。
ウ　今、誰に自分の罪を告白すればよいのだろうか。
エ　今、どのような処分が下されるというのだろうか。

〔　　〕

7 「其人」（二八三・4）とは、誰のことか。本文中から五字以内で抜き出しなさい。

第四段落

8 「烏衣人。」（二八三・6）とあるが、「烏衣人」の家臣たちがとった行動を本文中から二字で抜き出しなさい。

全体

9 新傾向　この文章における夢のはたらきについて生徒が話し合っている。空欄①〜③に入る適当な語句を①・③は五字以内、②は十字以内で書きなさい。　▼学習二

生徒A：最初の夢では、助けた蟻が董昭之に〔　①　〕を明かしているね。
生徒B：二回目の夢では、蟻が助けられた恩返しとして〔　②　〕を教えているよ。夢の中だと現実世界ではわからない〔　③　〕がわかるのが不思議だな。
生徒C：蟻と人間のコミュニケーションを助けるはたらきがあるんだね。

①
②
③

10 この文章の内容にふさわしいことわざ・故事成語を次から選びなさい。

ア　毒を食らわば皿まで
イ　舟に刻みて剣を求む
ウ　蟻の穴から堤も崩れる
エ　情けは人のためならず

〔　　〕

買粉児

学習目標　怪異譚である、人が蘇生する話を読み、この話の男を蘇生させたものは何かを理解する。

教科書 p.284～p.285

検印

展開の把握　思考力・判断力・表現力

○次の空欄に適語を入れて、内容を整理しなさい。

第一段落（初め ～ p.285 ℓ.1）	第二段落（p.285 ℓ.2 ～ 終わり）
金持ちのひとり息子が、〔ア　　〕に出かけ、〔イ　　〕を売る美しい娘を見かけた。男は毎日おしろいを買ったが、娘と口をきくことはなかった。ある日、娘が「あなたはおしろいを買って、いったいどこに使うのですか？」と尋ねた。男は「あなたを〔ウ　　〕していますが、気持ちを伝えかねていました。おしろいを買うのにかこつけて、あなたの姿を見ていたのです。」と告白した。娘は翌日の夜にひそかに男と会うことを承知した。次の日、娘を迎えた男は、娘の〔エ　　〕をとって、喜びのあまり死んでしまった。娘は怖くなって逃げ去った。	翌朝、男の〔オ　　〕が部屋に行くと、男はすでに死んでいた。棺おけに収めようというときに、〔カ　　〕個あまりのおしろいの包みを見つけた。男の〔キ　　〕は市場中のおしろいを買い集め、男におしろいを売っていた娘をつきとめた。両親は娘を役所に訴えた。娘は「私は命が惜しいのではない。どうか弔いをさせてください。」と、〔ク　　〕に願い出た。娘は遺体をなで、大声で泣きながら言った。「もし死後、魂に霊力があるならば、何も思い残すことはない。」すると男は急に生き返った。二人は夫婦となり、〔ケ　　〕は繁栄した。

語句・句法　知識・技能

1 次の語の読み（送り仮名を含む）と意味を調べなさい。

p.284 ℓ.1　①止だ　〔　　〕〔　　〕

②游ぶ　〔　　〕〔　　〕

ℓ.3　③漸く　〔　　〕〔　　〕

p.285 ℓ.4　④遍く　〔　　〕〔　　〕

ℓ.6　⑤具さに　〔　　〕〔　　〕

2 次の文を書き下し文に改めなさい。

①会《ヒテ》㆓其《ノ》怒《リニ》㆒、不㆓敢《ヘテ》献《ゼ》㆒。
〔　　〕

②此《レ》亡秦之続《キナル》耳。
〔　　〕

③何《ゾ》前《さきニハ》倨《おごリテ》而後《ニハ》恭《シキ》也《や》。
〔　　〕

④学若《もシ》不《ンバ》㆑成《ラ》、死《ストモ》不㆑還《ラ》。
〔　　〕

内容の理解

思考力・判断力・表現力

第一段落

1 「過レ常。」（二六四・1）とは、どういうことか。次から選びなさい。

ア いつもと同じであるということ。
イ 普通とは違っているということ。
ウ いつまでも変わらないということ。
エ とびきり異常だということ。　〔　　〕

2 「愛レ之、無レ由二自達一。」（二六四・2）について、次の問いに答えなさい。

(1) 主語は、何か。次から選びなさい。

ア 金持ちの家のひとり息子。　イ おしろいを売る美しい娘。
ウ 市場で売っているおしろい。　エ 市場で買い物をする人。　〔　　〕

(2) 「無レ由二自達一」とは、どういう意味か。二十字以内で説明しなさい。　▼脚問1

3 「積」（二六四・3）とは、何のことか。次から選びなさい。

ア 男の買ったおしろいが山のように積み上げられたこと。
イ 娘に交際を求めていた男が、積極的に振る舞ったこと。
ウ 男が黙っておしろいを買うことが、何日も続いたこと。
エ 男が札束を娘の前に積んで、おしろいを買ったこと。　〔　　〕

4 「仮レ此」（二六四・5）の「此」は、何をさすか。本文中から抜き出しなさい。　〔　　〕

5 「其悦、」（二六四・8）とは、具体的にはどのような気持ちか。二十五字以内で説明しなさい。　〔　　〕

6 「入レ市遍買二胡粉一、」（二六五・4）とは、誰の、どのような行動か。次から選びなさい。

ア 男の両親の、男の宿願をなんとかかなえようとする行動。
イ 男の母親の、男が死んだ手がかりをつかもうとする行動。
ウ 男の、娘にもう一度会って思いを伝えようとする行動。
エ 男の母親の、娘に会って復讐《ふくしゅう》しようとする行動。　〔　　〕

第二段落

7 「手跡如レ先。」（二六五・5）とあるが、どういうことか。「先」の内容を明らかにして、三十字以内で説明しなさい。　▼脚問2

8 「撫レ之」（二六五・8）の「之」は、何をさすか。本文中から漢字一字を抜き出しなさい。

全体

9 この話では、男が生き返ったのはなぜだと考えているか。次から選びなさい。　▼学習一

ア 娘のことを快く思わない父母に、自分との結婚を許してもらうための芝居だったから。
イ 男が死ぬ間際になって、わがまま放題だった今までの自分の生活ぶりを反省したから。
ウ 男が娘に懸命に愛を訴え献身する姿に対して、天の神が感動したから。
エ 自分の命を惜しむことなく、男の愛情に応えようとした娘の気持ちが奇跡を呼んだから。　〔　　〕

酒虫

学習目標 人に影響を及ぼす「虫」という考え方に触れ、劉氏にとっての酒虫の意味を捉える。

教科書 p.286～p.288

検印

展開の把握　思考力・判断力・表現力

○次の空欄に適語を入れて、内容を整理しなさい。

第一段落（初め～p.286 ℓ.3）	劉氏とは	長山の劉氏は太っていて、酒を一人で〔ア　〕飲みつくすほどであるが、家が〔イ　〕なので飲む費用に事欠くということはない。
第二段落（p.286 ℓ.4～p.287 ℓ.5）	「酒虫」事件	一人の番僧がやってきた。 番僧「あなたは〔ウ　〕を飲んでも酔わないのではないか。」 劉氏「そうです。」 番僧「それは〔エ　〕のせいだ。」 日なたに劉氏を〔オ　〕にさせて、手足を縛り、頭から〔カ　〕離れたところに〔キ　〕を置いた。 劉氏 飲みたいが飲めない。〔ク　〕のかゆみを感じ〔ケ　〕を吐く。 番僧〔コ　〕はいらないが、この〔サ　〕が欲しい。 →「虫＝〔シ　〕」だから、〔ス　〕が上質の酒になる。
第三段落（p.288 ℓ.1～p.288 ℓ.2）	その後の劉氏	酒を憎み、体はやせ、家も貧しくなり、〔セ　〕するのにも不足するようになる。
第四段落（p.288 ℓ.3～終わり）	異史氏の見解	一日に一石の酒を飲んでも〔ソ　〕を損なうことがなかったのに、一斗も飲まなくても〔タ　〕が増していく。〔チ　〕には何か運命があるのだろうか。ある人は『虫は劉氏の〔ツ　〕であって〔テ　〕ではなかった。僧は劉氏を侮って〔ト　〕を用いた。』というが、どうなのだろう。

語句・句法　知識・技能

1 次の語の読み（送り仮名を含む）と意味を調べなさい。

① 嗜む（p.286 ℓ.1）〔　〕〔　〕
② 輒ち〔　〕〔　〕
③ 耳（ℓ.6）〔　〕〔　〕
④ 悉く（p.287 ℓ.3）〔　〕〔　〕
⑤ 漸く（p.288 ℓ.1）〔　〕〔　〕

2 次の文を書き下し文に改めなさい。

① 視ヨ二吾ガ舌ヲ一、尚ホ在リヤ否ヤ。〔　〕
② 使ム二子路ヲシテ問ハレ之ニ一。〔　〕
③ 懐ヒテ二佳人ヲ一兮、不レ能ハレ忘ルル。〔　〕
④ 豈ニ有ルレ意乎。〔　〕

内容の理解　思考力・判断力・表現力

第一段落

1「不二以レ飲為一レ累也。」（二八六・2）とあるが、なぜか。理由を答えなさい。

〔　　　　〕

第二段落

2「有レ之。」（二八六・5）とあるが、どういうことが「有」るのか。次から選びなさい。　▼脚問1

ア　体の中に虫がいること。
イ　自分が病気であること。
ウ　酒を飲んでも酔わないこと。
エ　僧がその場にいること。

〔　　〕

3「愕然、」（二八六・5）とあるが、劉氏はなぜ「愕然と」したのか。次から選びなさい。

ア　いくらたくさん飲んでも全く酔えないことを指摘されたから。
イ　病気と思っていなかったのに虫がいる病気だと言われたから。
ウ　僧が自分の病気を治すのに薬を使おうとしなかったから。
エ　治すのにうつ伏せにさせられ、手足を縛られたから。

〔　　〕

4「求二医療一。」（二八六・6）とあるが、この劉氏の申し出に基づいて番僧がしたことはどのようなことか。一文で探し、最初の五字を書きなさい。（訓点不要）

□□□□□

5「有二物出一、」（二八七・1）について次の問いに答えなさい。

(1)「物」とは、何か。二字で答えなさい。　▼脚問2

□□

(2)前問(1)は具体的にどのようなものか。本文中からその説明に当たる部分を探し、その初めと終わりの三字を抜き出しなさい。（訓点不要）

□□□〜□□□

6「酬以レ金、不レ受、但乞二其虫一。」（二八七・3）とあるが、僧はなぜ「乞二其虫一」したのか。次から選びなさい。

ア　虫好きなので、お金よりも虫の方に価値があると思ったから。
イ　虫は酒の精で、これを水に入れるとおいしい酒ができるから。
ウ　初めから出てきた酒虫をもらうつもりでいたから。
エ　酒虫は福の象徴で、持っているといいことがあるから。

〔　　〕

第三段落

7「劉自レ是」（二八八・1）とあるが、「是」の内容を簡潔に書きなさい。

〔　　　　〕

第四段落

8「愚レ之」（二八八・5）とあるが、「之」のさしているものを次から選びなさい。

ア　番僧　イ　酒虫　ウ　酒　エ　劉氏

〔　　〕

全体

9　新傾向　本文と芥川龍之介の「酒虫」（二八九・1〜二九〇・16）との違いについてまとめた次の文の空欄に入る適語を、あとの条件に従ってそれぞれ書きなさい。

本文では、劉にとっての酒虫は〔　①　〕と述べられているが、芥川龍之介の「酒虫」では、①の他に〔　②　〕または〔　③　〕という考えが述べられている。

（条件）・「福」「病」の語を用いて書くこと。

①〔　　　　〕

②〔　　　　〕

③〔　　　　〕

学習目標　『論語』と並ぶ儒家の古典である「孟子」を読み、孟子の思想について理解する。

孟子（何必曰レ利・性善）

教科書 p.297〜p.299

検印

展開の把握

思考力・判断力・表現力

○次の空欄に適語を入れて、内容を整理しなさい。

何必曰利		性善	
ア〔　　〕の恵王の依頼	孟子の意見	ク〔　　〕の意見	孟子の意見
わが国にイ〔　　〕をもたらす提案をしてほしい。	王にとって、利益は必要ではなく、ウ〔　　〕が必要なだけだ。王が利益を求めると、エ〔　　〕までもが利益を求めるようになる。下の者が利益を求めると、オ〔　　〕の者を殺すようになる。カ〔　　〕の心を育てれば、キ〔　　〕や君主を大切にするようになる。	人の本性はケ〔　　〕のようなものだ。水が東にもコ〔　　〕にも流れるように、人の本性に善とサ〔　　〕の区別はない。	水には、東流西流の区別はないが、シ〔　　〕の区別はある。人の本性がス〔　　〕であることは、水が低いほうに流れるようなもので、当たり前のことである。水を手で打って跳ねさせれば、人の額を飛び越えさせることができ、水を遮れば、セ〔　　〕に上らせることもできる。しかし、これは外から加えるソ〔　　〕によるものであり、本性ではない。

語句・句法

知識・技能

1 次の語の読み（送り仮名を含む）と意味を調べなさい。

p.297 ℓ.7	①大夫	〔　　〕	〔　　〕
	②士	〔　　〕	〔　　〕
p.299 ℓ.1	③夫れ	〔　　〕	〔　　〕
ℓ.2	④過ごす	〔　　〕	〔　　〕
ℓ.6	⑤是くの	〔　　〕	〔　　〕

2 次の文を書き下し文に改めなさい。

①何ゾ必ズシモ公山氏ニ之レ之《ゆ》カン也《や》。
〔　　〕

②求ムル二其ノ放心ヲ一而已矣。
〔　　〕

③苟シクモ得レバ二其ノ養ヲ一、無シ二物トシテ不ルハレ長ゼ。
〔　　〕

④豈ニ足ランヤ二以ツテ言フニレ得タリトレ士ヲ。
〔　　〕

内容の理解

思考力・判断力・表現力

1 「亦将レ有二以利一吾国上乎。」（二九七・4）には、王のどのような気持ちが込められているか。次から選びなさい。

ア　将来的に国の有利になる提案をしてほしいと要求する気持ち。
イ　千里の道のりをはるばるやってきた孟子の苦労をねぎらう気持ち。
ウ　ゆくゆくはこの国の宰相になってほしいという気持ち。
エ　他の遊説家と同様に、孟子が利益を生む提案をするのを期待する気持ち。

〔　　〕

2 「亦有二仁義一而已矣。」（二九七・6）について、次の問いに答えなさい。

(1) 何を主張しようとしているのか。次から選びなさい。

ア　仁義は利益を生むだけで、富国強兵策をとらなければだめだ。
イ　他の王と同じように、この国の政治にも仁義が必要なだけだ。
ウ　利益だけでは不十分で、仁義もなければ政治の体をなさない。
エ　この国には仁義だけがあって、他の大事なものは何一つない。

〔　　〕

(2) 「仁義」とは、どのような意味か。空欄にそれぞれ漢字一字を補って答えなさい。▼脚問1

人間〔　　〕と〔　　〕義

3 「上下」（二九七・8）の具体例を、これより前の本文中からすべて抜き出して答えなさい。（訓点不要）

〔　　〕

4 「万乗之国、弑二其君一者、必千乗之家。」（二九八・1）について、次の問いに答えなさい。

(1) 「千乗之家」とはどのような存在か。次から選びなさい。

ア　ある国を王に代わって支配している家。
イ　王と敵対し、王に不満を持っている一族。
ウ　王に次ぐ領地や権力を持っている大家老。
エ　王の親族で王を支える家。

〔　　〕

(2) なぜ「弑二其君一」のか。理由にあたる部分を、本文中から二字で抜き出しなさい。（訓点不要）

〔　　〕

5 「奪」（二九八・3）とは、何を奪うのか。次から選びなさい。

ア　大夫の家　　イ　君主の領地
ウ　仁義　　エ　財貨

〔　　〕

6 孟子の意見について、次の問いに答えなさい。

(1) 孟子が最も強い口調で恵王を批判している一文を、本文中から抜き出しなさい。（返り点・送り仮名不要）

〔　　〕

(2) 孟子は恵王の政治がどのような事態を招くと言っているか。三十字以内で答えなさい。

〔　　〕

(3) 孟子の話の進め方の巧みさはどのような点にあるか。次から選びなさい。

ア　最初に結論を述べ、具体例を挙げた後、結論を繰り返す点。
イ　まず王の考えを肯定し、その後で自分の提案を出している点。
ウ　王の考えを徹底的に批判した後、解決策を提案する点。
エ　王と問答を繰り返す中で、王に自分の非を認めさせている点。

〔　　〕

7「決二諸東方一、則東流、決二諸西方一、則西流。」（二九八・7）と同じ意味の表現を、告子の言葉（二九八・7～9）から五字で抜き出しなさい。（訓点不要）

8「人性」（二九八・8）について、次の問いに答えなさい。

(1)「人性」とは、何か。空欄を補って答えなさい。

人間の［　　　］

(2)告子は、「人性」と「水」（二九八・9）との関係を、どう捉えているか。次から選びなさい。

ア「人性」と「水」とは、似た特徴を持っている。
イ「人性」と「水」は、正反対の性質をしている。
ウ「水」が、「人性」に対して影響を与えている。
エ「水」も「人性」もそれぞれ独立している。

［　　］

(3)告子は、「人性」をどのようなものだと言っているか。次から選びなさい。

ア「人性」は、善・不善の区別がある。
イ「人性」に、善・不善の区別はない。
ウ「人性」は、東方と西方で異なる。
エ「人性」に、不善を正す力はない。

［　　］

9「無レ分二於東西一、無レ分二於上下一乎。」（二九八・10）とは、どういう意味か。次から選びなさい。

ア 東西に分割することもできないし、上下に分割することも難しい。
イ 東西に分割することはできないが、上下に分割することはできる。
ウ 東流し西流する性質もなく、上方へ流れ下方へ流れる区別もない。
エ 東流し西流する区別はないが、上方・下方へ流れる区別はある。

［　　］

10「人性之善也、猶二水之就一レ下也。」（二九八・11）とは、どういうことか。次から選びなさい。

ア「人性」が善であるのは、当たり前であるということ。
イ 善の「人性」は、たやすく流れてしまうということ。
ウ「人性」の善は、水の善性より劣っているということ。
エ「人性」が善であるのは、そう簡単ではない。

［　　］

11「然也。」（二九九・5）は、何をさしているか。孟子の言葉（二九八・10～二九九・6）から二つ、それぞれ三字で抜き出しなさい。（訓点不要）

12 孟子は、人が「不善」（二九九・5）をなすのはなぜだと考えているか。三十字以内で答えなさい。 ▼脚問4

13「其性亦猶レ是也。」（二九九・6）について、次の問いに答えなさい。

(1)何に対して「亦」なのか。漢字一字で書きなさい。

(2)「是」とは、何を受けているか。孟子の言葉（二九八・10～二九九・6）から五字で抜き出しなさい。

14 この文章で孟子が主張していることは、何か。次から選びなさい。

ア 水のように生きよという無為自然の考え。
イ 社会を乱す不善を許さない法律至上主義。
ウ 人間は生まれながらに善だとする性善説。
エ 人間の本性は悪だが、学問が善にする考え。

［　　］

老子（小国寡民・天下莫二柔弱於水一）

学習目標 儒家と対立する道家の古典である『老子』を読み、古代中国思想について理解する。

教科書 p.300〜p.301

検印

要点の整理

思考力・判断力・表現力

○次の空欄に適語を入れて、内容を整理しなさい。

小国寡民 (p.300 ℓ.1 〜 p.300 ℓ.8)	天下莫柔弱於水 (p.301 ℓ.1 〜 p.301 ℓ.6)
小さな（ア　　　）で、少ない（イ　　　）。文明の（ウ　　　）を使わせない。民が国外へ出ることを禁止し、（エ　　　）はあっても使わず、文字の代わりに（オ　　　）を結んで使い、その土地に安住させる。これが理想的な社会だ。	世の中で水ほど（カ　　　）なものはないが、堅強なものを攻めるのに水にまさるものはない。これはみんな知っているのに（キ　　　）する者がいない。だから、「国の汚辱を引き受ける者を（ク　　　）の主、国の災厄を引き受けるのを天下の（ケ　　　）という。」と言った聖人の言葉は、正しいことを言っているのだ。

語句・句法

知識・技能

1 次の語の読み（送り仮名を含む）と意味を調べなさい。

p.300 ℓ.4 ①徙る（　　　）（　　　）

②雖も（　　　）（　　　）

③陳ぬ（　　　）（　　　）

p.301 ℓ.5 ④復た（　　　）（　　　）

ℓ.2 ⑤能く（　　　）（　　　）

2 次の文を書き下し文に改めなさい。

①有下リ能ク為二ス鶏鳴一ヲ者上ヲ。（　　　）

②使二ム子路ヲシテ問一ハレ津ヲ焉。（　　　）

③莫二シ能ク仰ギ視一ルモノ。（　　　）

④是ヲ以ツテ君子ハ不レル為《まな》バ也。（　　　）

内容の理解

小国寡民

1 「重レ死、」（三〇〇・3）とは命をどうすることか。次の空欄に合うように五字以内で書きなさい。　▼脚問2

命を［　　　　　］こと

2 民に「復結レ縄而用レ之」（三〇〇・5）させるとは、どうすることか。次から選びなさい。

ア　民を太古の生活に戻らせる。
イ　民の自由を奪い、拘束する。
ウ　民に縄を生活の道具にさせる。
エ　民から文字を奪い、批判力を抑える。

〔　　〕

3 「隣国相望、鶏犬之声相聞、」（三〇〇・7）について、次の問いに答えなさい。

(1)「相望」の「相」の説明として適当なものを、次から選びなさい。

ア　「遠くから」の意を表す。
イ　「互いに」の意を表す。
ウ　「補佐する」の意を表す。
エ　対象を表す。

〔　　〕

(2)隣国とどういう状態にあることを表しているか。次から選びなさい。

ア　非常に敵対して緊張した状態。
イ　友好的な交流がある状態。
ウ　支配・被支配の状態。
エ　非常に接近している状態。

〔　　〕

4 「民至二老死一、不二相往来一。」（三〇〇・7）とあるが、「相往来」するとどうなるのか。三十字以内で説明しなさい。　▼脚問3

［　　　　　　　　　　　　　　　］

思考力・判断力・表現力

天下莫柔弱於水

5 「天下莫レ不レ知、莫二能行一。」（三〇一・3）の意味を簡潔に二十字以内で書きなさい。　▼脚問4

［　　　　　　　　　　　　　　　］

6 「聖人」（三〇一・5）の言ったことの内容として適当なものを、次から選びなさい。

ア　君主は苦しみや汚れから守られている。
イ　君主は国の汚辱や不吉を受ける存在である。
ウ　君主は民の恥や不祥を取り除いてやらねばならない。
エ　君主は国の汚辱や不吉からかけ離れた存在である。

〔　　〕

7 新傾向　「天下莫三柔二弱於水一」について、世間の常識と老子の考えをまとめた次の表の空欄①・②に入る内容を、あとの条件に従って書きなさい。　▼学習三

老子の考え…王の役目は〔　①　〕ことである。
↑批判
世間の常識…王の役目は〔　②　〕ことである。

（条件）・①は「国の汚辱や不吉」、②は「国」「人々」を用いて書くこと。
・それぞれ十五字以内で書くこと。

①［　　　　　　　　　　　　　　　］

②［　　　　　　　　　　　　　　　］

学習目標　儒家と対立する道家の古典である『荘子』を読み、荘子の思想について理解する。

荘子（渾沌・曳㆓尾於塗中㆒）

教科書 p.302〜p.303

検印

要点の整理

思考力・判断力・表現力

○次の空欄に適語を入れて、内容を整理しなさい。

渾沌	曳尾於塗中		
(p.302 ℓ.1〜p.302 ℓ.7)	(p.303 ℓ.1〜p.303 ℓ.3)	(p.303 ℓ.4〜p.303 ℓ.7)	(p.303 ℓ.7〜p.303 ℓ.8)
たとえ話		たとえ話	
南海の帝である儵と〔ア　〕の帝である忽が、中央の帝である渾沌に歓待された。儵と忽はそのお礼として、渾沌の顔に〔イ　〕と同じように七つの穴を開けてやることにした。渾沌が見たり〔ウ　〕いたり、食べたり〔エ　〕をしたりできるようにするためである。一日に〔オ　〕つずつ穴を開けていくと、七つの穴が開いた日に、渾沌は〔カ　〕んでしまった。	〔キ　〕国の王が、荘子に政治を任せようと考え、二人の〔ク　〕を濮水に派遣し、釣りをしていた荘子に依頼させた。	廟堂に死後〔ケ　〕になる神亀がいて、非常に大切にまつられている。 その亀は、〔コ　〕んで自分の甲羅が貴ばれるほうがよいか。 それとも、〔サ　〕きて尾を泥の中で引きずっているほうがよいか。 大夫の答え――〔シ　〕きているほうがよい。	荘子は、王の申し出をきっぱりと断った。

語句・句法

知識・技能

1 次の語の読み（送り仮名を含む）と意味を調べなさい。

p.302 ℓ.3　① 与に　〔　　〕〔　　〕

② 遇ふ　〔　　〕〔　　〕

ℓ.4　③ 善し　〔　　〕〔　　〕

p.303 ℓ.3　④ 累はす　〔　　〕〔　　〕

ℓ.6　⑤ 曳く　〔　　〕〔　　〕

2 次の文を書き下し文に改めなさい。

① 願《ハクハ》得《ン》㆓君《ノ》狐白裘《ヲ》㆒。　〔　　〕

② 項籍者、下相《ノ》人也。　〔　　〕

③ 寧《ロ》失《フトモ》㆓千金《ヲ》㆒、毋《カレ》㆑失《フ》㆓一人之心《ヲ》㆒。　〔　　〕

④ 日月如《ク》㆑流《ルルガ》、老《イ》将《ニ》㆑至《ラント》。　〔　　〕

内容の理解

思考力・判断力・表現力

渾沌

1 「渾沌」（三〇二・1）について、「儵」と「忽」（三〇二・2）が「はかないもの、人間の作為」のたとえとすると、「渾沌」は何のたとえか。次から選びなさい。

ア 仁義　イ 王道　ウ 無為自然　エ 博愛

2 「待レ之」（三〇二・4）の「之」は、何をさすか。本文中から三字以内で抜き出しなさい。（訓点不要）

3 「此独無レ有。嘗試鑿レ之。」（三〇二・6）について、次の問いに答えなさい。

(1) ①「此」、②「之」は何をさしているか。本文中からそれぞれ三字以内で抜き出しなさい。

①

②

(2) 「鑿」とうとした理由を、次から選びなさい。

ア 渾沌に「視聴食息」させるため。　イ 渾沌をもてなすため。

ウ 渾沌を死なせないため。　エ 渾沌を目立たせるため。

4 「渾沌死」（三〇二・7）とあるが、なぜ混沌は死んだのか。次から選びなさい。 脚問2

ア 人為が加わったことで、渾沌がその本質を保てなくなったから。

イ 渾沌が新しい自分の姿に絶えられず、自ら命を絶ったから。

ウ 渾沌が「視聴食息」の素晴らしさに気付き、生まれ変わったから。

エ 儵と忽の不手際により、渾沌の存在が消え去ってしまったから。

5 この文章で説かれていることは何か。次から選びなさい。 学習一

ア 人間の知恵や作為は、はつらつとした自然の営みを害する。

イ 人間の知恵や作為は、視たり聴いたりすることで発展する。

ウ 渾沌の世界は、人間の知恵や作為によって支配可能である。

エ 渾沌の世界は、すべてを無にする驚異的なものである。

曳尾於塗中

6 「不レ顧」（三〇三・4）という態度をとったのはなぜか。次から選びなさい。

ア 楚王の気持ちを直接確かめたかったから。

イ 政治や名誉に全く関心がないから。

ウ 二人の大夫の態度がひどく無礼だったから。

エ 釣りのじゃまをされて腹が立ったから。

7 「吾聞、」（三〇三・4）の内容はどこまでか。本文中から初めと終わりの三字を抜き出しなさい。（訓点不要）

〜

8 荘子は「神亀」（三〇三・4）で、何をたとえているか。次から選びなさい。

ア 王　イ 大夫　ウ 天帝　エ 宰相

9 「寧其生而曳二尾於塗中一乎。」（三〇三・6）について、次の問いに答えなさい。

(1) 「曳二尾於塗中一」と対比的に用いられている部分を、本文中から五字以内で抜き出しなさい。（訓点不要）

(2) 「曳二尾於塗中一」とは、どのようなことをたとえているか。二十字以内で答えなさい。

10 亀のたとえ話で荘子は何を言おうとしているのか。次から選びなさい。 学習二

ア 短い人生だからこそ、政治のために尽力しなければならない。

イ 名利を求めるより、自由に生きて天寿を全うすべきである。

ウ 落ちぶれた人間であっても、自尊心を守らなければならない。

エ 姿は醜くても、自由であることを感謝すべきである。

学習目標　儒家と対立する法家の古典である「韓非子」を読み、韓非子の思想について理解する。

韓非子（侵レ官之害・非レ愛也）

教科書p.304～p.305

検印

展開の把握

思考力・判断力・表現力

○次の空欄に適語を入れて、内容を整理しなさい。

侵官之害 出来事（p.304 ℓ.1～p.304 ℓ.4）	侵官之害 結論（p.304 ℓ.5～p.304 ℓ.8）	非愛也 具体例（p.305 ℓ.1～p.305 ℓ.5）	非愛也 結論（p.305 ℓ.6～p.305 ℓ.7）
韓の昭侯が酒に酔って、寝てしまった。（ア　　）（冠を管理する役人）が昭侯の寒そうな様子を見て、（イ　　）をかけた。目覚めた昭侯は（ウ　　）から事情を聞くと、（エ　　）と（オ　　）の両者に罰を与えた。	君主は（カ　　）に対して、（キ　　）と職務の厳しい一致を求めなければならない。{ 自分の職務を怠ってはならない。自分の職務を（ク　　）えて、他人の職務に踏み込んでもいけない。} 同様に、（ケ　　）と行為も一致させなければならない。	子供に注ぐ（コ　　）で、（サ　　）のそれにまさるものはない。しかし、子供に非行があればその子を（シ　　）につかせるし、子供が（ス　　）になればその子を（セ　　）に診てもらう。母親の（ソ　　）は、子供の非行や病気を治す役には立たないのである。	君主の権力は（タ　　）である。母親の愛情で（チ　　）を維持することができないのであるから、君主が愛情で（ツ　　）を維持することなどできるはずがないのである。

語句・句法

知識・技能

1 次の語の読み（送り仮名を含む）と意味を調べなさい。

p.304

ℓ.2 ①昔者　（　　　）（　　　）

ℓ.3 ②説ぶ　（　　　）（　　　）

ℓ.4 ③対ふ　（　　　）（　　　）

ℓ.6 ④以為へらく　（　　　）（　　　）

⑤侵す　（　　　）（　　　）

2 次の文を書き下し文に改めなさい。

①弟子、孰《たれ》カ為スレ好ムトレ学ヲ。（　　　）

②我以テレ不ルヲレ貪《むさぼ》ラ為スレ宝ト。（　　　）

③非ザルレ不ルニレ説バ二於大功ヲ一也。（　　　）

④非ズンバ二其ノ君ニ一不レ事《つか》ヘ。（　　　）

内容の理解　思考力・判断力・表現力

侵官之害

1 「兼㆔罪典衣与㆓典冠㆒。」（三〇四・4）で、「兼罪」した理由を、典衣・典冠についてそれぞれ本文中から六字で抜き出しなさい。（訓点不要）

典衣

典冠

2 「其事」（三〇四・5）とは、何をさすか。本文中から六字で抜き出しなさい。（訓点不要）　▼脚問1

3 「非㆑不㆑悪㆑寒也。」（三〇四・6）はどういうことか。次から選びなさい。

ア　寒い思いをするのはもちろん嫌いである。
イ　衣を掛けられたせいで暑くて目が覚めた。
ウ　寒さを嫌がっても仕方のないことである。
エ　寒い思いをするのはそれほどいやではない。
〔　　〕

4 「甚㆓於寒㆒。」（三〇四・6）の「於」と同じ用法のものを、次から選びなさい。

ア　貪《ル》㆓於財貨《ヲ》㆒。
イ　病入《ル》㆓於口《ヨリ》㆒。
ウ　治《ムル》㆑人《ヲ》者《ハ》食《セラル》㆓於人《ニ》㆒。
エ　苛政《ハ》猛《ナリ》㆓於虎《ヨリモ》㆒。
〔　　〕

5 「不㆑当」（三〇四・8）はどういうことか。次から選びなさい。　▼脚問3

ア　言うことが道理にかなっていない。
イ　言うことと行うことが一致しない。
ウ　言うばかりで他人の話を聞かない。
エ　言うことが現実と一致しない。
〔　　〕

6 この文章では、君主に対し臣下のとるべき態度はどうあるのがよいと主張しているか。解答欄に合うように二十字以内で書きなさい。

ことがよい。

非愛也

7 ①「師」（三〇五・3）、②「医」（同）の「弱子」（同・2）に対する役割を、それぞれ簡潔に答えなさい。

①〔　　〕
②〔　　〕

8 「疑㆓於死㆒。」（三〇五・4）とは、どういうことか。次から選びなさい。

ア　素人には死んだことが判断できるだろうか。
イ　悪人が生きていても社会の益にならない。
ウ　ほとんど死んだのと同じようなものだ。
エ　死んだことを疑うようなものだ。
〔　　〕

9 「則存㆑子者、非㆑愛也。」（三〇五・5）について、次の問いに答えなさい。　▼脚問4

(1)「存㆑子」とは、どういうことか。次から選びなさい。

ア　子供を立派に成長させる。
イ　子供を生き続けさせる。
ウ　子供をこの世に誕生させる。
エ　子供に教育を受けさせる。
〔　　〕

(2)「非㆑愛」とあるが、ここでは「愛」以外の何が「存㆑子」するといっているのか。五字以内で答えなさい。（句読点不要）

10 「臣主之権筴也。」（三〇五・6）の「筴」と対比的に用いられている語を本文中から抜き出しなさい。（訓点不要）
〔　　〕

全体

11 「侵㆑官之害」「非㆑愛也」に表れている韓非の思想はどのようなものか。次から選びなさい。　▼学習三

ア　厳格な規則や冷徹な計算で国を治めるべきである。
イ　徳を身につけ深い愛情で国民に接する必要がある。
ウ　教育や医療の体制を整備することが大切である。
エ　個人の欲望を抑えて政治を行うべきである。
〔　　〕

学習目標　少孺子が呉王に行った説得の巧みさを捉える。

不レ顧二後患一

教科書p.308～p.309

検印

展開の把握　思考力・判断力・表現力

○次の空欄に適語を入れて、内容を整理しなさい。

第一段落 （初め ～ p.308 ℓ.3）	第二・三段落 （p.308 ℓ.4 ～ 終わり）
呉王は〔ア　　〕を伐とうとして、〔イ　　〕たちに、「あえて諫める者があれば〔ウ　　〕はおかない。」と言った。〔エ　　〕という舎人が諫めようとしたができなかった。そこで〔オ　　〕を手に持ち、たまを懐に入れて、〔カ　　〕が着物をぬらすにもかかわらず、裏庭を〔キ　　〕間歩き回った。	呉王は〔ク　　〕を近くに呼んで、なぜわざわざそんなことをしているのかと聞くと、次のように答えた。 「庭の中に樹があって、その高い所に〔ケ　　〕がとまっており、高い声で鳴いて、〔コ　　〕を飲んでいます。しかし、背後にいる〔サ　　〕が、体をかがめ、脚を縮めているのに気がつきません。〔シ　　〕もまた、そばにいる〔ス　　〕が、首を伸ばしてついばもうとしているのに気がつきません。そして〔セ　　〕も、〔ソ　　〕を持った私が下でねらっているのに気がつきません。〔タ　　〕と〔チ　　〕と〔ツ　　〕の三つはそれぞれ、目前の〔テ　　〕を得ようとしていますが、背後に〔ト　　〕が待ちかまえているのに気がつかないのです。」と。 それを聞いた呉王は〔ナ　　〕を伐つことをやめた。

語句・句法　知識・技能

1 次の語の読み（送り仮名を含む）と意味を調べなさい。

p.308 ℓ.1 ①敢へて　〔　　〕〔　　〕
②諫む　〔　　〕〔　　〕
ℓ.3 ③沾す　〔　　〕〔　　〕
④旦　〔　　〕〔　　〕
p.309 ℓ.2 ⑤罷む　〔　　〕〔　　〕

2 次の文を書き下し文に改めなさい。

①秦不二敢ヘテ動カ一。
〔　　〕

②何ソ前《さき》ニハ倨《おご》リテ而後ニハ恭シキ也。
〔　　〕

③嗚《あ》呼《あ》、哀シイ哉。
〔　　〕

④善キ哉乎、鼓スルヤレ琴ヲ。
〔　　〕

内容の理解

思考力・判断力・表現力

第一段落

1 「敢有諫者死。」（三〇八・1）の意味を、次から選びなさい。

ア どうしても諫めてほしい者は死を覚悟せよ。
イ どうしても諫めようとする者は殺すぞ。
ウ どうしても諫めようとする者がいればその一族を殺すぞ。
エ どうしても諫める者がいれば自殺するつもりだ。 〔　　〕

2 「欲レ諫不レ敢。」（三〇八・2）の「諫」は、誰の何について諫めるというのか。十五字以内で答えなさい。（句読点は含まない）

3 「如レ是者」（三〇八・3）の内容を本文中から抜き出し、初めと終わりの三字を書きなさい。（訓点不要）

〔　　〕～〔　　〕

第二・三段落

4 「何苦沾レ衣如レ此。」（三〇八・4）の意味を、次から選びなさい。

ア どうしてわざとらしく着物をぬらすようなことをするのだ。
イ どうしてわざわざ着物をぬらすためにそんなことをするのだ。
ウ どうしてわざわざそんなことをして着物をぬらしているのだ。
エ どうしてわざわざ高価な着物をぬらしているのだ。 〔　　〕

5 「蟬高居悲鳴飲レ露、」（三〇八・5）は蟬のどのような様子を表しているか。次から選びなさい。

ア 蟬が我がもの顔に樹上を行き来して、露を独占して飲む様子。
イ 蟬が生命の残り少ないのを悟り、露でのどをうるおす様子。
ウ 蟬が身の危険を思わず、露を飲むことに夢中になっている様子。
エ 蟬が子孫を残すために、露を飲むことに集中する様子。 〔　　〕

6 「此三者」（三〇八・8）とは何をさすか。次から選びなさい。 ▼脚問1

ア 蟬と蟷螂と黄雀。　イ 蟷螂と黄雀と弾丸。
ウ 蟬と黄雀と弾丸。　エ 蟬と蟷螂と弾丸。 〔　　〕

7 新傾向 ある生徒が少孺子の発言と呉王が考えたことを、図にまとめた。

	「前利」				「後患」
少孺子の発言	〔①〕	←	蟬	←	〔②〕
	〔③〕	←	蟷螂	←	〔④〕
	〔⑤〕	←	黄雀	←	〔⑥〕
呉王の考え	〔⑦〕	←	呉王	←	〔⑧〕

(1) 空欄①～⑥に入る適語を本文中から抜き出しなさい。 ▼脚問二

① 〔　　〕　② 〔　　〕　③ 〔　　〕
④ 〔　　〕　⑤ 〔　　〕　⑥ 〔　　〕

(2) 空欄⑦・⑧に入る適語をそれぞれ十五字以内で書きなさい。

⑦

⑧

第二・三段落

8 「善哉。」（三〇九・2）に込められた呉王の気持ちを、次から選びなさい。

ア そのとおりだが、諫めた以上殺さざるを得ないという気持ち。
イ そのとおりに違いない、よく諫めてくれたという気持ち。
ウ そのとおりに違いないが、面目をつぶされたような気持ち。
エ そのとおりに違いないが、何となく納得しがたい気持ち。 〔　　〕

全体

9 呉王は少孺子の言葉から何を悟ったのか。三十字以内で答えなさい。 ▼学習二

学習目標　前半の子罕の逸話と後半の論説とを読み、人にとっての宝とはどういうものかを捉える。

不㆑若㆔人有㆓其宝㆒

教科書 p.310～p.311

検印

展開の把握　思考力・判断力・表現力

○次の空欄に適語を入れて、内容を整理しなさい。

第一段落 （初め ～ p.310 ℓ.4）	第二段落 （p.310 ℓ.5 ～ 終わり）
宋人で〔ア　　〕を手に入れた者が、これを〔イ　　〕に献上したが、彼は受け取らなかった。そこで〔ウ　　〕を献上した者は、「これを〔エ　　〕に見せたところ宝玉だと認めたので、どうしてもと思い献上したのです。」と言った。すると〔オ　　〕は、「私は〔カ　　〕ことを宝としており、あなたは〔キ　　〕を宝としている。もしもそれを私にくれたら、どちらも〔ク　　〕を失うことになる。それぞれに〔ケ　　〕を持っているのがよろしい。」と言った。	だから宋の〔コ　　〕が次のように言っている。「〔サ　　〕は宝がないわけではなく、宝とするものが異なっているのだ。今、仮に、〔シ　　〕と〔ス　　〕とを子供に示すと、子供は必ず〔セ　　〕を取るだろう。〔ソ　　〕と〔タ　　〕とをつまらぬ人間に示すと、その人は必ず〔チ　　〕を取るだろう。〔ツ　　〕と「道徳の真実を語る言葉」とを〔テ　　〕に示すと、彼は必ず「道徳の真実を語る言葉」を取るだろう。その知が精であればあるほど、その取るものは〔ト　　〕であり、その知が〔ナ　　〕であればあるほど、その取るものは粗である。したがって、〔ニ　　〕が宝としているものは〔ヌ　　〕のものである。」と。

語句・句法　知識・技能

1 次の語の読み（送り仮名を含む）と意味を調べなさい。

p.310 ℓ.2 ①献ず　〔　　〕〔　　〕
ℓ.3 ②貪る　〔　　〕〔　　〕
③爾　〔　　〕〔　　〕
④若し～　〔　　〕〔　　〕
p.311 ℓ.2 ⑤弥　〔　　〕〔　　〕

2 次の文を書き下し文に改めなさい。

①若シ果タシテ行ハバ㆑此レヲ、其レ鄭《てい》国《こく》実ニ頼ラン㆑之ニ。〔　　〕

②百聞ハ不㆑如カ㆓一見ニ㆒。〔　　〕

③不㆑若カ㆓貧ニシテ而無キニ㆑屈スル㆒。〔　　〕

④人非ズ㆑無キニ㆓遠慮㆒。〔　　〕

内容の理解

思考力・判断力・表現力

第一段落

1 「故敢献レ之。」（三〇・2）の宋人の気持ちの表現として適当なものを、次から選びなさい。

ア　天下有数の宝だから、心を込めて献上する。
イ　天下有数の宝だから、自信をもって献上する。
ウ　自分の大切な宝だが、無理して献上する。
エ　自分の大切な宝だが、快く献上する。

〔　　〕

2 「皆喪レ宝也。」（三〇・4）のようになる理由として適当なものを、次から選びなさい。▼脚問1

ア　宋人は宝である玉を失い、子罕は貪らないという信念に反するから。
イ　宋人は宝である玉を失い、子罕は宝を取り上げた汚名が残るから。
ウ　玉人は鑑定した玉を失い、子罕は貪らないという信念に反するから。
エ　宋人は宝である玉を失い、玉人は鑑定人としての信用を失うから。

〔　　〕

第二段落

3 「所レ宝者異也。」（三〇・5）はどういうことか。主語を補って三十字以内で説明しなさい。

4 ①「児子必取二摶黍一矣。」（三〇・6）と、②「鄙人必取二百金一矣。」（同・7）の理由を、それぞれ三十字以内で答えなさい。

①

②

5 「賢者必取二至言一矣。」（三一・1）の理由として適当なものを、次から選びなさい。

ア　賢者は生まれつき物質的に価値のあるものを嫌っているから。
イ　賢者は物質的なものより精神的に価値のあるものを求めるから。
ウ　賢者は常に昔の聖人の生き方をまねようとするから。
エ　賢者は常に自分の生き方について迷いを感じているから。〔　　〕

第二段落

6 「其知弥精、其取弥精。其知弥粗、其取弥粗。」（三一・1）について、次の問いに答えなさい。

(1) 次の解説文の空欄にあとから適語を選んで入れなさい。▼脚問2

物事を〔　①　〕する力が〔　②　〕であればあるほど程度の高いものを求め、〔　③　〕であればあるほど程度の低いものを求める。

（　粗雑　精密　実行　認識　直観　）

①〔　　〕　②〔　　〕　③〔　　〕

(2) a「知」の①「最も精なるもの」と、②「最も粗なるもの」、b「取」の①「最も精なるもの」と、②「最も粗なるもの」を、それぞれ本文中の語で答えなさい。

a　①〔　　〕　②〔　　〕
b　①〔　　〕　②〔　　〕

全体

7 「至矣。」（三一・2）は「最高のものである」の意だが、なぜそう言えるか。「我以レ不レ貪為レ宝、」（三〇・3）という子罕の考え方と関連させながら、三十字以内で説明しなさい。

学習目標 「不死の道」を知る者の死をめぐる人々の言葉から、それぞれの考えを捉える。

不死之道

教科書 p.312～p.313

検印

展開の把握　思考力・判断力・表現力

○次の空欄に適語を入れて、内容を整理しなさい。

第一段落（初め ～ p.312 ℓ.5）	第二段落（p.312 ℓ.6 ～ p.312 ℓ.8）	第三段落（p.313 ℓ.1 ～ 終わり）
昔、〔ア　　〕の道を知っているという術者がいて、燕王は臣下にそれを学ばせようとしたが、臣下が行くのが遅れてその術者は〔イ　　〕でしまった。王はその臣下を〔ウ　　〕としたが、寵臣が諫めて言った、「人が一番憂えているものは〔エ　　〕で、一番重んじているものは〔オ　　〕です。彼は自分自身がその〔カ　　〕を失ったのですから、主君を〔キ　　〕ようにはさせられません。」と。燕王は臣下を殺すのをやめた。	斉子も〔ク　　〕の道を学ぼうとしたが、それを知っている者が〔ケ　　〕と聞いて〔コ　　〕をたたいて残念がった。富子がそれを聞いて〔サ　　〕言った、「学ぼうとしたのは〔シ　　〕の道なのに、その者が〔ス　　〕ことを残念がっている。これは自分が何を学ぼうとしているのか〔セ　　〕いないのだ。」と。	胡子が言った、「〔ソ　　〕の発言は間違っている。〔タ　　〕はあるがそれを〔チ　　〕できない者と、〔ツ　　〕はできるが〔テ　　〕のない者とがいる。衛の人で占いの術が上手な者が、〔ト　　〕に臨んで秘訣をその子に教えた。しかし子は術を〔ナ　　〕できなかった。だがその父の〔ニ　　〕を伝え聞いたある者が、その父と同じようにできたという例からもそう言える。」と。

語句・句法　知識・技能

1 次の語の読み（送り仮名を含む）と意味を調べなさい。

p.312 ℓ.2	①甚だ	〔　　〕〔　　〕
ℓ.8	②所以	〔　　〕〔　　〕
p.313 ℓ.1	③凡そ	〔　　〕〔　　〕
ℓ.3	④喩す	〔　　〕〔　　〕
ℓ.5	⑤然らば	〔　　〕〔　　〕

2 次の文を書き下し文に改めなさい。

①使《ム》㆓万人《ヲシテ》先《ツ》背《ニシテ》㆑水《ヲ》陣《セ》㆒。
〔　　〕

②安《クンゾ》求《メン》㆓其《ノ》能《ノ》千里《ナルヲ》㆒也。
〔　　〕

③燕雀安《クンゾ》知《ラン》㆓鴻《こう》鵠《こく》之志《ヲ》㆒哉。
〔　　〕

④吾奚為《レゾ》不《ラン》㆑楽《シマ》哉。
〔　　〕

内容の理解

思考力・判断力・表現力

第一段落

1 **「甚怒㆓其使者㆒、」**（三三・2）**の理由として適当なものを、次から選びなさい。**

ア　不死の道を学ばせようとしていた使者が早く行かなかったために、不死の道を知る者が死んでしまったから。

イ　不死の道を学ぼうとしていたのに使者のせいで出発が遅れ、燕王が到着したときには不死の道を知る者が死んでいたから。

ウ　不死の道を学ばせようとしていた使者が早く行かなかったので、他国の者に不死の道を知る者を殺されてしまったから。

エ　不死の道を学ばせようとしていた使者が、到着した先で不死の道を知る者を殺したから。

〔　　〕

第二段落

2 **「撫㆑膺而恨。」**（三三・6）**は何について「恨」んだのか、十五字以内で答えなさい。**

[　　　　　　　　]

3 **「不㆑知㆔所㆓以為㆒㆑学。」**（三三・8）**の意味として適当なものを、次から選びなさい。** ▼脚問1

ア　自分が誰のために学ぼうとしているのかがわかっていない。

イ　自分が何を学ぼうとしているのかがわかっていない。

ウ　自分がどういう方法で学べばよいのかがわかっていない。

エ　自分がどうやれば学問を深められるかがわかっていない。〔　　〕

第三段落

4 **「凡人有㆑術……亦有矣。」**（三三・1〜2）**の内容として適当なものを、次から選びなさい。**

ア　人間にはもって生まれた才能の差があるから、才能のある者がすべてにおいて得をする。

イ　人間のもって生まれた才能にはそれほど差がないので、努力によって誰でも十分夢が実現できる。

ウ　人間にはもって生まれた才能の差があるから、それを発揮する場面も違ってくる。

エ　人間のもって生まれた才能にはそれほど差がないので、運次第で誰でも出世できる。〔　　〕

第三段落

5 **「問者用㆓其言㆒、而行㆓其術㆒、与㆓其父㆒無㆑差焉。」**（三三・4）**について、次の問いに答えなさい。**

(1) **①「其言」、②「其術」とはそれぞれ何をさすか。本文中の語（一字）で答えなさい。**

① [　　]　② [　　]

(2) **「与㆓其父㆒無㆑差焉。」とはどういうことか。次の文の空欄を補って答えなさい。**

「問者」が「其父」の「言」のとおりに術をやってみたら、「其父」が術をやった場合と比べて

〔　　　　　　　　〕

ということ。

全体

6 新傾向 **次の①〜⑤は、誰の考え方・感想か。本文中の人物のものには、それぞれその人物をあとのア〜オから選び、本文中にはない人物のものは、×を書きなさい。**

① 「不死の道」を言う術者は死んでも、その方法は学び行える。

② 「不死の道」を学ぶまえに術者が死んで残念だ。

③ 「不死の道」を言う本人が死んだのだから、その術は偽りである。

④ 「不死の道」を説く者は死ぬことはない。

⑤ 「不死の道」を語るまえに自分が死ぬ者には、他人を死なせないことはできない。

ア　斉子　イ　富子　ウ　胡子　エ　衛人　オ　幸臣

①〔　　〕②〔　　〕③〔　　〕④〔　　〕⑤〔　　〕

学習目標　構成に留意して、詩に表れた作者の思いや、詩に描かれた人物の思いを読み取る。

古体の詩（行行重行行・責レ子・石壕吏）

教科書p.316～p.319

検印

要点の整理　思考力・判断力・表現力

○次の空欄に適語を入れて、各詩の大意を整理しなさい。

行行重行行	責子	石壕吏
あなたはどんどん旅を続けられ、〔ア　〕別れになってしまった。 お互い別れること〔イ　〕、それぞれ〔ウ　〕の一方に離れ離れになっている。 二人を融てる〔エ　〕はけわしく遠く、いつ会えるかわからない。 胡馬、越鳥でさえも恋い慕う〔オ　〕をあなたはどうして恋しく思わないのか。 お互いの隔たりは日増しに遠くなり、私の身は〔カ　〕て着物はだぶだぶ。 〔キ　〕はあっという間に去り、私も老け込んだ。もう何も言うまい。どうかお体を大切に。	年老いた私には〔ク　〕人の男の子がいるが、どの子も〔ケ　〕が嫌い。 阿舒は〔コ　〕歳なのに大変な怠け者。阿宣はもうすぐ〔サ　〕歳なのに学問が嫌い。 雍と端は〔シ　〕歳になるが、六と七との〔ス　〕もつかない。 通は九歳になろうというのに梨と栗とを〔セ　〕ばかり。 しかし、これも〔ソ　〕というなら、〔タ　〕でも飲んで気晴らしをしよう。	〔チ　〕という村に宿を求めた夜のこと、徴兵の〔ツ　〕がやってきたので 〔テ　〕は素早く逃げた。 その家の〔ト　〕が徴兵の〔ナ　〕に応対している言葉を聞いた。 そこの〔ニ　〕人の息子はみな徴兵され、〔ヌ　〕人が死んだ。 残っているのは乳飲み児の〔ネ　〕とその母である嫁とおばあさんの三人だけ。 戦場の炊事の役で行けるのは〔ノ　〕しかおらず、その夜のうちに出発した。 夜が明けて私は〔ハ　〕に挨拶をして村を出た。

語句・句法　知識・技能

1 次の語の読み（送り仮名を含む）と意味を調べなさい。

p.316 ℓ.3 ①各

p.317 ℓ.4 ②総て

ℓ.8 ③垂んとす

ℓ.9 ④苟しくも

p.318 ℓ.6 ⑤新たに

2 次の文を書き下し文に改めなさい。

①卮《し》酒《しゆ》安クンゾ足ランヤレ辞スルニ。

②令ム二四面ノ騎ヲシテ馳《は》セ下《くだ》ラ一。

③不二復タ更《かへ》レ人ヲ。

④何ゾ楚人之多キ也。

内容の理解

思考力・判断力・表現力

1 「行行重行行」詩について、次の問いに答えなさい。

(1) 「君」（三一六・2）とは、①誰のことか答えなさい。また、②具体的にどういう語で示されているか。詩中から抜き出しなさい。（訓点不要）

① 〔　　　〕 ② 〔　　　〕

(2) 「会面安可レ知」（三一六・4）の意味を、次から選びなさい。

ア　今度こそ必ず会いたいものだ。
イ　今度どうしたら会うことができるか。
ウ　今度はいつ会えるかわからない。
エ　今度はいつ会えるのだろうか。

〔　　　〕

(3) 「胡馬依二北風一、越鳥巣二南枝一」（三一六・5）の意味を、次から選びなさい。

ア　馬や鳥にとって故郷というものはない。
イ　馬や鳥でさえ故郷を恋い慕う。
ウ　馬や鳥は今いる所を故郷と思う。
エ　馬や鳥にとって故郷はどこにでもある。

〔　　　〕

(4) 「衣帯日已緩」（三一六・6）の理由を、次から選びなさい。

ア　夫のことが心配で、着物の手入れをする気も起こらないから。
イ　夫のことをあきらめて、気持ちがふっ切れたから。
ウ　夫の帰りが待ち遠しくて、食事ものどを通らないから。
エ　夫との距離が遠くなり、心労でやせ細ったから。

〔　　　〕

(5) 「令二人老一」（三一六・8）とはどういうことか。十五字以内で説明しなさい。

(6) 「棄捐」（三一七・1）とは何をうち捨てるのか。次から選びなさい。

ア　夫への思い。　イ　妻への思い。
ウ　故郷への思い。　エ　家族への思い。

〔　　　〕

(7) 「努力加二餐飯一」（三一七・1）は、①誰に対する言葉か。また、②どういう気持ちが表されているか。答えなさい。

① 〔　　　〕 ② 〔　　　〕

責子

2 「責レ子」詩について、次の問いに答えなさい。

(1) 「白髪被二両鬢一肌膚不二復実一」（三一七・3）は、誰のどういう状態を表したものか。十字以内で答えなさい。

(2) 「五男児」（三一七・4）に共通した特徴はどういうところか。十字以内で答えなさい。▼学習二

(3) 「懶惰故無レ匹」（三一七・5）の意味を、次から選びなさい。

ア　もともと比べもののないお人よしである。
イ　もともと比べもののない怠け者である。
ウ　怠け者なので以前から友達がいない。
エ　怠け者なので以前から勉強ができない。

〔　　　〕

(4) 「文術」（三一七・6）と同じ意味の語を詩中から抜き出しなさい。（訓点不要）〔　　　〕

(5) 「不レ識二六与レ七一」（三一七・7）はどういうことか。十五字以内で説明しなさい。

(6)「如レ此」（三七・9）の「此」は何をさすか。三十字以内で説明しなさい。

(7)「且進二杯中物一」（三七・9）の意味を、次から選びなさい。 ▼学習二

ア　息子たちのことはさしあたり置いて、酒でも飲んで楽しもう。
イ　息子たちの前途を祝して、ゆっくり酒でも飲もう。
ウ　息子たちのことを考えると酒で気晴らしをせずにはいられない。
エ　息子たちのことはあきらめて酒を飲むしかない。

〔　　〕

3「石壕吏」詩について、次の問いに答えなさい。

(1)「老翁踰レ牆走」（三八・3）の理由を十字以内で答えなさい。

(2)「一何怒」（三八・4）の意味を、次から選びなさい。

ア　本当にどうして怒っているのか。
イ　一体何を怒っているのか。
ウ　何と怒りに満ちていることか。
エ　一体いつから怒っているのか。

〔　　〕

(3)「致レ詞」（三八・5）について、次の問いに答えなさい。

①どこまでかかるか、かかる終わりの句を抜き出しなさい。（訓点不要） ▼脚問7

〔　　〕

②内容として適当でないものを、次から選びなさい。

ア　三人の息子は徴兵され、戦場に行った。
イ　家には息子の嫁と孫がいる。
ウ　三人の息子のうち次男が死亡した。
エ　三人の息子のうち二人が死亡した。

〔　　〕

(4)「且偸レ生」（三八・7）を具体的に表した一句を抜き出しなさい。（訓点不要）

〔　　〕

(5)「孫有二母未一レ去」（三八・9）で、孫の母親が去らない理由を、次から選びなさい。

ア　外出する着物もろくにないから。
イ　自分の乳で育てなければならない子がいるから。
ウ　年老いた父母の面倒を見なければならないから。
エ　徴兵された夫の帰りを待っているから。

〔　　〕

(6)「夜久語声絶」（三九・1）の意味を、次から選びなさい。 ▼脚問8

ア　夜が更けて老婦と役人の話し声がとだえ、
イ　夜が更けて老婦と嫁の話し声がとだえ、
ウ　夜が更けて老翁と老婦の話し声がとだえ、
エ　夜が更けて老翁と役人の話し声がとだえ、

〔　　〕

(7)「独与二老翁一別」（三九・2）からわかることは何か。適当なものを、次から選びなさい。

ア　老婦は徴用されずにすんだ。
イ　老婦と老翁は徴用されずにすんだ。
ウ　老婦と嫁は徴用されて戦場へ行った。
エ　老婦は徴用されて戦場へ行った。

〔　　〕

(8)作者がこの詩で描きたかったものは何か。二十字以内で簡潔に説明しなさい。

学習目標 構成に留意して、詩に表れた作者の思いや、詩に描かれた人物の思いを読み取る。

古体の詩（長恨歌）

教科書 p.320〜p.325

検印

展開の把握

思考力・判断力・表現力

○次の空欄に適語を入れて、内容を整理しなさい。 ▼学習一

第一段（初め〜p.321 ℓ.3）	第二段（p.321 ℓ.4〜p.322 ℓ.6）	第三段（p.322 ℓ.7〜p.323 ℓ.5）	第四段（p.323 ℓ.6〜終わり）
玄宗皇帝は長年絶世の〔ア　〕を得たいと願っていたが、とうとう〔イ　〕を見つけ出した。彼女は〔ウ　〕で入浴を賜って以来、玄宗の〔エ　〕を一身に集めた。玄宗は政務を忘れ〔オ　〕にのめり込んだ。楊氏一族も〔カ　〕を極め、世間から羨望のまなざしで見られるようになった。	〔キ　〕の乱によって二人の生活は一変し、〔ク　〕へ逃れることになったが、途中で〔ケ　〕は殺された。玄宗はむなしく〔コ　〕に入り、やがて時局が変わり都へ帰った。途中で楊貴妃が最期をとげた〔サ　〕の坂を訪れ、悲しみを新たにした。	都の〔シ　〕はもとのままで、楊貴妃への思慕の情は募るばかりであった。はるかに遠い生と〔ス　〕とに分け隔てられ、年を経たが、楊貴妃の魂は〔セ　〕にさえ現れることはない。	苦悩する玄宗に同情して、〔ソ　〕の道士が楊貴妃の〔タ　〕を捜すことになった。海上の仙宮にいた楊貴妃は〔チ　〕と名乗っていた。別れ際に〔ツ　〕を形見として道士に渡し、かつて玄宗と〔テ　〕で交わした〔ト　〕の鳥と連理の枝の誓いを伝言した。この二人の思慕の情は〔ナ　〕に尽きないであろう。

語句・句法

知識・技能

1 次の語の読み（送り仮名を含む）と意味を調べなさい。

p.320 ℓ.10 ①専らにす 〔　　〕〔　　〕

p.321 ℓ.3 ②遂に 〔　　〕〔　　〕

p.322 ℓ.2 ③少に 〔　　〕〔　　〕

ℓ.7 ④尽く 〔　　〕〔　　〕

p.325 ℓ.2 ⑤会ず 〔　　〕〔　　〕

2 次の文を書き下し文に改めなさい。

①無シ二遠キ慮《おもんぱかり》一。 〔　　〕

②為スコトレ之ヲ奈何。 〔　　〕

③如何ゾ可ケンレ謂フレ仁ト乎。 〔　　〕

④未ダルレ足ラ二与《とも》ニ議スルニ一也。 〔　　〕

内容の理解

思考力・判断力・表現力

第一段

1 「難㆓自棄㆒」（二三〇・4）の意味を、次から選びなさい。 ▼脚問1

ア　そのまま捨てておかれるわけはない。
イ　自分自身で捨てておくことはできない。
ウ　そのままの姿では世間の人に認められない。
エ　自然と捨てられるわけではない。

〔　　〕

2 「六宮粉黛無㆓顔色㆒」（二三〇・5）は、楊貴妃の何を表現しているのか。十字以内で答えなさい。

〔　　　　　　　　　　〕

3 「侍児扶起嬌無㆑力」（二三〇・7）は何を表現したものか、次から選びなさい。

ア　楊貴妃が温泉に入って美しくなったさま。
イ　楊貴妃の細身のさま。
ウ　楊貴妃のなまめかしいさま。
エ　楊貴妃が眠り込んだざま。

〔　　〕

4 「三千寵愛在㆓一身㆒」（二三〇・11）について、内容を説明した次の文章の空欄に入れるのに適当な語を、二三〇ページから抜き出しなさい。（訓点不要）

〔 ① 〕人の〔 ② 〕に分配されるべき〔 ③ 〕の〔 ④ 〕が、楊貴妃一人に集中することになった。

① 〔　　〕　② 〔　　〕
③ 〔　　〕　④ 〔　　〕

5 玄宗の楊貴妃に対する溺愛ぶりを表すと同時に、唐王朝の崩壊を暗示する句を、二三〇ページから抜き出しなさい。（訓点不要）

〔　　　　　　〕

第一段

6 「可㆑憐」（二三一・2）の意味を、次から選びなさい。

ア　実は気の毒なことだ。　イ　ああ、すばらしいことだ。
ウ　なんとかわいそうなことだ。　エ　なんと愛らしいことだ。

〔　　〕

7 「驚破霓裳羽衣曲」（二三一・6）という表現が暗示しているものは何か。次から選びなさい。

ア　盛大な宴席が無粋な太鼓の音で白けてしまったこと。
イ　玄宗と楊貴妃の歓楽の生活が破局を迎えたこと。
ウ　安禄山が玄宗の宴席に参加したこと。
エ　安禄山が楊貴妃を捕らえに来たこと。

〔　　〕

第二段

8 「六軍不㆑発無㆓奈何㆒……廻看血涙相和流」（二三一・9〜11）から、楊貴妃をさす語を一つ抜き出しなさい。（訓点不要）

〔　　〕

9 「旌旗無㆑光日色薄」（二三二・2）について、次の問いに答えなさい。

(1) 「旌旗」と同様の意味の語を、これより前の詩中から抜き出しなさい。（訓点不要）

〔　　〕

(2) この情景が暗示しているのはどういうことか。十五字以内で答えなさい。

〔　　　　　　　　　　　　　　　〕

10 「到㆑此躊躇不㆑能㆑去」（二三二・5）について、次の問いに答えなさい。 ▼脚問3

(1) 「此」とはどこか。詩中から抜き出しなさい。（訓点不要）

〔　　〕

(2)① 「躊躇不レ能レ去」は誰の状態を表しているか答えなさい。また、
②なぜ「躊躇不レ能レ去」なのか、十五字以内で答えなさい。

① 〔　　　〕

② □□□□□□□□□□□□□□□

第三段

11 「信レ馬帰」（三三・7）から、玄宗のどのような気持ちが読み取れるか。適当なものを次から選びなさい。

ア　楊貴妃を失った悲しみを新たにした傷心の気持ち。
イ　楊貴妃の霊を慰めるために残りの人生を捧げようという気持ち。
ウ　政治に対する絶望を新たにした気持ち。
エ　楊貴妃の後を追って自分も死のうという気持ち。

〔　　　〕

12 「如何不二涙垂一」（三二・9）の意味を、次から選びなさい。

ア　どうして涙が流れないのだろうか。
イ　どうやって涙を流さないようにしようか。
ウ　どうして涙を流さずにいられようか。
エ　どうしたら涙が流れるのだろうか。

〔　　　〕

13 「西宮南苑多二秋草一」（三三・11）「宮葉満レ階紅不レ掃」（同）の二句が暗示しているものを、次から選びなさい。

ア　玄宗の栄華と没落。
イ　自然の悠久さと人生のはかなさ。
ウ　宮廷の自然の多さと広大さ。
エ　玄宗の孤独と不遇。

〔　　　〕

14 「教二方士殷勤覓一」（三三・7）の結果、発見した内容についてまとめた次の文の空欄に入れるのに適当な語を、詩中から抜き出しなさい。（訓点不要）

楊貴妃の〔　①　〕は〔　②　〕にある仙山の楼閣にいる〔　③　〕となっており、〔　④　〕と名乗っていた。

① 〔　　　〕　② 〔　　　〕

③ 〔　　　〕　④ 〔　　　〕

第四段

15 「梨花一枝春帯レ雨」（三四・7）は誰のどのような様子をたとえたものか。簡潔に答えなさい。

〔　　　〕

16 「詞中有レ誓両心知」（三五・3）について、次の問いに答えなさい。

(1)①「詞」はどこからどこまでか、初めと終わりの三字を抜き出しなさい。（訓点不要）また、②「両心」とは誰の心か、答えなさい。

① □□□〜□□□

② 〔　　　〕

(2)「誓」の内容はどういうものか。詩中から抜き出しなさい。（訓点不要）

〔　　　〕

全体

17 この詩の主題を、次から選びなさい。

ア　死によって引き裂かれても続く愛の誓い
イ　死後の直接の再会によって達成された愛の約束
ウ　非業の死によって引き裂かれた運命への恨み
エ　若くしてこの世を去った楊貴妃への恨み

〔　　　〕

医薬談笑

学習目標 医薬の効能に関する欧陽脩と蘇軾の会話を読み、それぞれの発言の意図を読み取る。

教科書 p.328～p.329

検印

展開の把握

思考力・判断力・表現力

▼学習一

○次の空欄に適語を入れて、内容を整理しなさい。

第一段落（初め ～ p.328 ℓ.5）	第二段落（p.328 ℓ.6 ～ p.328 ℓ.7）	第三段落（p.328 ℓ.8 ～ 終わり）
薬の事例	カ〔　　　〕の見解	ク〔　　　〕の反論
病気になった人がいた。ア〔　　　〕が病気になった理由を尋ねると、患者は、「船に乗っているときにイ〔　　　〕に遭い、おびえてこの病気になった。」と答えた。医者は、船の舵で、長年船頭が握ってウ〔　　　〕の汗がしみこんだ部分を取り寄せ、これを削って粉にして丹砂や茯神の類に混ぜた。患者はこれを飲んで病気が治った。『本草注別薬性論』にも「エ〔　　　〕を止めるには、麻黄の根や節と古い竹のオ〔　　　〕を粉末にして服用する。」と書いてある。	「医者が症状に関係するものを薬に用いる場合は、これに似ているものが多い。一見、キ〔　　　〕に似ているが、時には実際に効き目があり、まんざら疑ってばかりもおれない。」	「ケ〔　　　〕と墨を焼いて灰にしたものを、勉強する者に飲ませれば、愚かで怠惰な状態を治すことができるのだろうか。この考えを広げていけば、コ〔　　　〕が手を洗った水を飲めば、貪欲な心を治すことができ、比干の食べ残しを食べれば、人にこびへつらうのをやめることができ、樊噲のサ〔　　　〕を舐めれば、卑怯な性格を治すことができることになる。」シ〔　　　〕はス〔　　　〕の反論を聞いて、大笑いした。

語句・句法

知識・技能

1 次の語の読み（送り仮名を含む）と意味を調べなさい。

p.328 ℓ.2 ①由〔　　　〕〔　　　〕

ℓ.4 ②云ふ〔　　　〕〔　　　〕

ℓ.7 ③殆ど〔　　　〕〔　　　〕

④易し〔　　　〕〔　　　〕

p.329 ℓ.2 ⑤已む〔　　　〕〔　　　〕

2 次の文を書き下し文に改めなさい。

①屈平為ル二懐王ノ所ト一レ任ズル。〔　　　〕

②未ダルレ聞カ二好ムレ学ヲ者ヲ一也。〔　　　〕

③人当ニシレ惜シム二寸陰ヲ一。〔　　　〕

④以ツテレ臣ヲ弑スルハレ君ヲ、可ケンレ謂フレ仁ト乎。〔　　　〕

内容の理解

思考力・判断力・表現力

第一段落

1 「有㆓患㆑疾者㆒。」（二二八・1）の「疾」はどのような病気か。簡潔に答えなさい。

〔　　　　〕

2 「医取㆘多年柂牙為㆓柂工手汗所㆑漬処㆖、刮末、」（二二八・2）について、次の問いに答えなさい。

(1) 医者が「刮末」したのは、何か。二十字以内で答えなさい。

(2) 医者が「取㆘多年……刮末」したのは、なぜか。次から選びなさい。

ア　患者の病気には、船に慣れている船頭の手からしみ出た汗を調合すればよいと考えたから。

イ　患者の病気を治すには、手に汗をかくほどの運動が必要であることを暗に示したかったから。

ウ　患者が船の操舵技術に習熟すれば、船に乗って驚くようなことは二度とないと考えたから。

エ　患者の病気には、船に慣れている船頭の手のあかを調合すればよいと考えたから。

〔　　　　〕

3 「故竹扇」（二二八・5）を薬に混ぜたのは、なぜか。次から選びなさい。

ア　扇は古くなると、薬効のある油を分泌するから。

イ　扇の骨は、麻黄の根節を材料としているから。

ウ　扇であおぐと、汗を止めることができるから。

エ　扇の骨の竹には清涼感があるから。

〔　　　　〕

第二段落

4 「初似㆓児戯㆒、」（二二八・6）とあるが、何が「初似㆓児戯㆒」というのか。本文中から五字で抜き出しなさい。（訓点不要）

5 「或有㆑験。」（二二八・7）の状態と似たことわざがある。漢字一字を補いなさい。

病は〔　〕から

第三段落

6 「予因謂㆑公、」（二二八・8）とあるが、「予」とは、誰をさすか。書きなさい。

〔　　　　〕

7 「公」が「大笑」（二二九・3）したのは、なぜか。三十字以内で答えなさい。▼学習二

全体

8 新傾向 次の本文を読んだ生徒の感想の中から、本文の内容に合っていないものを選びなさい。

生徒A：欧陽脩は、医者は病気の原因となった患者の気持ちを考慮して薬を調合することが多いと考えているんだね。

生徒B：船の舵や竹の扇を混ぜた薬の効き目を欧陽脩も最初は疑っていたけれど、話に聞いたり本で読んだりして、信じるようになったんだね。

生徒C：師である欧陽脩の意見を否定するなんて、蘇軾はなんて失礼な人なんだろう。欧陽脩もあきれて苦笑いしているよ。

生徒D：弟子である蘇軾に自分の意見を否定されても大らかに笑ってみせる欧陽脩は寛大で立派な人だと思うよ。

生徒〔　　〕

学習目標　拾った大金をめぐる登場人物の心理を読み取り、騒動を裁いた聶以道の判決の内容を捉える。

賢母辞二拾遺一

教科書 p.330〜p.331

検印

展開の把握　思考力・判断力・表現力　▼学習一

○次の空欄に適語を入れて、内容を整理しなさい。

第一段落（初め〜p.330 ℓ.8）	第二段落（p.331 ℓ.1〜p.331 ℓ.4）	第三段落（p.331 ℓ.5〜終わり）
ある村人が〔ア　〕錠のお金を拾い、帰って母親に渡した。母親は怒って、「盗んできて、私をだますのか。一束ものお金が落ちているはずがない。まして、わが家にこんな大金があったことはなく、すぐに〔イ　〕がやってくる。すぐに返して来なさい。」と何度も言ったが、子は従わなかった。母親は「元々拾った場所で待ってさえいれば、きっと落とし主が現れるはずだ。」と言うと、子は母親の命令に従って、お金を持っていった。	しばらくすると、お金を探す者を見つけた。村人は元々素朴な性格で、落としたお金の額を尋ねずに、お金を渡してしまった。そばで見ていた人は、みな拾い主に褒美を与えさせようとした。落とし主はお礼を渡すのを惜しんで、「私は元々〔ウ　〕錠持っていたのに、今は半分しかない。どうして、褒美を渡すことができようか、いや、できない。」と言った。二人はいつまでも口論をし、〔エ　〕に訴え出た。	役所の長官である〔オ　〕が、村人と〔カ　〕を呼んで取り調べたところ、証言は一致した。そこで、落とし主には三十錠、拾い主には〔キ　〕錠だったと供述書を作成させた。役所で正式に供述書を受け取った後、落とし主に「これはおまえのお金ではない。きっと〔ク　〕が賢母にくださったものであろう。〔ケ　〕錠は自分で探しに行くがよい。」と言った。こうして、聶以道はお金を〔コ　〕に与えた。人々は、聶以道の裁きをほめたたえた。

語句・句法　知識・技能

1 次の語の読み（送り仮名を含む）と意味を調べなさい。

① 早に（p.330 ℓ.1）〔　　〕〔　　〕

② 果たして（p.331 ℓ.1）〔　　〕〔　　〕

③ 尋ぬ〔　　〕〔　　〕

④ 竟に〔　　〕〔　　〕

⑤ 纔かに（ℓ.3）〔　　〕〔　　〕

2 次の文を書き下し文に改めなさい。

① 縦ヒ彼不レトモ言ハ、籍独リ不レラン愧ヂ二於心一ニ乎。〔　　〕

② 我寧クンゾ不レル能ハレ殺スコトレ之ヲ邪。〔　　〕

③ 毋レカレ友二トスル不レル如レカ己ニ者一ヲ。〔　　〕

④ 学若シ不レンバ成ラ、死ストモ不レ還ラ。〔　　〕

内容の理解

思考力・判断力・表現力

第一段落

1 「母怒」（三〇・2）とあるが、なぜ母は怒ったのか。次から選びなさい。

ア 息子に正直になるよう何度も注意したが、承知しないから。
イ 息子は、仕事もせずに、悪い仲間と遊んでばかりいるから。
ウ 息子が、災いの元となりそうなお金を持って帰ったから。
エ 息子が、肝心の野菜を売らずに帰ってきたから。

2 「欺レ我」（三〇・3）とあるが、母は、どの行為を「欺」の内容だと考えているのか。第一段落（三〇・初め〜8）から十字以内で抜き出しなさい。（訓点不要）

3 「此」（三〇・4）とは、何をさすか。第一段落（三〇・初め〜8）から二つ、それぞれ三字以内で抜き出しなさい。（訓点不要）

4 「弗レ従」（三〇・5）とあるが、「子」は、①何に、②どうして従わなかったのか。それぞれ次から選びなさい。

①ア 長官の判決に　イ 母の命令に
ウ 世の道理に　エ 村人の意見に

②ア 誰に返せばよいかわからなかったから。
イ 幼いころから母親とは不仲だったから。
ウ 返しに行くのが面倒だったから。
エ どうしてもお金が欲しかったから。

①　②

第二段落

5 「尋レ鈔者」（三一・1）とは、誰のことか。第二段落（三一・1〜4）から抜き出しなさい。

第二段落

6 「一半」（三一・3）とは、どういうことか。次から選びなさい。

ア 拾ってくれたお礼に、自分と拾い主と折半するということ。
イ お礼として渡せる金は、一錠とその半分しかないということ。
ウ 落とした三十錠のごく一部しか返ってこなかったということ。
エ 落とした三十錠の半分しか返ってこなかったということ。

7 「二人」（三一・6）とは、誰と誰をさすか。次から選びなさい。

ア お金の落とし主と拾い主の母親。
イ お金の拾い主とその母親。
ウ お金の落とし主と拾い主。
エ お金の拾い主と聶以道。

第三段落

8 聶以道が判決を下す根拠となった点を、第三段落（三一・5〜終わり）を参考にして、それぞれ十五字以内で二つ答えなさい。

全体

9 新傾向 人々が聶以道の判決を「快」（三一・9）と評したのはなぜか。次の条件に従って答えなさい。

（条件）・「落とし主」「拾い主の母子」を用いて書くこと。
・「判決だったから。」に続くように書くこと。
・三十字以内で書くこと。

判決だったから。

売柑者言

学習目標　作者が買った「柑」の実態とそれを売る者の言い分を捉える。

教科書p.332～p.333

検印

展開の把握　思考力・判断力・表現力

○次の空欄に適語を入れて、内容を整理しなさい。

杭州に果物売りがいて、柑子の貯蔵が〔ア　　〕だった。夏冬を経ても〔イ　　〕が崩れず、つやがあって美しく、市場に出せば〔ウ　　〕の値段がつくが人々は争って買う。私が一つ買って割ると、〔エ　　〕が出たかのようで、においが〔オ　　〕をつき、中身は干からびてふるわたのようだったので、果物売りに尋ねた。

果物売りの言葉

私は長年この商売で〔カ　　〕を立てています。今まで〔キ　　〕を言われたことはありません。ただあなたの所にだけ不良品が渡ったのでしょうか。世間に人を欺く者は少なくありません。どうしてただ〔ク　　〕だけでしょうか。あなたはまだよくこのことを考えていないのです。

今、虎の割り符を身につけ、虎の皮に座る者は〔ケ　　〕を守る武士の資質を持つ者です。しかし孫子や呉子の〔コ　　〕を授けることができましょうか。大きな〔サ　　〕を高々とかぶり、高官の服装をする者は大臣の器を持つ者です。しかし伊尹や皋陶のような〔シ　　〕を立てられましょうか。盗賊が出ても民が苦しんでも〔ス　　〕が不正をしても、それに対応する方法を知りません。〔セ　　〕が破られても修正できず、俸禄を貪って〔ソ　　〕を知りません。

立派な御殿に住み、ぜいたく三昧の生活をしている者は、畏敬し〔タ　　〕とするに値しません。

うわべを金や玉のように飾り中身はふるわたのようです。今、あなたはこれを見抜かずに、私の柑子のことばかり言っています。

私は黙ったまま返答しなかった。

語句・句法　知識・技能

1 次の語の読み(送り仮名を含む)と意味を調べなさい。

	語	読み	意味
p.332 ℓ.2	① 賈	〔　　〕	〔　　〕
ℓ.5	② 食ふ	〔　　〕	〔　　〕
ℓ.6	③ 售る	〔　　〕	〔　　〕
p.333 ℓ.4	④ 困しむ	〔　　〕	〔　　〕
ℓ.6	⑤ 飫く	〔　　〕	〔　　〕

2 次の文を書き下し文に改めなさい。

① 年月ハ如㆓シ流水ノ去リテ不ルガ㆑返ラ。
〔　　〕

② 此レ独リ大王之雄風耳。
〔　　〕

③ 不㆓ルコト素餐㆒セ兮、孰レカ大㆓ナラン於是㆒ヨリ。
〔　　〕

④ 明眸皓歯今何クニカ在ル。
〔　　〕

内容の理解

思考力・判断力・表現力

第一段落

1 「善蔵レ柑。」（三二・1）とは、どういう意味か。次から選びなさい。

ア　柑子の蔵を上手に建てた。　イ　柑子を一人占めしていた。

ウ　柑子をたくさん貯蔵していた。　エ　柑子の貯蔵が上手だった。

〔　　〕

2 「人争鬻レ之。」（三二・2）の理由を表す部分を本文中から抜き出し、初めと終わりの三字で答えなさい。（訓点不要）

〔　　　〕～〔　　　〕

第二段落

3 「予怪」（三二・4）とあるが、その理由を三十字以内で答えなさい。

第三段落

4 「未二之思一也。」（三二・7）の「之」は何をさすか。本文中から抜き出しなさい。（訓点不要）

〔　　〕

第四段落

5 「果能授二孫・呉之略一耶。」（三三・2）とは、どういう意味か。次から選びなさい。

ア　果たして孫子・呉子のように戦えるだろうか。

イ　果たして孫子・呉子のような兵法家を育てられるだろうか。

ウ　果たして孫子・呉子のような戦略を授けられるだろうか。

エ　果たして孫子・呉子のような兵法書を読めるだろうか。

〔　　〕

6 「伊・皐之業」（三三・3）とは、どういうことか。次から選びなさい。

ア　為政者としての立場。　イ　為政者としての業績。

ウ　為政者としての能力。　エ　為政者としての熱意。

〔　　〕

7 「不レ知レ禦」「不レ知レ救」「不レ知レ禁」（三三・4）、「不レ知レ理」「不レ知レ恥」（三三・5）の主語を、本文中から二つ抜き出しなさい。

〔　　〕〔　　〕

第五段落

8 「孰不二巍巍乎可レ畏、赫赫乎可レ象也。」（三三・7）とは、どのような意味か。次から選びなさい。

ア　誰が高大なさまで畏敬するに値し、光り輝くさまで手本とするに値しないことがあろうか。いや手本に値する。

イ　誰が高大なさまで畏敬するに値せず、光り輝くさまで手本とするに値しないのか。

ウ　高大なさまを畏敬するのと光り輝くさまを手本とするのと、どちらに価値があるのか。

エ　高大なさまを畏敬するのと光り輝くさまを手本とするのと、どちらに価値があるのだろうか。いやどちらにもない。

〔　　〕

第六段落

9 「金二玉其外一敗中絮其中上」（三三・8）とは、何のたとえか。次から選びなさい。　▼脚問1

ア　為政者たちが、才能に恵まれながら努力をしないこと。

イ　為政者たちが、賄賂で金満家になり仕事をしないこと。

ウ　為政者たちが、うわべは立派に飾っているが実績はないこと。

エ　為政者たちが、うわべを飾りすぎて才能を浪費すること。

〔　　〕

全体

10 「売柑者」の言葉に作者が返事をすることができなかった理由を説明した次の文の空欄に、適語を補いなさい。　▼学習一

売柑者の、今の世の中は〔①〕だけ立派で〔②〕がないものばかりだという、〔③〕を〔④〕にたとえた説明に反論できなかったから。

①〔　　〕　②〔　　〕　③〔　　〕　④〔　　〕

学習目標　対比的構造に注意しながら論理の展開を押さえ、学問を行う態度に関する作者の考えを捉える。

為レ学

教科書p.334〜p.336

検印

展開の把握　思考力・判断力・表現力

○次の空欄に適語を入れて、内容を整理しなさい。

第一段落（初め〜p.334 ℓ.3）	第二段落（p.334 ℓ.4〜p.335 ℓ.1）	第三段落（p.335 ℓ.2〜p.335 ℓ.8）	第四段落（p.335 ℓ.9〜終わり）
世の中のことや〔ア　〕に難しいことと〔イ　〕しいことの区別があるのだろうか。どちらも実行すれば〔ウ　〕しいことも易しくなり、実行しなければ〔エ　〕しいことも難しくなる。	自分の資質や才能が愚かで平凡であっても、毎日〔オ　〕をして長く怠らず、〔カ　〕に達しても、愚かで平凡であるかどうかわからない。逆に人の二倍聡明で鋭敏であっても、これを〔キ　〕て用いなければ、愚かで平凡であることと変わらない。孔子の教えは鈍感な弟子の〔ク　〕によって伝えられたことを考えると、愚か・平凡・聡明・鋭敏のはたらきは定まっていないことがわかる。	蜀の田舎に貧者と富者の二人の〔ケ　〕がいた。二人は〔コ　〕に行く話をした。貧者は一つの水筒と〔サ　〕があれば十分だと言い、富者はここ数年のうちに〔シ　〕を買って行こうと思っているが、実現できていないと言った。しかし次の年〔ス　〕は普陀山へ行ったことを富者に告げた。はるか遠くの普陀山へ〔セ　〕は行けずに貧者が行けたのはなぜか。それは貧者に〔ソ　〕があったからだ。人間、〔タ　〕を立てれば、この貧者の僧と同じように困難なことも実現できるのだ。	だから自分の聡明と〔チ　〕を頼りにして学ばない者は自分をだめにする者であり、自分の愚かと〔ツ　〕を限定せずに〔テ　〕に励んで飽きない者は自ら励む者として評価できる。

語句・句法　知識・技能

1 次の語の読み（送り仮名を含む）と意味を調べなさい。

- p.334 ℓ.4　①逮ぶ〔　〕〔　〕
- ℓ.6　②聡にして〔　〕〔　〕
- ℓ.8　③卒に〔　〕〔　〕
- p.335 ℓ.3　④恃む〔　〕〔　〕
- ℓ.11　⑤倦む〔　〕〔　〕

2 次の文を書き下し文に改めなさい。

①君子不《レバ》レ重《カラ》即《チ》不レ威《アラ》。〔　〕

②野馬也、塵埃也、生物之以《ツテ》レ息《ヲ》相吹《ケルモノ》也。〔　〕

③吾無《シ》三以《ツテ》見《ル》二子胥《ヲ》一。〔　〕

④今日之事何如。〔　〕

内容の理解

思考力・判断力・表現力

第一段落

1 「天下事」（二三四・1）と「人之為レ学」（二三四・2）に共通して大切なことは何か。次から選びなさい。

ア　難しいことは人に聞き、易しいことは自分で実行すること。

イ　難しいことは全力で、易しいことは半分の力で実行すること。

ウ　難しいか易しいかにかかわらず実行すること。

エ　難しいことを避け、易しいことだけ実行すること。

〔　〕

2 筆者は、自分が「昏」（二三四・4）や「庸」（同）のとき、これを克服する方法は何だと述べているか。本文中から抜き出し、初めと終わりの三字を書きなさい。（訓点不要）

〔　〕～〔　〕

第二段落

3 「亦不レ知二其昏与レ庸也。」（二三四・5）とは、どういうことか。次から選びなさい。▼脚問1

ア　自分が「昏庸」であることはどうでもよいことだ。

イ　自分が「昏庸」かどうかはわからない。

ウ　自分が「昏庸」より上か下かはどうでもよいことだ。

エ　自分が「昏庸」だからといって落ち込むことはない。

〔　〕

4 筆者は、自分が人の二倍「聡」（二三四・6）や「敏」（同）のとき、やってはならないことは何だと述べているか。本文中から抜き出しなさい。（訓点不要）

〔　〕

5 「豈有レ常哉。」（二三四・8）とはどういう意味か。次から選びなさい。

ア　才能の有無は固定的であり、努力では変えられない。

イ　才能の有無は固定的ではないが、努力だけでは変えられない。

ウ　才能の有無は固定的であるが、努力で変わり得る。

エ　才能の有無は固定的ではなく、努力で変わり得る。

〔　〕

第三段落

6 普陀山に行く際の「富者」と「貧者」の考え方の違いとして適当なものを次から選びなさい。

ア　富者は相応の準備をしなければ実現は困難だと考えているのに対して、貧者は特に必要なものはないと考えている。

イ　富者は特に必要なものはないと考えているのに対して、貧者は相応の準備をしなければ実現は困難だと考えている。

ウ　富者は船を買って準備をしなければ実現は困難だと考えているのに対して、貧者も水筒と椀以外にも必要なものがあると考えている。

エ　富者は船を買って準備をしなくても実現は可能だと考えているのに対して、貧者も特に必要なものはないと考えている。

〔　〕

7 「僧富者不レ能レ至、而貧者至レ之。」（二三五・7）とあるが、その理由を二十五字以内で説明しなさい。

〔　〕

全体

8 新傾向　作者は学問において何が重要だと考えているか。次の文の空欄に入る適語を、あとの条件に従って書きなさい。▼学習二

「聡・敏」である者は、〔　①　〕こと、「昏・庸」である者は、〔　②　〕ことを避け、〔　③　〕をもつことが重要である。

（条件）・①・②はその素質が学ぶ者に与える影響について書くこと。

・①・②は十五字以内、③は八字以内で書くこと。

①〔　〕

②〔　〕

③〔　〕

学習目標　王位継承をめぐる戦いの経緯を人物関係とともに押さえ、敵味方に分かれた友情の顛末を捉える。

管鮑之交

教科書 p.340～p.343

検印

展開の把握　思考力・判断力・表現力

○次の空欄に適語を入れて、内容を整理しなさい。

桓公　心に管仲を殺さんと欲す（初め～p.342 ℓ.3）	鮑叔能く…（p.342 ℓ.4～終わり）
斉の〔ア　　〕が魯の〔イ　　〕を殺したので、襄公の弟たちは禍が及ぶのを恐れ、〔ウ　　〕は魯国に逃れ、〔エ　　〕と〔オ　　〕がそれに従い、〔カ　　〕は莒国へ逃れ、〔キ　　〕が従った。 襄公を殺して、一時斉侯となった〔ク　　〕を雍林の人が殺すと、斉では次の君主に〔ケ　　〕を招こうとした。一方、魯の国でも無知の死を聞いて、兵を出して〔コ　　〕を送り届けようとした。さらに、〔サ　　〕に命じて、莒国から来る〔シ　　〕を妨害させた。管仲は、矢を小白に向けて射た。すると、それは小白の〔ス　　〕に命中したので、小白は死んだように偽って〔セ　　〕を乗せる温涼車に乗って疾走した。一方、〔ソ　　〕は小白が死んだと思ったので、そう報告させると、魯の糾を送る部隊はのんびり進み、〔タ　　〕かかって斉へ到着した。そのときには、すでに小白は〔チ　　〕に入って即位していた。これが〔ツ　　〕である。 秋、斉軍は魯軍と〔テ　　〕で戦い、〔ト　　〕軍を敗走させ、書面で糾の処刑と召忽・管仲の引き渡しを要求した。魯では〔ナ　　〕を処刑し、〔ニ　　〕は自殺し、〔ヌ　　〕は思うところがあって斉に引き渡されることを望んだ。実はこの書面は〔ネ　　〕の助言によるものであり、鮑叔は〔ノ　　〕を主君桓公に推挙することをもくろんでいた。〔ハ　　〕はそれを察したのである。「天下の〔ヒ　　〕になるためには〔フ　　〕の力が必要だ。」という鮑叔の言葉を受け入れた〔ヘ　　〕は彼を丁重に迎え入れ、〔ホ　　〕に任じ、国政を任せた。	管仲は〔マ　　〕の人である。若いときには常に〔ミ　　〕と交際した。鮑叔は管仲の〔ム　　〕なことを知っていた。管仲が言うことには、「わたしを生んでくれたのは〔メ　　〕であるが、本当に理解してくれているのは〔モ　　〕である。」と。

語句・句法　知識・技能

1 次の語の読み（送り仮名を含む）と意味を調べなさい。

① 奔る（p.340 ℓ.3）〔　　　　〕〔　　　　〕
② 少し（ℓ.4）〔　　　　〕〔　　　　〕
③ 将ゐる（ℓ.7）〔　　　　〕〔　　　　〕
④ 竟に（p.341 ℓ.9）〔　　　　〕〔　　　　〕
⑤ 有つ（p.343 ℓ.7）〔　　　　〕〔　　　　〕

2 次の文を書き下し文に改めなさい。

① 古之君ニ有リ下以テ二千金ヲ一使ムル三涓《けん》人ヲシテ求メ二千里ノ馬ヲ一者上。
〔　　　　　　　　〕

② 北軍掃《はらヒ》レ営ヲ、荷担シテ将ニレ去ラント。
〔　　　　　　　　〕

③ 未ダル三嘗テ至ラ二於偃《えん》之室ニ一也。
〔　　　　　　　　〕

④ 厚キ者ハ為らレレ戮《りく》セ、薄キ者ハ見レ疑ハ。
〔　　　　　　　　〕

内容の理解

思考力・判断力・表現力

1 新傾向 ある生徒が「桓公　心に管仲を殺さんと欲す」（初め～三四二・3）のあらすじと人間関係を次のように表にまとめた。空欄①～⑨に入る適語を書きなさい。 ▼学習一

	襄公	無知			桓公
	糾(兄)←　無知の亡きあと斉の王位を争う。→小白(弟)				
【①】と召忽	←【②】へ逃げる。(母の出身地)	無知の死を聞き、糾は斉に向かう。	【①】は途中で待ち伏せて、小白に矢を射る。↓	←暗殺成功と思いこみ、糾はゆっくり斉に行くが、小白にくい止められた。	←魯に帰る。↑ 糾、魯の人に殺される。【⑦】自殺する。【①】捕虜となる。
鮑叔	←【③】へ逃げる。斉の大夫【④】と懇意であった。	斉の高氏と国氏が小白を斉に呼び戻す。	←小白は【⑤】をした。(矢は帯の留め金に当たった。)	←先に斉に入り、【④】のとりはからいで即位し、桓公となる。	小白(桓公)、魯に【⑥】の殺害を命ずる。鮑叔は【⑧】に管仲を推挙する。←桓公、管仲を斉の【⑨】とする。

①【　　】　②【　　】　③【　　】
④【　　】　⑤【　　】　⑥【　　】
⑦【　　】　⑧【　　】　⑨【　　】

桓公　心に管仲を殺さんと欲す

2 「而使〈二〉管仲別将〈レ〉兵、遮〈二〉莒道〈一〉。」（三四〇・6）を、口語訳しなさい。

【　　】

3 「管仲使〈二〉人馳報〈レ〉魯。」（三四〇・8）とあるが、どのような報告をさせたのか。次から選びなさい。

ア　小白を再起不能にした。
イ　小白を取り逃がしてしまった。
ウ　小白にかなりの傷を負わせた。
エ　小白を殺害した。

【　　】

4 「発〈レ〉兵距〈レ〉魯。」（三四一・3）とはどういうことか。説明しなさい。

【　　】

5 「魯人患〈レ〉之、」（三四一・7）の「之」は何をさすか。簡潔にまとめて答えなさい。

【　　】

6 「心欲〈レ〉殺〈二〉管仲〈一〉。」（三四一・8）の理由として適当なものを、次から選びなさい。

ア　管仲は有能なので、生かしておくとためにならないと思ったから。
イ　前に命を狙われたので、仕返しをしようと思ったから。

【　　】

桓公　心に管仲を殺さんと欲す

ウ　糾の関係者は根絶しようと思ったから。
エ　鮑叔が桓公に殺せと助言したから。
〔　　〕

7「君将レ治レ斉、即高傒与二叔牙一足也。」（三四一・10）の意味を、次から選びなさい。

ア　王が斉の国を治めようとなさるなら、高傒と叔牙とで充分である。
イ　王が斉の国を治めようとなさるなら、高傒と叔牙とでは足りない。
ウ　王が斉の国を治めようとなさらないのなら、高傒と叔牙とで充分である。
エ　王が斉の国を治めようとなさらないのなら、高傒と叔牙とでは足りない。
〔　　〕

8「桓公従レ之。」（三四二・1）とはどうすることか。次から選びなさい。

ア　桓公が管仲に従って言うとおりにすること。
イ　桓公が自分の思うとおりにすること。
ウ　管仲を殺さず任用すること。
エ　管仲を書面に従って殺してしまうこと。
〔　　〕

鮑叔　能く管仲を知る

9「知二其賢一。」（三四二・6）とあるが、「其」は誰のことか。次から選びなさい。

ア　管仲　　イ　鮑叔　　ウ　桓公　　エ　諸侯
〔　　〕

10 ①「嘗与二鮑叔一賈。」（三四二・9）と②「分二財利一多自与。」（同）の意味を、「与」の用法の違いに注意してそれぞれ書きなさい。

①〔　　〕
②〔　　〕

11「吾嘗三仕三見レ逐二於君一。」（三四二・11）を、口語訳しなさい。
〔　　〕

鮑叔　能く管仲を知る

12「鮑叔不二以レ我為レ無レ恥。」（三四三・4）の意味を、次から選びなさい。

ア　鮑叔は、私を辱めることをしないでおいてくれた。
イ　鮑叔は、私には恥ずかしいところはないとは思っていなかった。
ウ　鮑叔は、私が恥をかかないようにしてくれなかった。
エ　鮑叔は、私を恥知らずとは思わなかった。
〔　　〕

13 管仲の述懐の中で、鮑叔の友情に感謝している気持ちが最もよく表れている部分を抜き出しなさい。（訓点不要）
〔　　〕

14「以レ身下レ之。」（三四三・6）とはどういう意味か。次から選びなさい。

ア　管仲は鮑叔を自分の下につけた。
イ　鮑叔は管仲の下の地位についた。
ウ　鮑叔は管仲に、自分の下につくことを勧めた。
エ　鮑叔は管仲に、桓公の下につくことを勧めた。
〔　　〕

▼脚問1

全体

15「管鮑之交」とは、現在どのような意味で使われているか、答えなさい。
〔　　〕

16「管鮑之交」と同じような意味の言葉を、次から選びなさい。

ア　烏合の衆　　イ　漁夫の利
ウ　犬猿の仲　　エ　刎頸の交わり
〔　　〕

学習目標　孫臏のすぐれた洞察や知略、龐涓との戦いにおける駆け引きを捉える。

孫臏

教科書 p.344〜p.347

検印

展開の把握　思考力・判断力・表現力

○次の空欄に適語を入れて、内容を整理しなさい。

孫臏　斉の威王の師と為る（初め〜p.345 ℓ.7）

孫臏は以前、龐涓と〔ア　　〕を学んでいた。〔イ　　〕国の将軍となった龐涓は、自分より優れた孫臏の能力をねたみ、彼を〔ウ　　〕国に呼び寄せ、無理やり罪に陥れ、両足を断ち、顔に〔エ　　〕を入れ、人前に出られないようにした。

魏にやってきた〔オ　　〕国の使者に才能を見込まれ、〔カ　　〕国に赴いた孫臏は、将軍の〔キ　　〕に厚遇された。

孫臏は、〔ク　　〕のために、馬や馬車を走らせながら弓で的を射る競技に勝つ方法を教え、〔ケ　　〕勝〔コ　　〕敗の結果をもたらした。

孫臏は、威王に推挙され、王は〔サ　　〕を質問し、彼を〔シ　　〕にした。

遂に豎子の名を成さしむ（p.345 ℓ.8〜終わり）

魏は、趙といっしょに〔ス　　〕を攻撃した。〔セ　　〕が〔ソ　　〕に救援を求めたので、魏の将軍の龐涓は引き上げて帰国した。

孫臏は、〔タ　　〕の言葉を引用しながら、魏軍が斉軍のことを〔チ　　〕者と考えていることを利用して、魏軍を昼夜兼行で進軍させる策を〔ツ　　〕に進言した。

孫臏は、道の両側が険しい〔テ　　〕の地に〔ト　　〕を置いた。

夕暮れ時、大樹の表皮に「龐涓はこの樹の下で死ぬ」と書き付けられた文字を読もうと、龐涓が火をともした瞬間、それを合図に斉軍のいしゅみが発射され、龐涓は自刎した。

斉軍は魏の太子〔ナ　　〕を〔ニ　　〕にして勝利の帰還を果たした。

孫臏は、この戦いで〔ヌ　　〕が天下に広まった。そして世間に彼の〔ネ　　〕が伝えられている。

語句・句法　知識・技能

1 次の語の読み（送り仮名を含む）と意味を調べなさい。

- p.344 ℓ.2　① 倶に　〔　　〕〔　　〕
- ℓ.3　② 陰かに　〔　　〕〔　　〕
- ℓ.7　③ 之く　〔　　〕〔　　〕
- p.345 ℓ.2　④ 信に　〔　　〕〔　　〕
- p.346 ℓ.9　⑤ 固より　〔　　〕〔　　〕

2 次の文を書き下し文に改めなさい。

① 好《ムモ》レ読《ムヲ》レ書《ヲ》、不レ求《メ》二甚《ダシクハ》解《スルコトヲ》一。
〔　　〕

② 我甚《ダ》不レ好《マ》レ酒《ヲ》。
〔　　〕

③ 当《ニ》レ《シ》如《クナル》レ此《クノ》。
〔　　〕

④ 吾令《ム》三人《ヲシテ》望《マ》二其《ノ》気《ヲ》一。
〔　　〕

内容の理解

思考力・判断力・表現力

1 「自以為三能不レ及二孫臏一。」（三四・3）について、次の問いに答えなさい。

(1) このような龐涓の認識は、どのようなもの（思い）へと増幅されていったか。次から選びなさい。

ア 憧憬　イ 嫉妬　ウ 悲嘆　エ 落胆　〔　　〕

(2) その思いは、龐涓のどのような行為を導いたか、本文中から十五字以内で抜き出しなさい。（訓点不要）

2 「説二斉使一。」（三四・6）とあるが、孫臏は何を説いたと考えられるか。本文中から抜き出しなさい。（訓点不要）

〔　　〕

3 「為レ奇」（三四・7）の「奇」と同じ意味で使われているものを含む熟語を、次から選びなさい。

ア 奇怪　イ 奇数　ウ 奇才　エ 奇妙　〔　　〕

4 「臣能令二君勝一。」（三五・2）について、次の問いに答えなさい。

(1) この言葉に込められている孫臏の心境を、次から選びなさい。

ア 不安　イ 自信　ウ 疑心　エ 侮蔑　〔　　〕

(2) 孫臏のこの言葉に対し、田忌が「信然レ之」（三五・2）と反応したことから、どのようなことがわかるか。次から選びなさい。

ア 田忌は、孫臏の洞察力を全面的に信じていた。
イ 田忌は、なんとしても賭けに勝ちたかった。
ウ 田忌は、孫臏の能力を実際に確かめたかった。
エ 田忌は、孫臏の能力を少しは信頼していた。

〔　　〕

孫臏　斉の威王の師と為る

(3) (2)と同様の田忌の気持ちが、他の部分でも表現されている。①三四四ページと、②三四五ページから、それぞれ抜き出しなさい。（訓点不要）

①〔　　〕　②〔　　〕

(4) 孫臏のこの言葉は、戦うに際してのどのような心構えを教えるものか。次の空欄に適語を補って答えなさい。

〔①〕の力と〔②〕の力とを知り、事前に〔③〕を見極めて戦うという心構え。

①〔　　〕　②〔　　〕　③〔　　〕

5 新傾向 ある生徒が、孫臏が田忌に教えた競馬の対戦方法と結果を次のような図にした。図の空欄①〜⑥には適語をあとから選び、⑦・⑧には適当な漢数字を補いなさい。

〈田忌側〉　〈相手側〉

〔①〕↔〔②〕
〔③〕↔〔④〕
〔⑤〕↔〔⑥〕

田忌側の〔⑦〕勝〔⑧〕敗

ア 上駟　イ 中駟　ウ 下駟

①〔　〕②〔　〕③〔　〕④〔　〕
⑤〔　〕⑥〔　〕
⑦〔　　〕⑧〔　　〕

6 「為レ師」（三五・7）の「師」とは何か。漢字二字で書きなさい。

7「魏将龐涓聞レ之、去レ韓而帰。」（三四五・10）について、次の問いに答えなさい。

(1)「之」がさす一文を本文中から抜き出しなさい。（返り点・送り仮名不要）

〔　　　　〕

(2)龐涓がこのような動きをとった理由を、十字以内で書きなさい。（句読点を含む）

8 新傾向 三四五ページに描かれている状況について、次の図の空欄に入る国名をあとから選び、図の中に書き込みなさい。

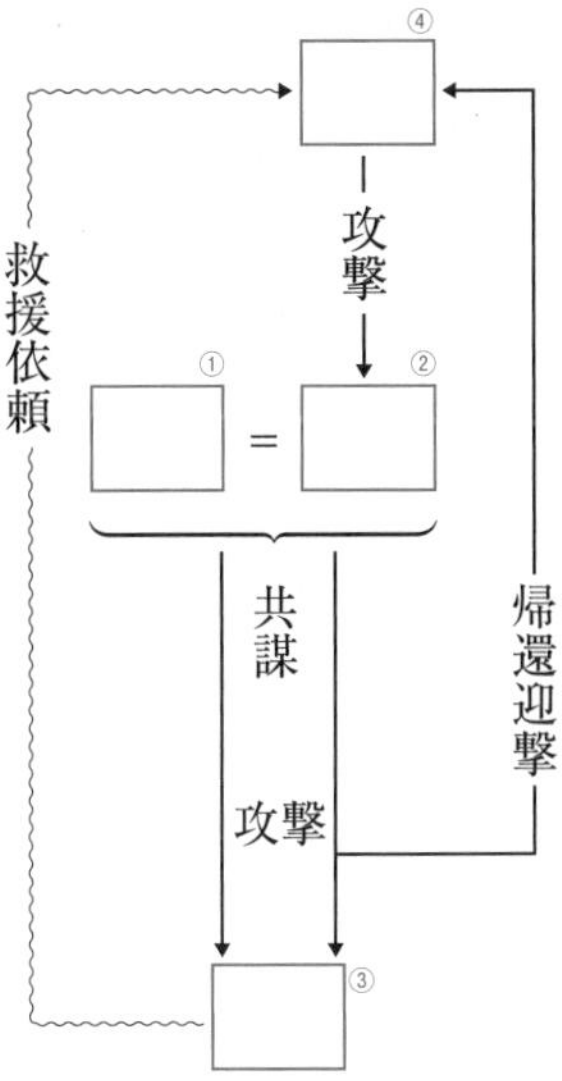

（韓　趙　斉　魏）

9「利二導之一。」（三四六・3）について、次の問いに答えなさい。

(1) 新傾向 「之」のさす内容について、次の図の空欄に本文中の語句を補って答えなさい。

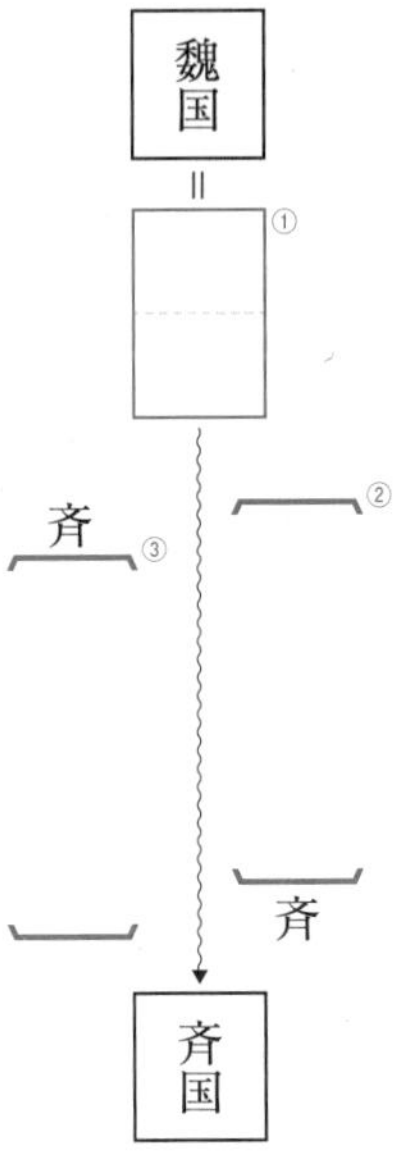

(2)「利導」の意味として適当なものを、次から選びなさい。

ア　正確に認識して相手の意向に沿う。
イ　自国の利益のために積極策をとる。
ウ　うまく利用して勝利に結び付ける。
エ　相手に利益を与えて油断させる。

〔　　〕

10「百里而趣レ利者蹶二上将一、五十里而趣レ利者軍半至。」（三四六・4）とあるが、この兵法の要点として適当なものを、次から選びなさい。

ア　無理をして強行軍をすべきではない。
イ　遠くの敵よりも近くの敵を攻めるべきだ。
ウ　遠くの敵も近くの敵も関係なく攻めるべきだ。
エ　進軍の速度をできるだけ上げるべきだ。

〔　　〕

11 馬陵での戦いについて、次の問いに答えなさい。

(1)「暮見二火挙一而倶発。」（三四七・4）という指示は、何を予測したものか。二十字以内で説明しなさい。

(2)「魏軍大乱相失。」（三四七・6）という状況を招いたのは、なぜか。次の空欄に適語を補いなさい。

戦いが〔　　　　〕時であったから。

12「遂成二豎子之名一。」（三四七・7）に込められた龐涓の気持ちを、次から選びなさい。 ▼学習二

ア　称賛・後悔　　イ　憧憬・無念
ウ　自嘲・謙遜　　エ　悲憤・悔恨

〔　　〕

張儀

学習目標 張儀の行動や自信、蘇秦が張儀に仕掛けた策謀の顛末を捉える。

教科書 p.348 ～ p.351

検印

展開の把握

思考力・判断力・表現力

○次の空欄に適語を入れて、内容を整理しなさい。

吾が舌を視よ…

（初め ～ p.349 ℓ.1）

張儀は蘇秦とともに〔ア　　〕先生について学んだ。学び終えた張儀が遊説先の〔イ　　〕で、宰相の供をして酒を飲んだとき、宰相の〔ウ　　〕が紛失した。張儀は疑われ〔エ　　〕で何百回も打たれたが何も言わなかった。釈放され家に帰ると〔オ　　〕になじられたが、自分の〔カ　　〕さえあれば十分だと言った。

辱められて怒る

（p.349 ℓ.2 ～ p.350 ℓ.10）

蘇秦は〔キ　　〕を説得して〔ク　　〕の計略を進め始めたが、この計画が破れたとき〔ケ　　〕の攻撃を未然に防ぐ力量のある者は〔コ　　〕しかいないと考えた。そこで呼びつけて侮辱すると、逆に〔サ　　〕は大いに発憤し、この恨みを晴らすには趙を苦しめる力のある〔シ　　〕に仕えるのが得策と考え、赴いた。しかし、仕官する資金がない。これを先刻承知の蘇秦は部下に金銭と〔ス　　〕を用意させ、こっそり張儀に渡させた。張儀は秦の〔セ　　〕に認められ、客分の〔ソ　　〕として待遇された。

儀　何ぞ敢へて言はん

（p.350 ℓ.11 ～ 終わり）

張儀の出世を見届けた〔タ　　〕の部下は、報告のために帰ると張儀に別れを告げた。その際、〔チ　　〕から依頼されたこれまでの事情と、〔ツ　　〕の計略を話した。張儀はその友情に感謝し、〔テ　　〕がいる限り、その計略には口出ししないと約束した。

語句・句法

知識・技能

1 次の語の読み（送り仮名を含む）と意味を調べなさい。

p.348 ℓ.3 ①以へらく〔　　〕〔　　〕

ℓ.5 ②亡ふ〔　　〕〔　　〕

p.349 ℓ.4 ③乃ち〔　　〕〔　　〕

ℓ.5 ④微かに〔　　〕〔　　〕

p.350 ℓ.9 ⑤見ゆ〔　　〕〔　　〕

2 次の文を書き下し文に改めなさい。

①非ズンバレ礼ニ莫カレレ言フコト。〔　　〕

②安クンゾ得ン二此ノ辱メヲ一乎。〔　　〕

③何ゾ敢ヘテ可ケンレ廃ス乎。〔　　〕

④寧クンゾ渠可ケンド以ツテ二馬上ヲ一治ムレ之ヲ乎。〔　　〕

内容の理解

思考力・判断力・表現力

1 「蘇秦自以、不レ及二張儀一。」（三四八・3）の意味を、次から選びなさい。

ア　蘇秦は、張儀は自分より劣っていると考えた。
イ　蘇秦は、自分は張儀にはかなわないと考えた。
ウ　蘇秦は、張儀には足りないところがあると考えた。
エ　蘇秦は、張儀は人間的にすばらしいと考えた。

〔　　〕

2 「遊二説諸侯一。」（三四八・4）の意味を、次から選びなさい。

ア　諸侯に自説を説いて回った。
イ　諸侯のお供をしてあちこち旅行した。
ウ　諸侯に遊び方を説いて回った。
エ　諸侯に演説の仕方を説いて回った。

〔　　〕

3 「門下意二張儀一」（三四八・5）について、次の問いに答えなさい。

(1) 張儀はどう疑われたのか。「と疑われた。」に続く形で、十字以内で答えなさい。

〔　　　　　　　　　　〕と疑われた。

(2) 張儀が疑われた理由を、本文中から抜き出しなさい。（訓点不要）

〔　　〕

4 「其妻曰、」（三四八・6）以下で妻が言った内容を、次から選びなさい。

ア　学問はしても遊説しなければこんなひどい目に遭わなかった。
イ　学問して遊説なんかするからこんなひどい目に遭った。
ウ　学問してもっと上手に遊説すればこんなひどい目に遭わなかった。
エ　学問も遊説も本気でやらないからこんなひどい目に遭った。

〔　　〕

5 「視二吾舌一。尚在不。」（三四八・8）と妻に尋ねた張儀の気持ちを説明した次の文の空欄に、適語を補いなさい。▼学習一

たとえ屈辱的な失敗があったとしても、〔①〕のための手段である〔②〕さえ残っていれば、将来大きく〔③〕する可能性は十分にあるので〔④〕はいらない。

①〔　　〕　②〔　　〕
③〔　　〕　④〔　　〕

6 「足矣。」（三四九・1）の意味を、次から選びなさい。

ア　舌が二枚あれば役に立つだろう。
イ　舌は回って初めて意味があるのだ。
ウ　舌は一枚で十分だ。
エ　舌さえあれば十分だ。

〔　　〕

7 「莫下可レ使レ用二於秦一者上。」（三四九・4）とはどういうことか。適当なものを次から選びなさい。

ア　秦の天下統一に役立つ人物がいない。
イ　秦の天下統一を阻止する人物がいない。
ウ　秦に送り込んで働かせるべき人物がいない。
エ　秦に送り込むスパイとして適当な人物がいない。

〔　　〕

8 「使三人微感二張儀一曰、」（三四九・4）について、次の問いに答えなさい。

(1) 「曰」の主語を本文中から抜き出しなさい。

〔　　〕

(2) 「曰」の内容をまとめた次の文の空欄に適語を補いなさい。

〔　　〕

「あなたは昔、〔 ① 〕と親しかった。彼は今〔 ② 〕して〔 ③ 〕の国の要職に就いている。彼の所へ行ってあなたの〔 ④ 〕をかなえてくれるよう頼んでみてはどうですか。」

① 〔　　　〕 ② 〔　　　〕
③ 〔　　　〕 ④ 〔　　　〕

9 「誡二門下人一不レ為レ通。」（二四九・7）の理由を、次から選びなさい。

ア 張儀が自分を頼ってやって来るとは思わなかったから。
イ 張儀を侮辱して怒らせる計画だったから。
ウ 体調がすぐれず、面会する気がしなかったから。
エ 仕事が忙しくて面会する暇がなかったから。

〔　　　〕

10 「使レ不レ得レ去」（二四九・8）を口語訳しなさい。

〔　　　〕

11 「至レ此。」（二四九・10）とはどういう事態のことをいうのか。十五字以内で答えなさい。（句読点を含む） ▼脚問1

12 「吾寧不レ能三言而富二貴子一。」（二四九・10）の意味を、次から選びなさい。

ア 私はあなたを推薦もしないし富貴にもしてやれない。
イ 私はあなたを推薦はするが富貴にできるかどうかはわからない。
ウ 私はあなたを推薦して富貴にしてやることはできない。
エ 私はあなたを推薦して富貴にしてやれないわけではない。〔　　　〕

13 「謝去レ之。」（二四九・11）の「謝」の意味として適当なものを、次から選びなさい。

ア 感謝　イ 謝絶　ウ 謝罪　エ 陳謝

〔　　　〕

14 「自以為二故人一求レ益。」（二四九・11）の「故人」と同じ内容を表す箇所を三四九ページの本文中から抜き出しなさい。（訓点不要）

〔　　　〕

15 「遂入レ秦。」（二五〇・1）の理由を説明した次の文の空欄に、適語を補いなさい。

張儀は〔 ① 〕を頼って〔 ② 〕にやって来たのに、下男や〔 ③ 〕が食べるような〔 ④ 〕な食事を与えられたり、用いるに足りない男だと蘇秦に非難されたりと〔 ⑤ 〕を受けたので、彼の中に〔 ⑥ 〕心が芽ばえた。諸侯の中で、自分を辱めた〔 ⑦ 〕を屈伏させることができるのは〔 ⑧ 〕だけだと考え、そこで仕えようと思った。

① 〔　　　〕 ② 〔　　　〕 ③ 〔　　　〕
④ 〔　　　〕 ⑤ 〔　　　〕 ⑥ 〔　　　〕
⑦ 〔　　　〕 ⑧ 〔　　　〕

16 「殆弗レ如也。」（二五〇・4）の意味を、次から選びなさい。 ▼脚問2

ア 張儀は蘇秦よりも優秀だ。
イ 蘇秦は張儀よりも優秀だ。
ウ 張儀も蘇秦と同じくらい優秀だ。
エ 張儀と蘇秦を比較することはできない。〔　　　〕

17 「吾幸先用。」（二五〇・4）とはどういうことか。本文中から五字で抜き出しなさい。（訓点不要）

辱められて怒る

18「能用㆓秦柄㆒者、独張儀可耳。」（三五〇・4）とあるが、張儀が秦の権力を握ることにはどういう意味があるのか。次から選びなさい。

ア　張儀が、才能に見合った仕事につくことができる。
イ　秦が、趙の属国になる可能性が高くなる。
ウ　秦に、合従の策を破らせないようにすることが可能になる。
エ　張儀が将来秦の王になる可能性が生まれる。

〔　　〕

19「吾恐㆘其楽㆓小利㆒而不㆖遂。」（三五〇・5）には、誰の、誰に対する、どのような思いがこめられているか。次の文の空欄に、適語を補いなさい。

〔①〕の〔②〕に対する〔③〕。

①〔　　〕　②〔　　〕　③〔　　〕

20「召辱㆑之、以激㆓其意㆒。」（三五〇・6）の意味を、次から選びなさい。

ア　張儀を辱めることで優越感を持った。
イ　張儀を辱めることで彼を発憤させた。
ウ　張儀を辱めることで彼の自尊心を傷つけた。
エ　張儀を辱めることで権力の恐ろしさを認識させた。

〔　　〕

21「子為㆑我陰奉㆑之。」（三五〇・6）の①「子」と、②「之」はそれぞれ誰をさすか。次から選びなさい。

ア　蘇秦　イ　張儀　ウ　舎人　エ　恵王

①〔　　〕　②〔　　〕

22「発㆓金幣車馬㆒」（三五〇・7）について、次の問いに答えなさい。

(1)「発」と最も近い意味の熟語を、次から選びなさい。

ア　徴発　イ　出発　ウ　発見　エ　発育

〔　　〕

(2)「金幣車馬」を提供したのは誰か。本文中から抜き出しなさい。

〔　　〕

儀　何ぞ敢へて言はん

23「頼㆑子得㆑顕。」（三五一・1）とはどういうことか。主語を明確にして簡潔に答えなさい。

〔　　〕

24「吾在㆓術中㆒而不㆑悟。」（三五一・5）の内容を説明した次の文の空欄に、適語を補いなさい。

〔①〕は、〔②〕の策謀にまんまとはまっていたことに、全く〔③〕なかったということ。

①〔　　〕　②〔　　〕　③〔　　〕

25「安能謀㆑趙乎。」（三五一・7）の意味を、次から選びなさい。

ア　趙をどうやって討てばよいのだろうか。
イ　趙を手助けする計画など立てられない。
ウ　趙と陰謀をめぐらす計画など立てられない。
エ　趙を討つ計画など立てられない。

〔　　〕

26「何敢言。」（三五一・7）とはどういうことか。三十字以内で答えなさい。 ▼脚問4

27「蘇君在、儀寧渠能乎。」（三五一・8）からうかがわれる張儀の性格として適当なものを、次から選びなさい。

ア　感激しやすく、親友をいたわるやさしさがある。
イ　才能をひけらかさず、謙遜する誠実さがある。
ウ　恩義に報いようとする純粋さ・素朴さがある。
エ　上下関係を尊重する礼儀正しさがある。

〔　　〕

荊軻

学習目標 荊軻を始めとする登場人物の心理とともに、秦王暗殺事件の顛末を捉える。

教科書 p.352 ～ p.357

検印

展開の把握　思考力・判断力・表現力

○次の空欄に適語を入れて、内容を整理しなさい。

燕の太子丹　秦に質たるも亡げて燕に帰る（初め ～ p.353 ℓ.1）	壮士一たび去りて復た還らず（p.353 ℓ.2 ～ p.354 ℓ.11）	図窮まりて匕首見はる（p.355 ℓ.1 ～ 終わり）
燕にやって来た荊軻は、〔ア　　〕の人であり、〔イ　　〕と〔ウ　　〕を好む人であった。そのうち〔エ　　〕に人質になっていた燕の〔オ　　〕が逃げ帰ってきた。幼なじみの秦王〔カ　　〕に冷遇されたためで、彼は秦王に仕返しするための人物を探した。	燕の太子丹は〔キ　　〕の暗殺のため鋭く高価な〔ク　　〕を買い求め、〔ケ　　〕を塗って焼きを入れ、〔コ　　〕に与えた。その補佐役として〔サ　　〕を任命した。〔シ　　〕が太子にせかされて秦に出発するにあたり、見送る人々は白装束で〔ス　　〕のほとりまで来た。みな涙を流し、〔セ　　〕は筑を弾き、〔ソ　　〕は自作の歌をうたった。	秦に到着した荊軻は秦の将軍〔タ　　〕の首と〔チ　　〕の地図を持参し、秦王に謁見を願い、許された。秦王が地図を広げ終わると〔ツ　　〕が現れた。荊軻は秦王を〔テ　　〕としたが、身体まで届かない。秦王を追いかけているうちに侍医の〔ト　　〕は〔ナ　　〕を荊軻に投げつけ、そのすきに秦王も剣を抜き斬りつけて、〔ニ　　〕に傷を負わせ、側近がとどめを刺した。こうして秦王暗殺計画は失敗に終わった。

語句・句法　知識・技能

1 次の語の読み（送り仮名を含む）と意味を調べなさい。

		読み	意味
p.352 ℓ.2	①乃ち	〔　　〕	〔　　〕
p.353 ℓ.7	②予め	〔　　〕	〔　　〕
p.355 ℓ.6	③陳ぶ	〔　　〕	〔　　〕
p.356 ℓ.4	④発く	〔　　〕	〔　　〕
ℓ.8	⑤走ぐ	〔　　〕	〔　　〕

2 次の文を書き下し文に改めなさい。

①若シ三己推シテ而内《い》ルルガ二之ヲ溝中ニ一。
〔　　　　〕

②秦不二敢ヘテ動カ一。
〔　　　　〕

③豈ニ能ク爾《しか》ル哉。
〔　　　　〕

④唯ダ見ル長江ノ天際ニ流ルルヲ。
〔　　　　〕

内容の理解

思考力・判断力・表現力

1 「荊軻者、衛人也。……好㆓読書撃剣㆒。」（三五二・2〜4）について、次の問いに答えなさい。

(1) 荊軻の先祖はどこの人であったか。本文中から抜き出しなさい。

(2) 荊軻は衛では「慶卿」、燕では「荊卿」と呼ばれたが、その呼び名には人々のどのような気持ちが込められているか。次から選びなさい。

ア 畏怖　イ 尊敬　ウ 親愛　エ 嫌悪

(3) 「好㆓読書撃剣㆒。」から、荊軻のどのような人物像がうかがえるか。十字以内で答えなさい。（句読点を含む）

2 「居頃㆑之、」（三五二・5）とあるが、誰がどこに滞在したのか。次から選びなさい。

ア 荊軻が燕に　イ 太子丹が秦に　ウ 太子丹が趙に　エ 秦王政が趙に

3 「燕太子丹質㆑秦亡帰㆑燕。」（三五二・5）について、次の問いに答えなさい。

(1) 「燕太子丹質㆑秦亡帰㆑燕。」の事情の説明として適当なものを、次から選びなさい。

ア 丹は秦王とは幼なじみだったが、処遇がよくないのをうらんで、人質に取られていた秦から燕に逃げ帰った。

イ 丹は秦王とは幼なじみだったので、処遇もよかったが、望郷の念を抑え切れず、人質に取られていた秦から燕に逃げ帰った。

燕の太子丹　秦に質たるも亡げて燕に帰る

ウ 丹は秦王とは幼なじみだったが、その後犬猿の仲となり殺されそうになって、命からがら人質に取られていた秦から燕に逃げ帰った。

エ 丹は秦王とは幼なじみだったので、自由気ままな生活をしていたが、それに飽きて人質に取られていた秦から燕に逃げ帰った。

(2) 太子丹はこのあと、何をしたのか。二十五字以内で説明しなさい。（句読点を含む）

4 「国小力不㆑能。」（三五三・1）とあるが、この「国」はどこのことか。次から選びなさい。

ア 衛　イ 斉　ウ 燕　エ 秦　オ 趙

壮士一たび去りて復た還らず

5 「取㆓之百金㆒。」（三五三・8）の「之」は何をさすか。本文中から抜き出しなさい。（訓点不要）

6 「人無㆘不㆓立死㆒者㆖。」（三五三・9）の意味を、次から選びなさい。

ア その場で死ぬ者がほとんどであった。

イ 誰でもすぐに死んでしまった。

ウ すぐに死ぬ者はいなかった。

エ 大部分の者がすぐに死んでしまった。

7 「頃㆑之、未㆑発。」（三五三・12）の理由を、本文中から六字で抜き出しなさい。（訓点不要）

8 「疑㆓其改悔㆒。」（三五四・1）の意味を説明した次の文の空欄に、適語を補いなさい。

〔①〕は、〔②〕が〔③〕王の〔④〕に行く気が〔⑤〕のではないかと〔⑥〕った。

① 〔　　〕 ② 〔　　〕 ③ 〔　　〕
④ 〔　　〕 ⑤ 〔　　〕 ⑥ 〔　　〕

9 「豈有㆑意哉。」（三五四・1）の意味を、次から選びなさい。

ア 何も考えておられないようですね。
イ 何を考える必要がありますか、いや、ありません。
ウ 何かいい考えをお示しください。
エ 何か考えることがおありですか。

〔　　〕

10 「何太子之遣。」（三五四・3）の意味として適当なものを、次から選びなさい。

ア どういうわけで太子は秦舞陽を派遣しようとされるのですか。
イ どういうわけで太子は私、荊軻を派遣しようとされるのですか。
ウ どうすれば太子は秦舞陽を派遣できるのですか。
エ どこへ太子は秦舞陽を派遣しようとされるのですか。

〔　　〕

11 「遂発。」（三五四・5）のときの荊軻の心境として適当なものを、次から選びなさい。

ア 秦舞陽が先に出かけたので、少し不安な心境。
イ 秦舞陽の能力に疑問を感じ、不安な心境。
ウ 秦舞陽に全幅の信頼を寄せ、安心している心境。
エ 秦舞陽は頼りないが、何とかなるだろうという心境。

〔　　〕

12 「其事」（三五四・6）とは何か、十五字以内で答えなさい。（句読点を含む）　▼脚問1

〔　　〕

13 「白衣冠以送㆑之」（三五四・6）の「白衣冠」にはどのような意味が込められているか。次から選びなさい。　▼脚問2

ア 清廉潔白な荊軻の心に敬意を表す意味。
イ 無事に趙に帰ることを天に祈る意味。
ウ 生きて帰らぬ荊軻を弔う意味。
エ 礼服を着て荊軻の前途を祝う意味。

〔　　〕

14 「壮士一去兮不㆓復還㆒。」（三五四・9）について、次の問いに答えなさい。

(1) ①「壮士」の意味と、②誰をさしているのかを、それぞれ書きなさい。

① 〔　　〕 ② 〔　　〕

(2) 「不㆓復還㆒。」の意味を、次から選びなさい。

ア 帰るとは限らない。
イ 帰らないとは限らない。
ウ 二度と帰らない。
エ 二度とも帰らない。

〔　　〕

15 「瞋㆑目、髪尽上指㆑冠。」（三五四・10）とはどのような様子を表しているのか。十字以内で答えなさい。（句読点を含む）

〔　　〕

16 「厚遺㆓秦王寵臣中庶子蒙嘉㆒。」（三五五・2）が功を奏した結果を本文中から一文で抜き出し、初めと終わりの三字を書きなさい。（訓点不要）

17 「嘉為先言二於秦王一曰、」（三五・3）の内容と違うものを、次から選びなさい。

ア 燕王は秦王に刃向かう意志は全くありません。
イ 燕王は秦王の家臣となり、荊軻を人質として差し出します。
ウ 燕王は樊於期の首と督亢の地図を献上しました。
エ 燕王は秦王の家臣となり、自国の安泰を願っています。

〔　　〕

18 「以レ次進、至レ陛。」（三五・11）について、次の問いに答えなさい。

(1)「進」む順番として、荊軻と秦舞陽のどちらが前でどちらが後か、答えなさい。

前〔　　〕　後〔　　〕

(2)それはどこでわかるか。本文中から六字で抜き出しなさい。（訓点不要）

19 「笑二舞陽一、」（三六・1）の「笑」はどのような笑いか。適当なものを、次から選びなさい。

ア 秦舞陽の失敗を援護して、大事が露見しないようにするための、ごまかしの笑い。
イ 秦舞陽の失敗で大事が露見して、もうだめだと思った、あきらめの笑い。
ウ 秦舞陽の日ごろの言動とはあまりにかけ離れた小心ぶりに対して、ばかにする笑い。
エ 秦舞陽の失敗を援護しようとしたが、あまりの小心ぶりにあきれている笑い。

〔　　〕

20 「未レ至レ身。」（三六・5）とは、①何が、②何の「身」に「未レ至」なのか、本文中の語句で答えなさい。

①〔　　〕　②〔　　〕

21 新傾向 「袖絶。」（三六・6）以下、短い文が続くが、このような表現にはどういう効果があるか。次から選びなさい。 ▼脚問3

ア 秦王と荊軻の複雑な動きを単純化して見せる効果。
イ 秦王の逃げ足の速さと荊軻の勇猛さが強調される効果。
ウ 秦王、荊軻、群臣と三者三様の緊張感を表す効果。
エ 秦王のあわてぶりと荊軻の冷静さを対比する効果。

〔　　〕

22 「倚レ柱而笑、」（三七・6）について、次の問いに答えなさい。

(1)なぜ「笑」ったのか。理由を本文中から五字で抜き出しなさい。（訓点不要）

(2)この「笑」はどのような気持ちの笑いか。次から選びなさい。

ア 満足　イ 悲嘆　ウ 狂乱　エ 自嘲

〔　　〕

23 「罵」（三七・7）について、次の問いに答えなさい。 ▼脚問4

(1)誰に対する「罵」か、答えなさい。

〔　　〕

(2)どういうことについて「罵」っているのか。三十字以内で答えなさい。（句読点を含む）

学習目標　入試レベルの読解問題に挑戦する。

入試問題に挑戦　『大和物語』第百五十七段

二〇二一年度熊本大学（改題）

検印

次の文章を読んで、あとの問いに答えなさい。

*下野《しもつけ》の国に男女《をとこをんな》住みわたりけり。年ごろ住みけるほどに、男、妻《め》まうけて心変はり果てて、この家にありけるものどもを、今の妻のがりかきはらひ持《も》て運び行く。①心憂《こころう》しと思へど、なほまかせて見けり。塵《ちり》ばかりのものも残さず、みな持《も》て去《い》ぬ。ただ残りたるものは*馬《うま》ぶねのみなむありける。それを、この男の従者《ずさ》、*真楫《まかぢ》といひける童使《わらはつか》ひけるして、このふねをさへ取りにおこせたり。この童に、女の言ひける、「*きむぢも②今はここに見えじかし。」など言ひければ、「などてか候《さぶら》はざらむ。主《ぬし》、おはせずとも候《さぶら》ひなむ。」など言ひ、立てり。女、「主に消息《せうそこ》聞こえば申してむや。文《ふみ》はよに見給はじ。ただ言葉にて申せよ。」と言ひければ、「いとよく申してむ。」と言ひければ、かく言ひける。

A「ふねも去ぬまかぢも見えじ今日《けふ》よりはうき世の中をいかで渡らむ

と申せ。」と言ひければ、③男に言ひければ、ものかきふるひ去にし男なむ、*しかながら運び返して、もとのごとく*あからめもせで添ひゐにける。

大意　思考力・判断力・表現力

○次の空欄に本文中の語句を入れて、内容を整理しなさい。

下野の国に〔ア　　　〕が長年住んでいた。しかし、男が新しい〔イ　　　〕に心変わりし、〔ウ　　　〕にあるものすべてを運び出した。しまいには〔エ　　　〕という名の童を使って、〔オ　　　〕までも持っていこうとする。そこで女は歌をよみ、〔カ　　　〕に伝えるよう、その童に頼んだ。歌を聞いた〔キ　　　〕は心を動かされ、運んだものをすべて戻し、〔ク　　　〕のようにその女と暮らした。

語注

＊**下野の国**…今の栃木県。
＊**馬ぶね**…馬の飼料を入れる桶《おけ》。
＊**真楫といひける童使ひけるして**…真楫という名の童で召し使っている者に命じて。
＊**きむぢ**…主に目下の者に対して用いる二人称代名詞。
＊**しかながら**…そっくりそのまま。
＊**あからめ**…目をそらすこと。よそ見。脇見。

内容の理解

思考力・判断力・表現力

1 傍線部①「心憂し」について、答えなさい。

(1) 誰が「心憂し」と思ったのか、次から選びなさい。

ア 男　イ もとの女　ウ 新しい妻　エ 童　〔　　〕

(2) どういうことを「心憂し」と思ったのか。その内容として適当なものを次から選びなさい。〔　　〕

ア 長年一緒に住んでいた男が、新しい妻に心変わりをして、家のものをすべて新しい妻のもとに運んでいったこと。

イ 長年一緒に住んでいた男が、新しい妻のもとに行ったところ、心変わりして、新しい妻の家のものをすべてもとの家に運んできたこと。

ウ 長年一緒に住んでいなかった男が、新しい妻のもとからもとの女のところを訪れたときに、新しい妻の家のものをすべて運んできたこと。

エ 長年一緒に住んでいなかった男が、もとの女の家に置いていたものをすべて新しい妻のもとに運んだこと。

2 傍線部②「今はここに見えじかし。」について、答えなさい。

(1) この部分を現代語訳しなさい。

〔　　　　　　　　〕

(2) 女は童になぜこのように言ったのか。それを説明した次の文の空欄に入る言葉を本文中から五字以内で抜き出しなさい。

この童は〔　　〕であったから。

(3) 結局、童はどうすると答えたか。その内容として適当なものを、次から選びなさい。〔　　〕

ア 女のところに参上しない。

イ 女のところに参上する。

ウ 女のところに参上したくない。

エ 女のところに参上することはできない。

3 Aの歌には掛詞が含まれている。次の掛詞について何と何が掛けられているのか、違いがわかるように答えなさい。

①「ふね」〔　　〕と〔　　〕

②「まかぢ」〔　　〕と〔　　〕

③「うき」〔　　〕と〔　　〕

4 新傾向 傍線部③のように男が戻ってきて、女を大切にして暮らしたのは、女の態度と歌に込められた心情に心動かされたからである。それを説明した次の文の空欄①・②に入る言葉を次の条件に従って書きなさい。

(条件)・空欄①に女の態度、②に心情を分けて書くこと。

・それぞれ三十字以内で書くこと。

女の〔 ① 〕と〔 ② 〕に、心動かされたから。

①

②

学習目標　入試レベルの読解問題に挑戦する。

入試問題に挑戦　『徒然草』第八十八段・『なぐさみ草』

二〇二一年度法政大学（改題）

次の文章は『徒然草』第八十八段（【資料1】）と、江戸時代前期に成立した『徒然草』の注釈書の一つ『なぐさみ草』（松永貞徳）の第八十八段に付された関連話（【資料2】）である。これらを読んで、あとの問いに答えなさい。

【資料1】

ある者、小野道風の書ける和漢朗詠集とて持ちたりけるを、ある人、「①御相伝《ごさうでん》、浮《う》けることには侍らじなれども、四条大納言撰《えら》ばれたるものを、道風書かんこと、時代や違《たが》ひ侍《はべ》らん。おぼつかなくこそ。」と言ひければ、「さ候《さうら》へばこそ、世にありがたきものには侍りけれ。」とて、②いよいよ秘蔵《ひさう》しけり。

【資料2】

近き世の歌など書きて、奥*に古き歌人の作と記したる歌書など、多く侍り。また猿楽*の秘書とて、花伝抄といふものを、ある人、天満の下間《しもつま》少進法印に見せければ、「③これは［Ⅰ］なり。金春禅鳳《こんぱるぜんぽう》が奥書《おくがき》ありて、中に、遊行柳*《ゆぎやうやなぎ》の能のことを書けり。この謡《うた》ひ*は、観世弥二郎とて、［Ⅱ］の者の作りたる能なり。」と言はれし。よろづ疑はしき物の本*を取り扱はん人は、その作者をまづよく考へ知るべきことなり。

大意　思考力・判断力・表現力　検印

○次の空欄に本文中の語句を入れて、内容を整理しなさい。

【資料1】

ある者が、〔ア　〕の書いた和漢朗詠集を所持していたが、ある人は「〔イ　〕が編纂した書を〔ウ　〕が書写するというのは〔エ　〕が合わない。」と指摘した。しかし、意味を理解せず〔オ　〕した。

【資料2】

ある人が猿楽の秘書だと言って〔カ　〕というものを、〔キ　〕に見せたところ、「〔ク　〕の奥書があって、書物の中には〔ケ　〕が作った〔コ　〕について書かれていた。」と言った。由来の怪しいものを扱うときには、よく〔サ　〕を考慮するべきだ。

語注

＊奥…奥書のこと。書物の末尾にあって、その書物の作者・書写者・由緒などを記した部分。
＊猿楽…能のこと。　**＊遊行柳**…能の曲目。西行の和歌で名高い白河の柳をめぐる曲。
＊謡ひ…能のこと。　**＊物の本**…漢籍・医学書・古典文学書など、学術的な書物。

内容の理解 ―― 思考力・判断力・表現力

1 傍線部①「御相伝、浮けることには侍らじなれども、」について、次の問いに答えなさい。

(1)「浮けることには侍らじ」を現代語訳しなさい。
〔　　　　　　　　〕

(2)ここから「ある人」のどのような気持ちが読みとれるか。最も適当なものを、次から選びなさい。〔　　〕

ア 相手の述べていることに不審を感じ、根拠を知りたいという気持ち。
イ 相手の述べていることを表面では肯定し、相手を立てようとする気持ち。
ウ 相手の述べていることを否定したいが、根拠に自信がもてないという気持ち。
エ 相手の述べていることが興味深いので、一定の評価を与えようとする気持ち。
オ 相手の述べていることに意表を突かれ、即座に返事をすることをためらう気持ち。

2 傍線部②「いよいよ秘蔵しけり。」について、次の問いに答えなさい。

(1) これは誰の動作か。本文中から抜き出しなさい。〔　　〕

(2)「秘蔵」したのはなぜか。その理由として最も適当なものを、次から選びなさい。〔　　〕

ア 自らの所持する書物が、古書に見識を持つ人からも、これまでに見たことのない珍品だと指摘されたから。
イ 自らの所持する書物の由緒が、古書に見識を持つ人をもってしても言い当てることのできないものであったから。
ウ 小野道風の書写と伝わる和漢朗詠集が、実はそれより格上の四条大納言によって書写された、由緒あるものだと知ったから。
エ そのような代物はありえないと指摘されたが、その意味が理解できず、ありえないものがあったと受けとめてしまったから。
オ そのような代物はあるのだろうかと遠回しに批判されたことに憤り、意地になって珍重することにより対抗しようとしたから。

3 傍線部③「これ」とあるが、何のことか。最も適当なものを、次から選びなさい。〔　　〕

ア 近き世の歌　イ 古き歌人の作と記したる歌書
ウ 猿楽の秘書　エ 花伝抄
オ 物の本

4 空欄 Ⅰ に入る語として最も適当なものを、次から選びなさい。〔　　〕

ア 蔵書　イ 古書
ウ 白書　エ 秘書
オ 偽書

5 空欄 Ⅱ に入る最もふさわしい語句を、本文中から抜き出しなさい。〔　　〕

6 新傾向 【資料1】・【資料2】の文章に出てくる「小野道風が書写した和漢朗詠集」と「金春禅鳳の奥書がある花伝抄」の共通点は何か。二十字以上、三十字以内で書きなさい。(句読点を含む)

入試問題に挑戦　『更級日記』

二〇二一年度明治大学（改題）

検印

次の二つの文章は、菅原孝標女の作品『更級日記』の一節である。【資料1】は作者の独身時代の一場面、【資料2】は作者が夫の急逝に呆然《ぼうぜん》とし、【資料1】の出来事を振り返りながら夫の葬儀を見やる場面を書いている。これらを読んで、あとの問いに答えなさい。

【資料1】

母、＊一尺《いつさく》の鏡を鋳《い》させて、えゐて参らぬ代はりにとて、僧を出《い》だし立てて①初瀬《はつせ》に詣《まう》でさすめり。「三日候ひて、この人のあべからむさま、夢に見せ給へ。」など言ひて、詣でさするなめり。そのほどは精進《さうじ》せさす。この僧帰りて、夢をだに見で、まかでなむが、②本意《ほい》なきこと。いかが帰りても申すべきと、いみじう額づき行ひて、寝たりしかば、御帳の方より、いみじう気高う清げにおはする女の、うるはしく装束《さうぞ》き給へるが、奉りし鏡をひきさげて、「この鏡には、文《ふみ》や添ひたりし。」と問ひ給へば、かしこまりて、「文も候はざりき。この鏡をなむ奉れと侍りし。」と答へ奉れば、「ᵃあやしかりけることかな。文添ふべきものを。」とて、「この鏡を、こなたに映れるかげを見よ。これ見れば、あはれに悲しきぞ。」とて、ᵇさめざめと泣き給ふを見れば、ᶜ臥《ふ》しまろび、泣き嘆きたるかげ映れり。「この影を見れば、いみじう悲しな。これ見よ。」とて、いま片《かた》つ方に映れるかげを見せ給へば、ᵈ御簾《みす》ども青やかに、几帳《きちやう》おし出でたる下《した》より、色々のᵉ衣《きぬ》こぼれ出で、梅桜咲きたるに、ᶠ鶯《うぐひす》、木伝《こづた》ひ鳴きたるを見せて、「これを見るは、うれしな。」と(1)のたまふとなむ見えしと③語るなり。④いかに見えけるぞとだに、耳もとどめず。

大意

思考力・判断力・表現力

〇次の空欄に本文中の語句を入れて、内容を整理しなさい。

【資料1】

母が〔ア　　〕を鋳造させて、自分が参詣できない代わりに〔イ　　〕を〔ウ　　〕に参詣させた。〔エ　　〕が帰ってきて、きちんとした装束をお召しになった、たいそう気高く美しい感じの〔オ　　〕が「〔カ　　〕に映っているものを見なさい。」と言うので見てみると、転げまわって、〔キ　　〕嘆いている姿が映っている。もう一方には、〔ク　　〕が咲いているところに、〔ケ　　〕が戯れているのが映っており、これを見るのは、うれしいことだ。」とおっしゃるという夢を見た、と報告するが、私はどうしてそのような夢が見えたのかとさえ聞かない。

【資料2】

＊九月二十五日よりわづらひ出《い》でて、十月五日に夢のやうに見ないて、思ふ心地、世の中にまたたぐひあることともおぼえず。初瀬に鏡奉りしに、［Ⅰ］たるかげの見えけむは、これにこそはありけれ。［Ⅱ］げなりけむかげは、来《き》し方もなかりき。⑤今ゆく末は、あべいやうもなし。二十三日、はかなく⑥雲煙《くもけぶり》になす夜、去年《こぞ》の秋、いみじくしたてかしづかれて、うち添ひて下《くだ》りしを見やりしを、いと黒き衣《きぬ》の上に、ゆゆしげなる物を着て、車の供に、泣く泣く(2)歩み出でてゆくを見出だして、思ひ出づる心地、すべてたとへむ方なきままに、やがて夢路にまどひてぞ思ふに、⑦その人や見にけむかし。

語注

＊**一尺の鏡**…直径一尺（約三〇センチメートル）の鏡。

＊**九月二十五日**…康平元年（一〇五八年）。前年の秋、夫の橘俊通は息子の仲俊を伴って任国信濃へ下向し、この年の四月に上京した。

【資料2】

〔コ　〕から夫の具合が悪くなって、〔サ　〕に亡くなったのを見送った気持ちは、〔シ　〕に比べられるものがあるとは思えない。〔ス　〕に〔セ　〕を奉納したとき、見えた姿は、このことだったのだなあ。二十三日、去年の〔ソ　〕に立派に装い、父に従って下向したのを見送った者が、今日は喪服を着て、〔タ　〕に従って、泣きながら歩く姿を見て、思い出す気持ちはたとえようもない。そのまま〔チ　〕にさまよっているようなこの私を、〔ツ　〕は空から見ただろう。

内容の理解

思考力・判断力・表現力

1 傍線部①「初瀬に詣でさすめり。」とあるが、「誰が」「誰を」初瀬に参詣させたのか。それぞれ本文中から抜き出しなさい。

誰が〔　　〕　誰を〔　　〕

2 傍線部②「本意なきこと。」とあるが、「本意」の具体的な内容として最も適当なものを、次から選びなさい。

ア　僧の本意のことで、作者を連れて初瀬で作者の将来を祈願してくること。
イ　僧の本意のことで、初瀬に代参して作者の将来を夢に見てくること。
ウ　僧と作者の母の本意のことで、作者の健康のために鏡を奉納してくること。
エ　僧と作者の母の本意のことで、初瀬で作者の結婚を夢で占ってくること。

〔　　〕

3 波線部(1)・(2)の主語を、次からそれぞれ選びなさい。同じ番号を二度使ってもよい。

ア　作者　　イ　作者の母
ウ　作者の夫　　エ　作者の息子
オ　清げにおはする女　　カ　僧

(1)〔　　〕(2)〔　　〕

4 傍線部③「と語るなり。」は「と語ったそうだ。」の意で、僧の言葉の引用を表している。僧の言葉は「見えし」までだが、始まりはどこか。次のかぎ括弧内の空欄に入る三字を、【資料1】から抜き出しなさい。

「〔　　〕～見えし。」と語るなり。

5 傍線部④「いかに見えけるぞとだに、耳もとどめず。」という描写から読み取れるのはどのようなことか。次の文の〔　〕に入る言葉を、十字以内で答えなさい。

作者が自分の将来を占う夢に〔　　〕ということ。

6 新傾向　空欄Ⅰに入るものを、【資料1】の点線a～fの中から一つ選びなさい。

〔　　〕

7 新傾向　空欄Ⅱには、五字以内の言葉が入る。あてはまるものを【資料1】から一語で抜き出しなさい。

8 傍線部⑤「今ゆく末は、あべいやうもなし。」とあるが、これを言葉を補ってわかりやすく解釈するとどうなるか。最も適当なものを、次から選びなさい。

ア　これから将来にも、信仰で満たされることなど望むべくもない。
イ　もはや短い老い先は、精進の毎日を送るしかないだろう。
ウ　ましてこれから先も、幸福な生活などあろうはずがない。
エ　もう老後には、苦難の日々が来ることはないだろう。

〔　　〕

9 傍線部⑥「雲煙になす」は具体的に何を表しているか。漢字二字で答えなさい。

10 傍線部⑦「その人」とは誰のことか。次から選びなさい。

ア　作者　　イ　作者の母
ウ　作者の夫　　エ　作者の息子

〔　　〕

学習目標　入試レベルの読解問題に挑戦する。

入試問題に挑戦　『韓非子』内儲説下

二〇二一年度國學院大学（改題）

検印

○次の文章を読んで、あとの問いに答えなさい。ただし、問いの都合で、返り点・送り仮名を省いた部分がある。

魯《ノ》*孟*孫・叔孫・季孫相二‐戮《あはセテ》力《ヲ》一劫《おびやカシ》二*昭公《ヲ》一、遂《ニ》奪《ヒテ》二其《ノ》国《ヲ》一而擅《ほしいままニス》二其《ノ》制《ヲ》一。魯《ノ》*三《さん》桓《くわん》偪《せまルニ》レ公《ニ》、昭公攻《ム》二季孫氏《ヲ》一。而《シテ》孟孫氏・叔孫氏相*与《ニ》謀《リテ》曰《ハク》、①救《ハン》レ之《ヲ》乎《ト》。叔孫氏之御者曰《ハク》、②我家臣也、安知二公家一。*凡《ソ》③有季孫与無季孫、於我孰利。皆曰《ハク》、無《ケレバ》二[I]一必《ズ》無《カラント》二[II]一。*然《ラバ》則《チ》救《ハント》レ之《ヲ》。於《イテ》レ是《ニ》*撞《つキテ》二西北《ノ》隅《ヲ》一而入《ル》。孟孫見《テ》二叔孫之旗《ノ》入《ルヲ》一、亦④救《フ》レ之《ヲ》。⑤三桓為レ一、昭公不レ勝《タ》、*逐《おハレテ》レ之《ヲ》死《ス》二於*乾《かん》侯《こうニ》一。

（韓非子）

語注

*魯…春秋時代の国。

*孟孫・叔孫・季孫…魯国で、権勢の非常に強かった三つの氏族。

*昭公…魯国の君主。

*三桓…孟孫・叔孫・季孫をあわせた呼び名。

*与…一緒に。

*凡…そもそも。

*然則救之…この部分は御者の発言。「然」は、「それならば」という意味。

*撞西北隅…包囲網の西北の一角を攻撃する。

*逐…魯国を追放される。

*乾侯…地名。晋国にあった。

出典紹介

韓非子…戦国時代の思想家、韓非の著。二十巻、五十五編。厳格な法治主義を唱え、法と賞罰によって支配することを政治の根本とするとしている。「韓非子」に由来する言葉としては、「信賞必罰」などがあり、秦の始皇帝も、法家の書としてこれを重宝していたとされている。

内容の理解　思考力・判断力・表現力

1 傍線部①「救レ之乎。」の口語訳を、「之」の内容を明らかにして答えなさい。

〔　　〕

2 傍線部②「我家臣也、安知二公家一。」の解釈として適当なものを、次から選びなさい。

ア　私は昭公の家臣ですので、安全に昭公の家へ皆様を案内できます。
イ　私は身分の低い家の臣ですので、高貴な家のことはわかりかねます。
ウ　私の家に使える臣たちが、昭公の家の構造について熟知しております。
エ　私は叔孫家に使える臣ですので、昭公の家については関知いたしません。

〔　　〕

3 傍線部③「有季孫与無季孫、於我孰利。」について、次の問いに答えなさい。

⑴ 書き下し文を、次から選びなさい。

ア　季孫有るも季孫無きも、我に於いて孰《はなは》だ利ありと。
イ　季孫有ると季孫無きと、我に於いて孰《いづ》れか利あると。
ウ　季孫を有して季孫を無にするは、我に於いて孰《なん》ぞ利あるかなと。
エ　季孫を有りとして季孫を無にするは、我に於いて孰《なん》ぞ利あらんやと。

〔　　〕

⑵ 口語訳をしなさい。

〔　　〕

4 空欄 Ⅰ ・ Ⅱ に入る語の組み合わせとして、適当なものを次から選びなさい。

ア　Ⅰ　昭公　Ⅱ　叔孫
イ　Ⅰ　季孫　Ⅱ　叔孫
ウ　Ⅰ　叔孫　Ⅱ　昭公
エ　Ⅰ　季孫　Ⅱ　昭公

〔　　〕

5 傍線部④「救レ之」とあるが、誰が誰を救うのか。それぞれ本文中から抜き出しなさい。

誰が〔　　〕
誰を〔　　〕

6 傍線部⑤「三桓為レ一」の解釈として最も適当なものを次から選びなさい。

ア　三桓はそれぞれ単独に動いて
イ　三桓は一つの地点に集合して
ウ　三桓はあるねらいを用意して
エ　三桓は心を一つに協力し合い

〔　　〕

7 新傾向　ある生徒が、この文章の内容を次のように図にまとめた。図の中の空欄①～⑤に入る適語を、それぞれ二字で書きなさい。

〔　　〕

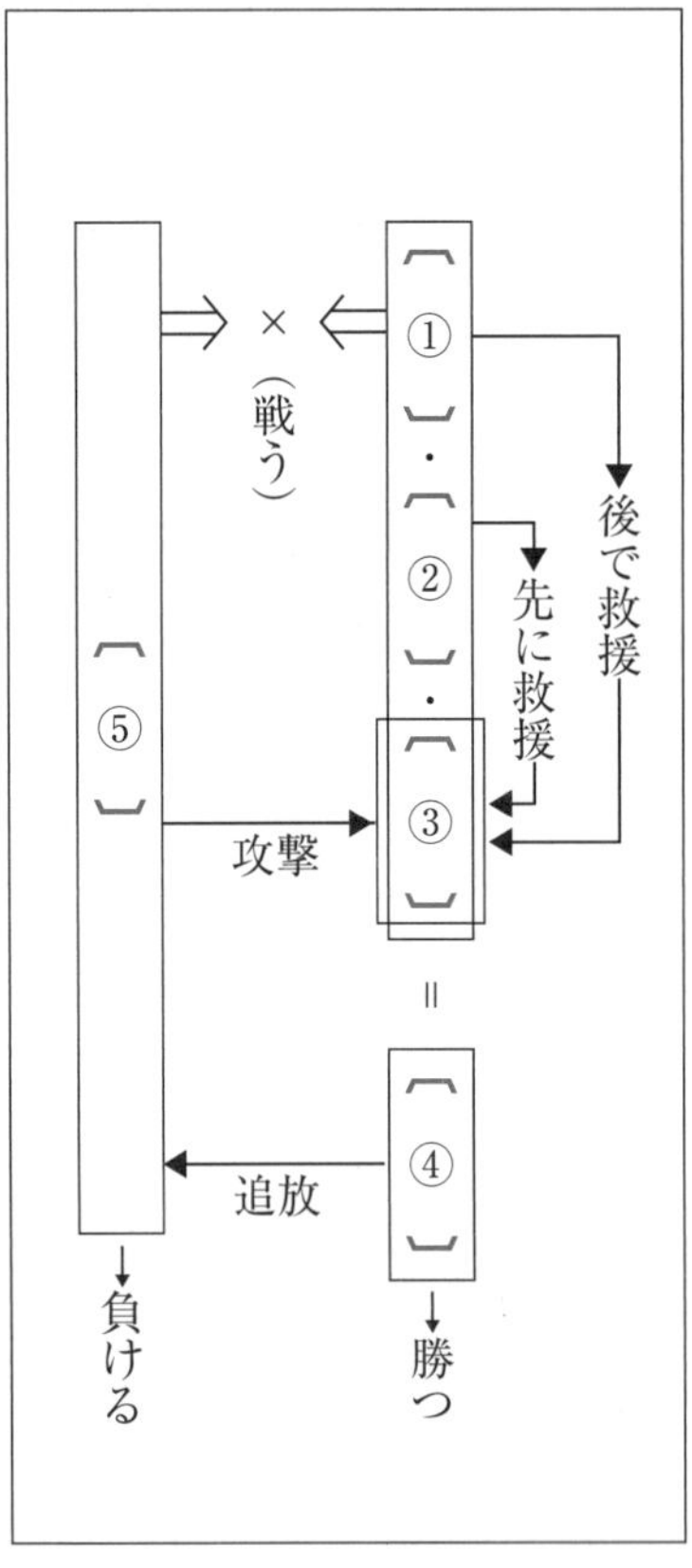

①〔　　〕　②〔　　〕　③〔　　〕
④〔　　〕　⑤〔　　〕

学習目標　入試レベルの読解問題に挑戦する。

入試問題に挑戦　『孟子』梁恵王下

二〇二〇年度東海大学（改題）

検印

○次の文章を読んで、あとの問いに答えなさい。ただし、問いの都合で、返り点・送り仮名を省いた部分がある。

孟子謂ヒテ二斉ノ宣王ニ一曰ハク、「王之臣ニ有リ下託シテ二其ノ妻子ヲ於其ノ友ニ一、而行キテレ*楚《そ》ニ二遊ブ者上。及ブ二其ノ帰ルニ一也、則チ*凍《とう》二―餒《たい》スレバ其ノ妻子ヲ一、則チ如レ①之ヲ何セント。」王曰ハク、「棄テントレ之ヲ。」曰ハク、「②*士師不レ能レ治レ*士、則チ如レ之ヲ何セント。」王曰ハク、「已メントレ③之ヲ。」曰ハク、「*四境之内不レンバ治マラ、〔Ⅰ〕。」④王顧ミテ二左右ヲ一而言フレ他ヲ。

（『孟子』梁恵王下）

語注

＊**楚**…国名。
＊**凍餒**…飢え凍える。
＊**士師**…現在の司法長官。
＊**士**…役人。
＊**四境**…四方の国ざかい。

大意　思考力・判断力・表現力

○次の空欄に適語を入れて、内容を整理しなさい。

孟子が斉の〔ア　　〕に聞いた、「王の臣下からその〔イ　　〕を預けられた〔ウ　　〕が、〔エ　　〕を凍え、飢えさせていたら、王様はこの者をどうするか。」と。王は、「そんな人物は棄てて用いない。」と答えた。さらに孟子が、「〔オ　　〕が部下の〔カ　　〕たちをまとめることができなければ、王様はこの者をどうするか。」と聞くと、王は「そんな人物は辞めさせる。」と答えた。そこで孟子は、「〔キ　　〕がうまく治まらないときにはどうするか。」と聞くと、王は〔ク　　〕を振り返って、〔ケ　　〕を話しだした。

出典紹介

孟子…十四編。孟子の言行を記した書で、「梁恵王」以下「尽心」までの七編から成る。のちに七編がそれぞれ上下二編に分けられて十四編に定着した。

内容の理解

思考力・判断力・表現力

1 傍線部①「之」とは誰のことをさすか。次から選びなさい。

ア 臣　イ 妻　ウ 子
エ 友　オ 士師　〔　　〕

2 傍線部②「士師不レ能レ治レ士」を書き下すとどうなるか。次から選びなさい。〔　　〕

ア 士師士をよく治まらずんば、
イ 士師士の能を治まらずんば、
ウ 士師士の能を治むることならずんば、
エ 士師士をよく治むること能はずんば、
オ 士師士を治むること能はずんば、

3 傍線部③「之」とは誰のことをさすか。次から選びなさい。

ア 臣　イ 妻　ウ 子
エ 友　オ 士師　〔　　〕

4 空欄 Ⅰ に入る適語を、本文中から四字で抜き出しなさい。（訓点不要）

□□□□

5 新傾向 ある生徒が、この文章の内容を次のように表にまとめた。表を見て、次の問いに答えなさい。

孟子の問い（それぞれの者をどうするか?）	宣王の答え
〔①〕を凍え、飢えさせた〔②〕。→	用いない。
〔③〕を治めることのできない〔④〕。→	辞めさせる。
〔⑤〕が治まらない〔⑥〕。→	?

⑴ 表の空欄①〜④に入る適語を、本文中からそれぞれ二字以内で抜き出しなさい。

①　②　③　④

⑵ 表の空欄⑤・⑥に入る適語を考えて、それぞれ二字以内で書きなさい。

⑤　⑥

6 傍線部④「王顧二左右一而言レ他。」について、次の問いに答えなさい。

⑴ この文の意味を、次から選びなさい。

ア 王は左右を顧みて、他のことを話しだした。
イ 王は左右を顧みて、臣下が話しだすのを待っていた。
ウ 王は左右の臣下を顧みて、良い答えを出すのを待った。
エ 王は左右の臣下を顧みて、どのように答えるかをたずねた。
オ 王は左右を顧みて、この問いを他言しないよう厳命した。〔　　〕

⑵ 王はなぜ⑴のような行動を取ったのか。三十字以内で説明しなさい。

7 孟子は、斉の宣王に対して何を問い詰めようとしているのか。次から選びなさい。

ア 人の性は本来善であること。　イ 王としてのあるべき姿。
ウ 王の職務と責任について。　エ 民と王との違いについて。
オ 世の中の治め方について。　〔　　〕

8 この文章からできた次のことわざの空欄に入る言葉を、一字で書きなさい。

顧みて〔　　〕を言う

入試問題に挑戦　蘇軾「山村五絶」其三・『論語』述而編・朋九万『東坡烏台詩案』

二〇二一年度上智大学（改題）

検印

○【資料1】は蘇軾の詩、【資料2】はその詩がふまえる故事、【資料3】は【資料1】について解説した文章である。これらを読んで、あとの問いに答えなさい。ただし、問いの都合で、返り点・送り仮名を省いた部分がある。

【資料1】

①老翁七十自腰《ニス》レ鎌《かまヲ》
*慙《ざん》愧《きス》春山筍《じゅん》蕨《けつノ》*甜《あまキヲ》
②豈是聞*韶*解忘味
*爾《じ》来《らい》三月食無［Ⅰ］

（蘇軾《そしょく》「山村五絶」其三）

【資料2】

子在《リテ》レ斉《ニ》聞《ク》レ韶《しょうヲ》。三月不レ知《ラ》二肉《ノ》味《ヲ》一。曰《ハク》、③「不図為楽之至於斯也。」

（『論語』述而《じゅつじ》編）

大意　思考力・判断力・表現力

○次の空欄に適語を入れて、内容を整理しなさい。

【資料1】
老翁は〔ア　　〕歳になっても〔イ　　〕を腰にさしている。
タケノコやワラビが〔ウ　　〕のをありがたいと思っている。
これは、（孔子のように）すばらしい〔エ　　〕を聞いて〔オ　　〕を忘れることができたというのではない。
この〔カ　　〕の間、食事の味がしなかったからなのである。

【資料2】
孔子は〔キ　　〕の国で〔ク　　〕を聞いて、〔ケ　　〕の間、〔コ　　〕がわからなくなった。「思いもよらなかった。〔サ　　〕を演奏することで、これほどまでに（すばらしい）境地に達するとは。」と言った。

【資料3】

意《おもフニ》山中之人、饑《き》貧《ひんニシテ》無《シ》レ食。雖《モ》レ老《ト》猶《ホ》自《ラ》採《リテ》二筍蕨《ヲ》一充《ツ》レ饑《うゑニ》。時《ニ》*塩法峻《しゅん》急《きふナリ》。僻《へき》遠《ゑん》之人無《ク》二塩食一、動《ややモスレバ》経二数月《ヲ》一。若《キハ》二古之聖人《ノ》一、則《チ》能《ク》聞《キテ》レ韶《ヲ》忘《レン》レ味《ヲ》。山中《ノ》小人、④豈能食淡而楽乎。以《ツテ》譏《き》二諷《ふうスル》塩法《ノ》太《はなはダ》急《ナルヲ》一也。

（朋九万《ほうきゅうまん》『東坡烏台詩案』）

語注

＊**慙愧**…ありがたいと思う。
＊**甜**…うまい。
＊**韶**…舜が作ったと言われるすぐれた音楽。
＊**解**…「能」と同義。
＊**爾来**…このごろ。
＊**塩法峻急**…当時、塩は政府専売品で高値であったうえ、密売の取り締まりが強化されていたことをさす。

【資料3】

山の中の人は、飢えて〔シ　　　　〕て〔ス　　　　〕がないから、老いても自分でタケノコやワラビを採って〔セ　　　　〕を満たしている。辺鄙なところに住む人は、食事に〔ソ　　　　〕がない。かつての〔タ　　　　〕は、〔チ　　　　〕を聞いて〔ツ　　　　〕を忘れることができたが、山の中の庶民は、〔テ　　　　〕のない食事では満足できない。このように、〔ト　　　　〕が厳しいことを風刺したのである。

出典・作者紹介

【資料1】
蘇軾…一〇三六―一一〇一。字は子瞻《しせん》、号は東坡《とうば》。政治家としてだけでなく、詩人・書家・画家としてもすぐれ、音楽にも通じていた。唐宋八大家（唐から宋にかけての高名な文人）の一人。父蘇洵《じゅん》・弟蘇轍《てつ》もその一人で、この三人は「三蘇」と呼ばれている。

【資料2】
論語…孔子の死後、弟子が孔子の言葉や行いを記録したもの。二十編から成る。

【資料3】
東坡烏台詩案…一巻。宋・朋九万撰。蘇軾が、その作詩に王安石《おうあんせき》の新法に対する批判の意があるとして御史台の獄につながれた事件（通称「烏台詩案」）の経緯を記したもの。「烏台」は御史台の別称。

内容の理解

思考力・判断力・表現力

1 【資料1】の詩の形式を答えなさい。

〔　　　〕

2 新傾向 傍線部①「老翁七十自腰レ鎌」とあるが、なぜ「老翁」はこのようにしないといけなかったのか。【資料3】からその理由を探し、二十字以内の現代語で答えなさい。

3 傍線部②「豈是聞韶解忘味」について、次の問いに答えなさい。

(1) 新傾向 「聞韶解忘味」となったのは、誰か。【資料2】【資料3】から、その人物を表している言葉をそれぞれ抜き出しなさい。

【資料2】〔　　　〕

【資料3】〔　　　〕

(2) これはどのような意味か。次から選びなさい。

ア　すばらしい音楽を聴いても、その音楽の味わいを忘れてしまっては意味がない。

イ　すばらしい音楽を聴いて、その音楽の味わいを忘れることがあるだろうか、いやない。

ウ　すばらしい音楽を聴いて、ごちそうの味を忘れてしまったというわけではない。

エ　すばらしい音楽を聴いても、ごちそうの味を忘れられようか、いや忘れることはできない。

〔　　　〕

4 新傾向 空欄Ⅰを埋めるのに最も適当な文字を、【資料3】から一字で抜き出しなさい。

5 傍線部③「不図為楽之至於斯也。」に返り点を施したものとして最も適当なものを、次から選びなさい。

ア　不レ図為レ楽之至二於斯一也。

イ　不レ図レ為レ楽之至於レ斯也。

ウ　不レ図為レ楽三之至二於斯一也。

エ　不レ図下為二楽之至一於斯上也。

6 傍線部④「豈能食淡而楽乎。」はどのような意味か。次から選びなさい。

ア　食べ物が不足しているのに楽しめようか。いや、楽しめない。

イ　味気ないものを食べていては、すぐれた音楽など生み出せない。

ウ　味のない食事で満足できようか、いや、満足できない。

エ　食事が十分に取れなくても、音楽を味わうことはできる。

〔　　　〕

7 新傾向 【資料1】の詩の説明として最も適当なものを、次から選びなさい。

ア　孔子のような聖人であれば、貧しい山村にも塩が行き渡るようにしてくれるはずだと詠み、何の成果もあげられない為政者を風刺している。

イ　孔子は韶を聞いて肉の味を忘れたが、庶民は塩がないため少しの味にも感動していると詠んで、厳しい塩法を行う政府を批判している。

ウ　韶を聞いて肉の味を忘れた孔子に対し、塩不足に不満を言う民衆を描き、朝廷の施策を理解しない彼らを批判している。

エ　立派な人格者である孔子になぞらえて、山村の老人の貧しくとも心豊かな日常を描き、世の贅沢を風刺している。

〔　　　〕